序

马云鹏博士让我为本书作序，给了我做第一读者的机会。

开卷第一任务是解题。在我看来，这不是一本探讨技术问题的著作，也不是什么“交叉学科”的作品，而是着眼于研究专利制度的核心，即专利权利要求这一专门问题的法学论著。

首先，应当为解读专利法问题设定认识框架，即将专利法的问题都置于财产制度、法律体系的模型中。离开法律的框架，已经不是专利法的问题。尽管在司法实践中为了弄清案情，需要过程冗长，费尽心力的辨析证据程序，但那是对技术事实的实质性判断，而技术问题适用的不是专利法规范，完全可以通过法律以外的其他途径获得准确答案。因此，弄清事实不是法律问题。把专利法当作技术法，或当作技术与法律交叉、糅杂的问题的观点都会把事情引向歧路，引向谬误。近年来，流行“交叉学科”一语，但如深究，经不起推敲。实践中，不同学科经过“交叉”，产生新的学科，是科学与技术进步过程中的常见现象。但是，无论是逻辑的，还是实践的，都不曾存在不同学科以交叉状态存在的“交叉学科”。无疑，专利法会不可避免地涉及技术事实问题，但技术反映的是人和自然的关系，法律的调整对象却是人与人之间的关系。因而技术只是适用法律的前提和基础，不是法律问题本身。如同量体裁衣，技术是身体，法律是衣裳，二者相关，却是实然与应然两个领域本质不同的事物，不可混同。又如同物权法，法律和物相关，但一个是物理实体，一个是关系实在，一个是实然之物，一个是应然可能，二者不在一个逻辑层次。因此，专利问题归根结底是财产问题，调整的是关系实在，是法律问题。

其次，确立专利权为私权，专利法为私权法的观念。作为以技术发明为前提、为基础，以追求经济利益为目标，以调整人的行为为客体的一类财产法律制度，专利法因其表象形式上的特殊性而采用单行法律的方式规范之。因此，专利法因其内在的私权法律属性而成为民法的组成部分。同时应当认识到，无论是形式上，还是实质上，知识产权法和物权法属于同一性质，是处于同一位阶的法律，都是财产法的下位法律，是民事单行法，不是民法的特别法。知识产权法和民法是部分和整体的关系，不是一般法与特别法的关系。此处强调指出，知识财产权制度作为近代科学发展的产物，在其萌发、诞生和发展的西方各国，都是循着独自的道路发展的。但是，成熟市场经济和法治传统的力量，把单行知识产权法律紧紧地吸附在私法体系中。因此，在发达的市场经济社会，知识产权的发生、发展、运作和灭失，天经地义地遵循私权法则，不会发生认识的误解，不会发生实践的走样。尽管如此，在发达国家主导下缔结的世界贸易组织，在其《与贸易有关的知识产权协定》（以下简称《协定》）中，仍然心心念念地明确提醒全球贸易组织的全体成员，知识产权为私权。有文件显示，在《协定》的序言中增加这个表述，是来自我国香港特别行政区代表团的坚持。显然，这个表述对我国有重要的价值：其一，囿于我国在计划经济向市场经济过渡时期的特殊国情。其二，我国诸单行知识产权的法律制度是在既没有成文民法体系，又缺乏私权文化传统的环境下建立起来的。其三，我国民事立法当下没有把知识产权法以独立成编的形式纳入《民法典》。这是个“疏漏”，它给试图“异化”知识产权制度，追求“另立门户”，独自发展的愿望点燃希望。如果这种追求不幸成真，无疑会破坏法律的体系性，伤害创新机制并阻碍经济社会的健康发展。

最后，毋庸置疑，知识产权制度实质上已经融入《民法典》。知识产权法学的研究，也应当纳入民法学，成为民法学的重要分支。人类凭借法学家的智慧，对照市场经济和市民生活，总结提炼出精密、系统的规律与规则，把各种原本单行的基础的、成熟的私权制度，收揽在一起，经过系统的组合与精密的集成，把包括调整对象、民事主体、民事权利、民事法律行为、代理、民事责任、诉讼时效、期间、物权、所有权、用益物权、担保物权、占有、合同、准合同、人格权、婚姻家庭、继承、违约与侵权责任等在内的一系列制度整合在一起,熔于一炉,构成了系统、完备的民事法律制度的集大成模型——《民法典》,从而为人类建立在市场经济基础上的社会生活提供了系统的百科全书式的行为准则。《民法典》是科学、理性、系统思维的产物,是一项划时代的伟大发明。在价值规律的作用下,《民法典》作为经济社会生活中系统的法律工具,以其优越的性价比,犹如巨大的"黑洞",把所有民事制度"吞噬"于其中,使它们竞相投身于自己门下。知识产权历经近代技术、经济、法律的相互运动,历经沧桑,终于组织起来,形成一种新生的私权财产制度,但它一旦和《民法典》相遇,便身不由己地融入其中。性质和规律使然,知识产权的一举一动,"一颦一笑",都会受到《民法典》的规制,离开《民法典》,知识产权无以自洽、寸步难行。因此,知识产权学者应当意识到,任何以所谓知识产权特殊为由,试图与《民法典》"脱钩",变相"另立山头"的做法,都是违背理性的,是不智的。如同20世纪80年代盛极一时的经济法,曾有学者主张以经济法取代民法,把民法制度改头换面,提出"经济法人""经济权利""经济合同""经济责任"等概念,最终因欠缺科学性无疾而终。前车之鉴,知识产权法不应重蹈覆辙。一言以蔽之,专利法问题的研究,应当纳入民法体系的理念和思维中。

借为本书作序,通过"说明书"和"专利权"的关系,对民事权利的"对象"与"客体"的关系,尤其是权利"客体"问题做一个简要的阐释。民事财产权由主体、利益发生的前提(如物、能量、信息、知识)、支配行为(被传统民法理论称为"内容"的,对物或利益的占有、使用、收益、处分等行为)、受法律保护的利益(权利或法益)等要素构成,分别属于权利主体、物理实体、人的行为和关系实在。学界对这些要素的定性、定位,以及他们相互之间关系的认知并不相同。共识是,客体是私权关系的核心。但对何为客体,却有歧见。"通说"认为,权利客体是指"物"或"知识"。按照"通说",在专利法中,专利权的客体是指技术发明或外观设计,它们就是法律要保护的东西。众所周知,技术发明是发生利益和法律上的权益的前提。技术无疑是极其重要的。但是,无论实践上,还是逻辑上,技术发明作为物理实体,它处于自然状态,并非利益本身,因而既不是法律保护的客体,也不是利益追求行为侵害的客体。技术拥有人对技术施加法律赋予的行为的结果是,一方面,在人和技术之间建立一种自然状态的关系;另一方面,通过法律,排除了其他人再为同样行为的可能性,从而独享技术社会化带来的某些利益。这就在行为人和世人之间构建了一种社会状态的关系。人们把这种关系实在称作秩序。这一秩序被法律认可和调整,就成为专利权法律关系。歧见在于,在专利权关系中,技术、行为、利益这三个要素中,究竟谁是客体。按照传统民法理论,权利客体应当是技术。但是,近来在民法学研究中,已经有学者袭用刑法犯罪构成理论,把利益归为权利客体。“科学的任务不是别的,仅是对事实作概要的陈述”。① 我的观点不同于犯罪构成理论,而是从事实出发,找出客体。权利作为主观精神,自身的作用既不能及于作为物理实体的技术,也不能达于关系实在的利益。主体精神与客观世界连接的唯一纽带是主体的行为,这是精神变物质的唯一途径。因而行为在全部人类生活中都居于核心地位。“行为是一个人的意志之表现”。② 意志是主观的,行为是受主体的权利支配的客观物质运动,二者反映的就是主体与客体的关系。因此,法律赋予主体有权为之的行为方式就是权利客体。在专利法中,技术是权利发生的前提,也就是“说明书”所描述的技术方案,反映的是人与自然的关系,该关系不受法律调整,我称之为专利权的对象。但是,法律赋予主体的行为资格,如《专利法》第 11 条赋予发明和实用新型专利权人的“为生产经营目的制造、使用、许诺销售、销售、进口其专利产品,或者使用其专利方法以及使用、许诺销售、销售、进口依照该专利方法直接获得的产品”,和外观设计专利权人“为生产经营目的制造、许诺销售、销售、进口其外观设计专利产品”,这些行为直接反映了人与人的关系,受到法律调整,故我称之为专利权的客体。

区分对象与客体的意义和价值。人与对象之间是人与自然的关系,不是法律调整的对象。法律即权利的本质,是一种形而上的精神力量。在这里,“精神是支配一切现实的力量”,③“精神是主体,而物质是对象”。④ 权利是精神的,行为是物质的,是受精神、意志支配的物质运动。法益是伴随行为发生的关系。法律的功能

---

① [奥]马赫:《感觉的分析》,洪谦译,商务印书馆 1986 年版,序言。

② [奥]路德维希·冯·米塞斯:《人的行为》,夏道平译,上海社会科学院出版社 2015 年版,第 15 页。

③ [德]F. W. J. 谢林:《对人类自由的本质及其相关对象的哲学研究》,邓安庆译,商务印书馆 2008 年版,第 6 页。

④ [美]杜威:《艺术即经验》,高建平译,商务印书馆 2005 年版,第 6 页。

在于,通过调整人的行为,既顾及对象,更着眼于维护作为关系实在的利益关系。所谓侵犯专利权行为,并非对“知识”“技术”存在方式的侵害或毁损,其本质乃是行为人违背法律的规定和权利人的意愿,擅自行使了依法本当由权利人才有权对“知识、技术”为之的行为,借此攫取由该行为导致的本该由权利人享有之利益。倘若其行为绕过作为专利权客体的“行为”,而直接攫取利益,就不再属于侵犯专利权行为,而是属于其他侵犯财产权利的行为了。所以,民事权利的前提和基础是对象,对象的性质与特征决定了民事权利的分类,如果对象是某种“物”,则该权利属于物权,如果对象是艺术作品,则该权利就是著作权。民事权利的核心是作为客体的行为,客体决定权利主体获取利益的类别、范围和限度。比如,《著作权法》第10条赋予权利人有权作为的有名行为就多达16种。所以,在作为权利发生前提的对象,即事实确定的前提下,民事权利真正的价值在于它的客体,它才是法律要刻意保护的东西。

作为知识产权领域乃至整个法学领域最彰显思维与创造魅力的分支之一,在专利法体系的激励下,发明人有动力将蕴含在技术方案中的发明创造争相获得法律保障,在实现其经济价值的同时,也为技术研发和产品迭代提供了持久的动力,这也是专利法的立法宗旨和核心价值所在。

专利法领域可研究的问题很多,从可专利性标准的设定与评估,到权利保护范围的确定;从等同侵权的认定到授权确权程序的审查,近年来,随着经济水平的提升和科技力量的强化,不少新的热点问题也涌入了专利法规范的范畴,如标准必要专利纠纷、禁诉令颁发、电子产品用户界面保护、间接侵权判断,进一步拓展了关注问题的领域,丰富了研究问题内容,提升了探讨问题的层次。而在所有的问题中,有一个问题自产生之日始终是该领域最为基础、也是最为重要的事项之一——权利要求的解释。

之所以基础,是因为权利要求解释的路径、方法、规则、标准等贯穿于专利生命周期的各个环节,与专利领域各项问题存在或明或暗的联系,体现了解释者的价值取向和政策导向;之所以重要,是因为权利要求解释这项工作是确定专利权保护范围,进而判断侵权成立与否或是否符合授权要件的“前置”步骤,解释的结论对后续工作会产生决定性的影响。正因如此,权利要求制度自诞生以来,如何对其进行解释就是各方关注的焦点问题和利益博弈的核心,有关权利要求解释的理论和规则一旦更新，往往会引来无数解读和辨析，产生具有相当影响力的引导效应。鉴于此，权利要求解释无疑是专利领域最具研讨价值和实践意义，也是最具“魅力”的话题之一，本书正是有关这一话题的最新研究成果。

从本书的内容来看，其较之于已有的研究成果主要有以下两方面的特点：一方面显露了笔者深刻的洞察与抽象能力。该书在对权利要求本质进行深入探析的基础上，结合域内外相关情况，从为什么解释、如何解释的角度，对二元制体系下权利要求解释的标准进行了系统的论证，指出了不同语境下权利要求解释的相通之处，揭示了权利要求解释工作的内涵和要义。另一方面反映了笔者面对实践的会通与解释能力。该书对最高人民法院和部分地方法院历年公布的典型案例进行了梳理整理，按照权利要求解释所外化出的问题情形作出分类，通过对类型化案例的通俗解析，提炼出规则，与之前的理论分析形成呼应。值得一提的是，本书不仅研究可靠，思想明澈，表达灵动，文字优雅，还在撰写过程中考虑到了技术类案件涉及不同专业领域的问题，为照顾不同知识背景的阅读者，增强可读性，本书对裁判论述和分析进行了一定程度的概括，转换了表述，同时配以带有文字标识的附图，大大方便了读者对艰深技术知识和晦涩法律问题的理解。

一部学术著作的价值在于它的思想性，在于它的概念创造、理论创新，甚或模式构建等知识贡献。著作反映笔者的人格和价值取向，也反映人的生命价值。亚里士多德说，生命在于运动。我理解的这个运动，是文明其精神，野蛮其体魄，让健康的身体官能和丰富的学识、科学的世界观、理性的方法、卓越的人格等优质资源，尽可能完美地结合，以塑造优秀学人的运动。持续的吐故纳新，更新配置，创造新知识，并让这种模式处于运动中，是生命力量的真谛。因此，生命运动归根结底是不断地让思想冲破牢笼，让精神独立，让心灵解放，创造身心健康的人的过程。本书与其说是在立足实践，研究制度，不如说是在表达心灵、思索、意识的成果。

本书笔者马云鹏博士是业内一名优秀的青年法官，正处于生命、职业、专业三位一体运动的高峰。理工科背景和十年的知识产权审判工作经历为其积累了相当的知识储备和实务经验，其在进入最高审判机关后，有机会在更高的平台以更宏观的视野来审视和研究专利法所涉相关问题，为其写作提供了更丰富和全面的灵感及素材来源。难能可贵的是，云鹏博士能在繁忙的工作之余勤学敏思，笔耕不辍，也体现了我国青年一代知识产权法律工作者优良的品质和素养，我对此感到欣慰，也祝他在未来的学术研究和实务工作之路上取得更大的收获。

中国人民大学教授
中国人民大学知识产权学院院长
中国知识产权法研究会会长
刘春田

二〇二一年二月十五日

目　录

第四章 CHAPTER 04

侵权判定中权利要求的解释——说明书的“本位”价值

第五章 CHAPTER 05

侵权判定中权利要求的解释——说明书的“越位”限制

知识产权青年法官文库

专利权利要求解释规则

马云鹏／著

RULES FOR PATENT CLAIM CONSTRUCTION

法律出版社 LAW PRESS · CHINA
北京

导　论

在专利制度浩瀚的"海洋"中，权利要求就像一座永不熄灭的"灯塔"，散发着历久而弥新的光芒，引领了专利法律体系的更迭，推动了专利领域的各项研究，形成了一场声势浩大的"名叫权利要求的游戏"。[①] 而作为"灯塔"的动力之源，权利要求的解释无时不牵动着权利人和社会公众的神经，吸引了各方主体的参与和角力，衍生出庞大而精妙的"规则"体系，为这场"游戏"注入了无穷的魅力。

一、问题和现状

专利法一直将专利权人的独占权置于"授予专利权的发明"(patented invention)基础之上，[②]这意味着专利法是对蕴含了技术方案的创意、思维、观念等信息合集进行保护的法律。作为上述信息合集的载体，发明人用精雕细琢的复杂语言编纂出的权利要求，成为专利文件最重要的组成部分，承担着划定权利边界、公示保护范围的职能。套用不动产领域经典的"契约理论"，权利要求就像围绕在专利权人的无形财产(不动产)周边的"围墙"或"篱笆"一样，筑起了排他性的"私

---

① Giles S. Rich, *Extent of Protection and Interpretation of Claim—American Perspective*, 21 Int' l Rev. Indus. Prop. &Copyright L. 497, 499(1990).

② 35. U. S. C. A. 271(a).

有领地”。①

问题在于，作为知识产权领域一类兼具深邃法律内涵和浓厚技术色彩的智力活动成果，专利权的无形性注定了其保护范围带有与生俱来的不确定性，而文字语义的柔韧性和实际语境的差异性更是加剧了权利边界的分化和模糊，为保护范围披上了一层“神秘的面纱”。面对如此特质的权利要求，既要全面运用多种资料、酌情考虑各种因素，又要精准预判结论效果、妥善平衡各方利益，对其作出科学合理解释的困难性可能已远超我们的想象，这一点，从成文法国家法律规范零星的规则和判例法国家裁判文书嬗变的观点中便可见一斑。在这样的前提下，纵览有关权利要求解释的研究，无论是关注标准原理的理论探讨，还是专于解决问题的实践探索，都充斥着层出不穷的争议和难以消弭的分歧。②

（一）理论深度有限

作为“自带流量”的热点议题，理论界和实务界向来不乏与权利要求解释或保护范围确定相关的各类文献，在“百花齐放、百家争鸣”的研究氛围下，也确实出现了一些兼具理论深度和实务价值，值得反复品读淬炼精华的佳作，但客观来说，相当部分的研究还仅停留在所涉问题的表面，没有深入的分析和有益的贡献，缺乏创新价值。例如，有的文献笼统地总结了一些解释方法，但没有分析这些方法背后的合法性和合理性，也没有提炼出可推而广之的应用规则；有的文献罗列了权利要求解释可依据的资料，但对于这些资料的依赖程度和适用顺序缺乏解读，受众难以真正体会到各类资料的地位和作用；有的文献梳理了域外的经验和做法，但未能进一步提出如何结合我国的实际情况进行借鉴参考的建议，比较研究的价值未能充分彰显等。

---

① ［美］J. M. 穆勒：《专利法》（第 3 版），沈超等译，知识产权出版社 2013 年版，第 60 页。

② 国内目前以“权利要求的解释”“专利权的保护范围”为主题的专著有主要有：董涛：《专利权利要求》，法律出版社 2006 年版；杨志敏：《专利权保护范围研究》，四川大学出版社 2013 年版；陈文煊：《专利权的边界》，知识产权出版社 2014 年版；高莉：《专利权利要求解释规则研究》，知识产权出版社 2015 年版；闫文军：《专利权的保护范围》（第 2 版），法律出版社 2018 年版。另，以“权利要求的解释”“权利要求的保护范围”“权利要求与说明书”等为关键词在中国知网上进行检索，截至 2020 年 3 月 1 日，大约有 100 篇文献（数据库中显示的最早的一篇发表时间为 1994 年，不包括学位论文），受篇幅所限，这里不再一一列举。

（二）全局意识匮乏

在专利制度孕育、诞生到发展变化的过程中，授权审查和侵权保护两大程序看似相对独立，实则存在千丝万缕的联系，我国一直奉行“严格分离主义”的做法，两个程序中的裂痕始终没有得到有效的弥合。① 在此制度背景下，不少研究在开展伊始便局限于某一程序的语境中，没有考虑与另一程序的衔接和协同，例如，在评判不同种解释标准时，仅考量了其所适用程序的特殊性，没有就适用该标准对前（后）续环节可能造成的影响进行评估，亦未注意到不同标准之间潜在的密切联系；在对某种解释资料的使用方法进行总结时，仅就其在一种程序下的应用情况进行了分析，缺少对该方法与另一种程序匹配程度的判断；在评估解释必要性时，片面放大了单一程序甚至其中某一环节的时机性，忽略了解释实则贯穿整体流程中。更为重要的是，有些研究虽然注意到了二元体系下不同程序并非相对孤立，也提出了要构建统一体系的呼吁，但没有对两者的内在关系进行挖掘，导致其观点止步于“非此即彼”的表面一致，而未能提出“殊途同归”的根本路径。

（三）实践意义欠缺

法律因实践而富有生命力，因有效而深具权威性。② 作为一门实务特性显著的学科，知识产权领域的立法取向和理论积淀与司法实践的经验积累有着密切的关系，也从司法裁判的智慧中汲取了鲜活的养分和动力，因此，实证分析尤其是案例引用成为大多数文献基本的研究手段。遗憾的是，或是囿于缺乏对技术背景的了解，或是未能充分掌握案情所涉的全部事实，不少文献只是从案例中孤立地摘取出结论性的话语，未加咀嚼就贸然将其升华为普适性的“指导规则”，而忽略了据以定案的多种因素，如诉辩意见、审级目的、证据采信、综合效果，从而使这些所谓的“指导规则”担负起了本不能承受之重任；一些文献没有考虑到在一段时期内保护政策的动态调整对裁判尺度的影响，也就无法体会裁判者在审理过程中的“良苦用心”；大部分文献共有的短板还在于，只是针对个案或少量案件进行分析评判，鲜有以大量案例为对象进行梳理、分类、总结的基础工作，也就很难孵化出符合法律逻辑，具备体系化思维的研究成果。

---

① 参见陈文煊：《专利权的边界》，知识产权出版社2014年版，第15页。

② 参见宿迟：《案例指导制度的作用和意义》，载《法制日报》2017年7月1日，第7版。

二、意义和价值

权利要求解释恒定的重要性形成了探索思考的原始动机，相关研究现状的成果和不足为写作开展提供了借鉴和启发，预期目标的设定则为研究方向铺垫了路径。在问题导向思路的指引下，笔者希望借由本书对一些基本理念作出厘清，对一些看似矛盾的问题抽象出共性的规律，并在此基础上找到与实务对接的契合点，提供可供实务工作查阅、易懂好用的参考资料。退而言之，即便只是通过对各类观点的归纳总结和诸多案例的梳理整合，为理论研讨和实践应用提供一些可供批驳反思的观点和议题，也算是本书的一点贡献。

（一）基本理念的明晰

理论研究的枯燥和乏味往往会让不少人在面对其时望而却步，尤其在法律更迭频繁，新型问题层出不穷的知识产权领域，浅尝辄止的研究态度和偏于实务的学术氛围更容易削弱人们对于专利法律体系中一些基本问题的关注度，忽略了这些问题才是产生争议和解决争议的根源。具体到专利权利要求，只有对其产生的背景和原因追本溯源，才能真正感受到其在专利文件中的地位和重要性，体会到其对于专利权利人的划界功能和对于社会公众的公示意义，意识到权利要求的解释或明或暗地存在于专利审查、流转、保护、无效等各个程序和环节中；只有对权利要求书和说明书的关系有了清楚的认识后，才能更好地理解法律规范关于二者关系的表述，合理地赋予二者在确定专利保护范围时各自的职能，才会对实践中如何把握说明书对权利要求解释的调节作用进行更好的把握；只有对一项专利整个生命周期有了全面的了解后，才会明白为什么审查档案、关联专利、公知常识、鉴定意见等资料也可以用来解释权利要求，以及这些资料的孰轻孰重和适用顺序。这些问题都关乎我们对于权利要求相关基本理念的澄清和明晰，在构成本书基础性内容的同时，也为实证部分的研究打下了坚实的基础。

（二）二元机制的协调

我国专利制度的最大特色莫过于行政授权确权程序和民事侵权程序分立并行的二元体系，长期以来，由于审查主体有别、立场角度不同、目标定位不一、程序规范差异等因素，二者在诸多方面都呈现出割裂的状态，如规则发生冲突、适用标准出现分歧、认知维度无法对应。有学者认为，司法与行政之间缺乏沟通成为常态，彼此对他方程序中的思维路径缺乏了解，形成隔膜的同时也导致了同一法律框架下大相径庭的判断结果的出现，在实践中不可避免地造成围绕专利保护范围确定上的难以自洽，或过度保护，或对权利人保护不足而不能达到最优激励的制度初衷。① 而关于协调二元机制的建议对策大都没有对造成二者之间矛盾冲突的根本原因进行挖掘，缺乏对于差异形成过程的分析，在现行体系下捻出二者内在结合点的研究成果更是暂付阙如。鉴于此，考虑到任何颠覆性的制度改造不可能一蹴而就的现实情况，本书在充分尊重现行体制历史性、客观性、合理性的基础上，更多地关注了二元之间在终极目标上的一致性，展示出二者在实践存在的高度默契性，希望在现有框架内，探寻出一条各方都能接受，且能够相互理解和支持的路径，促进行政和司法的配合和互动，形成专利保护的良性合力。

（三）司法智慧的彰显

我国虽然不是判例法国家，但法学理论界和司法实务界开展案例研究和探索构建案例指导制度的历史相当久远。2010 年 11 月 26 日，最高人民法院发布了《关于案例指导工作的规定》，就指导性案例的定义、筛选、效力、发布作出了规定，这意味着我国案例指导制度在最高审判机关层面得到了认可。制定者指出，指导性案例是理论研究的生动素材，是体现司法智慧与审判经验的载体，具有明确、具体和弥补法律条文原则、模糊乃至疏漏方面的作用。② 有观点更是形象地将法律、行政法规、司法解释比作人体心血管系统中的大小动脉，将司法案例比作一个个毛细血管，认为仅凭动脉不足以保证血液的循环往复和机体的新陈代谢，正是因为毛细血管在动静脉间建立微循环，充分地进行新旧物质交换，才能确保法律机体生生不息、进化发展。③

具体而言，司法案例的作用主要集中在以下几个方面：一是统一法律适用标准。通过个案克服成文法抽象、概括、滞后等问题，协调法院之间、法院内部审判机构之间和审判组织之间对法律的理解和适用，确保相同或类似情形案件作出基本相同的裁判。二是提供司法裁判规则。法官释法而非造法，以司法案例的

---

① 参见郭鹏鹏：《二元体系下权利要求解释之冲突与协调研究》，华东政法大学 2017 年博士学位论文，第 41 ~49 页。

② 参见胡云腾：《人民法院案例指导制度的构建》，载《法制资讯》2011 年 1 月。

③ 参见宿迟：《案例指导制度的作用和意义》，载《法制日报》2017 年 7 月 1 日，第 7 版。

形式生成具有指引意义的裁判规则，及时满足社会发展过程中多变的司法需求，完成在法律规范体系内对成文法的细则化。三是积累司法智慧。以司法案例为载体，更好地积累与传承法官、当事人、律师甚至各方专家司法智慧的共同结晶，使对法律的理解和适用可以跟随时代，并向着更精细、更准确的方向发展。因此，借助大量有指导意义的案例向读者展现笔者的观点和意见，是本书的重点和亮点。

三、方法和资料

“工欲善其事，必先利其器”，秉持着力求实现上述意义和价值的信念，本书主要采用了以下几种论证方法：

（一）文献研究法

文献研究法指对文献资料进行检索、搜集、鉴别、整理、分析并形成事实科学认识的方法，即在浩如烟海的文献资料中选取适用于课题的资料，并对这些资料作出恰当的分析，归纳出有关问题。所以，文献研究法不仅仅指资料收集，更侧重对这些资料的分析，通过文献资料研究，可以获得新论据、找到新视角、发现新问题、提出新观点、形成新认识。① 为更全面地掌握权利要求解释相关问题的研究状况，笔者除阅览了相关书籍和学术论文外，还收集了与司法实务密切相关的政策性材料、规范性文件、指导性意见等。对于前者，在尽量剔除个人偏见和主观意图的前提下，提炼出真正蕴含其价值的观点，如对权利要求及其解释性质客观的界定，对二元体系中关于权利要求解释一致性的评述，对解释资料合理利用方式的总结，以及从学术工作的角度借鉴各类参考文献在探讨类似问题时采用的思维逻辑和搭建的体例框架。对于后者，笔者则一定程度上利用了职务工作的便利性，在及时领会这些素材的精神并进行了相对准确的理解的基础上，将更多的精力放在了探究其对司法态度影响的方式和程度上，力图将这些影响的关键因素归纳出来，并对司法未来的发展趋势作出研判，如权利要求解释“时机论”和“语境论”的交替，权利要求书和说明书在权利要求解释过程中地位的微妙变化，权利要求解释对等同原则适用的影响。

---

① 参见杜晓利：《富有生命力的文献研究法》，载《上海教育科研》2013 年第 10 期。

（二）比较研究法

比较法是认识客观事物的重要方法，可以帮助人们更好地认识事物的本质，获得新的发现。现代知识产权制度发端于西方，迄今已有几百年的历史，不仅构筑了坚实的理论基础，也积累了丰富的经验，以美国为例，自第一届国会颁布 1790 年专利法案以来已走过了 230 个年头，其“变化速度之快是一个神奇甚至有时令人疯狂的特质”。[①] 相形之下，我国在 20 世纪 70 年代末才开始逐渐重视技术创新在社会进步中的作用，第一部《专利法》在克服各种阻力，历时近六年，修改二十五稿，召开两次国务院常务会议讨论后才得以颁行。[②] 这也是我们为什么在面对权利要求解释这一专利法领域的经典问题时，对不同国家和地区的经验进行学习借鉴是十分必要的。一方面，他们在专利保护方面积累了大量的立法资料和司法判例，对权利要求解释的方法、性质、证据进行过反复的讨论和尝试，形成了诸多颇具代表性的范例，如奠定了权利要求解释重要地位的 Autogiro 案、[③]厘清了权利要求解释法律程序的 Markman 案。[④] 另一方面，以美国为代表的判例法国家曲折多变的专利保护历程也充斥着各方利益主体的博弈，针对同一问题在各种不同观点间反复摇摆，例如，对于权利要求解释究竟适用“最宽合理解释标准”（Broadest reasonable standard，以下简称“BRI 标准”）还是“Philips 标准”，引发了数十年的争论。因此，本书立足于我国国情，在对国外好的经验吸收学习的同时，也注意对其曾遇到的困境进行深入分析，吸取一些错误做法带来的教训。

（三）案例研究法

案例研究法广泛应用于人文社科领域，具有建构新理论、趣味性、研究成果现实有效与可感知等优点，被认为是一种有前途、有价值的研究方法。[⑤] 法律规范的贯彻与落实更是离不开司法实践的检验与发展，因此，笔者收集了二百余份涉及权

---

① ［美］罗杰·谢科特、约翰·托马斯：《专利法原理》（第 2 版），余仲儒译，知识产权出版社 2016 年版，第 2 页。

② 参见赵元果：《中国专利法的孕育与诞生》，知识产权出版社 2003 年版，第 30 页；刘春田：《中国知识产权二十年》，知识产权出版社 1998 年版，第 40 页。

③ Autogiro Co. of America v. United States. 155 USPQ 997（1967）.

④ Markman v. Westview Instruments, Inc. 517 U. S. 370（1996）.

⑤ 参见唐权、杨立华：《再论案例研究法的属性、类型、功能与研究设计》，载《科技进步与对策》2016 年第 5 期。

利要求解释的裁判文书,在深度阅读的基础上进行了归类整理,以期揭示其中蕴含的丰富的法律内涵。

从案例来源来看,重点包括三类:一是2008年至今《最高人民法院知识产权案件年度报告》中收录的案例,该类案例从最高人民法院上一年度审结案件中精选而出,反映了最高人民法院在某一法律问题上的审理思路和裁判方法,具有一定的指导意义;二是地方法院的案例,既包括入选最高人民法院2008年开始发布的"十大案件和五十个典型案例",也包括部分高级人民法院每年发布的典型案例;①三是笔者在审判工作和研究过程中发现的已生效的具有一定典型意义的案例。此外,与权利要求解释相关的部分域外经典判例在分析具体问题时也均有所涉及。

从研究内容来说,主要包括"四个兼顾":一是兼顾规则和说理,要关注裁判文书最终的规则要旨,如权利要求的解释需要考虑涉案专利的发明目的,更要看清弄透审理者具体的说理思路和真正的裁判理由,如本案中发明目的是如何对权利要求的解释产生实质性限定作用的;二是兼顾专利文件和被比技术,既要读懂专利文件,也要注意通过与被诉侵权技术方案或对比文件技术方案的比较形成最终结论,真正理解争议所涉权利要求或技术特征的含义;三是兼顾不同意见,既包括各方当事人针锋相对的诉辩主张,也包括各个审级法院之间观点的推翻修正,甚至还要了解后续对案例的评析见解;四是兼顾经典与时效,既要对经典案例给予充分尊重,考虑到彼时的特殊情况,也要以发展的眼光对司法政策的动态调整给予密切关注。例如,有学者认为,最高人民法院在2001年《关于审理专利纠纷案件适用法律问题的若干规定》明确等同原则法律地位后,在一起判决中体现出鼓励人民法院积极适用等同原则之意,而在发现该原则存在滥用的可能后,又通过另一判决强调了其适用的谨慎性,②或许也是考虑到这种情况,最高人民法院曾明确指出:"年度报告……在法律适用标准和方法方面难免存在局限,并可能随着认识的深入和时代的发展发生调整和变化。"③这也提示我们不要轻易给某一案例打上正误的烙印,而要解析出不同阶段变化的背景和动因。

---

① 主要涉及北京、上海、广东、江苏、浙江、福建等地。

② 参见陈建南:《试论专利权利要求中的扩大解释》,"中华全国律师协会知识产权专业委员会年会暨中国律师知识产权高层论坛"会议论文,2009年于南京。

③ 《最高人民法院知识产权案件年度报告(2019)》,2020年4月26日发布。

就评析方式而言，考虑技术类案件本身涉及技术问题，且裁判文书公开的内容有限，不了解案件背景的读者仅凭阅读文书往往难以准确理解其中的技术方案和法律原理，故本书采取了“夹叙夹议”的做法，在忠于裁判者本义的前提下，对技术事实查明和裁判文书说理进行重新拆分整合，浓缩转化为通俗易懂的表述方式，同时辅以专利文件中相应的配有文字指示的附图，以帮助读者更好地阅读和理解。

四、思路和框架

如书名所言，一方面，体系化的思维会作为主线贯穿始终，串联起本书的框架，力求各个篇章既有相对独立的内容，又有逻辑上的密切联系；另一方面，作为本书的特色，大量类型化案例的回顾和复盘，既与理论部分的分析相互印证，也可用作实务参考检索的资料。为达成上述目的，本书从权利要求及其解释相关的基本理念入手，在对各根本性问题作出回应后，挑选了二元体系下权利要求解释的统一作为切入点，重点就二者的一致性进行了阐释和分析，给出了不同程序下解释权利要求的原则。之后，以不同环节、不同类型权利要求解释的难点问题为导向，以各类资料在权利要求解释中的适用为版块，在确保不扭曲裁判者本义、最大化保留裁判文书精髓和要义的前提下，以笔者加工后更直观易懂的语言展现出如何合理地解释权利要求。顺着这样的思路，本书篇章安排如下：

第一章“基本问题概述”，对权利要求书的诞生、起源和发展进行了回顾，对权利要求解释的含义、性质、特点进行了归纳总结，肯定了权利要求解释“语境论”的合理性，明确认为权利要求在任何程序和环节中都是需要解释的。同时，本章还对权利要求解释主体的界定、程序的选择、可依据的资料等基本问题进行了统领性的介绍和分析。

第二章“二元制体系下权利要求解释的‘殊途同归’”，以美国权利要求解释著名的“BRI 标准”的曲折历史和最新情况为开篇，对该标准的内涵和外延进行了厘清，强调了其适用时“最宽”和“合理”因素应具有同等重要的地位。之后，对“BRI 标准”与“Philips 标准”进行比较并指出二者间不存在绝对的界限，且已呈现出融合的趋势。在此基础上，本章从时间点、对象、过程、主体、语境、目的、依据等维度全面分析了授权、确权、侵权三种程序存在差异的客观性、合理性和必要性，在配合默契、衔接良好、互补互足目标的指引下给出了三种程序中应遵循的解释原则。

第三章“授权确权审查中权利要求的解释”,以授权确权程序中可专利性审查关键任务为线索,聚焦于以下问题:一是将权利要求解释在创造性评述各个环节的作用体现了出来,无论是区别特征的归纳、实际解决技术问题的确定,还是最为关键的公开与否的认定,均需建立在对权利要求正确的解释上;二是从对《专利法》第26条第3~4款的法律释义出发,剖析了如何利用权利要求的解释来判定说明书是否清楚、公开是否充分,以及权利要求是否得到了说明书的支持;三是对专利文件修改超范围问题中涉及权利要求解释的环节进行了明晰,肯定允许修改幅度与解释尺度成正比关系的合理性。

第四章“侵权判定中权利要求的解释——说明书的‘本位’价值”和第五章“侵权判定中权利要求的解释——说明书的‘越位’限制”,在侵权判定的语境下,以两个章节的篇幅,围绕专利文件两大核心组成部分——权利要求书和说明书,针对二者在解释权利要求时如何平衡协调的问题进行了深入分析。第四章详细阐释了说明书的积极作用,重点就其进一步限定、澄清模糊、弥补歧义、合理修正,以及扩展或限缩的柔性调节作用进行了示例性的说明,充分挖掘了说明书的潜在价值;第五章则还原了说明书应有的谦抑性,即要充分尊重权利要求公示作用,正确发挥说明书在确定权利要求保护范围中的“辅助”作用,尤其要防止说明书“凌驾于”权利要求书之上情况的出现。

第六章“侵权判定中权利要求的解释——其他资料的使用”结合大量案例,对权利要求解释中另一重要的内部证据——审查档案的适用情形和方式进行了说明,尤其对“禁止反悔”原则的启动条件和法律后果进行了明确。同时,该章还对教科书、工具书、字典、鉴定报告、专家意见等外部证据应用的典型情况进行了罗列,并强调了适用顺序上“由内而外”的原则。

第七章“特殊类型权利要求的解释”考虑到功能性限定、方法限定产品、封闭式、使用环境、步骤顺序等权利要求在构造上的特殊性,及由此产生的在保护范围界定中的特殊性,故单列一章,根据前述不同权利要求的属性,分门别类地提出了符合所述特殊性的解释规则,并结合例证进一步说明了如何通过解释权利要求来判定所属类别、划出保护范围、分辨侵权与否,以应对通用解释规则在面对特殊权利要求时的“失灵”,完善权利要求解释的体系。

第一章

基本问题概述

专利权是权利边界最为模糊的权能之一，其边界的确定性和宽严适度性却又关系到权利人与社会公众利益的平衡，进而影响整个专利系统促进科技创新“润滑剂”作用发挥的效果。[①] 因此，承载着划定边界重任的专利权利要求及其解释在专利制度中始终占据着不可取代的核心位置。

第一节　从权利要求说起

作为权利人用精雕细琢的语言编纂的排他性单句，权利要求是一项专利最重要的组成部分，[②]通过其发展和变化的历程，可以一窥专利制度运转的机理和规律。

一、源起——历史的需要

自 1474 年威尼斯颁布世界上第一部近现代专利法以来，各国对如何确定专利权的保护范围进行了长期的探索，虽然使用权利要求界

---

① 参见高莉：《专利权利要求解释规则研究》，知识产权出版社 2015 年版，第 60 页。

② 参见[美]J. M. 穆勒：《专利法》(第 3 版)，沈超等译，知识产权出版社 2013 年版，第 58 页。

定专利发明最终成为现代专利法的特点和各国的通行做法,但这看似巧合的一致选择并非偶然,而是有着深刻的背景和原因。

（一）传统方法的弊端

17 世纪至 18 世纪,在最早实施专利制度的英国,随着工业的逐渐发展,专利之间的冲突越来越多,权利划界的问题也日益突出:发明人希望借此宣誓其“领地”范围,社会公众在充分知晓的基础上才能避让他人的权利,行政审查部门和司法审判机关则需要通过明确权利的边界,以区分现有技术和认定是否构成侵权。为此,最早实施专利制度的英国把公开专利技术方案信息的任务交给了发明人,1711 年,英国衡平法院(Court of Chancery)要求一位申请人在专利授权后 6 个月的时间内提交一份对其发明进行详细说明的说明书,以避免日后因缺乏确定性而影响授权专利的效力。这一制度很快被广泛接受,从 1734 年开始,发明人获得专利权的“对价”不再是承诺在英国境内实施其发明,而应当是向社会公众详细披露其发明。①或许是受到了英国的影响,半个多世纪后,美国在 1790 年第一部专利法中也没有关于权利要求的规定,只要求专利申请人提交的说明书要达到“将发明或发现与已知或使用过的东西区别开来”的程度。②

要求看似简单,实现并不容易。发明技术方案从本质上说是一种信息,不像有形物质那样具有可以从外部进行观察的物理属性,为了对其内容作出清楚、完整的说明,以使所属技术领域的技术人员能够实现,说明书通常需要提供大量的信息,包括现有技术的状况、发明创造的原理、实现发明创造的各种可行方式等,这些信息不仅描述发明人对现有技术改进的内容,还可能描述已经属于现有技术的内容,二者之间并非总有明确和不变的界限。③ 更何况,从发明人的角度来看,很多信息是为了帮助人们理解和实施发明创造,而非为了确定专利权的保护范围而写入的,这无疑也增加了社会公众以局外人的眼光观察界定发明内容需要花费的经济

---

① 这似乎也可以视为“说明书充分公开”条件的历史起源。Staniforth, *The law of intellectual property*, The law book company limitee, 1984, p. 864.

② 闫文军:《专利权的保护范围》(第 2 版),法律出版社 2018 年版,第 40 页。

③ 参见尹新天:《中国专利法详解》,知识产权出版社 2011 年版,第 362 页。

成本。①

随着时间的推移,理论上的缺陷开始在实践尤其是侵权诉讼中显现出来。首先,专利侵权诉讼属于一种民事诉讼,专利权人对其主张的专利权保护范围负有举证责任,由于事先未在申请文件中明确地主张专利权的保护范围,所以,一旦在诉讼中出现不同意见,专利权人往往会陷入被动境地。其次,在专利文件仅仅包括说明书及附图的情况下,要确定专利权的保护范围,只能由法官将授予专利权的发明创造与现有技术进行对比,对说明书内容进行"提炼总结",为此需要做大量的信息采集、概括、归纳工作,使法官不厌其烦。最后,由于没有相应文件予以明确记载,如何确定发明创造的实质和核心所在,容易出现较大的争议,在法院作出判决前,公众也很难预料法官会如何确定专利权的保护范围,从而给专利保护带来了很大的法律不确定性。

(二)权利要求的产生

身处专利阵营前沿的发明人最先体会到了传统方式的弊端,他们开始寻求改变,以期获得对自身权利更有效的保护。在英国,继1807年11月20日詹宁斯(Jennings)在其专利中首次使用"权利要求"(Claim)的措辞后,富尔顿(Fulton)也在其1811年1月9日有关汽船发明专利的说明书最后以"我要求保护我的发明……"的语式来强调了其意欲保护的内容,这也被视为世界上最早的权利要求书,在此之后很长一段时期内,发明人在申请专利时都会在说明书后自愿对其发明进行总结和概括。到了1836年,美国首先对发明人的需求作出反应,在专利法中第一次使用了"专利权利要求"这一用语,即"发明人在书面说明书中,要明确具体地指出他认为属于他作出的发明的部件、改良的方案或者发明的组合物"。② 1870年《美国专利法》第26条对上述条款进行了修改,删除了"在书面说明书中"的表述,将后半句改为"发明人应当专门特别地指出……"从而正式将权利要求书从说明书中抽离出来,赋予了其独立的法律地位。

虽然不是成文法国家,但法律规范的认可显然对司法判例的态度产生了巨大

① See Christopher A. Cotropia, *Patent Claim Interpretation and Information Costs*, Lewis & Clark Law School Tenth Annual Full Business Law Forum,(2004).

② 这一规定借鉴了稍早之前的Evans案:Evans v. Eaton,20 U.S.356,1822。

影响。在Hilton Davis案中,法院指出,“1870年的法案对有关的专利法条进行了修改……其中语言上小小的变化……使权利要求中的语言被赋予了重要的意义”。[①] 在Merrill案中,法院更是直接强调了权利要求的法律意义,“我们认为最重要的东西莫过于公平地对待专利权人与社会公众,其中最主要的一点就是专利权人应当将其所做的发明、其希望法律予以保护的范围用准确清晰的语言描述出来”。[②] 在Autogiro案中,法院重申,“专利权利要求界定专利权人享有独占权的发明,权利要求中的语言决定了权利的保护范围”。[③] 在Fulton案中,法院认为,“说侵犯专利是错误的,应当说是侵犯权利要求,权利要求是对发明的界定,是诉因”。[④] 立法者在充分总结司法经验的基础上,最终在1952年专利法,即现行《美国专利法》第112条第2款中规定,“专利说明书以权利要求书为结语。权利要求应当特别指明和清楚地界定申请人认为是其发明的标的”。从而正式奠定了权利要求在专利法律体系中的基石地位。

值得注意的是,我国《专利法》虽然颁行仅三十余年,但“发明或者实用新型专利权的保护范围以其权利要求书的内容为准”的表述从最一开始就给予权利要求以较高位阶,且在《专利法》三次修订后依然保持不变,也体现了该规定重点条款的地位。

二、价值——丰富的功能

作为专利体系发展中应各方呼吁而生的产物,权利要求从无到有,由弱到强,在满足了人们最初的需求后,不断展现出其他功能和作用。

(一)界定作用

任何民事权利都有其保护范围,其中,有形财产如房屋所有权,其权利客体是客观存在的可见财产,不动产的可见性决定了该有形财产的权利保护范围也是非常明确和具体的。相形之下,同为民事权利的专利权也存在保护范围,但其权利客

① Hilton Davis Chemical Co. v. Warner-Jenkinson Co., Inc. 62 F. 3d 1512, 1566 (Fed. Cir. 1995).

② Merill v. Yeomans, 304 U. S. 369. 1876.

③ Autogiro Co. of America v. United States. 155 USPQ 997 (1967).

④ Fulton Co. v. Powers Regulator Co., 263 F. 578 (2d Cir. 1920).

体即发明创造是权利人的智力创造成果,具有无形性的特点,看不见,摸不着,在对专利权进行保护时,必须要确定其范围,否则,专利权将无法得到保护。① 而权利要求就像不动产的契约一样,定义了专利权人排他性的边界,用言语筑起了围绕着专利权人的无形财产的围墙。② 记载在权利要求中的每一个技术特征就是界定发明或技术方案边界的"界桩",清楚、简洁地对保护范围产生一定的限定作用。③

对此,权利要求起源地之一的英国在早期的Electric and Musical案中曾有过一段经典的论述,"权利要求的作用是清楚、明确地界定专利权人的独占权,使他人能够准确地知道他们所不能进入领域的边界,其主要目的在于界定独占权的范围,而不是力图扩展其范围……权利要求的功能就是精确的界定专利权人的发明,并准确地限定其所要保护的范围。"④我国《专利法》第26条第4款也对权利要求的作用和撰写提出了要求,"权利要求书应当以说明书为依据,清楚、简要地限定要求专利保护的范围"。立法者进一步指出,"由于权利要求书是专利申请文件的核心,是判断新颖性、创造性和实用性的基础,在被授予专利权之后,是判断专利侵权的依据,也是提出专利权无效宣告的依据"。⑤

(二)公示意义

专利权是一种支配性的财产权,具有对世性,其权利内容和范围必须对外进行公示才能彰显其存在的价值。从权利的性质来讲,专利权只有对外进行公示,明确告知公众专利权的保护范围是什么,同时也告知公众哪些领域是自由的,哪些行为是合法的,才能获得这种对世性。因此,有学者认为,"权利要求在告知包括权利人的现实和潜在竞争者在内的公众有关权利人在排他权利范围上,扮演了一个非常重要的角色。"⑥

具体而言,权利要求的公示作用主要体现在以下几个方面:一是提高研发效

---

① 参见林广海、邱永清:《在专利侵权诉讼中如何解释权利要求》,载《人民司法》2008年第6期。

② 参见[美]J. M. 穆勒:《专利法》(第3版),沈超等译,知识产权出版社2013年版,第60页。

③ 参见杨志敏:《专利权保护范围研究》,四川大学出版社2013年版,第29页。

④ Electric and Musical Industries Ltd et al v. Lissen Ltd et al. 1939.

⑤ 安建主编,全国人民代表大会常务委员会法制工作委员会编:《中华人民共和国专利法释义》,法制出版社2009年版,第60页。

⑥ [美]Martin J. Adelman、[美]Randall R. Rader、[美]Cordon P. Klancnik:《美国专利法》,郑胜利、刘江彬编译,知识产权出版社2011年版,第118页。

率。本领域技术人员的基础性工作之一就是在该技术领域辽阔的疆域中寻找富有价值的“矿藏”，专利权利要求的形成意味着发明人已对某一“矿藏”进行了探明和挖掘，起到了提示后人无须再做重复性劳动的作用，有助于节约成本、提高效率，推动技术更新升级。二是影响专利流转交易。为了确定交易价值以及交易安全，当事人在专利技术交易之前需要了解获得专利权的权利效力及权利保护范围的大小，此时，权利要求既可提供判断交易价值的依据，还可用于判断实施该项专利的风险性，甚至会影响乃至决定该项专利的许可使用费和转让费。① 因此，对专利产品的销售者而言，适度研究所涉专利的权利要求，不仅可以有效提高产品交易的安全性，还有助于获得交易的预期利益。三是形成良性竞争秩序。当公众认为专利权利要求不当阻碍了自己对技术的利用或者对产品的销售，并认为专利权利要求存在瑕疵时，可启动专利无效程序去挑战专利的效力，此时权利要求的公示功能对促进新技术的开发利用及维护相应产品流通的市场竞争秩序起到了关键作用。②

（三）保护依据

英文中将一般民事侵权行为称为“tort”，意为“扭曲”“伤害”，其法律含义是行为人因故意或过失而给权利人造成损害，主要是从行为所产生后果的角度来说的。相应地，专利侵权行为被称为“infringement”，意味“进入（in）边界（fringe）”或“落入（in）圈子（fringe）”，这主要是从行为客体落入权利保护范围的角度来说的，形象地表达了构成侵犯专利权行为的条件，而权利要求正是用于判断是否构成侵权的依据。

具体而言，在侵权诉讼中，法院会以权利人主张的权利要求确定的保护范围为据，来判断被控侵权产品或行为中包含的技术方案是否侵权。需要注意的是，许多学者认为，判断是否侵犯专利权可分为两个步骤：一是确定专利权的保护范围，也就是划定一个“圈子”；二是判断被诉侵权技术方案是否“落入”或“进入”上述“圈子”。③ 作为通说，这种观点在理论推演中并无不当，但结合后文大量案例分析可知，保护范围的划定和侵权与否的判断并不是截然分开的，往往仅需围绕争议的具

① 参见董涛：《专利权利要求》，法律出版社2006年版，第46页。

② 参见杨志敏：《专利权保护范围研究》，四川大学出版社2013年版，第31页。

③ 参见闫文军：《专利权的保护范围》（第2版），法律出版社2018年版，第40页。

体技术特征来进行论证,完整“圈子”清晰、明确得划出并非先决条件。更何况,抛开具体被诉侵权技术方案来凭空谈论专利权保护范围不仅很困难,实践意义也十分有限。①

从另一个角度来看,权利要求的该项功能也可被称为“警示功能”,起到了警示其他人不得侵犯专利权人权利的作用,同时,慑于权利要求的警示,实施者也会就其意欲实施的技术与专利权人进行必要的交涉,以求得专利技术的转让或实施许可。因此,有学者认为,警示功能和保护范围依据功能其实是一个问题的两个方面。②

三、属性——外力与内因

作为专利文件的“灵魂”,权利要求自诞生以来就成为各方瞩目的焦点,在法律的显性要求和天然的自生特性塑造下,成为构造精妙、内涵丰富的技术语言合集。

(一)构造内容和要求

关于内容要素,我国专利法和学界一般将权利要求的内容称为“技术特征”,《美国专利法》在述及权利要求组成部分时采用“element”(要素)的术语,③而欧洲专利局(European Patent Office, EPO)则在其相关规范性文件中使用了“technical feature of the invention”(发明的技术特征)的表述。可见,虽然表述略有不同,但各国都将权利要求所保护的技术方案分解成了限定发明的具体单元,其不仅构成了发明或实用新型技术方案的组成要素,也可以是要素之间的相互关系,是发明人技术构思的具体体现。④

关于体例句式,我国在《专利法实施细则》中分别就独立权利要求和从属权利

① 参见尹新天:《中国专利法详解》,知识产权出版社 2011 年版,第 555 页。

② 参见高莉:《专利权利要求解释规则研究》,知识产权出版社 2015 年版,第 63 页。

③ 35 U. S. C. 112(6).

④ 我国法律和相关司法解释没有涉及“技术特征”含义的规定,北京市高级人民法院发布的《专利侵权判定指南(2017)》第 8 条指出:“技术特征是指在权利要求所限定的技术方案中,能够相对独立地执行一定的技术功能、并能产生相对独立的技术效果的最小技术单元……”笔者认为,这一解释较为准确地反映了技术特征的性质。

要求的组成部分进行了规定，独立权利要求由前序部分和特征部分构成，前者用于表明发明主题，明确与现有技术重叠部分的技术特征，后者代表了本发明的贡献，凸显了区别于现有技术的技术特征。顾名思义，从属权利要求包括引用其他权利要求的引用部分，以及在所引用权利要求之上附件的技术特征。① 相形之下，《美国专利法》更进一步，尽管专利申请人在描述权利要求内容时具有很大的自主权，但多年来美国专利商标局（United States Patent and Trademark Office，USPTO）的解释和司法判例已对权利要求撰写形成了一致的标准，即将权利要求（Claim）前序和特征之间的连接词独立出来作为一部分对待，即包括前序（Preamble）、连接词（Transitional Phrase）和主体（Body）三部分。其中，前序部分是对发明创造客体的简明描述，连接词是影响权利要求范围的关键词或专门术语，主体部分包括发明创造的全部特征，并且应该具体记载各个特征之间的关系或者彼此间的互动。②

关于撰写要求，各国不约而同地将清楚、简要以及获得说明书的支持设定为适格权利要求的撰写准则，原因并不难理解：一方面，如前所述，权利要求书是为了解决说明书烦琐复杂的问题应运而生的，清晰简明是其存在的根本意义和生命线，"只有将所要保护的技术与本领域中的在先技术区别开来，同时划出一个防止他人侵入其边界的清晰的界限，才能算满足了法律规定的清晰明确的权利要求"。③ 另一方面，虽然权利要求对技术方案的描述和披露不一定要达到能够使本领域技术人员实施的详细程度，那样会过于冗长，不符合其产生的初衷，但作为从说明书"分离"出来的产物，其使用的措辞和术语也要能够"在说明书中找到清晰的解释"，即得到说明书的支持。④

（二）复合特性的体现

权利要求是历史发展的选择和结果，与社会经济的发展轨迹密切相关。自 19 世纪中叶起，在经历了工业革命的迅猛浪潮后，技术创新的空间不断减少，各方的价值冲突和矛盾越发激烈，专利权的排他性和说明书的复杂冗长用语导致权利边

---

① 参见《专利法实施细则》第 21 ~22 条。

② See Donald S. Chisum, *Chisum on Patents*, Matthew Bender & Company, 2009. p. 501.

③ United Carbon Co. v. Binney Co., 317 U. S. 228 (1942).

④ See Robert C. Faber, Landis on Mechanics of Patent Claim Drafting, §3:6 Fifth Edition, Practising Law Institute, 2005, p. 30.

界模糊的矛盾，成为实务界寻求更为准确和清晰划界表现形式的内在动因，来自产业社会的强烈呼声促使法院在解释法律的过程中为法律含义增添了新的因素，并最终促使权利要求作为决定发明可专利性和侵权判定的唯一依据。① 以此为前提，随着司法经验的积累和立法规则的成熟，一套匹配权利要求制度设计初衷、符合现实需求的体例格式和内容要求被构造出来，为权利要求撰写和剖析提供了参照准绳和评判标准，在历史原因和结构特性等一系列因素加持下，权利要求的属性也逐渐显现出来。

第一，发明人的"初心"。回顾历史，发明人的主观意愿构成了权利要求产生的原始动力，一方面，他们希望自己的技术贡献能得到相应的法律保护。例如，在Evans案中，权利人在说明书的最后总结道，"我，对我的发明提出相应的权利要求，这些发明包括该机器所具有的特殊特征或运行规则等"。② 另一方面，他们通过撰写权利要求来表明希望保护的具体内容，即自己决定发明是什么。例如，在Catnic Components案中，法院将权利要求界定为，"专利权人通过自行选用的词汇来对其作出的发明客体进行的单边陈述，通过这种方式将他授予其专利权的新产品或新方法的必要技术特征告知社会公众"。③ 因此，有人将权利要求称为发明人的"初心"，即废除专利权保护范围以说明书为依据的旧制度，建立专利权保护范围以权利人的明确请求为原则的新制度。④

第二，各方意志的"载体"。虽然权利要求在产生之初更多地被视为发明人用以表达主观意愿的工具，目的在于减轻法院确定专利权人具体发明是什么的沉重负担，但随着其内涵的丰富和地位的提升，权利要求开始成为"兵家必争之地"，发明人作为技术方案的始作俑者，希望其权利有一种开放的属性，不愿意受到过多的约束；社会公众在享受技术公开带来的福利时，为避免触碰法律底线，更希望权利的边界是确定且固定的；审查部门作为权利的授予者，出于避免与现有技术重叠、鼓励推动创新研发的目的，在其职能范围内对权利要求的撰写、内容、修改等提出

---

① Robert C. Faber, *Patent Claim Construction*, Aspen Publishers, 2003, p. 2 -37.

② Evans v. Eaton, 20 U. S. 356, 1822.

③ Catnic Components Ltd. v. Hill & Smith Ltd, E. S. R. 60, 1982.

④ 参见卫志远、王一娟、杨存吉：《论权利要求的初心、根本与解释》，载《中国发明与专利》2019年第12期。

了一整套体系化的要求，希望通过对权利要求构造的设计来把握专利制度的运营权；司法机关作为权利保护的兑现者，在寻求权利人和社会公众之间最佳平衡点目标的引导下，在法律允许的空间内对权利要求作出解释并与被诉侵权技术方案进行比较分析，进而给出侵权与否的结论，完成专利实质保护的最后一步。各方不约而同地以权利要求为载体，或明或暗地倾诉着行业需求和部门利益。

第三，形式与实质的"交集"。如前所述，在各方主体的倾心雕琢下，权利要求这一由实质性技术方案构成，本应充当"圈定权利四至和边际"的角色，仿佛披上了多重色彩的"面纱"，将人们关注的重点由技术方案转移到了权利外在形式上，加重了权利要求表面形式对其界定作用产生的影响。因此，发明的实质性贡献在当代被外观主义理念所取代，外观设计意味着形式主义的做法大行其道，在越来越复杂的社会关系和技术现状面前，实质主义日益退居幕后，形式主义日益被推向台前。① 对权利人而言，从一开始为了更好地说明发明创造的创新点而采取权利要求的文字表达形式，发展到反而受到权利要求文字的严格拘束，需要考虑其他各方对权利要求施以的影响，这恐怕也是他们所始料不及的。②

第二节　为什么解释权利要求

如果说权利要求的出现丰富了专利文件的组成体系，对权利要求进行解释则将各方关注力始终聚焦于权利要求，通过对其内涵的阐释和外延的探索提供了广阔的空间。

一、解释的必要性

美国律师协会曾对专利权利要求解释的重要性做过这样的论述，"在专利法中没有比对权利要求解释更重要的了，专利权利要求的解释决定企业的兴衰，是推动实用技术进步的发动机"。③ 事实的确如此，权利要求只有通过解释才能焕发蓬勃

① 参见陈文煊：《专利权的边界》，知识产权出版社 2014 年版，第 85 页。

② 同上。

③ 温彪飞：《从一起跨国专利纠纷案例看权利要求解释原则的变化及适用趋势》，"中华全国专利代理人协会年会暨知识产权论坛"会议论文，2011 年于北京。

的生命力。

（一）语言的局限性

包括汉语在内的任何一个门类的语言都有其深厚的背景和底蕴，拥有丰富的语义体系和灵活的组合形式，它是人们将脑海中的思维、概念、观点具化为文字、符号、语句的转换器。理想状态下，二者应该完全对应以确保对外传达的精准性，但人类的理性是有限度的，用语言文字来描绘客观世界有其局限性，不管我们的词汇有多么详尽完善、多么具有识别力，现实中始终会有一些为严格和明确的语言分类所无能为力的细微差异与不规则情形。[①] 以词项的认知为例，从逻辑学的角度来看，其意义包括两类：内含的和外延的，前者属于该词项所意涵的性质或属性，而后者在于该词项所指称的类的那些成员。例如，"猫"的内涵由长有毛皮、有四条腿、以特定的方式活动、发出特定声音等具体且固定的属性组成；而外延的意义就在于猫本身，可能延展覆盖至宇宙中所有的猫，这样一来，由"内含"到"外延"形成的宽阔空间中所有的相关含义都有可能涵盖于"猫"这一词项中。[②]

具体到权利要求中，语言文字本身的特殊性使权利要求中的文字很少能够非常清晰地表达所欲表达的内容而毫无含糊之处，文字通常只能以大概准确地表达其含义，对一项新颖的发明而言，甚至可能找不到合适的文字表达。[③] 在 Autogiro 案中，法院坦承，"一项发明的'文字肖像'通常是为了满足专利法的要求而事后撰写出来的，这种从实际机器到文字的转化常常会留下难以弥合的空隙"。[④] 这意味着权利要求即使通过授权规则审查，也不可能达到完全精准的程度，在文字与实物比对中仍需要裁判者予以解释。[⑤] 正因如此，有学者曾强调，"我们究竟为什么要

---

① 参见[美]E. 博登海默：《法理学：法律哲学与法律方法》，邓正来译，中国政法大学出版社 2004 年版，第 503 页。

② 参见[美]帕特里克・赫尔利：《简明逻辑学导论》，陈波等译，世纪图书出版公司 2010 年版，第 64 页。

③ See Toshiko Takenaka, *Interpreting Patent Claim: The United States, Germany and Japan, Max and Planck Institute for Foreign and International Patent*, Copyright and Competition Law, 1995, Munich, p. 74.

④ Autogiro Co. of America v. United States. 155 USPQ 997(1967).

⑤ 参见郭鹏鹏：《专利保护范围之实质约束——以科力远案为视角》，载《中国发明与专利》2016 年第 12 期。

对权利要求进行分析？去弄清发明人到底发明了什么？因为权利要求常常与发明人的发明相去甚远……对权利要求的分析是要弄清专利权人有权排除被告所做的事情……这就是专利权利要求唯一的功能，这是不言而喻的道理。”①

（二）内容的不确定性

语言的局限性制约了人们对于语句的理解，技术语言的特殊性更是拉大了权利要求与受众间的距离，一个技术方案用文字描述后，总会或多或少地出现“失真”，再加上各种各样的语言文字历史悠久，各国各地的历史发展历程不同，文化传统不同，语言文字表达习惯千差万别，对于同一个技术方案，会出现表达上的因人而异、因地而异。②

首先，作为旨在克服说明书内容冗长、信息量过大、主次难分等弊病而出现的产物，权利要求天然地要对其所保护的技术方案进行高度抽象和概括，以牺牲完整性为代价来换取表述上的简洁和效率，这意味着发明人为应对审查机关给出的体例和结构要求，不得不在有限的篇幅内对语言文字做进一步的浓缩。与此同时，在能够通过审查的情况下，绝大部分权利人会选择尽量上位化的措辞，或者刻意忽略某些非必要的技术特征或不重要的细节，以追求尽可能宽的保护范围。因此，“权利要求的语言可能无法捕捉到发明创造的每一处细节，也难以对新颖性的范围作出充分精确地描述”。③

其次，权利要求不是象征艺术美感的文学作品，而是公示技术方案的媒介通道，不可避免地要使用大量专业而晦涩的技术术语和专业词汇，这会加剧发明创造与社会公众之间的隔膜，也注定了其只可能是在有限范围内传播的小众读物。因此，权利要求被称为一种“质量较差的文本，总是以呆板无趣的形式展现在人们面前，没有几项权利要求的含义能够明确经得起高风险诉讼的考验和不会出现含糊或不确定性”。④

最后，权利要求兼具法律意义和技术信息，这无疑对将创造物通过语言文字的

---

① Janice M. Muller, *A Rich Legacy*, 81 J. Pat & Trademark Off. Soc' y, p. 758 –759 (1999).

② 参见王翠平、曹正建：《试论权利要求的解释》（上），载《中国发明与专利》2012 年第 10 期。

③ Festo Corp. v. Shoketsu Kinzoku Kogyo Kabushiki co., 535 U. S. 722, 731 (2002).

④ ［美］罗杰·谢科特、［美］约翰·托马斯：《专利法原理》（第 2 版），余仲儒译，知识产权出版社 2016 年版，第 256 页。

方式描述出来,化身为抽象符号的撰写者提出了很高的要求,他们既要储备大量的法律知识,还要对技术背景有相当的了解,既要避免现有技术已知的主题,而且需要预判未来他人能够使用的实施方案,再加上技巧水平差异、财力物力限制、授权周期不能详尽准备等因素,撰写质量往往差强人意,难以达到传神意会的效果。有学者总结道,“文字上的不精确性,以及在权利界定对解释的依赖性和权利要求解释的不确定性等因素影响下……埋下了专利权不确定性的制度隐患”。①

(三)边界的可塑性

专利权利要求的解释可以分为严格按照字面含义进行的解释(Literal construction)和一种从探究专利权人原初目的出发、自由度更大的合目的解释(Purposive construction),后者以权利要求的措辞为基础展开,但不一定局限于权利要求文字本身。② 之所以衍生出两种解释方式,包括两方面的原因:一方面,作为专利文件的法定组成部分之一,权利要求是一种精致的制度设计,公示并界定了申请人意定并主张权利的发明标的,为确保社会公众有稳定的预期,原则上应比照其字面含义来划定保护范围;另一方面,客观来看,专利申请人在撰写权利要求时不可能顾及未来才出现的侵权形式,尤其不可能完全预测将来的技术进步,将包含相应等同替换物的侵权形式考虑到权利要求的记载范围内,若严格按权利要求的记载确定保护范围,将使那些只稍加改头换面但实质又相同的技术方案落在专利权的效力范围之外,既不利于鼓励发明创造,也违反公平理念和社会正义。③ 因此,根据发明对社会贡献的实质价值,将保护范围扩大到等同的领域,既是各国判例和学说所确定的理论,也是等同原则的理论基础。

从解释主体的角度来看,虽然申请人在最初递交专利申请时以自己主观之认识对发明进行了描述,并按照专利文件的撰写规则明确了发明目的、现有技术之缺陷、发明人预期解决之技术问题等,但基于发明人的认识或检索的局限,该描述未必与客观相符,此时需要审查员在强大检索资源的结果之上,对申请人的描述进行

---

① 徐棣枫:《权利的不确定性与专利法制度创新初探》,载《政治与法律》2011 年第 10 期。

② 参见董涛:《专利权利要求》,法律出版社 2006 年版,第 163 页。

③ 参见杨志敏:《专利侵权诉讼中专利保护范围的确定与法院的权限——析专利权利要求的缩小与扩大解释》,载国家知识产权条法司编:《专利法研究(2003)》,知识产权出版社 2004 年版,第 292 页。

调节矫正,这也是专利审查程序的功能之一。[①] 对法院而言,随着科学发展带来的技术领域不断拓展或细化、交织,技术事实认定日趋复杂,技术行为边界不断模糊,出现了"在法庭上,发明术语使用的混乱常常成为影响司法公正的主要障碍"的情况。[②] 因此,为了实现个案的公平正义,法官可能在政策考量的指引作用下,根据社会经济环境的变化,从科技或经济政策角度分析专利保护问题,在一定空间内行使自由裁量权,"政策杠杆""区别对待""宽严适度"等观点的正当性不断得到现实重视与验证。[③]

二、"法律问题"还是"事实问题"

关于权利要求解释的含义,一种观点认为,权利要求解释就是确定专利权利要求真实含义的过程。[④] 另一种观点认为,所谓权利要求解释,可以定义为解释和决定专利权利要求和用语含义及其确定保护范围的手段或过程。[⑤] 还有一种观点认为,权利要求的解释是指在专利侵权诉讼中确定权利要求在诉案中的确切内容或曰确切的排他性范围。[⑥] 实际上,各方的莫衷一是并不妨碍我们对权利要求解释的性质作出共性的总结和归纳。

(一)Markman 案的启示

作为美国法院在权利要求解释历史中具有里程碑意义的案例,Markman 案对权利要求解释的性质、程序、证据等基本问题一一进行了回应,在实体和程序方面对当代权利要求的解释有着重要的指导作用。[⑦]

本案涉及的专利是一种对干洗店库存商品进行跟踪的系统,Markman 将计算机与条形码技术结合起来,通过库存控制和报告系统可以跟踪到虚假添加和虚假

① 郭鹏鹏:《专利保护范围之实质约束——以科力远案为视角》,载《中国发明与专利》2016 年第 12 期。

② 参见夏保华:《发明哲学思想史论》,人民出版社 2014 年版,第 3 页。

③ 参见孔祥俊:《知识产权保护的新思维——知识产权司法前沿问题》,中国法制出版社 2013 年版,第 298 ~345 页。

④ See Robert C. Faber, *Patent Claim Construction*, Aspen Publishers, 2003, p. 1 –3.

⑤ 参见高莉:《专利权利要求解释规则研究》,知识产权出版社 2015 年版,第 69 页。

⑥ 参见杨志敏:《专利权保护范围研究》,四川大学出版社 2013 年版,第 65 页。

⑦ See Markman v. Westview Instruments, Inc. 517 U. S. 370(1996).

删除库存量,从而将衣服的丢失控制在最小化的程度,避免工作人员在干洗过程中行窃,而被诉侵权技术方案追踪的是现金发票而非衣物,地区法院认为术语“库存”专指衣服物品,并据此认定未构成侵权。Markman 上诉主张,《美国宪法第七修正案》赋予了陪审团解释权利要求的权利,法院不应剥夺这种权利,根据陪审团的意见,权利要求中的“库存”包含现金发票。① 联邦巡回上诉法院(United States Court of Appeals for the Federal Circuit,CAFC)和最高法院一致驳回了 Markman 的主张,认为权利要求解释是一个法律问题,是法官而非陪审团拥有解释权,其主要理由包括:

第一,职能性因素。权利要求解释是对法律文件进行的整体、必要、精确的分析,法官的基本工作就是在收到证据后对法律文件中的用语进行分析,而与陪审团传统职责密切相关的问题,如对当事人及证人举止的分析评断、行为的动机和对社区标准的反应,在此都不是非常重要。因此,与陪审团相比,有专业训练和经验的法官更适合充当权利要求的解释者这个角色。

第二,统一政策因素。将专利权利要求解释作为由法院判断的“纯法律”问题的做法,有利于保持法院对先例原则的遵循,从而促进判决的正确性,确保专利制度的稳定性和一致性,有效平衡权利人、竞争对手和社会大众之间的权益。反之,如果将这一工作交给不同陪审团作出不同的解释而其本身无驳回修正之权,势必对专利制度造成紊乱,让各方当事人无所适从。

第三,历史标准因素。尽管 1791 年的《美国宪法第七修正案》认可了英国的陪审团负责审判专利侵权案件,但当时并没有进行权利要求解释的任何先例,也不涉及解释性质的问题。事实上,《美国专利法》在 1836 年才提及专利权利要求,直到 1870 年才明确其为法定要求,正式确立了权利要求的法律地位。因此,《美国宪法第七修正案》的规定并未考虑到权利要求解释这一后来的特殊问题,本案未必要遵循该规定。

可以想象,对于解释权归属问题的裁决不仅涉及权利要求解释的定性,还会影响到解释的程序、可依据的证据、具体解释的规则等一系列重要问题,因此,

① 《美国宪法第七修正案》规定,对于诉讼标的超过 20 美元的民事诉讼案件来说,应当保留由陪审团进行审判的权利。

Markman 案也被视为美国专利诉讼史上的“分水岭”，引发了关于权利要求解释更为广泛和深刻的讨论。① 在其后不久的另一起代表性案件 Cybor 案中，CAFC 再次重申，权利要求的解释应当算是一个纯粹的法律问题，故上诉法院在进行审查时可以对权利要求的解释全部进行重新审查。② 至此，关于权利要求解释性质的争论告一段落。

无独有偶，在我国同期出现的“浓缩硝酸铵溶液的制备方法”案中，法院也进行了类似的回应，“本案争议的焦点集中在对……专利权利要求书的解释上，此项权利属于人民法院而不属于鉴定机构，本案现在需要解决的是法律问题而非技术问题”。③ 由此也可以看出，我国专利制度建立时间虽晚，但裁判者还是凭借扎实的理论素养和法律知识，在个案处理中展现了良好的司法智慧。

（二）解释的含义

Markman 案所确立的规则精准地描绘出了权利要求解释的属性，而对于这一术语的追根溯源，有助于我们对其含义有更深刻的认识。

通常来讲，权利要求的解释对应的英文表达包括“Claim Construction”和“Claim Interpretation”，二者在大部分情况下可以互换，④但从词源的视角分析还是有不同的侧重：“Construction”源自拉丁文“Constructionem”，其中词根“stru”有“堆积、放置在一起”的意思，故“Construction”具有了与建筑相关的意思，可引申为对构建、组合形成的新事物进行阐释的含义。而“Interpretation”中的“inter”表示两者之间，“pret”与交易、买卖有关，故“Interpretation”更倾向于解释的含义。

基于此，有观点认为，“Claim Construction”是从撰写视角来解读权利要求，“Claim Interpretation” 则是从确定保护范围的视角来理解，且“Interpretation”还有“说明”的意思。⑤ 还有观点更进一步，将二者直接对应于专利存续的不同周期，

---

① 参见[美]罗杰·谢科特、[美]约翰·托马斯：《专利法原理》(第 2 版)，余仲儒译，知识产权出版社 2016 年版，第 258 页。

② “重新审查”标准的确立引发了关于权利要求解释程序合理性的争议，此处不再赘述。Cybor Corp. v. FAS Tech. , Inc. 138 F. 3d 1448 (Fed. Cir. 1998).

③ 太原市中级人民法院民事判决书，(1999)并知初字第 91 号。

④ See Black' s Law Dictionary, 6th ed. West Publishing, 1991, p. 136.

⑤ 参见姚建军：《权利要求解释的司法标准刍议——写在最高人民法院知识产权法庭成立之际》，载《中国专利与商标》2019 年第 1 期。

“Claim Construction”对应授权确权程序中“权利要求的理解”，体现了在权利要求未定型之前，以技术特征为要素来构建权利要求的思路和过程；相应地，“Claim Interpretation”对应侵权程序中“权利要求的解释”，反映了在权利要求固定的基础上，权利要求的解释表现为裁决者与权利要求主客体之间的一种关系。[①] 这种解读与我国现行法律规范的表述有一定契合之处。一方面，我国《专利法》第 64 条第 1 款，即“发明或者实用新型专利权的保护范围以其权利要求的内容为准，说明书及附图可以用于解释权利要求的内容”的规定位于第七章“专利权的保护”中，故一般被认为是侵权程序中确定专利权利要求保护范围的解释规则。另一方面，根据确权授权审查依据《专利审查指南（2010）》的规定，“权利要求的保护范围应当根据其所用词语的含义来理解”。[②]

当然，上述分析只是为了在理论层面更好地认识权利要求解释这一概念可能涵盖的意义，同时帮助我们借此明晰授权确权审查和侵权判定两个阶段的差异性，实践中不可能，也没有必要作出如此刻意而精细的区别和分类。因此，如无特别说明，本书统一表述为“权利要求解释”。

（三）解释的性质

由前文介绍可以看出，在经历了诸多理论困惑和曲折实践经验的“淬炼”后，有关权利要求解释的认知总体上趋于成熟，但仍然存在一些分歧和争论。例如，在涉及属性的问题上，直到 2005 年确定了权利要求解释一般规则的 Philips 案，CAFC 仍有两位法官不认同 Markman 案的结论。他们认为，“应当从一个本领域普通技术人员的角度出发，结合发明时的技术状况，根据权利要求上下文进行解释，这些……关键问题是事实性的”。[③]

其实，在笔者看来，在糅合了法学理论和专业技术的专利法领域，任何一种观点的出现和繁衍都带有其天然的正当性，在接纳不同观点差异性的基础上，客观汲取各自合理的部分并加以整合，无疑有助于我们保持开阔的眼界，树立全局性的思维。就权利要求解释而言，其至少可以被分解为两个层面：

---

① 参见万琦：《论权利要求保护范围的确定》，载《专利代理》2019 年第 5 期。

② 《专利审查指南（2010）》第二部分第二章第 3.2.2 节。

③ Philips v. AWH Corp. 415 F. 3d 1303 (Fed. Cir. 2005).

一是事实层面的还原。从权利要求书诞生的初衷来看,追求其真实含义是权利要求解释的应有之义,如果说撰写是将技术方案"加密"进权利要求记载的概括浓缩,解释则是在不掺杂解释者主观意志的前提下,通过"反向工程"对其进行的客观还原。基于此,在 Philips 案中,持反对观点的法官认为,"CAFC 一直以来认为权利要求解释不包括任何事实部分的观点导致了'蓄意破坏',即便不是对制度完整性的破坏,也是权利要求解释过程的合法性的严重破坏"。①CAFC 也曾承认,"专利权利要求只是一种对简洁的权利要求语言进行详细描述的方式,目的是理解和解释权利要求的范围,而不是改变权利要求的范围"。②

二是法律层面的调节。权利要求书作为经国家有关部门确认的具有法律效力的文件,其解释必然会引起法律关系的变化。以专利侵权诉讼为例,侵权行为所侵犯的是法律所保护的利益,故需先对法定利益的范围进行审查,该问题属于法律界定,而非事实认定,这也是该问题不能适用当事人自认原则的原因。③ 有学者更直白的指出,"权利要求的解释与申请人纯粹主观的真实意思并无必然关系……法院通过专利文献对权利要求进行解释,并不关心发明人的真实意思或者笔者个人事后对于某些文字的特殊理解,而是要解释普通公众(普通技术人员)基于专利文本所获得的理解。发明人在专利授权后对于权利要求中相关术语含义的证词,在法律上没有什么意义"。④ 该论断看似偏激,但也真实地反映了法律手段对权利要求边界强有力的调节作用。

鉴于此,即便是在继承 Markman 案宗旨并将其进一步发扬光大的 Cybor 案中,法院也意识到了法律与事实融合的问题,认为最高法院虽然最终支持了 CAFC 关于解释权归属于法官的结论,但并未全盘否定权利要求解释也附带了事实问题。⑤这也启发我们无须纠结于不同观点交织而成的迷局,在对权利要求进行解释时,既要秉持探寻真实技术方案的初心,避免与发明人的本意背道而驰,也要充分运用法

---

① Philips v. AWH Corp. 415 F. 3d 1303(Fed. Cir. 2005).

② Scipps Clinic and Research Foundation v. Genentech, Inc. ,927 F. 2d 1565(Fed. Cir 1991).

③ 参见山桥、阎春光:《司法实践中对专利权利要求解释的实例分析》,载《中国发明与专利》2006年第4期。

④ 崔国斌:《专利技术的等同比较》,载《北大知识产权评论》2002年第1卷。

⑤ Cybor Corp. v. FAS Tech. ,Inc. 138 F. 3d 1448(Fed. Cir. 1998).

律允许的手段,划定合理的保护范围。

第三节 何时解释权利要求

权利要求解释何时启动?是否存在前提条件?如何把握解释的时机?在明确了权利要求解释的法律属性及其必要性后,关于这些问题的探讨有助于我们进一步理解权利要求解释的意义。对此,业内目前主要存在两种观点:一种观点是"有前提条件说",即只有在权利要求的术语存在特定含义,或者说明书明确放弃某些技术方案,或者权利要求所包含的某些技术方案无法实现,或者权利要求的术语存在多种含义等情况下,才需要对权利要求加以解释;①另一种观点是"无前提条件说",即权利要求解释十分必要,不应当将其理解为仅在权利要求书不清楚时才需要解释,而应当理解为在确定权利要求的保护范围的过程中均需对权利要求的含义进行解释。② 因为涉及解释时机的问题,也有人将此两种观点称为"时机肯定论"和"时机否定论"。③

笔者认为,权利要求解释不存在前提条件,也无须以特定情形的出现作为启动时机,反之,作为各个阶段必不可少的工作,权利要求解释贯穿于每一项专利完整的生命周期,无时不在、无处不在地完成了专利价值的评判和实现。

一、立法本意的探寻

作为我国制定《专利法》时所重点参考的公约之一,《欧洲专利公约》第 69 条也被视为我国现行《专利法》第 59 条的立法渊源。④ 根据该条第 1 款的规定,"The extent of the protection conferred by a European patent or a European patent application shall be determined by the terms of the claims. Nevertheless, the description and

① 张鹏:《论专利说明书对权利要求保护范围的解释作用——以客观主义与主观主义的博弈为视角》,载《科技与法律》2014 年第 3 期。

② 尹新天:《中国专利法详解》,知识产权出版社 2011 年版,第 579 页。

③ 刘庆辉:《基于语境主义的专利权利要求解释》,载《电子知识产权》2016 年第 7 期。

④ 张清奎:《中国专利法与欧洲专利公约比较研究》,载国家知识产权局条法司编:《专利法研究(2004)》,水利水电出版社 2005 年版,第 256 页。

drawings shall be used to interpret the claims"。部分学者将其翻译为"一份欧洲专利或欧洲专利申请的保护范围由权利要求书的内容来确定,说明书和附图可以用于解释权利要求"。[①] 笔者认为这种翻译方式存在可商榷之处,"shall"通常被译作"将、会"[②],故"shall be used to interpret the claims"强调了"interpret"即"解释"是必要的、应当的,而非仅仅是"可以"。进一步讲,由于相同的专利由不同成员国分别予以保护,加之《欧洲专利公约》使用了德语、英语与法语三种具有同等效力,但表述宽泛程度存在差异的撰写语言,因此,为确立保护范围之确定的基本原则,促进成员国法院审理侵犯欧洲专利之诉的统一性,成员国在《关于解释〈欧洲专利公约〉第69条的议定书》中作出如下规定:

"第69条不应当解释为这样的意义:欧洲专利给予的保护范围应当理解为指权利要求书所用措辞的严格的字面意义所限定的范围,说明书和附图只用以解释权利要求中的含混不清之处;该条也不应当解释为这样的意义:权利要求书仅仅是一种指导方针,授予的实际保护范围可以根据所属领域技术人员考虑说明书和附图以后,扩展到专利权人所预期的范围。" [③]

之所以进行这样的说明,是为了防止权利要求的解释出现该规定中的两个极端,"有前提条件说"正是极端之一的表现形式,并非立法者的本意。因此,在适用我国现行《专利法》第64条时,对其中"说明书及附图可以用于解释权利要求的内容"的表述应作出符合其法律渊源及初衷的理解。

值得注意的是,该规定也被业内视为权利要求解释"折中原则"的出处,其目

---

① 张鹏:《论权利要求保护范围解释的原则、时机和方法》,载国家知识产权局条法司编:《专利法研究(2009)》,人民出版社2010年版,第271页。

② [英]霍恩比:《牛津高阶英汉双解词典》(第9版),李旭影等译,商务印书馆2018年版,第315页。

③ Article 69 should not be interpreted in the sense that the extent of the protection conferred by a European patent is to be understood as that defined by the strict, literal meaning of the wording used in the claims, the description and drawings being employed only for the purpose of resolving an ambiguity found in the claims. Neither should it be interpreted in the sense that the claims serve only as a guideline and that the actual protection conferred may extend to what, from a consideration of the description and drawings by a person skilled in the art, the patentee has contemplated.

的是在两个极端之间确定一个位置，这个位置应当将对专利权人的合理保护和对第三方的适当程度的确定性结合起来，以避免早期曾出现过的所谓“中心限定”原则和“周边限定”原则。

二、司法实践的修正

实际上，“有前提条件说”和“无前提条件说”的博弈早已有之，各国司法者也在判例中通过不同方式明确了其态度和选择，表示出对后者的青睐。

（一）域外经验的借鉴

与欧洲各国以公约形式达成共识的做法相比，美国虽然未在法律规范中提及解释时机的问题，但也通过判例法探索确立了“无前提条件说”的地位。在Autogiro案中，法院认为，“权利要求从表面看不可能是清楚的，毫无含糊之处……我们所采用文字的特点导致只有在非常罕见的情况下一项权利要求才是清楚的和没有任何含糊之处的……人们之所以认为清楚，恰恰是通过解释得到的结果，而不应仅仅是简单地观察权利要求的‘外表’就给出‘断言’”。① 以此间接否定了无须解释情形的存在。

日本在这一问题上的态度则显得比较纠结。在1991年著名的“脂肪分解酶”案中，最高法院认为，“发明要点应当根据专利权利要求的记载确定，除非有特殊的情况。同样，专利说明书中的详细描述，也只有在特殊情况下才可以给予考虑，例如，权利要求的记载不能通过单一且清楚的方式理解，或者与专利说明书中的描述相比，一眼看上去权利要求的记载有明显的错误”。② 本案中，最高法院借助“发明要点”的概念，限制了说明书用于解释权利要求的适用范围。此论断一出即引发了不少争议，也影响了一系列在后判例，例如，东京高等法院在同年的“风帆”案中指出，“只有在仅仅通过权利要求书的记载无法明确理解技术的含义等特殊情况下，才可以参酌说明书中的详细说明以及附图”。③

上述争议随着1994年《日本专利法》第70条第2款的增加而告一段落，根据

① Autogiro Co. of America v. United States. 155 USPQ 997(1967).

② 日本最高法院1991年3月8日判决。

③ 东京高等法院1991年9月17日判决。

该款规定,在解释权利要求时,应当参考专利申请书的说明书及附图。学者们对此纷纷表示赞同,他们认为,只从权利要求本身往往不能充分理解发明的内容,还要通过参考专利的说明书和附图,才可以更清楚的认识发明的内容。[①] 该规定的影响力很快也在司法实践中显现出来,日本知识产权高等法院在"图形表示装置及方法"一案中特意强调,"在专利侵权诉讼中,无论权利要求记载的文言是否是一义明确的,均应当参考说明书中关于发明的详细说明和附图来解释权利要求中记载的用语的含义"。[②] 同时,法院还指出,"最高法院在'脂肪分解酶'案中的判决,针对的是在专利申请过程中确定发明的要点,对于侵权诉讼没有约束力,《日本专利法》第70条第2款的规定就是为了防止最高法院的上述判决影响到侵权诉讼而增加的"。[③] 从而限缩了"脂肪分解酶"案结论的适用范围,至少在侵权诉讼中明确了"无前提条件说"的态度。

(二)"有前提条件说"的检视

与日本情况类似,我国现行司法实践的态度也是在经历了一些反复后才逐渐变得清晰起来。

1."机芯奏鸣装置"案的争议

我国有关权利要求解释时机的探讨起源于"机芯奏鸣装置"案,[④]最高人民法院在本案中的一段论述也经常被作为"有前提条件说"的论据进行引证,即"说明书和附图只有在权利要求书记载的内容不清楚时,才能用来澄清权利要求书中模糊不清的地方,说明书和附图不能用来限制权利要求书中已经明确无误记载的权利要求的范围"。受其影响,北京市高级人民法院在随后的"保暖、保健内裤"案中延续了上述观点,即"只有在一项权利要求的类型或者用于确定保护范围的词语含义不清楚,以及多项权利要求之间的引用关系不明确的情况下,才可以积极主动地

---

① 参见[日]中山信弘:《工业所有权法上·专利法》(第2版增补版),弘文堂2000年版,第50页。

② 日本知识产权高等法院2006年9月28日关于"图形表示装置及方法"案的判决。转引自杨志敏:《专利权保护范围研究》,四川大学出版社2013年版,第121页。

③ 同上。

④ 最高人民法院民事判决书,(2001)民三提字第1号。

引入说明书及附图来解释权利要求”。①

在笔者看来,最高人民法院的论述看似对权利要求解释的前提条件进行了限制,但通过对比专利文件和被诉侵权技术方案,结合判决书上下文的完整内容,我们也许会更准确地体会到裁判者的本意。

本案中,涉案专利独立权利要求1和9包括如下技术特征:“1. 一种机械奏鸣装置音板成键加工设备,它包括在平板型金属盲板上切割出梳状缝隙的割刀和将被加工的金属盲板夹持的固定装置,其特征在于……b. 所述的盲板固定装置是一个开有梳缝的导向板……9. 一种机械奏鸣装置音板的成键方法,它是采用由片状磨轮对盲板相对运动进行磨割、加工出规定割深的音键,其特征在于……盲板被准确定位并夹固在所述的导向板上。”

根据说明书中实施例的记载,“在加工时由于盲板不是呈悬臂状腾空地接受旋转刀片的割入加工的,而是背贴在厚实的导向板上,被压块固定……加工出的音板音齿成形质量好,而且生产效率高”。可见,实施例为了保证技术效果的实现,排除了“盲板”在被加工时“呈悬臂状腾空”的样态。反观被诉侵权技术方案,其“盲板”恰恰是“呈悬臂状腾空”地接受旋转刀片的割入,与实施例中的方案不同。

问题在于,一审、二审法院在进行侵权比对时,将实施例中的特征解释进了权利要求1或9所确定的保护范围,进而认定被诉侵权技术方案未落入前述保护范围。对此,最高人民法院进行了纠正,“如果专利包含了发明的实施例或者该发明功能或效果的例子,权利要求书不应该解释成局限于这些例子……就本案来说,专利说明书实施例部分虽载有‘在加工时由于盲板不是呈悬臂状’字样,但这一特征并没有写入专利权利要求1或者9中,故不能利用实施例中出现的特征来限定专利权利要求范围。”并基于此分析提出了前述所谓“有前提条件说”的论述。

显而易见,在权利要求未作明确限定的情形下,不得用实施例中的技术特征来不当限缩权利要求原本的保护范围,这才是裁判者真正希望通过本案传递给人们的信息,故判决书中的表述是“不能用来限制”,而非“不能用来解释”,至少,权利要求解释是否存在“前提”并非其在本案关注的重点。当然,不得不承认,最高人民法院前述“定论式”的措辞确实容易让受众陷入误区,这也提醒我们在进行案例研

---

① 北京市高级人民法院民事判决书,(2003)高民终字第816号。

究时，必须深入阅读文书、全面了解案情，才能对典型案例的要旨作出合理有效的提取。

2.“墨盒”案的修正

司法认知的成熟往往需要时间的积淀和经验的积累，如果说最高人民法院在“机芯奏鸣装置音板的成键方法及其设备”案中的论述还存在似是而非的模糊地带，其在十年后的“墨盒”案中则态度鲜明地表达了“无前提条件说”的立场。①

本案是一起发明专利权无效行政纠纷案，其中涉及对“记忆装置”技术特征的理解，行政审查机关认为，权利要求保护范围的解释应该严格把握解释时机，以权利要求不清楚或者没有明确的唯一含义为前提。对此，最高人民法院专门以“关于权利要求用语含义的解释时机”为小节进行了回应，“说明书乃权利要求之母，不参考说明书及其附图，仅仅通过阅读权利要求书即可正确理解权利要求及其用语的含义，在通常情况下是不可能的。权利要求的解释就是理解和确定权利要求含义的过程。在这个过程中，必须结合说明书及其附图才能正确解释权利要求。专利复审委员会关于权利要求的解释应严格把握解释时机，以权利要求不清楚或者没有明确的唯一含义为前提的主张，既违背文本解释的逻辑，又不符合权利要求解释的实践，本院无法赞同。”本案中，最高人民法院从说明书和权利要求书关系的角度认定权利要求解释与文本是否清楚无关，其在任何时候都是必要的。

更为关键的是，“墨盒”案还引发了这样一种效应，其在更看重权利要求书文本内容的授权确权程序中对于“无前提条件说”的宣扬，打消了人们在侵权环节中解释权利要求的顾虑，鼓励他们更积极、主动地运用各种资料，通过进一步澄清、修正、弥补、特别限定等方式来准确解释权利要求的含义。至此，我国司法实践完成了由“有前提条件说”向“无前提条件说”的修正。

三、“无前提条件说”的合理性

作为立法规范和司法裁判的共同选择，“无前提条件说”不仅符合权利要求解释的法律特性，也顺应了对权利要求边界进行客观、准确、合理划定的需求。

---

① 最高人民法院行政判决书，(2010)知行字第53-1号。

（一）符合“语境主义”的原则

“语境主义”起源于哲学领域，其基本理念在于“关于知识的主张的正确与否，会随着会话和交流的目的而变化，因而，知识主张的适当性也是随着语境的特征变化着的……无论是在理论的定位、知识的构造还是方法的使用上，语境主义世界观的思想已经深刻地渗入了包括哲学、社会学、人类学、心理学、物理学、生物学等在内的各个学科的方方面面之中”。[①]具体到专利领域中，由于专利权利要求是一种语言文本，要确定其真实含义及保护范围，就必须通过其所在的语境去理解，而不能脱离语境，仅根据其字面含义对权利要求进行孤立的理解。[②] 换言之，根据“语境主义”的认知，“有前提条件说”存在逻辑上的缺陷，因为只有站在所属技术领域普通技术人员的视角，采用了该领域所具有的通常认识来理解权利要求时，才可能判断“权利要求不清楚”这一所谓“前提”是否存在，在此过程中，判断者实际上已经潜移默化地利用了各类证据或固化于头脑中的公知常识完成了对权利要求的解释。[③]

对此，最高人民法院在“墨盒”案中也阐释了类似的观点，“……任何语言只有置于特定语境中才能得到理解。同时，基于语言表达的局限性和文字篇幅的限制，权利要求不可能对发明所涉及的全部问题表述无遗，需要通过说明书对要求保护的技术方案的技术领域、背景技术、发明内容、附图及具体实施方式等加以说明……说明书的上述内容构成权利要求所处的语境或者上下文，只有结合说明书的记载，才能正确理解权利要求的含义”。[④]

（二）不会影响权利要求的地位

“有前提条件说”支持者认为，“权利要求书作为一份确定专利权保护范围的法律文件，应当尽可能做到不依赖其他文件即可根据其自身的表述清楚、明确地限定出具有确定性的保护范围……使用说明书限制权利要求的保护范围不符合《专利法》第59条的立法本义，因为这将使权利要求书的法律意义有所丧失，违背了专

---

① 殷杰：《语境主义世界观的特征》，载《哲学研究》2006年第5期。

② 参见刘庆辉：《专利授权程序中的权利要求解释》，载《知识产权》2017年第6期。

③ 参见刘庆辉：《基于语境主义的专利权利要求解释》，载《电子知识产权》2016年第7期。

④ 最高人民法院行政判决书，(2010)知行字第53－1号。

利法的基本理论”。[①] 其实，这种担心是不必要的。

首先，从解释的目的来看，权利要求解释这一工作的初衷并非削弱或冲击权利要求在专利制度中的价值和作用。反之，恰恰是因为权利要求基础性的核心作用，为确保在不扭曲发明人本意的基础上真实合理地还原其蕴含的技术方案，才有必要“调动”一切可依据的资料，对高度概括抽象的权利要求进行解读，而非仅凭借对其字面含义的粗浅认识草率下判。这样做看似大费周折，实则体现了对权利要求本身的重视和尊重。

其次，从解释的情形来看，无论是模糊的澄清、歧义的消除，还是错误的修正、自创词的特别限定，乃至清楚时的辅助理解，权利要求书和包括说明书在内的解释资料并非总处于“对立面”的状态，其在理想状态下应该保持一致，有机协调、相互配合地共同发挥界定权利要求保护范围的作用。因此，充分发挥解释资料的作用可以起到事半功倍、提高效率的效果。

最后，从解释的结果来看，权利要求的解释是一个复杂而精妙的“解构”过程，即便在字面含义与解释资料含义不同的情况下，也不一定出现“非此即彼”的结果，解释者要在充分阅读专利文件、统筹平衡各方利益的前提下才能作出选择，这不仅是为了维护权利要求公示性和权威性，也是为了确保实现社会公众的信赖利益。

这样看来，权利要求解释不仅不会对权利要求造成冲击，反倒是有助于巩固其在专利体系中的核心地位。

（三）便于更好地理解技术方案

实际上，“有前提条件说”和“无前提条件说”并不存在根本的分歧，无论持何种观点，从广义上看，二者都需要将技术领域、技术问题、技术效果与技术方案综合考虑以解读权利要求，有无前提条件的判断在实践中并非必要或独立的步骤，其更多的是概念层面上的一种争议。[②] 本书之所以支持“无前提条件说”，也不是为了要求大家在实践中一定要找到所谓的前提，而是表示一种倡导性的宣扬，鼓励人们

---

① 张鹏：《论权利要求保护范围解释的原则、时机和方法》，载国家知识产权局条法司编：《专利法研究（2009）》，人民出版社2010年版，第273页。

② 参见陈文煊：《专利权的边界》，知识产权出版社2014年版，第170页。

在授权确权审查或侵权判定的整体过程中，以更好地理解技术方案为目的，通过解释来实现权利要求应有的价值和意义。正如某学者所言，“参考说明书和附图不是消极的、被动的，而是积极的、主动的”。① 还有人指出，“某些权利要求的内容，当人们以通常含义理解时，本身看起来似乎是清楚的，但在阅读说明书和附图之后，才知道原来专利文献是在特殊的语境中、在生僻的意义上使用有关语言，前后所得出的结论有时可能南辕北辙”。②

正因如此，Autogiro 案中美国法院在肯定“无前提条件说”时使用了一种比较缓和的口吻，“即使权利要求没有含糊之处，也不能限制为了更好地理解权利要求的含义而对其进行探讨……不论权利要求看起来如何清楚，了解其背景常常会完全改变你对权利要求的最初理解”。③ 同样，欧洲专利局也作了类似的表述，“本领域技术人员在解释专利权利要求时，应排除那些不合逻辑或在技术上讲不通的解释，他应该怀着强烈的整体意识（以建设性、而非割裂性的心态），考虑专利的全部公开内容，做出合乎技术常理的解释……解读专利权利要求应抱着乐于理解之心，而非刻意误解之心”。④

第四节 怎样解释权利要求

在明晰了权利要求解释的必要性和时机选择后，怎样解释权利要求成为摆在我们面前一个很实际的问题，在正确原则的指引下，以适格主体的认知水平和能力，通过科学的程序和全面的资料，方可作出合理的解释。

一、原则的演变

权利要求解释的原则一定程度上代表了我们面对权利要求时应有的态度，对其边界的圈定起着至关重要的影响作用。然而，作为理论层面的抽象概念而非成

① 汤宗舜：《专利法教程》（第 3 版），法律出版社 2003 年版，第 226 页。

② 陈文煊：《专利权的边界》，知识产权出版社 2014 年版，第 85 页。

③ Autogiro Co. of America v. United States. 155 USPQ 997（1967）.

④ 欧洲专利局上诉委员会编：《欧洲专利局上诉委员会判例法》（第 6 版），中国专利代理（香港）有限公司组织翻译，知识产权出版社 2006 年版，第 260 页。

文的规范,权利要求解释原则在历史上曾经历过复杂的更迭和演变。

（一）“中心限定”与“周边限定”的利弊

作为最具代表性的两类学说,“中心限定”与“周边限定”在特定的历史时期对于权利要求解释体系的完善和发展起到了阶段性的推动作用,回顾这段历史也有助于我们理解为什么“折中原则”最终能成为当代各国认可的权利要求解释原则。

具体而言,“中心限定”原则源于德国的“总体发明构思(一般发明思想)”的概念,旨在根据发明的思想而不是具体技术方案确定专利保护范围,要求本技术领域的普通技术人员基于自己的专业知识能从权利要求和说明书中识别出的最大保护范围,包括与明显等同相比,需要更深的“考虑”才能认识到的“非明显等同”手段。① 其目的在于撇开权利要求书形式上的“繁文缛节”,破除权利要求解释中的各项“枷锁”,拓展解释的自由度,以贴近发明人实质性的技术贡献。相形之下,在权利要求书的诞生地英国,“周边限定”原则曾一度是最具影响力的解释准则,它更强调权利要求存在的形式意义,认为技术方案随着权利要求文字内容的确定而固化下来,无论发明人本意如何,后续保护侵权判定过程中均不能过于突破其权利边界来确定保护范围。② 例如,在被认为是现代英国权利要求书撰写方式的权威性规定的判决中,法院强调,“我不知道有什么理由来支持这样的观点,在一份陈述清晰的权利要求书中,可以不顾及权利要求书的字面含义,随意将其不包含的文字‘读进’权利要求书中,以这种方式来拓宽或缩小专利权利要求的保护范围或者使用说明书中的模糊不清的术语来任意扩大或者缩小权利要求书中使用清晰明确的术语界定的保护范围”。③

站在“事后诸葛亮”的角度,两种原则各自的利弊一目了然:“中心限定”原则从发明人利益出发,以更灵活的方式保证其权利价值得以充分彰显,但无疑加重了审查机关尤其是司法机关在解释权利要求时的负担,也损害了权利要求的公示意义,模糊了社会公众的预期;“周边限定”原则符合权利要求书诞生的初衷,便于审

① See Ray D. Weston, Jr., *A Comparative Analysis of the Doctrine of Equivalents: Can European Approaches Solve an American Dilemma?*, The Journal of Law and Technology(1998).

② 需要注意的是,根据英国知识产权局的声明,“脱欧”对英国的专利保护影响甚小。转引自闫文军:《专利权的保护范围》(第2版),法律出版社2018年版,第232页。

③ Dudgeon v. Thomson, LR 3 App Cas 34.

查机关和司法机关轻松的“按章办事”，维护了专利文件的公共属性和社会公众的共享利益，但同时也对权利人提出了极高的撰写要求，易因追求形式上的完美而忽略其作出的技术贡献。总体来看，两种原则特点鲜明，代表性极强，故也被称为“贡献主义”和“文本主义”。有学者认为，两种原则代表的确定专利权保护范围的模式截然相反，其优劣之处也正好互补，其存在的缺点是都严重妨碍了专利制度的正常运作，使其原来想要发挥的长处黯然失色。①

（二）“折中原则”的体现

随着国际贸易的发达与兴盛，专利权的国际侵害与救济也势趋必然，但是，各国社会、政治体制不同，专利制度也颇多歧异，发明人为寻求保护必须向这些国家一一提出专利申请，程序烦琐而重复，因此，超国家专利制度的需求应运而生。1973 年 9 月 10 日至 10 月 5 日，在德国联邦政府的邀请下，包括英国在内的 21 个欧洲国家在慕尼黑举行外交会议，通过了《欧洲专利公约》及其实施细则，欧洲专利局也于次年成立，成为世界上最有影响的专利局之一。②

为协调各国理念的差异，《欧洲专利公约》以简明扼要的语言明确了确定专利保护范围的方法，在《关于解释〈欧洲专利公约〉第 69 条的议定书》中旗帜鲜明地对“中心限定”与“周边限定”表示了反对，并将二者比作权利要求解释的两个极端，指出“应该以居于这两个极端之间的方式进行解释，这种居间方式综合了对专利权人的公平保护和使第三方有合理的确定性”。③

实际上，欧洲范围内权利要求解释原则的分歧看似到《欧洲专利公约》的签订才达成一致，其实“中心限定”与“周边限定”两大派系早已在此前的实践中呈现出融合的趋势。在严格奉行“周边限定”主义的英国，由判例法确立的“发明精髓原则”（doctrine of pith and marrow）曾对权利要求解释的基本导向产生影响。在 Marconi 案中，法院给出了这一原则的要旨：“……任何一个利用了专利发明实质性内容的人不能指望通过一些无关紧要的变化就摆脱侵犯该专利权的责任……只要

① 参见尹新天：《中国专利法详解》，知识产权出版社 2011 年版，第 558 页。

② 参见张玉龙、张学安：《欧洲专利公约的回顾与展望》，载《〈公安学刊〉——浙江警察学院学报》2009 年第 4 期。

③ On the contrary, it is to be interpreted as defining a position between these extremes which combines a fair protection for the patentee with a reasonable degree of certainty for third parties.

使用了该发明的关键部分，不管其是否省略了某些非实质性部分还是采用等同物予以替换，都应当被认定为侵犯专利权的行为。”①Photophone 案更是进一步指出：“等同原则实际上只是人们所提到的‘发明精髓’原则的一个具体应用而已。”②而在一贯坚持“中心限定”的德国，其在加入《欧洲专利公约》之前也存在一种“专利局意思限定论”的观点，认为所谓权利要求解释就是对申请人、特别是专利局在权利要求中所表达的意思进行解释，因为权利要求的记载直接表达专利局在多大范围给予了专利权保护。这种解释论将专利的保护范围局限在专利局的意思或权利要求文字表述的范围内，同时严格限制法院在确定专利保护范围时的权限。

受益于域外经验的积累，我国在早期的司法实践中就采取了“折中原则”的解释方式。在“机芯奏鸣装置音板的成键方法及其设备”案中，最高人民法院明确指出，“在确定专利权的保护范围时，既不能将专利权保护范围仅限于权利要求书严格的字面含义上，也不能将权利要求书作为一种可以随意发挥的技术指导。”③该理念一直延续到了最高人民法院《关于审理侵犯专利权纠纷案件应用法律若干问题的解释》[以下简称《侵权司法解释(一)》]的制定过程中，起草者认为，“在借鉴国外立法例的基础上，对我国专利审判实践一致坚持的这种解释原则予以明确”。④ 而在地方法院出台的规范性文件中，则直接使用了“折中原则”的表述，规定“解释权利要求时……既不能将专利权的保护范围拘泥于权利要求书的字面含义，也不能将专利权的保护范围扩展到本领域普通技术人员在专利申请日前通过阅读说明书及附图后需要经过创造性劳动才能联想到的内容。”⑤

二、主体的界定

对于解释主体的界定，美国称之为“具备本领域普通技术的人员”（Person

① Marconi v. British Radio Telegraph and Telephone Co. (1991), 28 RPC 181.

② RCA Photophone Ltd v. Gaumont-British Picture Corporation Ltd and British Acoustic Films Ltd (1936), 53 RPC 167.

③ 最高人民法院民事判决书，(2001)民三提字第1号。

④ 孔祥俊、王永昌、李剑：《〈关于审理侵犯专利权纠纷案件应用法律若干问题的解释〉的理解与适用》，载《人民司法》2010年第3期。

⑤ 北京市高级人民法院《专利侵权判定指南(2017)》第3条。

Having Ordinary Skill In The Art，PHOSITA），德语和日语对应的表述为“平均专家”和“当业者”，我国《专利法》和司法解释则分别使用了“所属技术领域的技术人员”和“本领域普通技术人员”的术语。虽然措辞略有不同，但在含义上并无实质性的区别，因为其不仅是权利要求的解释者，也是包括专利授权确权程序的审查者和侵权保护认定的比对者在内的基础性概念。为保持体例上的一致性，本书在讨论时统一使用“本领域普通技术人员”的表述。

（一）拟制的主体

作为一种拟制的法律概念，“本领域普通技术人员”的“虚拟性”是各国法律和实践均认可的基本特性，但这并不意味着我们可以不受任何拘束对其特点进行设定。具体到权利要求解释这一问题上，“本领域普通技术人员”应符合以下几点要求：

一是专业的技术领域。“术业有专攻”，以不同领域的视角去评述某一领域的技术问题，既不合理也不客观。“在众多电学、机械领域的技术人员中，能认识化学领域中脒、肟、羰、羧、吖啶、吲哚、嘧啶、吡咯烷酮等常用字的人都是凤毛麟角，了解化学领域中像画一样环环相连的结构式、有机化学的共振论和电子理论的人更是世所罕见；同样，鲜有耳闻化学医药领域的专业人才也通晓半导体、通信、电力等专业知识”。[①] 即便在相近的领域，同一术语都有可能存在不同的理解。例如，在美国的 Eastman 案中，CAFC 在对“结晶温度”一词进行解释时发现，其在高分子领域指的是开始结晶的温度，而在更专业的工业化学领域指的是加热介质的温度，因本专利属后一领域，故采用了后者的理解标准。[②] 因此，我们对解释主体的拟制必须是在同一，至少是相近似技术领域的语境下完成，这也是国家知识产权局专利复审和无效审查部（原专利复审委员会）按专业领域进行机构设置的原因。

二是合理的认知水平。与权利要求解释“折中原则”看似“不偏不倚”，实则深谙“平衡”之道的情形类似，“本领域普通技术人员”中的“普通”也力图将其认知水平限定在一个“中庸”的范围内。在审查部门看来，“这个假定的人知晓申请日或者优先权日之前发明所属技术领域所有的普通技术知识，能够获知该领域中所有

---

① 周雷鸣：《论专利审查视角下本领域的技术人员》，载《中国发明与专利》2019 年第 12 期。

② Eastman Kodak Co. v. The Goodyeat Tire & Rubber Co. 114 F. 3d 1547（Fed. Cir. 1997）.

的现有技术,并且具有应用该日期之前常规实验手段的能力,但他不具有创造能力"。[①] 司法机关则直接将其界定在"该领域的技术专家"与"不懂技术的人"之间,即"具有该专利所属技术领域平均知识水平的技术人员"。[②]基于这一定位,"普通技术"的范围一般包括:众所周知的事实;所属技术领域和通用技术领域的惯用手段;记载于所属技术领域和通用技术领域的教科书、工具书、技术手册等中的知识;在技术快速更新的技术领域,记载于文献中被所属技术领域的技术人员广泛知晓的知识。[③]

对于"本领域普通技术人员"的认知水平,有学者曾生动地描述道,"这样的人对世界任何地方产生的现有技术都不陌生,但是却没有对不同现有技术进行组合而提出改进方案的主观意愿。换句话说,他在学习掌握现有技术方面十分勤奋,可谓'学富五车';在发挥主观能动性方面却十分懒惰,可谓'不求进取'"。[④] 这也提醒我们在借助该虚拟主体解释权利要求时,既要符合基本的专业水准,具备该领域一般的技术思维,也不能达到精通的状态,僭越通常理解所需要的水平。

三是特定的时间节点。任一领域的技术都会随着时间的推移而不断发展进步,这也意味着我们在界定"本领域普通技术人员"的认知水平时需要选定一个特定的时间节点。通常来讲,为避免"后见之明",认定本领域技术人员的知识和能力需要回到发明完成时的技术状态,排除后来的技术发展,以当时的情况来判定一般的技术水平。理想的状态是对申请日时某项发明的现有技术状况有全面的了解,即申请日时本领域技术人员面对发明背景技术中存在的技术问题,知晓本领域的技术问题存在哪些解决思路和解决手段;并且在时间维度上对发明中所涉及技术的源头、技术发展的历程和技术发展的趋势有所了解。[⑤] 正如CAFC在Panduit案中指出的那样,"判断者必须在时间上退回去,穿上发明尚无人知晓时或没有做出

① 《专利审查指南(2010)》第二部分第四章第2.4节。

② 孔祥俊、王永昌、李剑:《〈关于审理侵犯专利权纠纷案件应用法律若干问题的解释〉的理解与适用》,载《人民司法》2010年第3期。

③ 参见易玲、魏小栋:《多维度视角下的"本领域技术人员"之界定》,载《知识产权》2010年第3期。

④ 尹新天:《中国专利法详解》,知识产权出版社2011年版,第272页。

⑤ 参见冯涛、李越、邹凯、倪晓红:《理解发明与权利要求保护范围的认定》,载《电子知识产权》2019年第11期。

时的本领域技术人员的鞋子”。[①] 但是，在等同侵权判定的环节中，为体现权利边界的“弹性”，更充分地保护权利人的利益，避免侵权人以申请日后出现的常规替代手段变相利用专利实质性技术方案，这个时间节点有必要向后推至“被诉侵权行为发生时”。当然，这样做的前提是要在“本领域普通技术人员无须经过创造性劳动就能够联想到的”范围内，否则就超出了上一点所述认知水平的合理程度。

（二）现实的主体

无论制度上如何设计，权利要求解释的任务终究还是要由现实的主体完成，法官和审查员就是实践中具备解释权利要求法定资质的“本领域普通技术人员”。需要注意的是，一方面，“技术调查官”“专家证人”“鉴定人”仅可用于提供了解技术背景所需的意见，而不适合充当权利要求解释的主体。另一方面，出于工作要求，审查员的知识背景多以理工科为主，其至少在某一专业具备该领域平均的技术水平，与“本领域普通技术人员”形成了顺理成章的对应，在此前提下，作为法律理解和适用的主体，法官需具备何种素养才能扮演好“本领域普通技术人员”这一角色，成了我们关注的重点。

首先，掌握基本技术常识。既然面对的是技术类的信息，学习并掌握一定的技术常识是必要的，当然，要求大多数不具备技术类专业背景的法官达到本领域普通的技术水平，既不现实，也没有必要。在笔者看来，在“学有余力”的情况下了解一些行业的技术背景、熟悉一些领域的通用术语、搞懂一些简单的技术原理即可，至少可以避免接触技术类信息或与技术人员交流时因“代沟”过大而产生畏难情绪，影响案件后续进展。

其次，培养技术理解能力。现今世界，各类技术发展迅猛，新型问题层出不穷，学科分类日益精细，专家学者尚难以达到全方位无遗漏的通晓程度，遑论只具备本领域平均水平的普通技术人员。因此，对于“本领域普通技术人员”的评判不应仅以知识量“论英雄”，而应关注其理解认知、分析推理运算、常规实验、检索、常规改造和预判能力。[②] 具体到法官而言，其最重要的不是掌握多少专业知识，而是要通

① Panduit Corp. v. Dennison Mfg. Co,810 F2d 1561,1 C. S. P. Q. 2d 1593(Fed. Cir. 1986).

② 参见冯涛、李越、邹凯、倪晓红:《理解发明与权利要求保护范围的认定》，载《电子知识产权》2019 年第 11 期。

过大量技术类案件的“熏陶”练就技术型的逻辑思维能力。例如,快速了解技术背景的现有技术检索能力、阅读专利文件时的图文结合能力、理解技术要点时的空间想象能力、将复杂抽象的技术语言转化为通俗易懂的常规表述的概括能力、借助技术手段直观再现发明方案的信息化能力等,这样才能“以不变应万变”,从容面对纷繁复杂的各类专利纠纷。①

最后,坚持法律主导原则。如前所述,权利要求解释具有强烈的法律属性,至少是对技术事实进行法律评述后得出的结论。缜密的法律思维能力,有助于在专利事务中将蕴含着专利法规定的判断规则和普通技术知识、现有技术相结合,正确演绎专利理念、专利思维方法和价值追求。② 因此,无论面对的技术问题有多复杂,法官均应秉持法律的眼光,以法律规范和客观事实为思考资料,基于专利法基本原则进行利益平衡和价值选择,从杂乱无章的技术事实中“抽丝剥茧”出具有约束力的法律结论,这一原则不仅适用于法官,也适用于审查员。例如,在创造性判断的过程中,对“本领域普通技术人员”的能力包括具备何种程度的创造能力的界定,实际上隐含着审查员和法官对专利授权标准的立场,这种立场的真正影响因素往往并不在法律之内,如果审查员和法官认为专利创造性的标准应当高一点,自然就会将本领域技术人员的知识和技能水平认定得高一点;如果认为专利的创造性高度应当低一点,就会自然地将本领域技术人员的要求降低一些。③

总体来说,虚拟性的特点决定了“本领域普通技术人员”仍是实践中理解与适用时容易产生的分歧点,为量化其标准,美国法院曾在 Environmental 案中罗列了六项因素:(1)发明人受教育程度;(2)所属技术领域所面对的问题;(3)现有技术对所属技术领域所面对的问题提供解答的情况;(4)发明完成的速度;(5)技术的复杂程度;(6)所属技术领域实际工作者的教育程度。④ 暂不论这些因素是否可推广适用至其他案件,但至少提醒我们,在解释权利要求时要避免主观因素带来的干扰,正确站位“本领域普通技术人员”。

---

① 有人曾专门就专利文件的阅读步骤进行归纳,有一定实用性。参见章建勤、张小娟:《专利侵权判定中权利要求解释的经验分享》,载《中国发明与专利》2019 年第 10 期。

② 参见周雷鸣:《论专利审查视角下本领域的技术人员》,载《中国发明与专利》2019 年第 12 期。

③ 参见石必胜:《本领域技术人员的比较研究》,载《电子知识产权》2012 年第 3 期。

④ Environmental Designs, Ltd. v. Union Oil Co. of California, 713 F. 2d 693 (Fed. Cir. 1983).

三、程序的优化

各国在权利要求解释程序上并无统一做法,但程序设计的合理程度往往会影响到专利侵权诉讼的进展。

(一)"马克曼听证"的经验

Markman 案不仅明确了权利要求解释的法律属性,其所确立的"马克曼听证"(Markman Hearing)也成为法院解释权利要求的经常性程序,其核心内容包括:在进入正式庭审之前举行听证会,由双方当事人或专家证人就权利保护范围的问题陈述意见,其目的在于帮助法官在审理专利诉讼案件时能够全面地对专利技术进行了解,从而准确地解释权利要求中使用的术语,其优点在于可以提前就权利要求解释给出法律认定,达到"预判"裁判结论的效果,经"马克曼听证"获得有利结论的一方可以据此向法庭提起不审即判的动议,获得不利结论的一方则会竭力寻求和解的渠道,专利侵权诉讼往往可就此快速了结。① 需要注意的是,Markman 案并未就听证的具体程序进行规定,各联邦法院在后续一系列案件中就"马克曼听证"的时间、流程、限制及当事人的义务推演作出了专属性的规定。

Markman 案后,超过 80% 的美国专利侵权案件均进行了某种形式的"马克曼听证",②该制度的一些缺陷也在广泛应用的过程中逐渐暴露出来:一是准确性存疑。鉴于听证程序通常在诉讼早期举行,此时法庭对于专利技术、被诉侵权技术、现有技术等并没有深入了解,对权利要求解释某种程度上是在"真空"中进行的。③二是不确定性较大。各联邦法院举行听证的时间并不统一,根据统计,以证据开示为节点,8% 在证据开示前,22% 是在证据开示过程中,58% 在证据开示与实体审理之间,12% 是在实体审理之中。④不同环节中证据准备的充足程度、事实调查的清晰

① 参见魏玮:《"马克曼听证"制度的由来及启示》,载《中国知识产权报》2013 年 3 月 20 日,第 8 版。

② See American Bar Association Section of Intellectual Property Law 1999 Markman Survey. IPL Newsletter. Spring 2000, Vol. 18, No. 3 (2000).

③ 参见张小林:《美国专利侵权诉讼中的马克曼听证研究》,载《科技与法律》2008 年第 4 期。

④ See Gary M. Hoffman, Charles W. Saber, *Markman Determinations*, The Sedona Conference Journal 171 (2001).

程度、当事人的诉讼策略可能有很大不同，极易导致权利要求解释的不确定性。三是重新审查推翻率高。在延续了 Markman 案精髓的 Cybor 案中，CAFC 确立了上诉法院可以不考虑一审法院的分析，对权利要求的解释全部进行“重新审查”(de nove)的规则。[①] 这一规则在引发巨大争议的同时，导致 40% ~60% 的权利要求解释被上诉审推翻，不仅增加了专利诉讼的不确定性和诉讼费用，还造成了诉讼时间延长和司法资源浪费，影响了“马克曼听证”设计初衷的实现。[②]

（二）合理的解释程序

我国与美国的审判制度不同，在专利侵权诉讼中并不存在确立类似“马克曼听证”制度的逻辑必然，但从如何更精准、有效解释权利要求的角度来看，该程序存在一定的借鉴意义：第一，法院可在正式庭审之前设置相对独立的环节，专门就权利要求解释进行听证询问，或至少要求双方当事人就此提交专门的书面意见，以熟悉涉案专利的技术内容，查明被诉侵权技术方案，进而固定双方争议的焦点；第二，不要刻意割裂权利要求解释与侵权比对之间的关系，要在听取双方关于权利要求解释意见的基础上，对权利要求和被诉侵权技术方案的技术特征进行正确划分并作出初步的比对；第三，注意这一环节与后续实体审理的衔接，在把控节奏的基础上持续推进案件进展，避免审判效率受到影响。

值得注意的是，我国司法实践中已经出现了对包括权利要求解释在内的侵权认定环节进行程序优化的积极探索。在最高人民法院知识产权法庭“第一槌”——“机动车辆的刮水器的连接器及相应的连接装置”案中，一审法院认为，“根据《中华人民共和国民事诉讼法》第一百五十三条规定，人民法院审理案件，其中一部分事实已经清楚，可以就该部分先行判决。本案中，涉案专利、被诉侵权产品的技术特征已经确定，被诉侵权事实已经查清，双方当事人对被诉侵权产品是否落入涉案专利权利要求 1 ~10 的保护范围争议较大，而该争议系本案的核心问题，直接关系到三被告应否承担侵权责任及赔偿数额的确定等问题，原告申请法院就该问题先行作出认定，于法不悖，且有利于节约司法资源，本院予以支持”。[③]

① Cybor Corp. v. FAS Tech. , Inc. 138 F. 3d 1448 (Fed. Cir. 1998).

② 参见马辉：《美国专利权利要求解释的简介》，载《知识产权》2010 年第 5 期。

③ 最高人民法院民事判决书，(2019) 最高法知民终 2 号；上海知识产权法院民事判决书，(2016) 沪 73 民初 859 号。

本案系上海法院首次对专利侵权作出先行判决且当事人就先行判决单独提起上诉的案件，这一做法也得到了二审法院的认可。在权利人主张高额赔偿的专利侵权案件中，往往需花费较多时间确定赔偿额，在此期间，若被诉侵权行为一直持续，将导致权利人损失不断扩大。本案引入先行判决审理机制，根据已查明的事实对被诉侵权产品是否落入涉案专利保护范围，即是否构成侵权作出先行判决，并允许当事人就此部分判决单独提起上诉，有利于及时制止侵权行为，并在确认侵权的基础上促进和解，对同类案件审理具有指导和借鉴意义。①

四、资料的范围

在 Markman 案之后，CAFC 建立了完善的法理体系来解决应当依赖怎样的证据资料解释权利要求的问题，在关于这个问题的基础性案例 Vitronics 案中，CAFC 首次明确将解释资料区分为“内部证据”（intrinsic evidence）和“外部证据”（extrinsic evidence），前者是指专利授权时公开记录的一部分，包括权利要求语言本身，专利文件的说明和附图，以及专利审查历史档案；后者是指除专利获取过程官方行政记录以外的证据，如字典、专著以及专家的证词。②

（一）内部证据

作为专利文件的组成部分，权利要求书、说明书和附图自然是解释权利要求的最佳选择，通常是澄清争议用语的最佳指南。此外，专利审查档案虽然不是专利授权文件的组成部分，但记录提供了原始的关于专利行政部门和专利权人如何理解术语含义的证据，可以供公众查阅，且权利要求用语在专利审查过程中和侵权诉讼中应当具有相同的含义，因此，专利审查档案对于权利要求也具有重要的解释作用。③ 对于该项资料的具体范围，美国法院在 Autogiro 案中认为，其应包含从首次

① 参见《上海高院在线发布2019年中英文版知识产权审判白皮书和十大案例》，载上海市高级人民法院网 2020 年 4 月 23 日，http://www. hshfy. sh. cn/shfy/gweb2017/xxnr. jsp? pa = aaWQ9MjAxNjY4MjgmeGg9MSZsbWRtPWxtMTcxz&zd = xwzx。

② Vitronics Corp. v. Conceptronic, Inc. 90 F. 3d 1576 (Fed. Cir. 1996).

③ 参见孔祥俊、王永昌、李剑：《〈关于审理侵犯专利权纠纷案件应用法律若干问题的解释〉的理解与适用》，载《人民司法》2010 年第 3 期。

申请文件到授权专利的专利局的全部程序记录。① 我国则对此进行了更为细化的规定,包括专利审查、复审、无效程序中专利申请人或者专利权人提交的书面材料,国务院专利行政部门及其专利复审委员会制作的审查意见通知书、会晤记录、口头审理记录、生效的专利复审请求审查决定书和专利权无效宣告请求审查决定书等。②

需要注意的是,在解释效力上,"由于审查档案只显示了 USPTO 与发明人之间的交涉过程,而未显示交涉的最终结果,所以它通常缺乏说明书那样的明确性,因此在权利要求解释的目的上,审查档案的有用性不及说明书"。③ 换言之,审查档案在多大程度上具有解释作用,与在具体专利的审查过程中审查员在多大程度上采纳了意见陈述而影响授权确权决定直接相关。④ 例如,最高人民法院《关于审理侵犯专利权纠纷案件应用法律若干问题的解释(二)》[以下简称《侵权司法解释(二)》]第 13 条规定,权利人证明专利申请人、专利权人在专利授权确权程序中对权利要求书、说明书及附图的限缩性修改或者陈述被明确否定的,人民法院应当认定该修改或者陈述未导致技术方案的放弃。这一规定对审查档案最重要的"禁止反悔"解释作用的发挥附设了条件,即需以对权利范围的确定产生了实质性影响为前提。

(二)外部证据

公认的"外部证据"一般包括字典类的工具书、本领域的教科书、专家证言等,这些资料的解释效力在历史上曾经有过争议。在 Texas Digital 案中,CAFC 强烈主张求助于字典和其他外在类似证据,"这些材料作为告知并协助法院和法官理解相关技术和术语的资源和参考,初审及上诉法院法官无论在诉讼的哪个阶段查阅这些材料都是合适的,不论这些材料是不是当事人一方作为证据提供的"。⑤ 到了 Philips 案中,CAFC 以全席判决的形式纠正了此前的观点,认为"脱离内部证据而过分依赖字典,可能会产生将权利要求用于对于普通技术人员来说的含义转换为

---

① Autogiro Co. of America v. United States. 155 USPQ 997(1967).

② 《侵权司法解释(二)》第 6 条。

③ Philips v. AWH Corp. 415 F. 3d 1303(Fed. Cir. 2005).

④ 参见陈文煊:《专利权的边界》,知识产权出版社 2014 年版,第 85 页。

⑤ Texas Digital Systems, Inc. v. Telegenix, Inc. ,308 F. 3d 1193(Fed. Cir. 2002).

抽象含义的风险,从而脱离了其特定的语境—说明书"。从而澄清了字典和其他外在证据在权利要求解释程序中应当扮演的角色。①

我国司法实践也秉持了类似的态度,司法解释的制定者认为,"相对于上述'内部证据',工具书、教科书等因不存在于专利局有关专利文件及档案中,有的称之为'外部证据'。外部证据一般只是在内部证据不足以解释清楚时才使用"。②

小 结

一方面,作为现代专利法体系的基础性组成部分,权利要求诞生至今不足两百年,还是一项非常"年轻"的法律制度;另一方面,作为应时代需求而生的产物,权利要求自出现伊始就自带"光环",承担着量化专利权边界这一无形范围的重要"使命"。然而,由技术性语言集成的权利要求决定了对其实质性内容的理解不可能仅凭借字面含义来完成,而需通过一定的资料,借助适格的主体来完成前述"使命"。因此,权利要求解释这一概念几乎是伴随权利要求的出现而同步产生,像一根"无形"的"绳索",串联起了我们求索其真谛的完整过程,时时处处影响着权利范围的界定,而权利要求这一貌似呆板、僵硬、晦涩的形式化语句也在富含法律柔性的解释过程中变得鲜活、灵动、更有生命力起来。

SUMMARY

① Philips v. AWH Corp. 415 F. 3d 1303(Fed. Cir. 2005).

② 孔祥俊、王永昌、李剑:《〈关于审理侵犯专利权纠纷案件应用法律若干问题的解释〉的理解与适用》,载《人民司法》2010年第3期。

第二章

二元制体系下权利要求解释的“殊途同归”

既然是一项贯穿专利“生命周期”的工作，权利要求解释不可避免地要出现于授权、确权、侵权等不同程序中，这些环节各自的使命和任务对权利要求解释的标准给出了不同的导向，在我国专利行政授权确权程序与民事侵权程序并行的二元体系下，呈现出看似对立，实则统一的局面。

第一节　两大标准的趋同与融合

2018 年 10 月 10 日，USPTO 发布了关于专利审判与上诉委员会（Patent Trial and Appeal Board，PTAB）采用的权利要求解释标准的最终规则（Claim Construction Final Rule），对多方复审程序（Inter Partes Review，IPR）、授权后复审程序（Post-Grant Review，PGR）和商业方法复审程序（Covered Business Method，CBM）中采用的“最宽合理解释标准”（Broadest Reasonable Interpretation，BRI 标准）进行修改，使之与美国联邦法院和国际贸易委员会（International Trade Commission，ITC）采用的“Philips 标准”保持一致。此举堪称美国权利要求解释发展过程中重要的转折点，不仅在司法机关和行政机关之间达成了统一，也再度引发了人们关于权利要求解释标准的探讨。

一、“BRI 标准”——“合理”下的“最宽”

作为在授权确权审查程序中长期奉行的原则,“BRI 标准”已走过百余年的历程,代表了 USPTO 在解释权利要求过程中的基本立场,也一度得到司法机关的认可,至少对发明可专利性的判断有着至关重要的作用。

(一)地位的确立

作为“BRI 标准”最早的倡议者,USPTO 在 1906 年的 Podlesak 案中率先指出,“在每个案件中,给出权利要求不扭曲其用语就可以支持的最宽解释,我们认为没有比这更好的解释权利要求的方法了”。① 在 1924 年的 In re Carr 案中,哥伦比亚地区上诉法院在审理一起针对 USPTO 的上诉案件中不仅首次引入了该原则,还说明了适用的理由,“专利一旦授权后,专利权人无法再修改专利的权利要求。因此该法院主张当专利申请还在审查时,权利要求应当给予最宽的解释”。② 到了 1932 年,CAFC 的前身——海关和专利上诉法院(United States Court of Customs and Patent Appeals,CCPA)在 In re Horton 案中第一次明确肯定“BRI 标准”作为专利申请审查标准。③ 从而正式确立了“BRI 标准”在专利审查程序中的地位。

在得到了司法机关和行政机关的双重认可后,USPTO 在《专利审查程序手册》(The Manual of Patent Examining Procedure,MPEP)的“可专利性”一节对这一标准进行了明文规定,“在专利审查过程中,待审专利权利要求应给出与说明书一致的最宽合理解释。专利商标局确定申请中专利权利要求的范围时,不只是看权利要求的用语,还基于该领域普通技术人员根据说明书所给出的最宽合理解释”。在此基础上,有学者给出了“BRI 标准”的实质性含义,“最宽合理解释原则是一种专利权利要求解释的方法,是指专利审查员在专利审查程序中对权利要求进行解释时,应当对权利要求的术语尽可能地进行宽泛的解释,只要该解释与说明书一致,且与本领域普通技术人员的理解一致即可”。④ 例如,在 In re Paulseni 案中,USPTO 和

---

① Podlesak v. McInnerney,1906 Dec. Comm' r Pat. 265,258.

② In re Carr,Federal Reporter,Vol. 297,1924,p. 542.

③ In re Horton,58 F. 2d. 682(1932).

④ 刘庆辉:《专利权利要求的“最宽合理解释”:美国法的经验及借鉴意义》,载《中国发明与专利》2017 年第 1 期。

CAFC 一致认为,“权利要求中的‘电脑’指的是其普通含义。说明书只是描述了笔记本电脑的某些特点和性能。这种描述,与确立特别的界定,从而限制发明的范围,使之具有与通常电脑不同的特点和性能还离得很远”。①

2011 年,为应对现实中专利持有量不断攀升、专利纠纷增多、专利诉讼案件激增的状况,美国《发明法案》(American Invents Act)对专利无效程序进行了改革,引入了类似我国授权后无效程序的多方复审 IPR 程序,“BRI 标准”也随之从授权程序扩展至确权程序。此后,由于与法院诉讼程序相比,IPR 程序具有审限短、费用低、效率高等特点,其一经推出就受到了无效宣告请求人的追捧。据统计,截至 2014 年 4 月,在 70% 左右经过庭审的 IPR 案件中,所有的涉案权利要求被判无效,在剩下的近 30% 里,大部分案件中涉案权利要求被修改,IPR 程序也因此成为专利权人的噩梦,受到了巨大的非议和诟病。② 为此,美国联邦最高法院在 2016 年的 Cuozzo 案中进行了专门的澄清,认为专利审查行政程序和司法诉讼程序不同,在 IPR 程序中可以继续适用“BRI 标准”。③ 至此,“BRI 标准”授权确权审查的地位在最高司法机构层面上得到了确认和稳固。

(二)正当性因素

虽然也遭受过不少批评和质疑,但“BRI 标准”仍然展现出了顽强的生命力和良好的适应能力,其之所以能在 USPTO 行政审查体系中根深蒂固,还能争取到各级司法机关的支持,自然有极具说服力的正当性因素。

第一,划定合理的保护范围。在“BRI 标准”的指引下,审查机关可以在合理范围内最大限度地“搜罗”现有技术,充实可用于评述本申请可专利性对比文件的内容。这样,审查员就可以获得足够的解释依据,以“挑刺”的眼光对权利要求的新颖性、创造性和其他可专利性要件进行评判,促使专利申请人对权利要求作出修改或陈述,明确其与现有技术的界限,消除文字上的模糊之处。这样不仅可以将权利要求界定到合理的保护范围内,还可以减少专利授权后做出更宽解释的可能,从而维

① In re Paulseni,30 F.3d 1475,1479 -80(Fed. Cir. 1994).

② 参见梅雷:《专利权人的噩梦,解读美国双方专利复审(IPR),中国公司又该如何杀入美国市场?》,载《知识产权日报》2014 年 8 月 14 日,第 3 版。

③ See Cuozzo Speed Technologies,LLC v. Lee,136 S. Ct. 2131(2016).

护公共利益。①

第二，充分保障发明人的利益。在专利审查程序中，申请人往往享有较之于确权和侵权环节更宽泛的修改自由，这样申请人就拥有了为自己的发明创造圈定保护范围的机会，在追求权利最大化目标的驱使下，为获得保护范围较宽的专利，申请人会充分利用这次机会，尽可能撰写出较宽保护范围的权利要求。② 从另一个角度来看，多次修改虽然会在一定程度上延缓审查进度，但却能获得更为稳定的权利基础，比起后期诉讼过程中可能产生的高昂费用，不仅不会损害申请人的权益，还会节省专利申请人以及社会的成本。在 In re Zletz 案中，CAFC 曾指出，当权利要求可以修改时，模糊之处被确认，语言的范围和含义得到阐释从而更清楚，可以使申请人得到与其实际贡献相当的专利保护。③

第三，提升权利要求公示价值。审查员依据“BRI 标准”对权利要求作出的解释促进了其与申请人在审查过程中的“互动”，也留下了后期可以为社会公众查询的审查档案，对双方答复审查意见、修改申请文件、澄清权利要求等沟通进行了翔实的记录，使权利要求更加清楚、完整、准确且无歧义，从而有利于专利自身的公示作用。正如 CAFC 在 In re Yamamoto 案中指出的那样，“如果专利审查机关在采用最宽合理解释原则解释权利要求时，核准该专利的权利要求后，社会大众则相信该权利要求所界定的专利权范围在审查时已被解释为最大范围，往后的权利要求解释的范围都不可能超越此范围。因此，专利一经核准，社会大众就可以推定专利审查机关的可专利性审查已经将法院或第三人可能考虑的解释都考虑过了”。④

基于这些正当性因素，美国最高法院在 Cuozzo 案中对“BRI 标准”的价值给予了正面评价，“最宽合理解释有助保护社会公共利益，使审查员更有可能发现过宽的权利要求并驳回它，从而鼓励申请人撰写更窄的权利要求。这有助于避免宽泛的权利要求，使权利要求更精确，从而有助于防止专利捆绑太多的知识，同时帮助

---

① 参见闫文军、白静文：《美国专利审查中的“最宽合理解释”》，载《知识产权》2014 年第 7 期。

② 参见闫宇晨、徐棣枫：《美国最宽合理解释适用的变化及其启示》，载《学习与实践》2018 年第 9 期。

③ In re Zletz，893 F. 2d 319，321 －22（Fed. Cir. 1989）.

④ In re Yamamoto，Federal Reporter，2d Series，Vol. 740，1984，p. 1569.

公众从公开的发明中获取有用的信息,并更好地了解权利要求的合法限制”。①

（三）适用的条件

美国在 MPEP 中给出了“BRI 标准”适用的流程(见图 2-1-1),即在对某一具体的技术特征产生分歧或争议时,应按照以下顺序进行解释:第一步,查阅说明书中是否有关于该技术特征的特别界定,如有,从该特别界定,如无,转入下一步;第二步,该技术特征在权利要求中是否具有通常或惯用含义,如有,从该通常或惯用含义,如无,转入下一步;第三步,根据说明书解释出该技术特征的具体含义。②其中,“通常或惯用含义”指的是对于本领域普通技术人员来说在发明作出时所具有的含义,他们在判断是否具有普通和习惯含义时,一般不用看说明书。而“特别界定”指的是申请人作为自己的词典编纂者,明确规定说明书中的权利要求用语的特殊定义与本来具有的普通和习惯含义不同。③

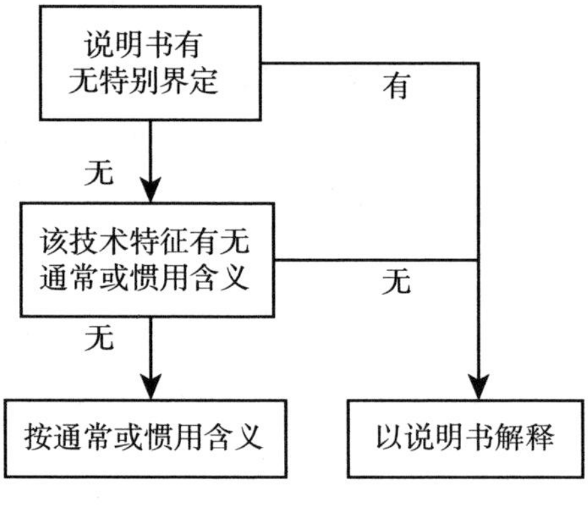

图 2-1-1 “BRI 标准”适用流程

由图 2-1-1 所示流程来看,“BRI 标准”并非一味地追求“最宽”,“合理”是其适用的前提,甚至对能否“最宽”起到了一定的限定作用。具体而言,这种“合理”主要表现在两个方面:一方面,权利要求的含义应当与说明书的记载保持一致,尤其在说明书给出了特别界定时,要以该特别界定为准;另一方面,通常或惯用含义并不是任意确定的,需要站在本领域普通技术人员的角度,在阅读权利要求书、

① Cuozzo Speed Technologies, LLC v. Lee, No. 15-446.

② Manual of Patent Examining Procedure (MPEP), August 2012, §2111.

③ 参见闫文军:《我国专利授权确权中的“最宽合理解释”》,载《知识产权》2017 年第 12 期。

说明书,乃至现有技术等资料后才能得出。也就是说,对专利审查员而言,在说明书没有对术语的含义作出清楚的特别限定时,他们对该术语的解释应该与该术语的普通和惯用含义、说明书和附图对术语的使用方式、该技术领域的普通技术人员通过阅读专利文件而得到的合理解释保持一致。有人对此总结道,最宽合理解释标准的精髓不是“最宽”解释,而是在“合理”的限度内作出“最宽”的解释。①

二、“Philips 标准”的要义——“语境主义”的再现

“Philips 标准”是美国法院通过判例在专利侵权诉讼中确立起来的权利要求解释的规则,其核心观点在于,本领域普通技术人员应朝着维持专利权有效的方向,根据说明书、附图、审查档案等内部证据来解释权利要求,专家证言、发明人证词、词典和论文等外部证据也可以用作解释的依据,但在优先顺序上次于内部证据。由于持此标准的解释可能会得出比权利要求字面含义小的结论,故相对于“最宽合理解释标准”,也有人称其为“限缩性解释标准”。②

(一)产生的缘由

作为自 Markman 案后涉及权利要求解释最为重要的判决之一,2005 年 7 月 12 日,CAFC 以全席判决的方式公布了 Philips 案的结论,对权利要求解释方法存在的各种问题进行了回应。③

第一,对“字面主义”的反思。受“BRI 标准”思想的影响,美国法院在 Texas Digital 案中视“字面主义”为其指导原则,即本领域普通技术人员为确定权利要求用语通常及惯用的含义,一般会在参考专利说明书和附图之前对字典、技术专著以及专利之外的其他证据来源中的定义加以参考。④ CAFC 在 Philips 案中进行了自我纠正,认为“这种方式不合理地限制了说明书的作用,可能会带来荒唐不经的后果,我们追求的应该是专利权利要求用语在专利说明书描述的发明创造语境下的‘感知含义’,过度依赖字典会产生权利要求解释过度抽象并与该语境相脱离的风险”。

---

① 参见周海洋:《最宽合理解释原则的研究》,华东政法大学 2017 年硕士学位论文,第 50 页。

② 参见冯美玉:《授权确权侵权程序中权利要求的解释原则》,载《河北法学》2017 年第 11 期。

③ Philips v. AWH Corp. 415 F. 3d 1303(Fed. Cir. 2005).

④ Texas Digital Systems, Inc. v. Telegenix, Inc. ,308 F. 3d 1193(Fed. Cir. 2002).

第二,修改自由度的受限。如前所述,“BRI 标准”之所以在授权程序中受到欢迎,是因为申请人在这一阶段享有充分的修改自由,而一旦经过授权成为“定型”的权利要求,权利人的修改自由会被大大限制甚至不复存在,此时就会失去适用该标准的正当性依据。正如 Cuozzo 案中少数派法官 Newman 所指出的那样,“专利审查程序和授权后复审 IPR 程序的关键区别是,专利申请人在专利审查程序中可以方便地修改权利要求,‘最宽合理解释’依赖于这些条件……而在 IPR 程序中,专利权人只能享有一次提议修改权利要求的机会,而且只能用一项已授权的权利要求来代替另一项被修改的权利要求,这明显不同于授权前的审查程序”。①

第三,与其他程序的协调。宽泛的解释方式在授权程序中有利于探寻权利要求的边界,但也会导致授权后存在不确定性的风险,如将这种解释态度延续到无效乃至侵权程序中,容易导致低质量问题专利的存在,从而引发专利诱饵问题(Patent trolls),给专利制度造成巨大冲击。② 一方面,问题专利持有人在利益驱动下,以诉讼禁令救济等手段威胁相对方,妄图获得赔偿金,对创新活动、市场竞争造成巨大冲击;另一方面,权利要求的不确定性导致侵权的不确定性,一些公司很难了解到自己的行为是否构成侵权。

(二)具体的规则

在 Philips 案中,CAFC 归纳出了与权利要求解释相关的七个问题,在面向社会征求意见后作出了判决,确立了若干解释权利要求的重要方法与规则,其核心内容包括:③

一是解释依据重心的转移。在回答“字典和说明书谁更应优先用于解释权利要求”的问题时,包括律师协会、工商业协会、政府机构以及有关个人或团体在内的 28 个组织均无一例外地否定了 CAFC 传统的“先假设、后排除”的做法,即首先通过字典来确定用语的普通含义,然后根据专利权人在说明书中明确的意思表示来对该含义进行进一步的限定。CAFC 认为,说明书是确定有争议的术语含义的唯

---

① Cuozzo Speed Technologies, LLC v. Lee, No. 15 -446.

② 参见易继明:《遏制专利蟑螂——评美国专利新政及其对中国的启示》,载《法律科学》(西北政法大学学报)2014 年第 2 期。

③ 关于本案的详细介绍,可参见闫文军:《专利权的保护范围》(第 2 版),法律出版社 2018 年版,第 47 ~59 页。

一指导，当说明书明示或暗示地界定了权利要求中术语的含义时，其就是解释权利要求的“字典”。在此观点的倡议下，人们关注的重心被再次拉回到了专利文件本身尤其是说明书上。

二是解释资料重要程度不同。在肯定了外部证据亦可用于解释权利要求的同时，CAFC 也明确指出其作用应小于专利文件和审查档案等内部证据，理由在于：其一，外部证据不是专利的一部分，不像说明书那样是在专利审查时产生并专用于解释专利范围的；其二，外部证据可能不是本领域普通技术人员所写，或不是专门给他们看的，无法准确反映他们的理解，甚至有可能因诉讼目的而存在偏见，或因数量过多而难以分辨和筛选；其三，过分依赖外部证据可能会改变已经向社会公开的权利要求书、说明书和审查档案中权利要求的含义，从而损害专利的公众告知功能。

三是有效性推定的灵活把握。本案中，CAFC 承认，以推定专利有效为前提进行解释可以支持那些真正有用的发明获得收益，从而鼓励技术发明创造，但在适用了所有可用的解释工具后，权利要求依然是含混不清的，则不必考虑哪种解释方式使专利有效就可以作出解释，更不能为了避免专利无效而将说明书中的限制条件读入权利要求中。

总体来看，Philips 案纠正了过去人们将精力过多地放在权利要求语言文字措辞，而非发明本身上的做法，对权利要求解释方法产生了很大影响。有人总结认为，“CAFC 这些年来在协调使用‘通常或惯用含义’对权利要求进行解释与不适当地缩小权利要求范围之间的冲突作出了很大的努力，Philips 案就是这种努力的一个表现”。①

三、内在的“和谐”

从各自衍生出的具体规则来看，“BRI 标准”和“Philips 标准”代表的两种解释论看似“对立”，实则在逻辑思路、实证应用、程序协调等方面存在密切关联。

---

① Steven J. R. xxi, Weil, *Proving infringement-Recent developments in the federal circuit's methodology, for construing patent claims, and prosecution history estoppels post-festo*, Practising institute, Patents, Copyrights, Trademarks, and Literary Property Course Handbook Series, PLI Order Number 3149, October-November, 2004, p. 1200.

（一）逻辑上的互补

无论以宽泛态度追索权利要求字面通常含义的“BRI 标准”，还是强调说明书所确立语境重要性的“Philips 标准”，在一定程度上均蕴含了相对“中和”的思想：前者坚持以“合理”为前提条件，说明书被视为字典含义的“检验者”，存在特别界定时还可“进阶”为首要解释依据，解释时至少不得与说明书冲突；后者在推崇说明书地位的同时，也不忘时刻提醒解释者要尊重权利要求的公示性，切莫极端化地将说明书的限制随意读入权利要求中，造成保护范围的不当限缩。也就是说，两种标准都给予了“说明书”充分的尊重，并以此为结合点产生了逻辑上互通的可能性。

例如，在 In re Baker Hughes 案中，申请专利的发明是一种防止从溶解有硫化氢的含水或氮氢化合物的材料中稀释出硫化氢气体的方法或组成物，依据一般化学知识，“氮氢化合物”包括有液体以及气态，USPTO 依据“BRI 标准”，认为“氮氢化合物”应该解释为包括液体及气体。CAFC 详细阅读说明书后，发现本申请与防止从水或氮氢化合物释出硫化氢有关，说明书中每一个实施例的“释出”都是用来描述从“液体”氮氢化合物（特别是石油残渣）排出硫化氢，没有一处使用了“气体”氮氢化合物。基于此，法院认为 USPTO 的解释过于宽泛，并不合理。①

再如，在 E-Pass 案中，地方法院在解释权利要求用语“电子多功能卡片”（electronic multi-function card）时，认为其必须具备特定的工业标准尺寸。CAFC 则认为，无论诸多字典中的定义，还是权利要求的表述，均未对所述“卡片”的尺寸作出限制，仅仅是在涉案专利说明实施例中提到“该电子多能功能卡片因具有一般信用卡或支票卡的尺寸而可达成该功效”的优点，这只是一种优选的实施例，不能据此对“电子多功能卡片”进行限缩式的解释。②

（二）结果的一致性

虽然“BRI 标准”和“Philips 标准”的原理和规则不尽相同，但其面对的解释客体毕竟是同一权利要求用语或技术特征，在二者存在逻辑关联的前提下，解释侧重点差异积累的“量变”未必一定引发“质变”，从而导致同一客体被解读出完全不同

---

① See In re Baker Hughes, Inc., *Federal Reporter*, 3d Series, Vol. 215, 2000, p. 1300.

② See E-Pass Technologies, Inc. v. 3Com Corporation, *Federal Reporter*, 3d Series, Vol. 343, 2003, p. 1364.

的含义。至少,在缺乏实证统计的基础上,不必在具体案例中受到过多“非此即彼”思维的困扰,Philips 案就是一个很好的例子。

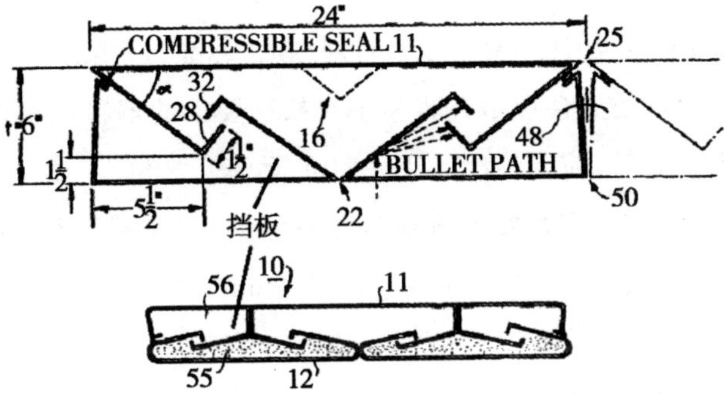

图 2－1－2　“挡板”

本案权利要求 1 为“置于钢壳体内用于增加其承载力的、并由从钢壳向内延伸的内部钢制挡板组成的手段”。法院从相关权利要求和说明书等内部证据着手,对其中“挡板”(见图 2－1－2)一词的含义进行了详细的解读:一方面,从属权利要求 2、17 对“挡板”进行了结构和功能方面的限定,即其与面板部分放置呈特定的角度,从而可以使穿透钢板的子弹改变方向,这恰恰说明权利要求 1 中“挡板”本身并不包含这一限定;另一方面,说明书中虽也曾提及“挡板”具有前述改变子弹方向的功能,但这仅是对应于相应权利要求给出的示例,其还讨论了“挡板”所具有的其他功能,如结构支撑、隔音隔热、内部屏障墙的作用。在此基础上,法院得出结论:改变子弹方向只是“挡板”的优点之一,但本专利不要求所有的“向内延伸”结构都具有这种功能,本领域普通技术人员不会认为从墙面向内延伸的结构呈锐角或钝角是“挡板”,呈直角就不是“挡板”。

可见,虽然 Philips 案以内部证据为优先资料进行解释,其结论并未导致“挡板”被限缩至说明书某一实施例列举的情形,如采用“BRI 标准”来解释很有可能得出同样的结论。这是因为,在发明人没有刻意对权利要求用语进行“改造”的情况下,无论适用何种解释资料,其结论在理想状况下应该是保持一致的,二者存在的意义并非为了彻底淘汰对方,而是起到协同互补的作用。正因如此,CAFC 在 Philips 案中并未完全否定“BRI 标准”,而是给出了如何更好适用的建议,即“USPTO 在确定专利申请权利要求的范围时,不只是基于权利要求的用语,还根据本领域技术人员对于说明书的理解,对权利要求作出最宽合理解释。”有学者在此基础上对两种标准在实践中的适用进行总结后认为,“两个标准的绝大多数准则是重合的,在实践中已经大体上融合在一起”。[①]

再如,在 Microsoft 案中,CAFC 仅仅针对“BRI 标准”适用的程度问题进行了纠正,“专利审判和上诉委员会在 IPR 程序中对权利要求的解释过于宽泛,已经超出了‘合理’的范畴,虽然法院未给出关于 BRI 的具体实施例,但要达到‘合理’的标准,在 Philips 规则下进行权利要求解释是必不可少的”。更为重要的是,CAFC 还在本案的论述之外特意指出,“如果我们使用 Philips 标准,我们能得到同样的结论”。[②]

(三)不同程序的衔接

实际上,“BRI 标准”和“Philips 标准”的融合不仅体现在其内在规则的一致性上,从更宏观的层面来看,当二者分别置于承载着不同目标任务的程序中时,其关联意义会进一步凸显出来。

授权和侵权程序是专利制度中两个相辅相成的过程,两者都对专利权确定负有责任,缺一不可。在授权程序中采取“BRI 标准”,有利于以排除的方式将超出申请人创造性贡献的部分剔除出去,迫使申请人合理缩小保护范围,向申请人创造性贡献逼近,使授予的专利权与申请人创造性贡献相当。因此,在审查过程中需要看权利要求用语的最宽含义是否符合说明书的“合理”含义,如果说明书没有明确界定权利要求用语的含义,则一般就认为是符合说明书的“合理”含义,这样有利于避免将超出申请人对现有技术作出创造性贡献的部分纳入专利权;在侵权程序中采取“Philips 标准”,不能只是看说明书是否排除了字典的普通含义,使说明书只起到检验字典含义的作用,而需要根据该领域技术人员对说明书等证所理解的含义,确定权利要求用语的“正确”含义,这样有利于合理地确定专利权人的合法权利。

由此可见,在授权确权程序中遵循宽泛性的解释与在侵权程序中遵循限制性解释原则不但不矛盾,反而是殊途同归的,二者围绕创造性贡献最终达成有意义的

---

① Laura E. Dolbow, A Distinction Without a Difference: Convergence in Claim Construction Standards, 70 Vand. L. Rev. 1071(2017).

② Microsoft Corp. v. Proxyconn, Inc., 789 F. 3d. 1292, 1298(Fed. Cir. 2015).

统一。[①] 有学者进一步指出,“BRI 标准”和“Philips 标准”的内在准则并无不同,无论是 USPTO 还是联邦法院,都应当始终站在本领域技术人员的视角根据权利要求书、结合说明书及附图对专利权利要求进行解释,不能对权利要求进行孤立理解,不能离开权利要求书、说明书及附图等内部证据确定权利要求的含义。[②]

综合前文所述,“BRI 标准”和“Philips 标准”的诞生和发展均有其正当性依据,由此衍生的权利要求解释规则体系也在二者交织互补的过程中逐渐成形并不断完善。笔者希望强调的是,无论“Philips 标准”的出现,还是 USPTO 由传统的“BRI 标准”向“Philips 标准”趋近并保持统一的态度,都不意味着某一标准的彻底偏废和另一标准的绝对统治,实践中我们在解释权利要求时也并非一定只能选择其中一种标准,两者更多代表的是在专利制度某一发展阶段,出于政策等多方面的考虑,针对某一程序下权利要求解释应遵循的思想和原则,孰优孰劣是相对的。因此,于我们而言,从理论研究的角度客观、全面地理解和把握两种标准的优缺点即可,不必在个案中因适用何种标准而过多纠结,更重要的是在理解其本意的基础上,吸收各自的精髓,对权利要求作出合理的,符合专利制度初衷的解释。

第二节 我国的探索与经验

作为成文法国家,我国并未在专利法律体系中明确就权利要求的解释作出类似“BRI 标准”或“Philips 标准”的规定,亦未刻意指明是否存在两种标准所代表的宽泛性解释和限缩性解释之分,但从与权利要求解释各相关条款的表述及关联,以及实践中法院对个案解释规则的总结来看,不同程序下权利要求解释所遵循原则的对比和差异,已通过立法者对法律规则体系的完善逐渐体现出来,并在裁判者具体适用的过程中变得越发清晰。

一、法律规范体系的搭建

2020 年 9 月 12 日,在历经两次公开征求意见后,备受关注的最高人民法院《关

---

① 参见冯美玉:《授权确权侵权程序中权利要求的解释原则》,载《河北法学》2017 年第 11 期。

② Laura E. Dolbow, *A Distinction Without a Difference: Convergence in Claim Construction Standards*, Vanderbilt Law Review 70 Vand. L. Rev. 1071(2017).

于审理专利授权确权行政案件若干问题的规定(一)》[以下简称《授权确权司法解释(一)》]颁行,首次就专利授权确权行政案件审判实践中的法律适用问题进行了规定,填补了该类型案件尚无统一裁判标准的空白,包括权利要求解释在内的诸多细节再次成为人们讨论的热点。

(一)行政审查规则的内容

虽然司法机关直到最新的司法解释出台才对授权确权的权利要求解释问题进行明确表态,但这并不妨碍我国此前围绕其展开的探讨。实际上,作为专利授权确权审查的一线部门,行政机关出于工作需要,早在 1993 年第一部《审查指南》中就开始在细化权利要求撰写要求时,尝试对其解释规则进行提炼。具体表述为,"权利要求的保护范围应当根据其所用词的词义来理解。在特定情况下,如果说明书中指明了某词汇具有特定的含义,在权利要求中使用了该词汇,并且权利要求的范围由于说明书中对该词汇的说明而限定得足够清楚时,这种情况也是允许的"。[①] 到 2006 年《审查指南》修订时,行政机关对前述条款中"用词的词义"进行了非常重要的补充性阐释,加入了"……一般情况下,权利要求中的用词应当理解为相关技术领域通常具有的含义……"的表述。[②] 对于这一修订,审查机关指出,是为了进一步明确对于权利要求中的用词应当理解为相关技术领域通常具有的含义。[③] 该条一直沿用至今未再做修改。

对前述规定稍加解析可发现,同为专利审查机关,国家知识产权局虽未像美国专利商标事务局那样明确提及"最宽合理解释",但其核心内容与"BRI 标准"的精髓保持了高度一致:一方面,"相关技术领域""通常"的措辞引导我们在解释权利要求时应该按照本领域技术人员的理解去解读其通常的、惯用的、为本领域所认可的含义,此即为"最宽";另一方面,该规定提醒我们,在说明书有"特定的含义"且"足够清楚"时,应以该含义为准,对说明书表现出充分的重视,此即为"最宽"设定

① 《审查指南(1993)》第二部分第二章第 3.2.2 节。

② 《审查指南(2006)》第二部分第二章第 3.2.2 节。

③ 国家知识产权局专利局审查业务管理部编:《审查指南修订导读 2006》(第 2 版),水利水电出版社 2006 年版,第 142 页。

了“合理”的前提条件。有学者认为,这其实已经展示了“BRI 标准”的部分适用方式。①

同时,在对说明书中专利用词规范提出要求时,《专利审查指南(2010)》也作出了类似的规定,“说明书应当使用发明或者实用新型所属技术领域的技术术语。对于自然科学名词,国家有规定的,应当采用统一的术语,国家没有规定的,可以采用所属技术领域约定俗成的术语,也可以采用鲜为人知或者最新出现的科技术语……必要时可以采用自定义词,在这种情况下,应当给出明确的定义或者说明。”②

例如,权利要求为“一种型焦的生产方法,其特征在于,原料煤经高温炼焦……”在炼焦领域中,根据炼焦的最终温度,分为高温炼焦(900～1100℃)、中温炼焦(660～750℃)和低温炼焦(500～580℃),因此,权利要求中的“高温”是清楚的,其可按照本领域的通常含义直接解释为900～1100℃;又如,权利要求为“一种灯泡,其中充满稀有气体……”虽然“稀有气体”在化学领域中具有确切含义,包括氦、氖、氩、氪、氙和氡,但申请人在说明书中对“稀有气体”进行了明确的自定义,即“氦、氖、氮气或二氧化碳”,这一定义足够清楚,此时应作出符合说明书定义的解释;再如,权利要求为“一种钩炉香的制作方法,其特征是将竹香枝放入硅酸钠溶液中浸泡……”说明书将“竹香枝”这一自造词界定为“一种将嫩竹枝在香料中浸泡而制成的熏香”,故虽然“竹香枝”在所属技术领域中不具有通常的含义,但仍可依据说明书进行解释。③

(二)司法解释标准的变迁

较之于行政机关评述审查客体可专利性任务的单一性,司法机关的工作体现了二元制体系下专利保护范围确定的双重属性:既要划出与现有技术清楚区分的界线,也要能据以判断被诉侵权技术方案是否落入该范围,这一特性在相关司法解释的起草和制定过程中表现得尤为明显,从而为标准的分立铺垫了路径。

1. 授权确权规则的形成

《授权确权司法解释(一)》第2条首次在法律层面明确了该类型案件中权利

---

① 赵小芳:《论我国专利授权后修改程序的完善——以权利要求解释标准为视角》,载《中国专利与商标》2020年第1期。

② 《专利审查指南(2010)》第二部分第二章第2.2.7节。

③ 《专利审查操作规程(2011)实审分册》,第43页。

要求解释的规则,即"人民法院应当以所属技术领域的技术人员在阅读权利要求书、说明书及附图后所理解的通常含义,界定权利要求的用语。权利要求的用语在说明书及附图中有明确定义或者说明的,按照其界定。依照前款规定不能界定的,可以结合所属技术领域的技术人员通常采用的技术词典、技术手册、工具书、教科书、国家或者行业技术标准等界定。"虽然与《侵权司法解释(一)》看似一致,但"通常含义"的说法还是能显露出该条款在解释步骤上借鉴了"BRI 标准"的逻辑构思,根据说明书内容的"强势"程度调整解释的宽泛程度,在不与发明目的冲突的"合理"前提下,力争给权利要求以"最宽"的解释。从另一个角度来看,这在一定程度上也借鉴吸纳了行政审查机关的前述规定,并对其进行了改造和完善。

相对而言,最高人民法院《关于审理专利授权确权行政案件若干问题的规定(一)》(征求意见稿)第二次公开征求意见时表述得更为直白,即"人民法院审理专利授权确权行政案件,一般应当以本领域技术人员所理解,且符合发明目的的通常含义界定权利要求的用语。权利要求采用自定义词且说明书及附图有明确定义或者说明的,从其界定。" ①

从《授权确权司法解释(一)》第 2 条来看,授权确权案件中权利要求的解释应遵循如下顺序:首先,应当以本领域技术人员所理解,符合发明目的的通常含义界定权利要求的用语。"通常含义"意味着要重视本领域技术人员对用语的通常理解,尤其是其字面的通常含义。"符合发明目的"意味着在解释权利要求时,还应当充分考虑说明书、附图中的相关技术内容,解释的结果不能与发明目的明显背离或矛盾。在解释权利要求之前,亦有必要充分理解说明书、附图中的相关技术内容。其次,如果权利要求采用自定义词,且说明书及附图有明确定义或者说明的,从其界定。最后,以上述方法仍无法界定的,可以结合本领域技术人员通常采用的技术词典、技术手册、工具书、教科书、国家或者行业技术标准等界定。比较来看,这一顺序与美国 MPEP 关于"BRI 标准"适用流程的规定在实质性内涵上保持了一致,并进一步强调了对于说明书中"发明目的"的理解和运用,这也可以视为司法解释的创新之处。

---

① 《最高人民法院关于审理专利授权确权行政案件若干问题的规定(一)(第二次公开征求意见稿)》第 3 条第 1 款。

值得注意的是,司法解释在第一次公开征求意见时曾提供过另一种“两分法”的方案,对授权和确权审查中权利要求解释规则采取了不同的标准,即“人民法院审理专利授权行政案件,一般应当以本领域技术人员所理解的通常含义界定权利要求的用语。权利要求采用自定义词且说明书及附图有明确定义或者说明的,从其界定。人民法院审理专利确权行政案件,可以运用权利要求书、说明书及附图界定权利要求的用语。说明书及附图对权利要求用语有特别界定的,从其界定。专利审查档案可以用于解释权利要求的用语。以上述方法仍无法界定的,可以结合本领域技术人员通常采用的技术词典、技术手册、工具书、教科书、国家或者行业技术标准等界定”。①

从该条款的体例内容来看,起草者考虑到授权和确权程序所承担的不同功能,希望确立更匹配某一程序需求的解释标准:前者承担着评述审查客体可专利性、准确界定发明贡献的任务,故应采取类似“BRI 标准”的宽泛性解释,促使申请人将其保护范围限定得更为精准适当;后者虽亦需对可专利性进行回应,但毕竟面对的是已授权专利,还要兼顾其存续效力的稳定性,故可采取类似“Philips 标准”的限缩性解释,并明确“由内而外”的资料适用顺序。这样独特的制度设计引发了广泛的关注和讨论,一种观点认为,为保证公众预期的稳定性,应在不同阶段采取一致的解释标准;还有一种观点认为,即便区别解释是合理的,其在实践应用时必然存在难以准确区分把握的弊端,不但会加剧各方解释的分歧,也不利于树立清晰的导向。因此,或许是出于对这些争议的顾虑,或许是受到了美国 USPTO 统一授权确权解释标准重大举措的影响,《授权确权司法解释(一)》在最终版本中并未将“两分法”的方案保留下来,而是在对两种标准进行融会贯通的基础上,形成了前述“中和”的规则。

2. 侵权规则的体系化

与授权确权程序中选择标准时的“纠结”相比,司法机关应对侵权诉讼权利要求解释问题的经验显然更为成熟。同样是在第 3 条的位置,《侵权司法解释(一)》规定,“人民法院对于权利要求,可以运用说明书及附图、权利要求书中的相关权利要求、专利审查档案进行解释。说明书对权利要求用语有特别界定的,从其特别界

---

① 最高人民法院《关于审理专利授权确权行政案件若干问题的规定(一)》(征求意见稿)第 3 条。

定。以上述方法仍不能明确权利要求含义的,可以结合工具书、教科书等公知文献以及本领域普通技术人员的通常理解进行解释”。

由于明确了内部证据在适用顺序上优先于外部证据,该条款看似倾向于提倡以专利有效推定为原则进行限缩性解释的“Philips 标准”,但如前所述,其与“BRI 标准”之间没有不可逾越的鸿沟,二者在深层次上是相通的,不存在绝对的差别,故起草者特别指出,“一般情况下,权利要求中的用语应当理解为相关技术领域通常具有的含义。在特定情况下,如果说明书指明了某用语具有特定的含义,并且权利要求的保护范围因说明书对该用语的说明而被限定得足够清楚,则应当以该特别界定作为权利要求用语的含义”。① 该表述显然吸收了《专利审查指南(2010)》中有关权利要求解释规则的要义,这也提示我们,内、外部证据的适用顺序是相对的,在大部分情况下,对于同一权利要求的解释不会,也不应因适用标准的不同而出现截然相反的结论。

二、标准适用的司法路径

虽然我国专利授权确权法律规范的形成时间较晚,但在此之前,司法机关就已开始以所处理的案例为契机,对该程序权利要求解释规则尤其是“BRI 标准”的适用空间和条件给予了回应。

(一)“最大合理解释”原则的提出

最高人民法院曾在 2015 年的“全光纤电流互感器”案中就授权确权程序权利要求解释的性质和目的进行了明确,首次明确提出了“最大合理解释”的原则。②

本案是一起专利确权案件,涉及一种名称为“反射式萨格奈克干涉仪型全光纤电流互感器”的发明专利,独立权利要求 1 包括“光纤电流感应单元”的技术特征,权利要求 10 作为其从属权利要求,进一步限定了“光纤电流感应单元”中的波片由光纤中传递的光信号的波长、感应光纤线圈和感应光纤线圈端面镀反射膜组成。证据 1 的相应部分是由光纤端部的镜子作为反射体。被诉决定和一审、二审判决

---

① 孔祥俊、王永昌、李剑:《〈关于审理侵犯专利权纠纷案件应用法律若干问题的解释〉的理解与适用》,载《人民司法》2010 年第 3 期。

② 最高人民法院行政判决书,(2014)行提字第 17 号。

认为,虽然权利要求 1 没有记载由光纤端面镀反射膜作为反射体这一技术特征,而是在权利要求 10 中记载了该特征,但本专利正是针对现有技术中使用与光纤端面粘接的反射镜作为反射体这种技术方案的缺陷进行的改进,因此应当认为权利要求 1 中的“全光纤”权利要求 1 所记载的技术特征不包含使用镜子作为反射体的内容,故其所限定的“全光纤”与证据 1 的结构并不相同。

最高人民法院认为,本专利权利要求 1 中并没有记载“反射膜”的技术特征,该特征出现在从属权利要求 10 的附加技术特征中。说明书中既没有将具有“反射膜”的技术方案作为背景技术描述,也没有用“反射膜”这一技术特征对权利要求 1 所述的“全光纤电流互感器”作出特别界定,说明书中的相关内容仅能说明本专利在对应于从属权利要求 10 的进一步的优选实施例中,采用了光纤端面镀反射膜的方式,并不是指本专利权利要求 1 中的“全光纤电流互感器”具有此处描述的特定含义。被诉决定在对权利要求 1 中的“全光纤电流互感器”进行界定时,引入其从属权利要求的附加技术特征和说明书的内容对其进行限缩性解释,适用法律错误,应予纠正。

与此相应的,最高人民法院在本案中还进一步阐释了以前述方式解释权利要求的理由:通常情况下,在专利授权确权程序中,对权利要求的解释采取最大合理解释原则,即基于权利要求的文字记载,结合对说明书的理解,对权利要求作出最广义的合理解释。如果说明书未对权利要求用语的含义作出特别界定,原则上应采取本领域普通技术人员在阅读权利要求书、说明书和附图之后对该术语所能理解的通常含义,尽量避免利用说明书或者审查档案对该术语作不适当的限制,以便对权利要求是否符合授权条件和效力问题作出更清晰的结论,从而促使申请人修改和完善专利申请文件,提高专利授权确权质量。

从表面上看,上述论断分析十分接近美国的“BRI 标准”,但更重要的是,裁判者在参考借鉴域外经验的同时,还充分注意到了其适用的尺度和方法。在有关本案的评述中,最高人民法院明确指出:“需要注意的是,最广义的解释必须以合理为限……在专利申请和授权文件中,说明书构成了权利要求所处的特定语境。语言只有置于特定语境中才能得到理解,对权利要求的解释只能在说明书公开的范围内给出尽可能广义的解释,否则难以对权利要求的含义作出正确理解。另外,在说明书没有对权利要求的用语给出特别定义的情况下,应当尽量避免利用说明书对权利要求的用语作出不适当的限制，对权利要求用语的解释必须与所属技术领域的通常含义保持一致，对权利要求的理解也必须与所属技术领域普通技术人员的认识相统一。”①这既算是对“BRI 标准”适用误区的释明，也可以视为对“Philips 标准”中的“语境论”的一种肯定。

概括言之，本案虽被称为我国确立专利授权确权案件权利要求解释“BRI 标准”的重要案件，但深入研究其判理及导向，可以品读出裁判者在面对两种标准适用选择难题时，希望归纳出更为全面、理性、客观的规则的“良苦用心”。我们也要注意，在“移植”已有经验时不要过于在意形式上的称谓，更不能“剑走偏锋”，僵化适用单一标准，而应在尊重权利要求解释目的和初衷的基础上，“取其精华、去其糟粕”，结合多个案件的具体情况，构建出更加合理的规则体系。

（二）应用规则的细化

实际上，除了“全光纤电流互感器”案，司法机关在其他一些案件中也间接就“最大合理解释”原则如何适用作了进一步的探索和完善。

1.“墨盒”案②

任何重大规则的出现都可能经历过长期的酝酿，在“全光纤电流互感器”案正式提出“最大合理解释”原则之前，最高人民法院就曾在著名的“墨盒”案中就如何解释出“记忆装置”这一技术特征的通常含义作过细致的分析。

本案中，法院认为，首先，我国台湾地区出版的《中华百科全书》的出版时间在本案申请日前，其对“电脑记忆系统”的解释对于确定本专利中“记忆装置”的含义具有重要参考价值。根据《中华百科全书》的解释，“记忆装置”与“存储装置”的含义基本相同。此外，虽然解释专利申请文件中术语的含义需要运用外部证据时，原则上只能参考申请日前的工具书、教科书等外部证据，但由于语言含义的形成是社会公众在持续使用中逐渐稳定化的过程，除非时间过于久远或者其他特殊原因，申请日后该术语的含义对于理解申请日前该术语的含义可以起到一定程度的佐证作用。尽管本案中“互动百科”对“记忆装置”词条的解释的形成时间尚未确定且很

---

① 陶凯元主编，最高人民法院知识产权审判庭编：《中国知识产权指导案例评注》（第 8 辑），中国法制出版社 2017 年版，第 456 页。

② 最高人民法院行政裁定书，（2010）知行字第 53 －1 号。需要注意的是，上述论述只是展示了界定技术特征通常含义的方法和过程，但本案最终考虑了其他因素，并未采取通常含义这一解释。

可能在本专利申请日后，但是一定程度上仍可以验证或者佐证结论的正确性。根据“互动百科”对“记忆装置”词条的解释，“记忆装置”在打印机领域属于通用术语，其含义与“存储装置”基本相同。这进一步佐证了《中华百科全书》的解释具有相当的可信性。其次，尽管“百度文库”的日文《计算机日语词汇》的形成时间无法确定是否在本专利申请日前，但基于前述相同理由，该文仍可以起到一定程度的参考作用。加之本专利原申请文件系日文，更应重视日文文献的解释。根据《计算机日语词汇》的记载，日文“記憶装置”的相应英文翻译为“storage”或者“memory”，即“存储”或者“记忆”。可见，在日文中，“记忆装置”的通常含义是“存储装置”。最后，本专利原国际申请文件中出现过“半導体記憶手段”和“記憶手段”的日文用语，在申请公开文本中“記憶手段”被翻译为“存储装置”。可见，申请人在本专利申请日时亦认为“记忆手段”意为“存储装置”。因此，可以认为，在本专利所属技术领域，“记忆装置”一词的通常含义应为“存储装置”。

2.“共沸组合物”案①

本案涉及的争议是如何理解涉案专利申请权利要求 1 中的术语“E-HFC-1234ze”。该术语在本领域有公认的普通含义，即 1，3，3，3 – 四氟丙烯结构中双键为 E 式构型的单一异构体，本领域的技术人员在看到该化学名称时，能够确定该名称对应的化学物质的确切分子式和结构式。因此，专利复审委员会认为，应当根据本领域技术人员的通常认识对权利要求进行合理的理解。二审法院则认为，当权利要求中的术语在所述技术领域有普通含义，在说明书中也有特别限定，如果该特别限定是清楚的，本领域人员能够明白其特别限定的含义的，则应当采用说明书中的特别限定来确定该术语的含义；如果说明书中没有特别限定，或者特别限定不清楚，所属领域技术人员无法明白其特别限定的具体含义的，则应当采用所述技术领域的普通含义。如果该术语在所属技术领域没有普通含义，在说明书中也没有特别限定，或者特别限定不清楚的，则可以对该术语作“最宽泛的解释”。

换言之，二审法院虽然对“最大合理解释”原则表示了认可，但也从解释资料适用顺序的角度对该原则进行了反思，指出“最大”的前提是“合理”，即权利要求的通常含义不能与说明书的特别限定相冲突。同时，本案还特别强调了“语境论”

① 北京市高级人民法院行政判决书，(2016) 京行终 5347 号。

的解释规则,即在解释权利要求时,内部证据和外部证据都应当考虑,但是,内部证据的解释作用应当优先于外部证据,这与"共沸组合物"案的价值导向应该是一致的,也再一次印证了"BRI 标准"和"Philips 标准"之间不存在根本的对立。

3."细工木板"案①

本案中,权利要求 1 为:一种细木工板,由面皮板、中芯板及芯板组成;其中,芯板设于最里层,面皮板设于最外层,面皮板和芯板之间为中芯板。其特征在于:芯板为多块凸形板以正反形式拼接结构。从本专利说明书可知,现在使用的细木工板芯板都是由截面形状为矩形的木条拼接而成,木条之间的接缝为直缝,容易发生上下错动,导致使用时变形。本专利针对现有技术中的上述缺陷,通过使用"凸形"木条以正反形式相拼接来消除直缝,从而改进了木条间上、下、左、右的稳定性,克服板材使用中易变形的缺陷,其中一个实施例所采用木条的横截面是"凸字形"的。

无效宣告请求人列举了一份芯板所使用木条的截面为"梯形"的对比文件(见图 2-2-1)并主张称,根据《辞海》的解释,"凸"字意为"周围低,中间高",故"梯形"也应当属于"凸形"的一种,可视为公开了本专利"凸形"木条的技术特征。法院认为,虽然就一般文字性(文学)含义而言,请求人的上述推理能够成立,但如果说明书及附图可以对权利要求书中的概念作出明确解释,就无须借助于《辞典》或普通技术工具书中的解释,只有当专利的说明书及附图对其未作出具体解释而且此概念仅具有一般性含义的情况时,才适合采用辞典或工具书中的解释。在本案中,由于说明书已明确对"凸形"进行了限定,就没有必要再借助字典进行解释,故并非所有"周围低,中间高"的结构都是适合的。

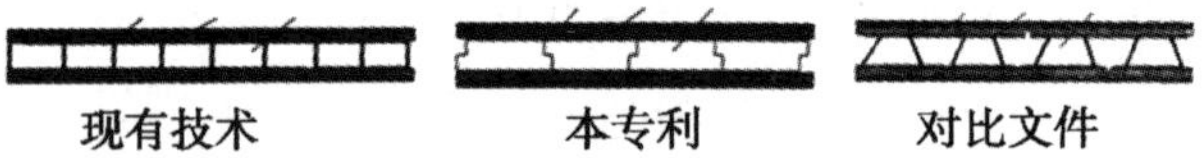

图 2-2-1 "细工木板"案相关技术方案

由本案的结论可以看出,所谓的"最大"是一个相对化的修辞,并非所有的解释都能扩张到如工具书列举基本含义的范围,还必须考虑说明书对"最大"解释"合理"的影响和修正。

① 北京市高级人民法院行政判决书,(2004)高行终字第 355 号。

4.“豆稻麦收割机”案①

如前所述,与授权确权过程寻求权利要求通常含义的同时也需尊重说明书特别限定的原则类似,侵权诉讼虽更推崇说明书等内部证据的解释作用,但也要避免过多引入其具体内容,造成对权利要求的不当限制。

本案涉及的“豆稻麦收割机”包括“设置在铺放平台上面的横梁一侧的集堆摆放装置”,在权利要求 1 中,所述“集堆摆放装置”由“拉线、连杆、压杆、传动轴、主动链轮、复位弹簧、飞轮、限位盘和集堆网组成”。被控侵权人认为,被诉侵权技术方案的部分技术特征与涉案专利附图所示技术方案中的相应技术特征不同:涉案专利说明书附图所示技术方案的拔禾齿上无缓冲簧,复位弹簧是一个扭簧并位于定位杆的中部,偏心盘的开口为圆形,传动轴承套为两个单立轴承座且主动轴是分开的;被诉侵权产品上设有缓冲簧,复位弹簧为两个拉簧并位于定位杆的尾部,偏心盘开口为方形,传动轴承套为圆筒式轴承套且为一体设计。故被诉侵权产品未落入涉案专利权的保护范围。

法院认为,涉案专利的附图只是反映了权利要求 1 中的一个具体实施方案,权利要求 1 的保护范围并不限于附图所表示的这种具体实施方式。权利要求 1 具有拔禾齿、复位弹簧、拉簧、偏心盘、传动轴承这些特征,但并未限制拔禾齿上是否要设置缓冲簧、复位弹簧的个数、拉簧的位置、偏心盘的开口形状、传动轴承的具体结构。被诉侵权产品同样也具有拔禾齿、复位弹簧、拉簧、偏心盘、传动轴承这些特征,以被诉侵权产品的上述特征与涉案专利附图不相同为由而认为被诉侵权产品未落入涉案专利权保护范围的理由不能成立。

可见,如果说明书在权利要求文字表述的基础上对技术特征作了附加或进一步的限定,应在判断有无特别含义及特别程度的基础上,再行评估其对权利要求解释作用的大小。

三、问题的反思和启示

在法律规范体系不断完善及司法实践对个案探索尝试的过程中,我国对于权利要求解释标准问题积累了一定的经验,并在借鉴域外先例的基础上,建立起了初

① 最高人民法院民事裁定书,(2009)民申字第 513 号。

具雏形的规则框架。但是,随着研究的深入和诉讼的频发,一些共性的理论误区和缺陷不足逐渐显现出来,带给我们诸多反思和启示。

（一）存在的问题

对于一项法律问题而言,其在产生之初都要经历理论上的选择与融合,在打磨出日臻完备的法律体系后,才能形成日趋一致的实践标准,权利要求解释问题也不例外。

第一,理论观点存在分歧。作为专利法领域的重点议题,理论界关于权利要求解释的讨论热度从未减弱,各路观点亦基于不同的出发点,在纷繁复杂的发展过程中形成了不同的见解和学说,其中,专利实质审查阶段、确权阶段与侵权判断阶段解释标准如何确立,是争论最大的基本问题之一。一种观点认为,三个阶段对权利要求保护范围的解释标准应当统一,这不仅有利于专利权的保护,鼓励发明创造,而且有利于专利权人和社会公众对于专利权的保护范围建立统一的预期,从而保障社会公众的可期待利益;①另一种观点认为,由于三个程序的性质和任务不同,权利人修改专利申请文件或专利文件的尺度不同,权利要求的解释规则可以并允许存在一定的差异;②还有一些观点认可侵权程序和授权程序权利要求解释规则的不同,但对于确权程序的解释规则应靠近前者还是后者存在争议。③ 概言之,各方对于三个阶段解释标准是否应保持一致,或保持一致程度的看法不尽相同。

第二,法律规范尚需完善。虽然行政机关在专利授权确权审查的规范性文件中明确了权利要求解释的方法,但从《专利审查指南(2010)》的体例布局来看,前述方法是被作为判断权利要求是否清楚的条件,出现在权利要求应当满足的要件的章节中,这种安排无形中淡化了其在《专利审查指南(2010)》全文中的重要性,不利于彰显其应有的规则意义。相形之下,司法机关以独立条款的形式记载并限定了权利要求的解释规则,更具有指引意义,但《授权确权司法解释(一)》与《侵权司法解释(一)》中相关规定的辨析与联系,以及前者在不同标准之间曾经出现的

① 参见张鹏:《论专利说明书对权利要求保护范围的解释作用——以客观主义与主观主义的博弈为视角》,载《科技与法律》2014 年第 3 期。

② 参见任晓兰:《授权、确权和侵权程序中权利要求解释规则的异同》,载《中国专利与商标》2016 年第 3 期。

③ 参见冯美玉:《授权确权侵权程序中权利要求的解释原则》,载《河北法学》2017 年第 11 期。

"摇摆不定",也导致了司法解释理解时的模糊性,加大了具体适用时的难度。此外,现有司法解释所确立规则的原则性意味更强,缺乏能够应对实践中不同情形的进一步细化的规定。

第三,实践标准有待统一。无论理念观点上的争辩还是法律规范的设计,其最终目的都是妥善处理实践中的具体问题,但是,囿于解释主体认识不一、某一时期政策导向变化、个案案情差异、专利类型不同等原因,加之权利要求解释规则本身的抽象性和概括性,即便是在同一阶段,审查员或裁判者也可能在不同的案件中表现出不同的解释态度。例如,在本应持宽泛解释原则,促使申请人作出合理修改的授权阶段,解释者有可能在阅读说明书以理解技术方案的过程中,无意间放大说明书限定内容的参考作用,从而作出限缩某一技术特征涵盖范围的解释;而到了需充分阅读说明书、审查档案等内部资料,且需顾及专利权效力稳定性,对权利要求在特定语境下的含义进行精确"锁定"的侵权诉讼阶段,解释者也有可能出于对权利要求公示性的追求,而更为关注其字面含义,不愿过多地以说明书限定的内容来"修正"或"下位化"权利要求的内容。通过后文的分析我们会发现,这一问题在实践中并非个例。

(二)产生的原因

权利要求解释本身的复杂性决定了产生上述问题的因素有很多,但在笔者看来,对不同程序差异性和一致性的认识不深、把握不足,是形成现状的根源。

一方面,忽略了不同程序客观上存在的差异。在专利的"生命周期"中,授权、侵权、确权三种程序不仅是出现的时间有先后之分,其职能作用、判断方式、分析对象、解释主体、资料依据等均存在差别,这也意味着三者应各自带有鲜明的差异性特点,解释方法有所区别也是合理的,"一致论"观点的持有者恰恰是在追求结论统一的过程中,忽视了前述差别均属于权利要求解释的前提条件。同时,这决定了即便面对同一权利要求,在不同程序中可能会得出范围不同的解释结论,也提示我们不能抛开所处程序的"语境",轻易对解释结论的对错进行评判。这样看来,无论出于何种原因,《授权确权司法解释(一)》未能在最终方案中将授权、确权程序权利要求解释规则区别开来,都算得上是一种遗憾。

另一方面,缺乏对不同程序协同作用的把握。从各自承担的目标任务来看,授权、侵权、确权三种程序有着相对独立的存在价值,但从专利制度整体的设计初衷来看,各个环节的终极作用是相同的,都是为了实现保护技术型智力成果,促进激励创新的目标。因此,三种程序除完成自身任务外,还应该形成彼此之间的呼应和协调,配合达成前述目标,“BRI 标准”和“Philips 标准”之间的互补和衔接就是最好的例证。换言之,即便我们出于体现不同程序特点的考虑,为其“量身裁体”打造出“定制”的权利要求解释规则,在适用过程中也要时刻秉持全局眼光,识别并把握不同规则之间深层次的联结点,在汲取各自精华的基础上,对权利要求作出自洽的解释。

总体来看,我国二元制背景下,冗长的纠纷解决程序吸引了大量关注与研究资源;而侵权判断阶段基于与授权确权规则、专利审查程序中的具体逻辑过程的疏离,而对专利文件的解读能力一直存在隔膜或不清晰,两者之间往往出现矛盾而非协调。① 因此,准确把握不同阶段性质的差异性及其合理性,将三者视为专利制度中一体化的部分,有助于我们构建出更为客观合理的解释规则体系。

第三节　不同程序解释一体化的构建

作为研究和分析权利要求解释问题的最佳切入点之一,授权、侵权、确权三种程序形成了差异化的“语境”,通过设置不同的目标,为该程序下权利要求解释原则的总结和提炼铺设了路径,同时也在挖掘程序共性、促使三者形成合力的过程中,实现了解释规则的一体化。

一、解释规则的区别与协同

授权、侵权、确权程序通常会在权利要求解释的初期呈现出区别化的特性,但随着解释工作的深入,其彼此间呼应联系的“脉络”也会逐渐清晰起来。最高人民法院曾在“墨盒案”中指出:“专利授权确权程序……专利民事侵权程序……权利要求的解释方法既存在很强的一致性,又存在一定的差异性。”②

---

① 参见郭鹏鹏:《专利保护范围之实质约束——以科力远案为视角》,载《中国发明与专利》2016年第12期。

② 最高人民法院行政裁定书,(2010)知行字第53-1号。

（一）不同程序的特性

在对解释规则的区别点进行总结之前，重新梳理和比对三种程序的不同之处，无疑有助于我们更好的理解区别点存在的合理性。

一是目的任务不同。授权审查的目的是明确权利要求的含义及其保护范围，对专利权利要求是否符合专利授权条件作出最终的判断，以便向公众清晰地公示作为民事权利的专利权；侵权判定审视的是被诉侵权技术方案与权利要求之间的关系，即审查被诉侵权技术方案是否落入专利权的保护范围，不宜因申请人撰写或者实质审查的瑕疵而否定专利权，但其关注的是专利权人的合理的权利，那些包含在权利要求中但不属于专利权人创造性贡献的部分可以不做考虑；确权程序面对的是已经授权公告的权利，其任务是基于无效宣告请求人提出的理由和证据审查专利授权是否有效，让已授权专利的合法性经过公众的检验和复核，形成更加稳定、明确的专利权。①

二是修改自由度不同。在实质审查中，为了消除权利要求文字记载的模糊性，降低专利授权后社会公众的信息解读成本，审查员会督促申请人尽量修改权利要求，消除其模糊含义，提升其精确性，申请人也有较为充裕的修改和陈述意见的机会，可以缩小保护范围等形式对审查员的质疑进行回应；在无效程序中，专利权人对权利要求虽还有一些修改机会，但其审查对象是已授权公告的有效专利，其修改机会远远小于授权阶段，尤其是不能通过从说明书提取特征补入权利要求中的方式修改权利要求；而到了侵权程序中，由于被侵害的权利要求已经固定，在此程序中权利人没有修改权利要求的权利，裁决者只能就权利要求的保护范围进行解释，从而获得一个较为合适的保护范围。②

三是时间节点不同。在专利申请的授权阶段，其权利要求书、说明书等材料尚处于形成和发展之中，意见陈述书也只是作为行政认知的主要材料，为申请人与审查员的交流沟通提供媒介，审查员面对的是一个尚未定型的技术方案；而到了侵权诉讼和确权审查阶段，上述材料已经形成并对外公示，审查档案也已经完整的记录

---

① 参见王敏：《浅谈对权利要求保护范围的解释》，“中华全国专利代理人协会年会暨知识产权论坛”会议论文，2013 年于北京。

② 参见孙方涛、左萌、李博：《发明专利保护范围解释规则比较研究——以授权与侵权判定两个阶段为例》，载《科技与法律》2012 年第 2 期。

在案,行政机关和司法机关虽然有了更多用于理解权利要求的依据和资料,但其解释的空间也随之固定了下来。也就是说,在不同的时间解释权利要求,面临现有技术多寡的不同,或者法律环境的不同,都可能造成其解释的方法和原则有些区别。①

（二）区别化原则的合理性

正因为程序本身特性的差异,对授权、侵权、确权阶段的解释原则进行区别化处理,也就有了合理性的基础。

1. 关于解释宽泛程度

授权审查时对权利要求进行宽泛性解释,有利于实施检索并指出权利要求中超出申请人创造性贡献的部分,以促使专利申请人对权利要求进行修改或作出限制性陈述,使专利的保护范围更清晰;侵权判定则应根据权利人实际取得的针对现有技术的贡献来限缩解释,使权利要求的保护范围保持在合理的范围,而不是将其理解为该特征的通用含义,损害社会公众的行为自由;确权程序承担着通过无效或部分无效来纠正不当授权的职能,理论上应与授权程序采取相同的解释规则,但鉴于权利人的修改受到了严格的限制,为避免对专利有效性造成过重的冲击,也不能脱离说明书,完全以最大合理解释原则处理权利要求中需要解释的内容,而应当通过语境的限定作用,使权利要求的保护范围限制在一个合理的范围内,其解释的宽泛程度应介于授权和侵权之间。因此,有人总结认为,权利要求允许解释的尺度应当与专利文件修改自由度成反比:允许修改的尺度越大,允许解释的幅度就应当越小;反之,允许修改的尺度越小,允许解释的幅度就应当越大。② 这一关系放在"语境主义"下也是成立的,授权程序中语境的限定作用应当小一些,无效程序中语境的限定作用应当大一些,侵权程序中语境的限定作用应当最大。③

2. 关于解释步骤

在授权阶段,为了便于专利信息的传播和理解,可以顺着"由外而内"的思路,将权利要求中的用语理解为其在所属技术领域所通常具有的含义,尽量不依赖说

① 参见姚建军:《权利要求解释的司法标准刍议——写在最高人民法院知识产权法庭成立之际》,载《中国专利与商标》2019 年第 1 期。

② 参见任晓兰:《授权、确权和侵权程序中权利要求解释规则的异同》,载《中国专利与商标》2016 年第 3 期。

③ 参见刘庆辉:《基于语境主义的专利权利要求解释》,载《电子知识产权》2016 年第 7 期。

明书和附图等内部证据，说明书和附图只是在必要时，如某些词语在本领域中具有多种含义或者含义尚存在争议时，才可以选择性地用以解释权利要求中的词语，并且，审查机关还应该引导申请人尽可能根据说明书及附图的相关描述修改该权利要求，将相关内容增加到权利要求中；①而在侵权诉讼中，由于语言文字自身的局限性，为了明确技术特征的含义，往往需要采取“由内而外”的顺序，即根据与权利要求最为密切且公告的内部证据如说明书、附图、相关权利要求、专利审查档案等进行解释，以上述方法仍不能明确权利要求含义的，可以扩展至工具书、教科书等公知文献的外部证据，以及本领域普通技术人员的通常理解进行解释；确权程序中的解释则具有“内外兼具”的特点，既不能过大地理解其保护范围从而导致其超范围、说明书未充分公开该方案、说明书不支持该方案等情形出现，也不能利用说明书对其作不适当的限制，否则将无法促使申请人修改完善专利申请。

3. 关于解释依据

在授权审查阶段，专利审查档案对发明专利的授权、权利要求保护范围的确定影响不大，申请人可以随意进行意见陈述，而无须考虑其前后意见是否一致或者相悖，审查员通常也不会在审查意见通知书中刻意指出仅存在于意见陈述书中的错误和不当之处；相反，在侵权判定程序中，说明书及附图、专利审查历史档案、同族专利文件等资料构成了权利要求的语境，均应当用于限定权利要求的保护范围；而在无效阶段，诸多内部证据均可用于解释权利要求，且专利权人的意见陈述会直接影响权利要求的保护范围，故审查员对这些证据的依赖程度类似于侵权阶段。

对于这一问题，司法实践也曾进行过类似的回应，“在专利授权确权程序中，申请人在审查档案中的意见陈述在通常情况下只能作为理解说明书以及权利要求书含义的参考，而不是决定性依据。而在专利民事侵权程序中解释权利要求的保护范围时，只要当事人在专利申请或者授权程序中通过意见陈述放弃了某个技术方案，一般情况下应该根据当事人的意见陈述对专利保护范围进行限缩解释”。②

（三）协同化处理的必要性

正如前文对于“BRI 标准”和“Philips 标准”内在和谐性的分析，授权、侵权、确

① 参见董妍、崔琳、王立石、马镯：《权利要求保护范围在专利审查和司法解释中的差异分析》，载《知识产权》2013 年第 7 期。

② 最高人民法院行政裁定书，(2010) 知行字第 53 -1 号。

权程序看似标准各异，但同时也存在"千丝万缕"的联系，发挥着各自密切的协同配合作用。并且，在面对相同的权利要求时，解释者往往并不会刻意突出解释标准的差异性，得出完全不同结论的可能性也不会被一味地放大。

第一，价值导向上的一致性。授权、确权、侵权程序是专利保护制度中相对独立的环节，但也都蕴含着激励创新、促进发展的价值目标，三者都是基于申请人的创造性贡献来确定权利要求实际保护的内容，既不会埋没发明人无形劳动的技术成果，也不会逾越进入现有技术的范围而损害社会公共利益，其对于不同解释原则的遵循无意于打破上述标准，而是为了针对程序任务的不同，归结出更便于实践操作的解释原则，目的还是使专利权围绕申请人创造性贡献实现有意义的统一。①

第二，解释方法上的互补性。为了达成前述目标，在授权程序中采用宽泛性解释原则有利于避免将超出申请人对现有技术作出创造性贡献的部分纳入专利权，向公众清晰地公示作为民事权利的专利权；在侵权程序中以授权阶段界限清楚的技术方案为基础，采用限制性解释原则有利于正确地确定专利权人的合法权利，防止第三人通过简单的变换恶意地规避专利权；而确权程序则既要考虑授权权利要求的公示作用，又要考虑其实际技术贡献，从而更好地在保护专利权人的创新与由权利要求公示作用所体现的保障公众合法权益之间维持平衡。② 这三个阶段尽管存在对权利要求保护范围不同的解释规则，但其相互配合补充，才能实现专利体系内在的和谐。

第三，资料依据上的重叠性。授权、确权、侵权程序可能用到的解释资料既包括说明书、附图等内部证据，也包括工具书、教科书等外部资料，虽然在优先顺序上有所差别，但三者对不同资料的依赖程度是相对的，并未达到对某一资料的绝对推崇和对另一资料的完全废弃。同时，考虑到实践中解释者会参考多种证据来界定权利要求的含义，利用不同证据得出的结论可能不会有实质性差异，甚至可能是高度重合的。

需要注意的是，上述特点也可以从"二元制"体系下行政机关和司法机关的关

① 参见孙方涛、左萌、李博：《发明专利保护范围解释规则比较研究——以授权与侵权判定两个阶段为例》，载《科技与法律》2012 年第 2 期。

② 参见刘鹏：《不同程序中权利要求保护范围理解和解释的基本规则》，载《知识产权》2018 年第 12 期。

系反映出来,行政机关希望通过授权确权程序为得到授权的专利权的合法性和稳定性提供保障,司法机关则在此基础上,根据授权专利对社会贡献的实质价值来判断专利应得到的保护范围,进而公平、公正并及时解决当事人之间的纠纷。① 因此,司法程序中某些对权利要求范围进行的认定方式其实是在实质审查程序未能很好地发挥其应有作用时的一种权宜之计。例如,某一技术特征存在多种理解,从说明书和附图内容也无法得出明确唯一的理解,或者某一特征存在明显错误,容易产生歧义时,行政机关就有义务在实质审查程序中指出并予以解决,否则就会导致该缺陷专利在进入司法程序后无法得到有效的保护,造成司法资源无谓的浪费。②

二、授权程序的宽泛性解释

专利权具有垄断性,需要平衡申请人和社会公众的利益,但在授权程序中,社会公众处于“缺失”状态,无法为争取自身利益而亲自“发声”,这时就要求行政审查部门适当为其“代言”,即审查员要代表社会公众检查权利要求,基于授予权利稳定、界限清晰的角度,采用“质疑主义”挑出权利要求的“毛病”,对权利要求中涉及社会公众利益的部分提出合理质疑,严格按照权利要求的措辞来确定其保护范围,进而提醒专利申请人尽量修改、完善权利要求文本,对其权利要求的特征进行修改和澄清以与现有技术相区隔,以提高授权质量。

因此,在这一程序中,可以参照美国的做法,相对弱化语境的限定作用,在专利说明书的视野内对权利要求的词语给予“最宽合理解释”,以便于检索到落入该范围内的现有技术,进而指出申请不具有新颖性、创造性或者具有其他的缺陷。而专利申请人为了克服该种解释所可能带来的权利要求不符合授权条件的危险,则应当通过专利审查过程中和审查员之间的不断“交涉”,尽量修改权利要求中的语词,将能体现其发明实质的相应特征补入权利要求书内,从而将现有技术内容排除,使语词的字面含义与说明书语境确定的含义保持一致,同时使权利要求书所公示的权利要求保护范围尽可能与专利权人应该得到的专利保护范围相适应,给后

① 参见杨志敏:《专利侵权诉讼中专利保护范围的确定与法院的权限——析专利权利要求的缩小与扩大解释》,载国家知识产权局条法司编:《专利法研究(2003)》,知识产权出版社 2003 年版,第 292 页。

② 参见孙成玉:《关于权利要求保炉范围判定的思考》,载《专利代理》2015 年第 6 期。

续的专利保护带来确定性。

1.“汽车尾气采样装置”案①

本申请权利要求1为一种汽车尾气采样装置。其特征在于:其包括信号单元、存储单元和采集单元,该信号单元一端与汽车系统连接,而另一端与采集单元连接;该采集单元包含采集口和传输导管,采集单元通过传输导管,选择性地朝存储单元送气;该信号单元包含一个控制器、闪存和一个显示屏,该控制器与汽车系统信号连接,记录每次采集时汽车的工况,并保存在闪存内,该闪存同时记录采集单元的送气序号,将其与汽车工况一一对应记录,而显示屏用于显示序号和对应汽车工况(见图2-3-1)。

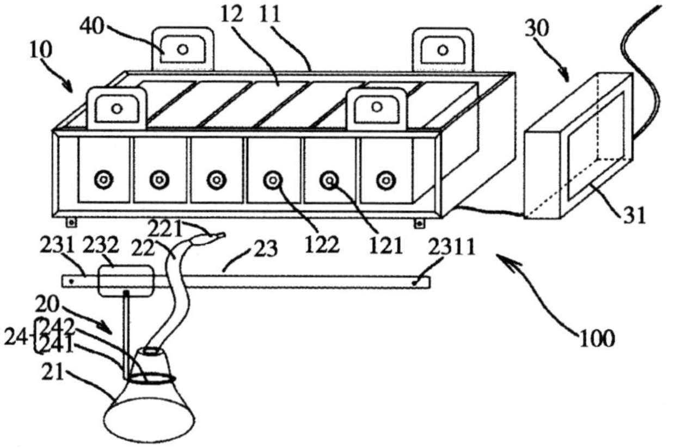

图2-3-1　汽车尾气采样装置

根据说明书的记载,“精度高的汽车尾气检测仪设备昂贵,体积重量大,不利于车载机动,而不同行驶工况下,汽车尾气含量会有所不同。如何在不同工况下对汽车尾气进行检测成为一个问题……本实用新型采用多个采集密封盒来收集保存汽车尾气,该采样装置能够采集不同工况条件下的汽车尾气,并区分储存,方便将采集、储存起来的尾气,携带移动至检测中心大型检测设备上进行检测,而且不影响汽车继续使用……”这也表明了本申请的发明目的在于提供一种可以“车载”的,同时可收集“各种工况”下汽车尾气的采集装置。

① 参见黄艳:《如何把握创造性审查中权利要求的解释》,载《中国知识产权报》2017年6月30日,第4版。

相应地,对比文件1公开的是一种模拟采样分析系统,包括采样部分和分析部分,是将汽车放置在模拟底盘上进行测试的,采集的是预设的模拟工况下的汽车尾气,由于其并不需要车载移动,因此也就不存在将分析部分去除而仅保留采样部分的动机,其没有提供在“不同工况”下收集汽车尾气的“车载”装置。

但是,鉴于本申请尚处于授权审查阶段,申请人为了获得最大的保护范围,权利要求撰写的范围往往会比发明构思所限定的范围要广,故应以权利要求中措辞的真实含义作为确定专利权保护范围的基本依据,而不能把权利要求中没有记载的内容,即仅在说明书和附图上记载的内容看作发明的技术范围。本申请权利要求书中并未记载其属于车载系统,并且根据权利要求书的记载也不能直接毫无疑义地确定其属于车载采样系统,而对比文件1公开的采样分析系统同样包括汽车采样系统,其采集的模拟工况也属于汽车工况的范围。因此,在没有检索到更合适的对比文件的基础上,可以通过选用对比文件1评价其创造性,以引导申请人将权利要求修改至与整体发明目的一致的方案上。

需要说明的是,假如在审查阶段没有检索出对比文件1,本申请未作修改就获得了授权,到了侵权程序中,法院不能仅根据其权利要求字面含义来确定保护范围,而应考虑前述发明目的的限定作用,只有那些能以“车载”形式收集“不同工况”汽车尾气的同类装置才有可能落入该专利的保护范围。这种情况也可以视为侵权程序对授权程序的“协同”,弥补了授权程序未能完成的对于发明人实质性贡献界定的任务。

2.“调节器”案①

本申请的权利要求1为:一种汽车,在其尾部区域中布置有一个导流装置……所述调节装置包括两个布置在所述导流装置的侧面区域中的调节器,用于移动所述导流装置,其特征在于每个调节器都铰接至一个固定于车辆、垂直取向的承载件。

对于本案权利要求中“垂直取向”的理解,由于参照物选取的不同,可以得出多种解释,包括垂直于地平面的方向或其他垂直于另一直线或平面的方向。因此,

---

① 参见王敏:《浅谈对权利要求保护范围的解释》,“中华全国专利代理人协会年会暨知识产权论坛”会议论文,2013年于北京。

为进一步明确权利要求的含义,审查员可以该技术特征存在多种含义,容易产生歧义为由,合理质疑或要求申请人尽可能修改权利要求,作出下位化的限定,如将“垂直取向”改为“垂直于地平面的竖直方向”,以提高权利要求的清晰度,避免造成公众对专利保护范围的错误判断,降低专利文件的公信力。

3.“脂肪分解酶”案[①]

本案是日本法院对于授权程序宽泛性解释原则进行明确的代表性案件之一,本案权利要求为:一种甘油三酯的测定方法,其特征在于通过使用 lipase(酯酶)作为酵素的甘油三酯皂化反应,测量游离的甘油三酯的情况下,实施羧酸和碳原子数 10~15 的烷基碱金属或碱土金属-烷基硫酸盐的皂化反应。本申请的说明书中仅提及使用 lipase 的一种即 Ra lipase 进行测定,来达到声称的效果。

日本东京高等法院认为,根据说明书的描述,权利要求中的 lipase 应当解释为 Ra lipase,日本最高法院则认为,权利要求中并没有对 lipase 进行限定,也没有记载皂化反应时使用 Ra lipase,不能仅以在说明书中出现的 Ra lipase 进行限定。也就是说,在权利要求保护范围设置较宽的情况下,想通过说明书的内容来要求一个较窄的权利要求保护范围,日本最高法院是不认可的,其通过该案对参考说明书和附图进行权利要求解释的条件进行了限定,提出了参考说明书的条件,即在一般情况下并不考虑说明书,特殊情况除外。[②]

三、侵权程序的限缩性解释

作为实行“二元制”专利制度的国家,我国法院不审理专利权的有效性,也不允许在侵权程序中对专利文件作出修改。因此,在国家知识产权局宣告专利无效的决定生效之前,法院在侵权程序中面对的是推定有效的专利权,审视的是被诉侵权方案与权利要求之间的关系,权利要求解释成了划定保护范围、判断被诉侵权方案是否落入该保护范围的唯一手段。原则上,侵权程序适于遵循限缩性解释原则,说明书及附图、专利审查历史档案、同族专利文件等资料均应当用于限定权利要求

---

① 日本最高法院 1991 年 3 月 8 日判决。

② 参见王海玲:《从一个经典判例看日本特许厅对权利要求解释的相关规定》,载《专利代理》2016 年第 3 期。

的保护范围,但所谓限缩性解释并非以缩小权利要求保护范围为目的,而是要充分考虑权利要求的语境,正确、合理地对待权利人应享有的合法权益,确定权利要求实际保护的技术内容。

1. "LED 照明灯"案①

本案专利名为"一种 LED 照明灯",其权利要求 1 为一种 LED 照明灯。其特征在于:包括有灯头,该灯头与外电源电连接;多根 LED 灯条,该 LED 灯条上设置有驱动 LED 的电路,所述 LED 灯条上布设有多颗 LED 灯珠,该 LED 灯条相互拼接组成圆柱形灯体,其 LED 灯珠均朝外设置,该圆柱形灯体的一端与所述灯头固定电连接;还包括固定所述圆柱形灯体的灯芯支架,该灯芯支架包括有固定 LED 灯条两端的固定架,支撑固定架的主体支架,与 LED 灯条插拔电连接的环形插槽(见图 2-3-2)。其中引发双方当事人分歧的技术特征为"与 LED 灯条插拔电连接的环形插槽"。

法院认为,对于说明书中明确记载并且本领域技术人员能够确定的技术效果,应当予以考虑。本案中,虽然从权利要求的字面记载来看,该技术特征只限定了灯条和环形插槽两者的连接关系是插拔电连接,并未对如何插拔电连接进行具体限定,但根据涉案专利的说明书,其具有这样的技术效果,即"本发明的 LED 照明灯与现有技术相比……由于采用 LED 灯条与插槽插拔电连接的结构……当某颗或数颗 LED 灯珠损毁时,只需将其相应所在的 LED 灯条抽出即可维修更换灯珠,而不影响其他 LED 灯条的使用,因此最大限度地降低了维护和使用成本"。

反观被诉侵权技术方案,其相应的技术特征为,LED 灯条与环形插槽在插拔的过程中并不接触,而是通过焊锡形成电连接和实现固定,当灯条发生故障时,需要先破坏焊锡结构,才能实现灯条的更换和维修。因此,被诉侵权技术方案 LED 灯条与环形插槽通过焊锡固定电连接的技术特征与涉案专利争议技术特征不相同也不等同,被诉侵权技术方案未落入涉案专利权的保护范围。

① 最高人民法院民事裁定书,(2019)最高法民申 365 号。

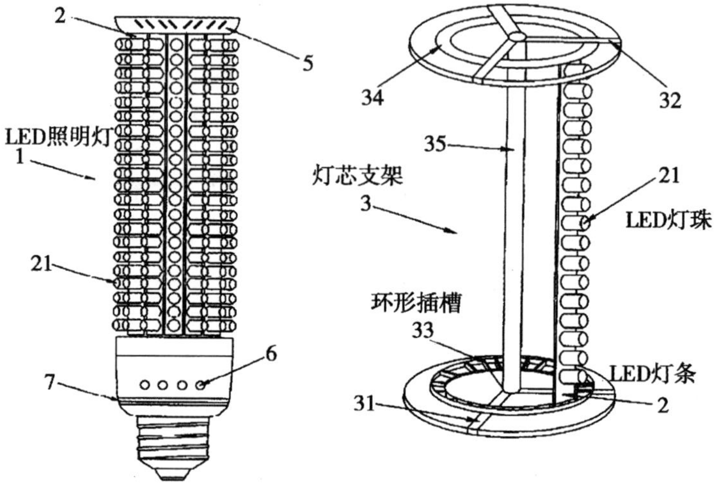

图 2-3-2　LED 照明灯

值得一提的是，在本案中，最高人民法院再次对侵权程序中权利要求解释的必要性进行了明确，即"权利要求以文字和数字记载技术特征的形式描述专利技术方案，基于语言文字的多义性和局限性，如果不结合具体的语境对权利要求进行解释，将难以准确界定其所要表达的技术方案。因此，在确定专利权保护范围的过程中，不论权利要求的用语从表面上看是否清楚，都不应当仅仅基于权利要求本身就确定其含义"。进一步地，在坚持语境论基本立场的前提下，法院还强调了说明书在权利要求解释中的重要作用。即"在对权利要求进行解读的过程中，应当从说明书出发，系统的、全面地理解专利所要保护的技术方案，以此为基础，对权利要求所记载的技术特征作出准确认定"。

2. "保健内裤"案①

对于侵权程序中权利要求应结合说明书进行解释的问题，人民法院早在两部侵权司法解释出台前就在个案中进行了探索，在"保健内裤"案中，涉案专利权利要求 1 为：一种保暖、保健内裤，其特征是将现有的内裤，包括秋裤、毛裤等的腰部至裆部之间的内侧及裤腿膝部内侧缝制布料，形成局部复合层，复合层布料的形状与裤子相匹配，膝部复合层布料长度 15～40 厘米（见图 2-3-3）。

① 北京市高级人民法院民事判决书，(2003) 高民终字第 816 号。

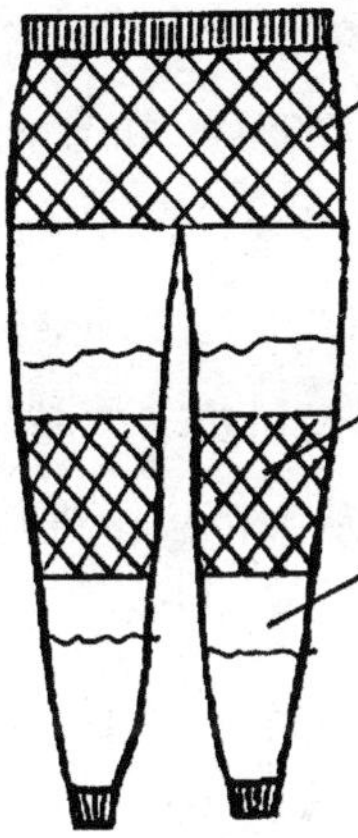

图 2－3－3 保健内裤

对于其中的“复合层布料的形状与裤子相匹配”的技术特征，法院认为，根据该专利说明书的记载，本专利的发明目的是解决人们常因腹部、腰部保暖不足，影响肠胃系统的正常功能等问题，其解决方案为将现有内裤（包括秋裤、毛裤等）的腰部至裆部之间的内侧及裤腿膝部内侧缝制布料，说明书附图中局部复合层包括腰部至裆部之间的整体。因此，“复合层布料的形状与裤子相匹配”这一技术特征的含义只能限定于“腰部至裆部之间的复合层布料形状为类似于短裤或与之等同的形状”。而被诉侵权产品的后腰处仅为半椭圆形复合层的技术特征与之既不相同，也不等同。

本案中，法院在解释权利要求时，考虑了说明书关于发明目的的记载所起到的限制作用，并结合附图，对争议技术特征作出了限缩性的符合前述发明目的的解释。

四、确权程序的“折中性”解释

相对前两个程序较为清晰的解释方向，确权程序中权利要求解释的原则和方法始终是各方争议的焦点，一种观点认为，确权程序从本质上讲仍然是对专利是否符合授权条件的审查，这一属性决定了确权程序中的审查仍然适用与授权程序相同的标准。① 另一种观点认为，无效过程中专利权人不能通过增加其他权利要求中未出现的技术特征对权利要求进行修改，适用最宽合理解释对专利权人是不公平的，也不符合专利法保护发明创造的目的。② 还有一种观点认为，随着2017年4月1日起施行的国家知识产权局《关于修改〈专利审查指南〉的决定》对无效程序中专利文件修改空间的扩充，③仅依据权利人修改空间有限这一理由来否认最宽合理解释原则的适用已经不充分，理解权利要求的基本逻辑应当是按照尽可能宽泛的通常含义进行，再基于合理性原则从大范围中进行合理的限缩或排除。④

其实，以上观点均有其自身的道理，确权程序“两面性”的特点决定了其解释规则不可能完全与授权、侵权程序之一保持一致，而会带有一定的折中色彩。一方面，尽管修改后的《专利审查指南（2010）》确实进一步完善了我国专利无效程序中权利要求修改的制度，但权利人享有的修改机会仍十分有限，在理解权利要求用语的含义时，应站在本领域技术人员的角度，结合全部申请文件进行符合发明目的理解，尽量避免由于明显的撰写瑕疵而否定其效力，或简单地将专利权无效作为对权利人撰写水平不足的惩罚。⑤ 另一方面，与侵权程序相比，专利权人在确权阶段仍然可以通过修改专利文件来完善其专利权，重新划定专利权的保护范围，无须过度借助说明书去限缩或排除保护范围。换言之，在确权程序中，权利要求的解释既要追求权利要求自身含义的“最大化”，也要保证说明书或附图框架约束下的“合理化”。

1.“潜水面罩”案⑥

本案涉及的是一种具有宽视野的潜水面罩，其权利要求1包括“镜面是由正向镜片与两侧的侧向镜片以黏合方式结合而成”的特征（见图2－3－4），根据说明书

---

① 参见万琦：《论权利要求保护范围的确定》，载《专利代理》2019年第9期。

② 参见闫文军：《我国专利授权确权中的“最宽合理解释”》，载《知识产权》2017年第12期。

③ 《国家知识产权局关于修改〈专利审查指南〉的决定》第8条规定：“将《专利审查指南（2010）》第四部分第三章第4.6.2节第1段修改为：在满足上述修改原则的前提下，修改权利要求书的具体方式一般限于权利要求的删除、技术方案的删除、权利要求的进一步限定、明显错误的修正……”

④ 参见崔哲勇：《对专利授权确权审查程序中权利要求的理解》，载《知识产权》2016年第10期。

⑤ 北京市高级人民法院行政判决，（2013）高行终第732号。

⑥ 国家知识产权局专利复审委员会第3817号无效宣告审查决定；北京市第一中级人民法院行政判决书，（2002）一中行初字第523号；北京市高级人民法院行政判决书，（2003）高行终字第38号。

的记载，现有技术的缺陷在于“以曲面玻璃做成的可提供较宽广视野的设计……造价过于昂贵而无法推广……非平面状态不但制作困难，不适合大量生产……量产上也不易克服厚度、平整度、透光均匀度等问题”。本专利的发明目的在于“提供一种具有宽视野的潜水面罩，其具有较宽的视野外，并具有安全可靠、可大量生产及成本低等优点”。为实现该发明目的，实施例中给出了具体的实施方案，即“镜面20包括正向镜片21及其两侧的侧向镜片22、23，正向镜片21与侧向镜片22、23间借黏着剂等予以结合……除具有不渗水的功能外，并具有相当的弹性和挠性”。

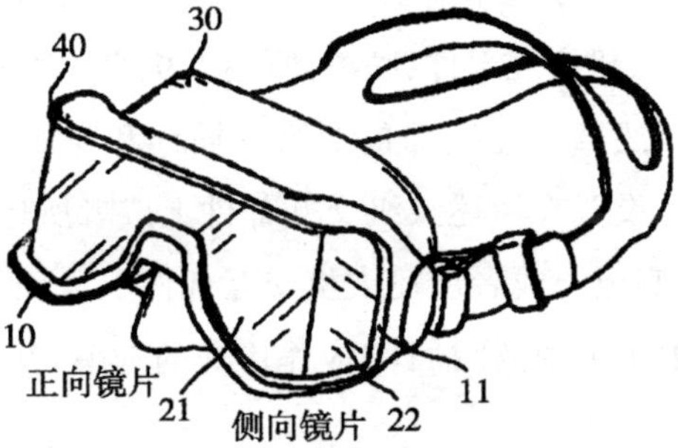

图2-3-4　潜水面罩

对于权利要求1中的“镜片”，审查机关采取了较为宽泛的解释方式，认为由于专利权利要求并未将其“镜片”限定为“平面的”，而“镜片”这一技术术语本身不能排除“镜片”形状为“曲面”的情况。两审法院则考虑了说明书记载的内容，一致对其保护范围作出了限缩性的解释，“虽然涉案权利要求对‘镜片’并未限定，但根据说明书的记载，涉案专利的背景技术中，既有采用平面镜片的也有采用曲面镜片的，但要实现涉案专利的目的，克服背景技术中存在的缺陷，涉案专利的技术方案必然要采用平面镜面的技术特征，这一点能够从专利说明书及其附图中得到毫无疑义的解释。因此，专利权利要求中的技术特征‘镜片’仅指平面镜片，曲面镜片所构成的技术方案不在涉案专利的保护范围内”。

由此可见，正是因为确权程序复合性的特点，其权利要求的解释往往没有统一的规则，需要在个案中根据具体情况进行处理。以本案为例，涉案专利是未经实质审查的实用新型专利，若比照授权程序进行宽泛性解释，有可能使权利人“措手不及”，因缺乏修改等补正手段而遭遇无效的“厄运”，故两审法院还是引入了说明书关于发明目的的论述进行解释。进一步地,如果权利人在撰写之初可以在说明书中加入类似“本专利权利要求中的镜片,特指平面镜片”的表述,则应当视为“镜片”的含义已被说明书进行了特别限定,直接以说明书为据进行解释会更顺理成章;反之,假设前述权利要求系处于实质审查阶段的发明申请,则应当采取本案中审查机关的解释方式,弱化说明书的限定作用,通过与申请人的互动程序,敦促其将隐含之义明确写入权利要求中,如“所述镜片为平面玻璃”,使隐含之义显性化、表面化,避免后续程序中的争执和纠纷。①

2.“电子胸卡”案②

本案涉及一种名为“电子胸卡”的实用新型专利,其权利要求 1 为:一种电子胸卡。其特征在于包括:人机交互部件;底板,所述人机交互部件和所述底板通过第一连接部连接固定;所述第一连接部包括第一插针和与所述第一插针配合的第一插座,所述第一插针设置在所述人机交互部件上或者所述底板上,所述第一插座对应地设置在所述底板上或者所述人机交互部件上。(见图 2 – 3 – 5)无效宣告请求人认为,权利要求 1 中的“插针”应作广义的理解,其涵盖了所有的针式插接装置。

对此,一审、二审法院首先以授权程序为比照,就确权程序中权利要求解释的特殊性进行了明确:考虑到申请人在授权程序中与专利权人在确权程序中修改专利申请档案之自由度的不同,在授权程序中对相关技术术语含义的理解采取本领域普通技术人员的通常理解,更加有利于促使申请人将说明书中对相应术语的特别限定直接写入权利要求,以便清晰地界定权利要求的保护范围,降低向社会公众搜索、交易及创新的成本,尽量实现社会公众与专利申请人利益之间的平衡;而在确权程序中,囿于专利权人对专利档案修改方式、修改时机等诸多限制的存在,采取本领域普通技术人员在阅读权利要求书、说明书和附图之后对该术语所能理解的含义,更加有利于保证具有实质技术贡献的技术方案获得专利权的保护,从而符合专利法之鼓励创新的目的。

① 参见张荣彦:《权利要求书中“技术特征”的解释》,载《中国专利与商标》2003 年第 2 期。

② 北京市高级人民法院行政判决书,(2017)京行终 3878 号。

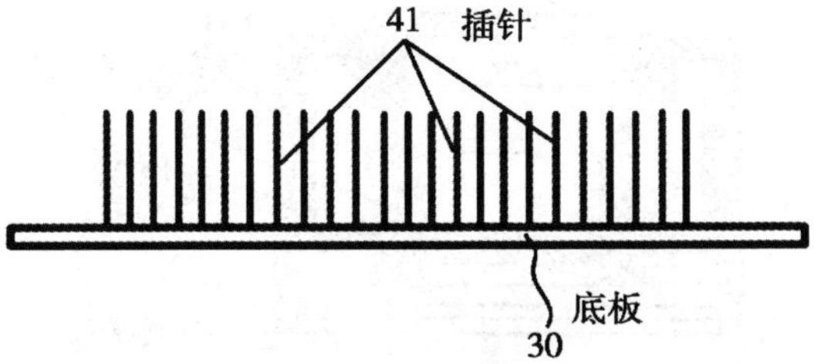

图2-3-5　电子胸卡

在此基础上，法院认为，“插针”具体含义应当采取本领域普通技术人员在阅读权利要求书、说明书和附图之后对该术语所能理解的含义予以确定。本案中，专利说明书中明确记载第二插针除具有连接作用外，还具有电连接的作用；同时本专利附图3中所显示的插针亦为排式插针。本领域普通技术人员在阅读本专利说明书及附图的基础上，可以确定本专利权利要求中的插针应理解为电子领域的排式插针，而非涵盖所有的针式插接装置。

不难看出，在与“潜水面罩”案情况类似的本案中，法院均考虑了说明书所形成的语境的限定作用，对权利要求中争议的技术特征作出了符合其发明目的的解释，这种做法无可厚非。当然，需要注意的是，按照前文述及不同程序之间“协同化处理”的原则，对于此两案专利在侵权诉讼阶段中的解释，也应依据其说明书的内容作出限缩性的解释，防止按照字面含义理解，导致其权利要求保护范围的不当扩大。

3.“容器盖”案①

实际上，行政审查机关在确权程序中也并非一味地坚持“最宽合理解释原则”，而是表现出了一定的灵活性，在一定程度上吸纳了司法机关由侵权程序衍生出的限缩性解释。

本案涉及一种名为“一次性容盖”的专利，其权利要求1为：一次性容器盖，盖身1与内塞2活动连接。其特征在于：该盖身的内部有内螺纹3，该盖身的下部通过焊点4固定连接一次性卡扣5（见图2-3-6）。无效宣告请求人认为，权利要求1中用语“活动连接”含义不清楚，更不清楚如何实现盖身与内塞的“活动连接”。

① 国家知识产权局第9615号无效宣告请求审查决定。

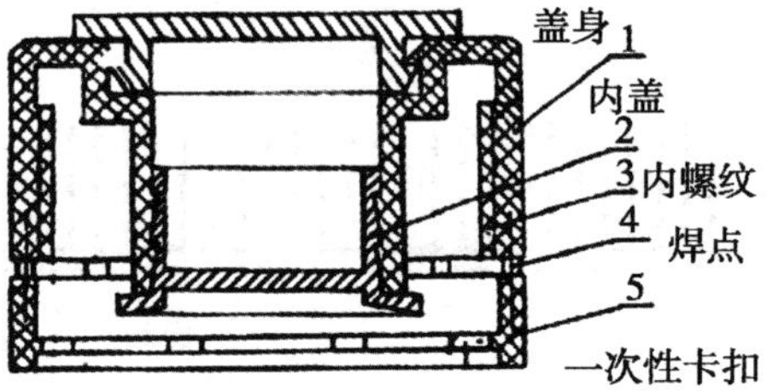

图 2-3-6　一次性容盖

结合本专利说明书可知,其主要解决的是桶装水的出水方式单一的技术问题,本专利可以有两种使用方式,一是用在饮水机上,二是直接将盖旋下即可倒出饮用。其采取的技术方案是:盖身与内塞活动连接,以便于饮水机的冲瓶盖座将内塞冲开;盖身的内部有内螺纹,盖身的下部通过焊点固定连接一次性卡扣,用于直接饮用时将盖整体从饮水桶上旋下,并留下破损标记。

无效审查决定认为:通过对说明书的分析可知,权利要求 1 中的“活动连接”与常规意义上的含义有所不同,其实质含义是当有外部作用时两部件易于分开的连接,通过参照附图并阅读本专利的说明书,本领域技术人员能够理解其所要表达的真实意思,并清楚地知道可以采用说明书所述的方式实施,因此,合议组对请求人提出的权利要求 1 不清楚的主张不予支持。

本案中,审查机关并没有草率地采用“活动连接”在机械领域中通常所指的铰接或滑动连接等连接方式的含义,而是站在本领域技术人员的立场上通过阅读说明书和附图,来理解该词语所表达的真实含义。

小 结

作为专利制度所构成“疆域”中最变幻莫测、难以琢磨,却又底蕴深厚、价值极高的“富矿”之一,权利要求解释的原则和方法不仅反映出某一阶段专利政策的导向,也折射出解释主体各自不同的立场态度,观点之多、变化之快往往让受众一时间无法把握其核心要义,甚至难以消化诸多经典论述的精髓。但是,通过回顾域外历史上在这一问题上反复与纠结的经验,梳理我国近年来在这一问题上的立法探索与司法实践,我们会慢慢发现,无论是“BRI 标准”和“Philips 标准”的交替与融合,抑或授权、确权、侵权阶段解释规则的差异与协同,其终极目的是“殊途同归”的,即通过合理划定保护范围,在“游走于”权利人和社会公众身边的过程中达到二者最终利益的“共同”平衡，所谓“不同”只是在特定时期、特定阶段所采取的必要手段。当然，对我们而言，熟稔各类解释规则的合理性是一项“必备技能”，其不仅有助于我们理解各色案例呈现出差别化结论的原因，更可以提供正确的导向，潜移默化地影响我们的选择，指引我们在面对个案时采取最合乎逻辑的思维和路径，得出最佳的解释结论。

SUMMARY

第三章

授权确权审查中权利要求的解释

通过对权利要求解释两大标准的对比分析,结合授权确权审查和侵权判定不同环节的任务和目的后,我们对各类程序中所应遵循的解释规则有了基本的知悉,接下来的工作就是在授权确权审查的语境下,面对具体的权利要求时,如何精准解释本申请或本专利的权利要求,以完成后续可专利性的评述。

第一节 常规的解释标准

《授权确权司法解释(一)》第 2 条并未明确提及“BRI 标准”,且在表述上采取了“内部证据优先”的原则,但如前文所述,从司法解释制定的历程,以及发布稿中使用的措辞来看,还是在一定程度上体现出了与侵权判定的不同之处,既要更多地从通常含义的角度对权利要求作出宽泛性的解释,也要给说明书内容以足够的重视。

一、权利要求的通常含义

专利权的保护范围需要专利权人以权利要求的形式作出明确的主张,“权利要求”一词不仅意味着权利方面的要求,更意味着权利之中的要求，这种要求应在说明书支持的权利的最大范围内主张。[1]

1.“氧化镍矿”案[2]

本案涉及一种名为“含结晶水的氧化镍矿经高炉冶炼镍铁工艺”的发明专利，其发明目的在于提供一种高效低耗、产量高、成本低，且无污染或低污染的从红土镍矿经高炉直接冶炼成镍铁的工艺。本专利权利要求1为：一种含结晶水的氧化镍矿经高炉冶炼镍铁工艺。其特征在于：所述高炉冶炼工艺主要包括如下步骤：将原矿破碎筛分，其中粒径小于2毫米的矿粉与焦粉、生石灰/石灰石混合配料进行烧结，得到烧结矿块；将烧结矿块、焦炭、石灰石/生石灰、白云石和萤石混配进行高炉冶炼得到镍铁，其中，下列添加剂与烧结矿重量比为：萤石0.3%～20%、白云石0～8%、石灰石/生石灰4%～35%。

根据一般理解，含有氧化镍的矿均属于氧化镍矿，氧化镍矿覆盖了含有氧化铬的氧化镍矿和不含有氧化铬的氧化镍矿，权利人则主张，权利要求1中的“氧化镍矿”应解释为仅限于含有氧化铬的氧化镍矿，其中的萤石添加量应根据氧化镍矿中氧化铬的含量计算得到。

对此，审理法院分析认为，尽管涉案专利说明书中提到“由于红土镍矿常伴生有Cr_2O_3成分，而铬的熔点很高，使融化后的铁水黏度大，含镍铬铁水不能顺利流出，造成冻炉、毁炉的严重后果”，以及“本发明所提供的镍铬铁矿冶炼镍铁工艺中加入萤石可以有效降低铬对炉温的影响，提高铁水流动性，同时，因为本发明所提供的冶炼工艺中所加入萤石的量经过严格计算，可以有效避免因为萤石加入量过高导致炉缸烧穿等事故发生”等，但并未记载任何有关萤石添加量、氧化铬含量以及铁水流动性三者之间关系的内容，故其保护范围覆盖了不含氧化铬的氧化镍矿经高炉冶炼镍铁工艺，其中萤石的添加量也包括根据其他杂质计算得到的萤石添加量。

本案的裁判结论在一定程度上体现了“BRI标准”的思维逻辑，即在说明书没有充分说明或特别限定的情况下，不宜以具体实施方式对权利要求作出限缩性的

---

① 杨存吉：《权利要求解释中的价值考量——以专利确权程序为例》，载《中国专利与商标》2014年第4期。

② 最高人民法院行政裁定书，(2012)知行字第58号。

解释。

2.“纤维加热装置”案①

涉案专利系一种“用来加热行进中的纤维的装置”的发明，其目的在于改进已知的加热装置，使导向器零件数量减少并简化导向器的更换操作，其权利要求1为：用于加热行进中的纤维的装置，它的纵向延伸的加热体具有一个纵向槽，在它的面对面而立的侧壁上支起许多导向器，纤维之字形沿纵向通过纵向槽。其特征在于：导向器作为凸起做在两个金属带上，金属带面对面地支承在侧壁上，其中面对面的凸起相互错开设置（见图3－1－1）。

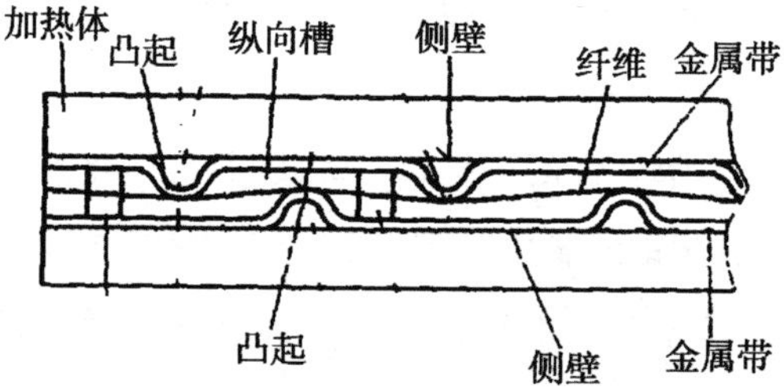

图3－1－1　用来加热行进中的纤维的装置

本案涉及争议焦点之一在于对权利要求中“做在”一词的解释，专利权人认为，从本专利说明书以及附图可知，导向器作为凸起是直接加工在金属带上的。这一主张显然对“做在”进行了限缩性的解释。对此，审查机关指出，在确定权利要求的保护范围时，应当根据该权利要求所用词语的含义来理解，如果将仅反映在说明书实施例及附图中而未记载在权利要求书中的技术特征或者技术方案通过“解释”纳入专利保护范围，有违解释的立法本义。

在此基础上，审查机关进一步分析认为，本发明的目的在于使导向器零件数量减少并简化导向器的更换操作，本领域技术人员在对权利要求1中的“做在”进行理解时，只需考虑金属带与导向器是相互固定的，就可以实现导向器与金属带一起拆装并一起清洗，从而可以解决现有技术中存在的技术问题，并实现本发明的目的和效果，至于金属带与导向器实现相互固定的具体加工方式则并非实现本专利发明目的所必需，不需要具体体现在权利要求1所限定的技术方案中。因此，权利要

① 国家知识产权局第10054号无效宣告请求审查决定。

求1中的“做在”应当是导向器加工固定在两个金属带上，其既可以具体体现为通过焊接、粘接、插接等方式将导向器固定在金属带上，也可以表现为通过冲压、滚压、铸造等方式将导向器与金属带直接加工成一体。

也就是说，在确权审查过程中，在不影响发明目的实现的前提下，应按照权利要求字面的通常含义来理解其所限定的技术方案。

二、说明书的明确界定

专利制度的本质是“公开换保护”，在这一过程中，权利要求的保护范围可以看作与说明书公开的内容形影相随，时刻联动，利用说明书及附图解释权利要求时应当体现专利制度的本质，遵循二者之间的形影变化规律。① 因此，即使授权确权审查中权利要求解释的宽泛程度大于侵权判定程序，但当说明书所披露的信息足以形成明确限定时，依然会对权利要求的保护范围造成限缩影响。

如“旋转轮体”案，②本案实用新型专利名为“一种对旋转轮体加热的装置”，涉及一种对烟草行业和其他包装行业中的切纸轮、搓烟轮进行加热的加热装置，与现有技术相比具有加热效率高、加热时间快、轮体结构简单、便于维护等优点。本专利权利要求1为：一种对旋转轮体加热的装置。其特征在于：在铁质的旋转轮体内腔放置加热线包；在旋转轮体内腔放置的加热线包为：线圈骨架固定于固定轴座上，导磁体按轮体的轴向在线圈骨架的圆柱面上均布，线圈绕组缠绕在导磁体表面，导磁体、线圈绕组、线圈骨架封装为一体（见图3－1－2）。

无效宣告请求人主张，权利要求1限定的“导磁体按轮体的轴向在线圈骨架的圆柱面上均布”为一种上位的概念，涵盖了导磁体为圆筒状的方案，圆筒状由于其在整个圆柱面上具有均匀的厚度，即可理解为一种“在圆柱面上均布”，而这种圆筒状的导磁体已经被证据1公开。

审查机关和二审法院则认为，技术特征“导磁体按轮体的轴向在线圈骨架的圆柱面上均布”的表述存在歧义，确实可能将证据1所述的导磁管排列方式包括在

---

① 杨存吉：《权利要求解释中的价值考量——以专利确权程序为例》，载《中国专利与商标》2014年第4期。

② 北京市高级人民法院行政判决书，（2013）高行终字第732号。

内,但在理解权利要求 1 时还要结合说明书和附图进行。说明书文字部分记载了"14 个铁氧体按轮体的轴向 A 方向在线圈骨架的圆柱面上均布",进一步结合附图可知,本专利中作为导磁体的铁氧体是多个离散的部件,每一个铁氧体均沿着轮体的轴向设置,14 个铁氧体均匀分布于线圈骨架的圆柱面上。此外,正是由于铁氧体的这种离散结构,本专利进一步采用线圈骨架对铁氧体进行支撑,通过将线圈绕组缠绕在铁氧体表面,进而对铁氧体进行定位。因此,权利要求 1 中的技术特征"导磁体按轮体的轴向在线圈骨架的圆柱面上均布"不应当理解为包括环形导磁体的情形。

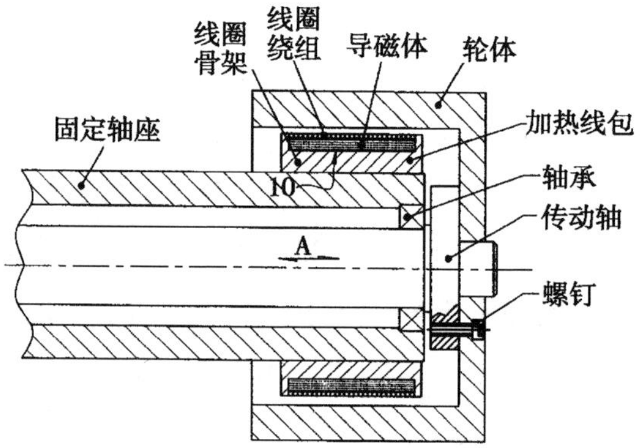

图 3-1-2 一种对旋转轮体加热的装置

对于本案而言,其与前述"氧化镍矿"案和"纤维加热装置"案的不同之处就在于,当权利要求的术语在说明书中存在特定含义、权利要求的表述发生歧义或者说明书明确放弃某些技术方案时,应采用说明书中的相应内容对权利要求进行解释。本案中,说明书其实已经起到了明确的限定作用,此时不应只考虑技术特征的字面含义,而忽略该特别限定。结合上一章中我们对不同程序解释标准存在相通之处的分析来看,无论是在实质审查过程中、专利确权过程中,还是在专利侵权判定过程中,审查员和法官均需要在阅读说明书的基础上,对权利要求的保护范围进行判断,在这一过程中潜移默化地将说明书的内容带入对权利要求的理解中。①

① 郭晓立:《从"一种对旋转轮体加热的装置"专利无效案件看权利要求的解释》,载《中国知识产权报》2014 年 5 月 21 日,第 11 版。

值得注意的是,权利人在本案无效宣告过程中明确表示权利要求的保护范围仅限于说明书所述情形,根据禁止反悔原则,后续即便发生侵权纠纷,权利要求的保护范围也不能扩展至证据 1 的情形。①

第二节 创造性的评价

创造性的评价无疑是专利授权确权审查过程中最重要,也是问题最集中的环节之一,而权利要求的解释,或明或暗地贯穿在这一过程中,对于区别特征的归纳、实际解决技术问题的确定、显而易见性的评述等产生着至关重要的影响,也是正确开展这些工作步骤的先决条件。

一、区别特征的归纳

作为创造性评价过程中的基础性工作,实际解决的技术问题和是否显而易见所针对的均为区别特征,其重要作用可见一斑。在判断本申请或本专利中究竟哪些特征属于与最接近现有技术的区别特征时,不能仅从文字层面进行比较,而要以权利要求解释为切入点,对区别特征进行准确的归纳。

1.“闭锁装置”案②

涉案发明专利“闭锁装置”专门用于闭锁卡箍,其权利要求 1 为:一种物件与过中心闭锁装置,该物件包括可闭锁在一起的第一部分和第二部分,该过中心闭锁装置用于实现所述闭锁,所述过中心闭锁装置包括一个以可绕枢轴转动方式连接到一个以可绕枢轴转动方式安装在物件的第一部分的臂上的杠杆,该杠杆的一个自由端具有一个与物件的第二部分接合的接合表面,并当杠杆处于其使用中的过中心位置时,将物件的两部分紧固在一起。其特征在于:该杠杆在其所述自由端上具有一个沿着杠杆的长度方向延伸到接合表面之外的延长段,而且该延长段设置成可以与物件的第二部分协同作用,以在闭锁该物件的开始阶段提供初始闭锁杠杆作用,而且在闭锁的最后阶段可使该接合表面与物件的第二部分相接触,以提供最

---

① 国家知识产权局第 18200 号无效宣告请求审查决定。

② 最高人民法院行政裁定书,(2014)知行字第 43 号。

终的杠杆闭锁作用(见图3－2－1)。

无效宣告请求人认为,证据1中的凹口相当于本专利的接合表面,杠杆延长到凹口之外的延伸部分相当于本专利权利要求1中的延长段,故本专利权利要求1与证据1之间的区别技术特征只有一个,即本专利的延长段和接合表面设置在杠杆的自由端上,上述区别技术特征使所述的第一部分和第二部分能够完全地分离打开,从而便于闭锁对象。

审理法院则认为,在确定现有技术中的某技术特征与本专利的相应技术特征是否具有相当性时,要考虑它们在各自技术方案中所起的作用是否相同。根据本专利权利要求1的文字记载,本专利权利要求1限定的接合表面和延长段均是设置在杠杆的一个自由端上,在工作时,延长段与第二部分协同作用,提供初始闭锁杠杆作用,接合表面与第二部分相接触,提供最终的杠杆闭锁作用。虽然对于延长段和接合表面实现上述作用的具体结构和方式,本专利权利要求1中没有进一步限定,因此不能将其他权利要求和实施例进一步限定的结构、方式特征引进来与证据1进行比对,但对于本专利权利要求1已有的位置关系和作用限定,则必须予以考虑。本专利权利要求1中延长段和接合表面均是设置在可以脱离于第二部分而自由运动的杠杆的一端,这个限定是服从于本专利的整体技术方案,服务于本专利的发明目的的,进而也决定了延长段和接合表面的工作方式和功能作用。

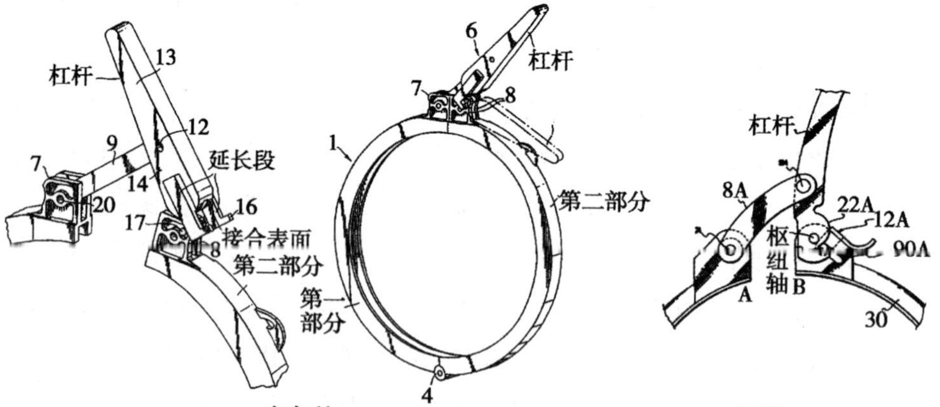

图3－2－1 闭锁装置

而在证据1中,其技术方案所要解决的技术问题和所要实现的技术效果与本专利不同,证据1中设有凹口和延长到凹口之外的延伸部分的杠杆的这一端通过枢轴与第二部分相连,无法与第二部分分离,其运动轨迹是固定的。因此证据1中凹口和延长到凹口之外的延伸部分相对于其他部件的位置关系与本专利权利要求1中的接合表面及延长段和其他部件的位置关系明显不同,而且在各自整个技术方案中所起作用也不同。因此,无效宣告请求人关于证据1中凹口和延长到凹口之外的延伸部分相当于本专利权利要求1中限定的接合表面和延长段的主张不能成立,二者亦属于区别特征。

由本案可知,区别特征的概括不能仅以字面上的异同为准,还应结合相应的技术特征在技术方案中所起到的功能效果,对其进行解释后,再确定哪些技术特征可作为下一步创造性评述的对象。

2."灭火装置"案①

本案涉及一种名为"脉冲超细干粉自动灭火装置"的发明专利,其目的在于提供一种高效快速、结构简单、安全且使用方便的脉冲超细干粉自动灭火装置。本专利权利要求1为:脉冲超细干粉自动灭火装置,含有启动器和内装超细干粉灭火剂(冷气溶胶灭火剂)的壳体。其特征在于:它含有壳体;它包括外壳、装在外壳内的粒度在30μm以下的超细干粉灭火剂及壳体喷口密封用的铝膜,传导速度大于0.5米/秒的启动器,由燃点大于或等于135℃并对火焰或温度敏感的热敏线和套在热敏线外的套管组成的启动组件,由靠螺母和贯穿着热敏线的穿孔螺栓紧压在壳体内侧的铝板、与热敏线接触的产气剂和扣压在铝板上用以包住产气剂的非金属薄膜共同组成的产气组件(见图3-2-2)。

最接近的现有技术即附件1公开了一种可分离式启动器的超跨音速灭火器,其特征在于顶盖是圆盘形,中央位置有一螺纹孔,孔中装入一个可分离式的启动器,顶盖底部有环形凸端,多孔件是一外凸圆弧曲面形状,其上端与环形凸端配合,壳体是弧形圆锥体,上端与顶盖和多孔件配合,下端由挡板封闭接合,壳体内充填以灭火剂。其中启动器上部是六角形体,下部连有一圆柱体,且有阳螺纹,下端又连有一圆柱体,上部六角形体有一凹槽,槽中装有2根导线通向圆柱体内,圆柱体内充填以产气剂。

① 最高人民法院行政判决书,(2012)行提字第20号。

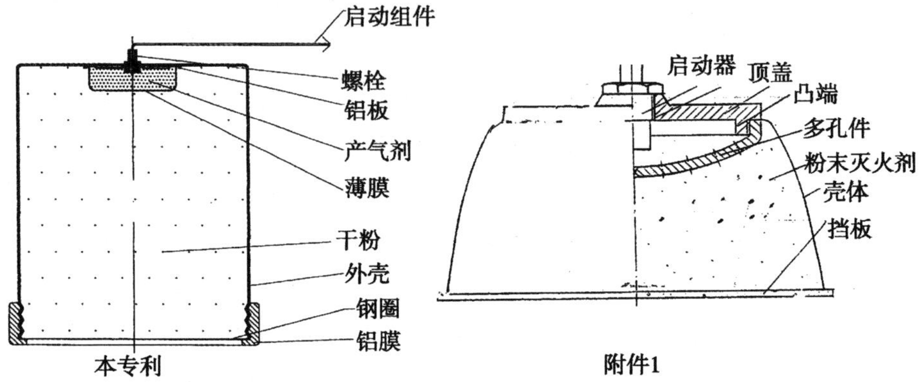

图3－2－2 脉冲超细干粉自动灭火装置

权利人主张，其申请保护的灭火装置就是无产气室的内部结构，本专利权利要求1与附件1的区别在于本专利权利要求1没有附件1中由多孔件上端与顶盖底部环形凸端配合形成的产气室，无效决定和二审判决均没有认定该区别技术特征，认定事实错误。

审理法院则认为，无效决定根据本专利权利要求1使用的“含有”“包括”措辞的本身含义以及本专利没有将多孔件排除在保护范围之外的限定内容，在多孔件是附件1的技术特征而不是本专利权利要求1的技术特征的情况下，未将“多孔件”作为本专利权利要求1与附件1的区别技术特征，符合机械领域专利审查实践的常规做法，并无不妥。二审法院基于同样理由认定，本专利权利要求1是一开放式的权利要求，其并没有排除还可能包含除了其中明确限定的部件以外的部件，因此，多孔件并不能构成本专利权利要求1与附件1的区别技术特征。二审法院的相关认定并不存在错误。

进一步地，权利人所述的产气室是指由附件1灭火器中的多孔件与顶盖底部环形凸端配合形成的腔室，本身并不是一个独立的部件；没有多孔件，就不会形成所谓的产气室，在多孔件不属于本专利权利要求1与附件1的区别技术特征的情况下，依附于多孔件而存在的所谓产气室自然也不属于本专利权利要求1与附件1的区别技术特征，二审法院未将产气室作为本专利权利要求1和附件1的区别技术特征并无不妥。

二、实际解决技术问题的确定

根据国家知识产权局第328号公告的内容,《专利审查指南(2010)》第二部分第四章第3.2.1.1节中的"然后根据该区别特征所能达到的技术效果确定发明实际解决的技术问题"修改为"然后根据该区别特征在要求保护的发明中所能达到的技术效果确定发明实际解决的技术问题",强调了应根据"要求保护的发明"来确定"实际解决的技术问题"。[①] 其实,之所以要先对区别特征作出精准的概括,其目的就在于通过其所能起到的功效来对本专利技术方案的发明点,即实际解决的技术问题作出认定,而这一认定,也需要结合专利整体文件,尤其是区别特征的解释来进行判断。

1."安全带传感器"案[②]

涉案实用新型专利名为"位于坐垫下表面或座椅骨架上的压力型安全带提醒传感器",用于判断识别汽车座椅上的乘员或物体状况,以便采取有效措施,提醒乘员系好座椅安全带。专利权人在应对无效宣告请求审查中将权利要求1删除,原权利要求2"升格"为新的权利要求1:位于坐垫下表面或座椅骨架上的压力型安全带提醒传感器。其特征在于:压力传感器主要载体由双层塑料薄膜层和夹在塑料薄膜层之间的带有胶质材料的中间层复合而成,或因需要传感器主要载体可外加纺织物保护材料;塑料薄膜层在复合层之间的层面上有印刷电路,带有胶质材料的中间层起胶合双层塑料薄膜层及隔绝印刷电路作用。在带有胶质材料的中间层上相应于印刷电路的区域设置有中间层的通孔,在带有胶质材料的中间层和塑料薄膜层上还分别开有中间层通道和塑料薄膜层通孔,所述的传感器主要载体、印刷电路、设置在所述中间层上的通孔和通道以及设置在塑料薄膜层上的通孔共同构成了压力传感器的传感单元。

证据2是一件美国专利,其公开了一种薄膜开关,其中,柔性基板和柔性薄膜分别对应于涉案专利中的"薄膜层";银导体及其上的导电点对应于涉案专利中的"印刷电路";其上设有黏合层的间隔件一起对应于涉案专利中的"带有胶质材料

① 国家知识产权局《关于〈专利审查指南〉修改的公告(第328号)》。

② 最高人民法院行政判决书,(2018)最高法行再33号。

的中间层”;间隔件上的黏合层起到黏合基板和薄膜的作用;间隔件起到将银导体及其上的导电点隔绝开的作用;空间中银导体及导电点区域的部分,对应于涉案专利中的“中间层通孔”;空间的其他部分则对应于涉案专利中的“中间层通道”;基板上的通道对应于涉案专利中的“塑料薄膜层通孔”。

经比对,二者的区别特征之一为:涉案专利中限定压力传感器包括设置在塑料薄膜层上的通孔,而证据2的薄膜开关中,是在黏合层中形成小排气通道,通道连接至主排气通道,通道终止于薄膜的边缘,使其实际上被排气至空气。由于涉案专利的说明书中没有记载区别技术特征中“通孔”的作用、功能、技术效果,本专利实际解决的技术问题也成为各方争议的焦点之一(见图3-2-3)。

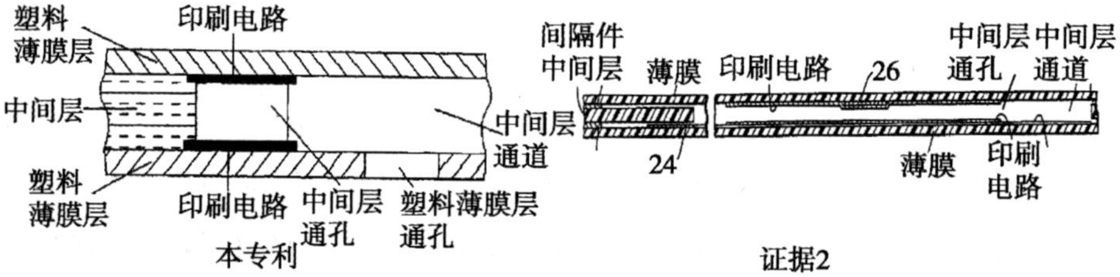

图3-2-3　安全带提醒传感器专利及对比文件

二审法院认为,正因为“通孔”的设置,才使双层塑料薄膜层在一定座椅载荷的作用下,使内部空气通过“通孔”被排出,上、下层印刷电路相接触,相应地改变接触电阻值并传输到相关控制系统进行信号检测,为整车提供乘员状态信息,以便在安全带没有系好的情况下提醒乘员确认安全带系好。此外,涉案专利在仅有的两页说明书中,反复表述“传感器的各个传感单元可以重复测量”,本领域技术人员基于涉案专利发明主题、发明目的,以及说明书对传感单元结构、具体实施方式的记载,可以明确地认识到,传感器单元的技术效果是“测量”汽车座椅上的载荷。因此,涉案专利实际解决的技术问题既非专利权人声称的“排气通气”,亦非一审法院归纳总结的“保持平衡”,而是“识别最低载荷”。

可见,实际解决技术问题的认定有赖于通过分析说明书,尤其关于背景技术、发明目的等部分的介绍来完成,这一过程实际上也是对区别特征的解释,凸显了区别特征的技术效果和实际解决的技术问题之间的密切关系。正因如此,二审法院指出,在存在多个区别技术特征,且权利要求本身属于减少技术特征的省略发明,难以抽象、概括出一个单一的实际解决的技术问题的情况下，应当回到区别技术特征在权利要求限定的技术方案中的作用、功能和技术效果本身，而不必刻意、主观地去抽象、概括一个实际解决的技术问题。

2.“加热器”案①

既然与权利要求解释的过程类似，自然离不开对说明书的分析和解读，尤其在说明书公开信息量较大时，如何既从中抽离出有用的信息，又不偏离权利要求所限定的基准，也会涉及解释程度宽窄的问题。

本案是一起发明专利驳回复审案件，其涉及一种名为“用于液体加热容器的加热器”发明，作为审查对象的权利要求1为：一种包括底板下加热器的水加热容器，包括基板、附设在基板下侧并与基板下侧良好热接触的主热扩散板、与主热扩散板良好热接触的加热元件和用于容纳热传感器的检测区域，其中所述检测区域与主热扩散板不直接连接并至少被设置在主热扩散板与检测区域之间的一壁体部分地包围，以及其中该壁体作为单独的一部分附设到所述基板上或者通过在基板面对液体的上侧形成沟槽而设置，且其中所述热传感器设置为经过加热器测量在容器中的水的温度，以用来将水加热到或保持其温度低于沸腾温度（见图3-2-4）。经比对，权利要求1与最接近的现有技术的区别技术特征之一为：权利要求1中的壁体作为单独的一部分附设到所述基板上。

对于如何确定发明实际解决的技术问题，审理法院表现出了与“安全带传感器”案类似的思路，即“区别技术特征的作用功能和技术效果是认定该权利要求实际解决的技术问题的根本依据。在认定其作用功能和技术效果时，应注意权利要求限定的技术方案是否与说明书中记载的具有特定作用功能、技术效果的技术方案具有对应性。如果二者存在实质性差异，则需要根据权利要求限定的技术方案的具体情形，相应确定区别技术特征能够实现的作用功能、技术效果”。这一思路遵循了权利要求解释的原则，即以权利要求的记载为根本依据，结合说明书的记载进行解释。

① 最高人民法院行政判决书，(2018)最高法行再131号。

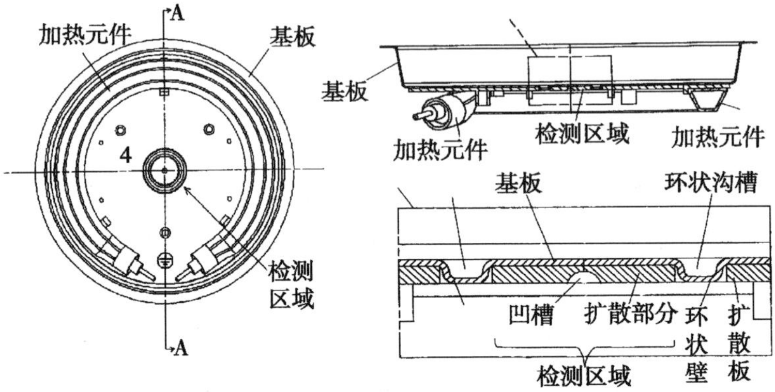

图 3-2-4　用于液体加热容器的加热器

本案中,尽管本申请说明书中记载了本申请中的壁体可以实现多种作用功能,包括:(1)作为“定位”装置,用于“使检测区域中的第二扩散部分在焊接时保持在合适的位置”;(2)“起到热屏障的作用”,以使温度的测量更为准确;(3)“在使用中将充满正被加热的液体,因此它将进一步增强检测区域与加热元件的热绝缘以及检测区域与液体之间的热连接”。但根据本申请说明书的记载,本申请包括多个并列的具体实施方式,分别表现为不同的技术方案,相应地具有不同的作用功能和技术效果。在本申请中,壁体的定位功能均是与检测区域中的“第二扩散部分”相对应的。在权利要求 1 中并未明确限定“第二扩散部分”或与“定位”有关的技术特征的情况下,不能认定权利要求 1 中的“壁体”具有“定位”的作用功能和技术效果。同样,关于说明书中记载的“进一步增强检测区域与加热元件的热绝缘以及检测区域与液体之间的热连接”,亦是通过在基板面对液体的上侧形成“沟槽”而实现的。在权利要求 1 中并未限定壁体为“沟槽”的情况下,亦不能认定权利要求 1 的“壁体”具有增强热连接的作用功能和技术效果。综上,前述区别技术特征仅起到热屏障的作用,并不具有说明书中记载的“定位”以及“进一步增强检测区域与加热元件的热绝缘以及检测区域与液体之间的热连接”的作用功能和技术效果,应据此认定权利要求 1 实际解决的技术问题。

实际上,“发明的任何技术效果都可以作为重新确定技术问题的基础”,①但与

---

① 《专利审查指南(2010)》第二部分第三章第 3.2.1.1 节。

此同时，该技术效果不能仅凭专利文件的文字记载或描述直接得出，只有经历了对区别特征解释这一环节的“验证”，才能得出客观实际的结论。

3. “超声诊断仪”案①

由“加热器”案可知，说明书为确定发明实际解决的技术问题提供了最全面和翔实的信息，但也可能存在无用、片面、甚至偏颇的描述，尤其在涉及功能、效果或发明目的等问题时，说明书的记载仅可作为我们解读区别特征时的参考，而非唯一依据。正因如此，《专利审查指南(2010)》明确指出，由于审查员所认定的最接近的现有技术可能不同于申请人在说明书中所描述的现有技术，因此，基于最接近的现有技术重新确定的该发明实际解决的技术问题，可能不同于说明书中所描述的技术问题；在这种情况下，应当根据审查员所认定的最接近的现有技术重新确定发明实际解决的技术问题。② 以“重新”限定“实际解决的技术问题”，既强调了其与说明书内容可能存在的不一致性，也暗含了对区别特征进行解释的必要性。

本案所涉发明名为“一种便携超声诊断仪”，其特点在于结构紧凑，抗干扰能力强，图像质量好。权利要求 1 为：一种便携超声诊断仪，包括主机架、CRT 显像管、CRT 驱动板、电源板、主板与探头板。其特征是：所述 CRT 显像管、CRT 驱动板安装于所述主机架上；所述电源板竖直设置于所述主机架一侧，所述主板与探头板竖直设置于所述主机架另一侧；所述主板罩设有主板屏蔽罩；所述探头板罩设有探头板屏蔽罩（见图 3－2－5）。

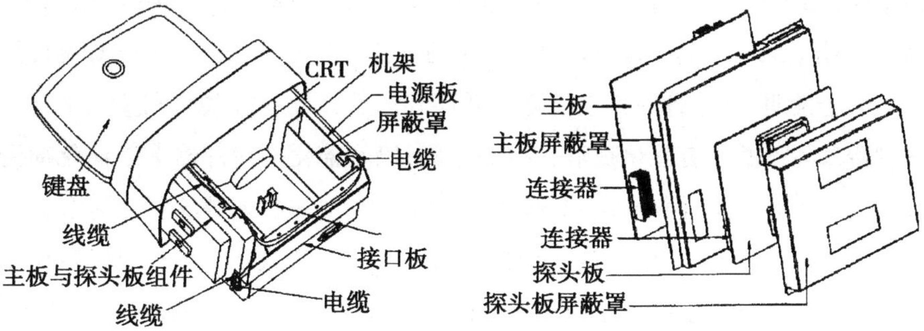

图 3－2－5　便携超声诊断仪

① 最高人民法院行政裁定书，(2014)知行字第 6 号。

② 《专利审查指南(2010)》第二部分第三章第 3.2.1.1 节。

根据证据1公开的具体内容，本专利权利要求1相对于证据1的区别特征之一是：本专利权利要求1限定了电源板竖直设置于所述主机架的一侧，主板与探头板竖直设置于主机架的另一侧；而证据1中，信号处理板、发射/接收板竖直安装于金属结构内，电源板竖直安装于金属结构后下部。

无效宣告请求人认为，根据本专利说明书关于背景技术的记载可知，对于采用CRT显示器的超声诊断仪而言，将电路板布置在CRT显示器两侧是常规技术手段，本专利实际要解决的技术问题只是三块电路板在两侧如何具体摆放的问题，这对本领域技术人员而言是显而易见的。审理法院则认为，发明实际解决的技术问题，是指为获得更好的技术效果而需对最接近的现有技术进行改进的技术任务。发明实际解决的技术问题的确定，是将其与最接近的现有技术相比较而得出的，而不是以其背景技术的记载为依据，由区别特征可知，本专利权利要求1实际要解决的技术问题是，在便携超声诊断仪中减小电源板对探头板的干扰以及避免机器重心的偏差，而非无效宣告请求人根据说明书记载得出的内容。

一般来说，说明书往往会将背景技术作为比照对象，来对发明目的进行描述，但发明实际解决技术问题的确定，仍需要回归区别特征这一逻辑起点，根据其在本发明中所能起到的技术效果进行确定。

4.“催化方法及装置”案①

既然实际解决的技术问题的确定源自区别特征技术效果的认定，而这一认定又类似于权利要求的解释，其解释资料自然也不应局限于说明书，在说明书无法担负起解释职责时，也可从其他来源寻求可供利用的信息，“催化方法及装置”案即为此例。

本案中发明为“一种冷再生催化剂循环方法及其设备”，其权利要求1记载了催化剂冷却器下游设有催化剂混合缓冲空间，以及催化剂冷却器下游催化剂混合缓冲空间设置有一个、两个或多个催化剂出口的技术特征，对比文件则未公开该特征，故“催化剂冷却器下游设有催化剂混合缓冲空间”构成本专利相对于对比文件的区别技术特征。对于该特征的具体结构和技术效果，说明书未进行进一步说明，但是，根据专利权人在无效过程中的陈述，以及本领域教科书的相关内容，可对权利要求1中的“混合缓冲空间”作通常含义层面的解释，其应当理解为在催化剂冷

① 最高人民法院行政判决书，(2018)最高法行再176号。

却器的下部设置的特定空间,用于混合缓冲经过冷却后的催化剂。

在此基础上,审理法院认为,虽然对比文件1中没有明确公开在催化剂冷却器下方设置"混合缓冲空间",但是其下方确实存在与本专利中"混合缓冲空间"对应的特定空间。本领域技术人员结合前述公知常识,能够很容易想到该特定空间可以被设置为实现混合缓冲经冷却的再生催化剂的功能。因此,本专利权利要求1不具有创造性。

三、显而易见性的判断

作为创造性判断"三步法"的最后一步,判断要求保护的发明对本领域的技术人员来说是否显而易见,是创造性评述过程中最重要的一步。从判断步骤来看,其关键在于以本领域技术人员的认知水平和能力,从现有技术中寻求启示,看其是否会产生改进该最接近的现有技术,以解决其存在的技术问题(发明实际解决的技术问题)的动机。这一步骤的核心不仅在于考察现有技术中是否存在该特征,还要对该特征在现有技术中所起的作用进行解释,并将该作用与其在发明中的作用进行一致性比对,进而才能对显而易见性作出认定。

(一)启示的发现——无创造性

既然称之为"启示",就意味着无须达到"完全相同""完全一致"的程度,而是在未全面公开相关技术信息的情况下,凭借着本领域技术人员的认知水平和能力,从现有技术中探寻出获得本发明的"路径"。

1."仓体"案①

判断现有技术中是否存在启示,还是要回到区别特征的解释这一关键点上,尤其要考察其在现有技术中是否能起到与在发明中相同的作用,"仓体"案即为此例,其涉及一种名为"用于制备饮品的仓体"的发明专利申请,专门设计为适用于配备有内部过滤元件的仓体类型,该内部过滤元件上有多个通孔并且该内部过滤元件可将咖啡粉末与饮品流出仓体所经过的开口相分隔。

本申请权利要求1为:一种通过向其中注入液体并使加压的液体流过容纳于制作在仓体内的腔体中的粉末状物质来用于制备饮品的仓体,所述仓体包括:具有下壁

---

① 最高人民法院行政裁定书,(2018)最高法行申8118号。

的杯状结构;所述腔体至少有一侧被至少一个过滤元件所界定,过滤元件上有多个通孔从所述过滤元件的朝向腔体内部的第一面延伸至所述过滤元件的朝向杯状结构下壁的第二面,所述仓体的特征在于,至少在第一面处,通孔具有沿主扩展轨迹方向延伸的入口部段,且每个入口部段的长度是在主扩展轨迹方向上测量到的,入口部段的长度大于在主扩展轨迹的横断方向上所测量到的入口部段的宽度(见图3-2-6)。

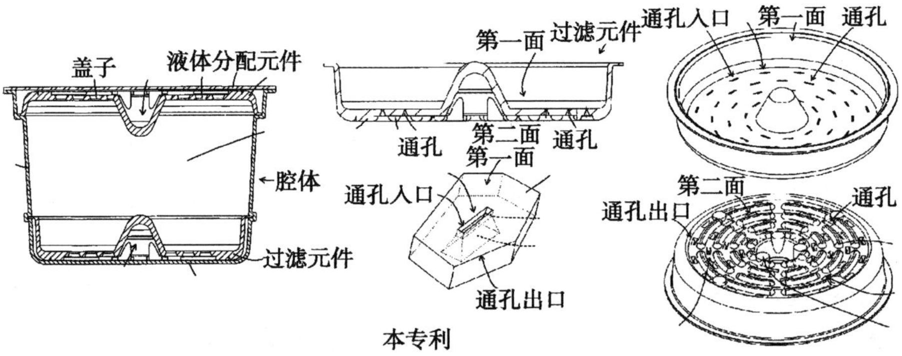

图3-2-6 制备饮品的仓体

与最接近的现有技术即对比文件1相比,区别特征在于权利要求1中有关仓体的“通孔”部位,即采用了入口处长度大于宽度的槽形通孔,利用槽形通孔自身的结构特性,解决了在加压水流下,咖啡颗粒容易堵塞通孔的问题。

对比文件2是一篇欧洲专利,同样涉及饮品制备的设备,其说明书中公开了如下内容,“(设备)提供了更好的过滤,因为槽15和25分别位于底部和活底上。实际上,虽然这些槽在宽度上是窄,但是它们是相对长的,与传统的孔相比,这样可以显著地减少了阻力,同时开水可以正常地通过所有的咖啡。而且,由于穿孔的宽度的不相等,这有助于打破液体的表面张力从而提高了毛细作用”。(见图3-2-7)

权利人主张,本申请权利要求1中槽形通孔的设置与对比文件2中相应的设置解决的技术问题不同,前者是为了避免加压状态下咖啡粒进入通孔导致堵塞,后者是为了在正常重力的水流通过时降低水流阻力,故二者实际起到的技术效果也不同,本领域技术人员不会从对比文件2中得到相应的启示。

对此,审理法院认为,对比文件2也在过滤部件底面设置了长度大于宽度的槽形通孔,虽然其设置目的是降低水流阻力,使水流顺利通过咖啡层,但其结构特性客观上也可以解决咖啡颗粒堵塞通孔的问题。因此,本领域技术人员在面对对比文件1的技术缺陷,从其他现有技术中寻找解决方案时,对比文件2的技术特征提供了这样一种显而易见的启示,使本领域技术人员有动机将该技术特征用于改进对比文件1,从而获得权利要求1的技术方案。

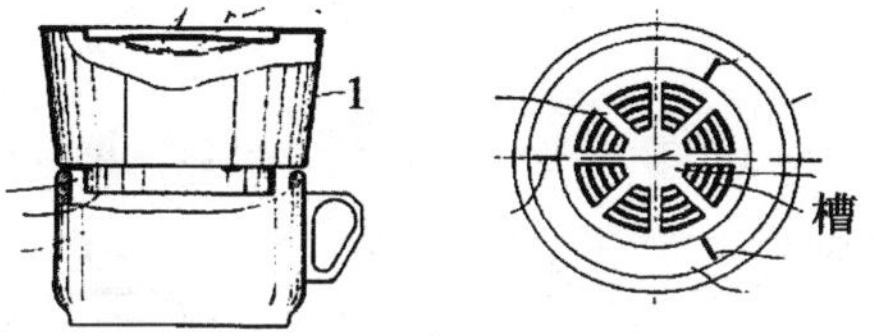

对比文件2

图3-2-7　本专利对比文件

本案中,对比文件2虽然对相关技术特征的功效有所描述,但并未与区别特征的功效形成直接对应,即便在这种情况下,还是要对该特征实际上或客观上能达到的效果,来确定其是否可以涵盖发明解决的技术问题,进而再对有无启示作出判断,这一过程,实际上就是对对比文件2中相关技术特征进行解释的过程。

2."垫板平台"案①

对于本领域技术人员而言,其至少已经具备了本领域相关通用或公知的技术,有一定的联想能力,故如"仓体"案所述,即便对比文件公开的相应特征的功效与区别特征不完全一致,但只要存在重合或交集,都可能为本领域技术人员提供动机,以改造最接近的现有技术而获得本发明。在"垫板平台"案中,涉案发明属于承载结构领域,其权利要求1为:一种垫板平台,其具有普通的矩形板形状,并且带有第一侧和第二侧,将所述第一侧和第二侧隔开的边缘以及从所述第一侧和第二侧中的一个伸出的多个支脚。其特征在于:所述垫板平台由泡沫聚苯乙烯制成,所述聚苯乙烯具有在表面附近与第一和第二高度耐冲击的聚苯乙烯板化合的部分,其中,所述第一高度耐冲击的聚苯乙烯板覆盖所述第一侧和所述边缘的至少一半,以形成强化的聚苯乙烯,所述第二高度耐冲击的聚苯乙烯板覆盖所述第二侧和所述边缘的至少一半,以形成强化的聚苯乙烯。

用作对比文件的证据4是一种层状结构件发明,涉及由内在强度低的材料制造内在强度高的物件的方法,具体公开了以下技术信息,"一种具有承载能力的层

① 最高人民法院行政裁定书,(2019)最高法行申5803号。

状结构件，该层状结构件由内部件和至少一层外皮层（热塑性片材）形成……该块1被放置于基板2上，通过加热器将热塑性片材7加热至其至少软化或可塑性变形，然后片材7被置于组合的块1和材料4上并被夹持在一对夹圈8之间……热塑性外皮层与内芯相互‘接合’……”（见图3－2－8）。

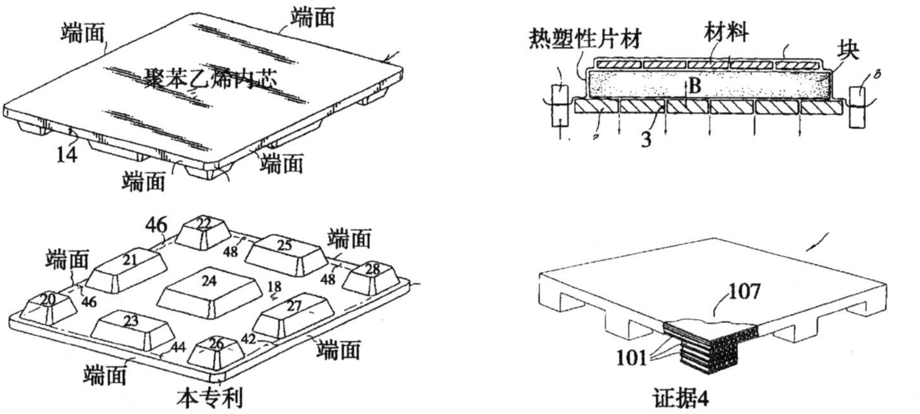

图3－2－8　垫板平台专利及对比文件

与证据4相比，权利要求1的关键区别特征在于将高度耐冲击聚苯乙烯“化合”于泡沫聚苯乙烯，而证据4则采取了“接合”的方式将被加热到热塑变形的片材覆盖在内部件上。权利人就此主张，证据4中的“接合”与涉案专利权利要求1中的“化合”完全不同，且证据4给出了相反的教导。

审理法院则认为，根据前述区别特征在本专利中所能达到的技术效果，结合说明书中的相关内容，本专利实际解决的技术问题是提升聚苯乙烯垫板平台负载强度，其所采取的技术手段是将高度耐冲击的聚苯乙烯加热到145～191℃的熔融状态，进而与泡沫聚苯乙烯组成的垫板内芯产生粘连和融合，形成强化的聚苯乙烯垫板平台。反观证据4，其也涉及由强度低的材料制造强度高的物件的方法，且包括了以发泡聚苯乙烯为内部材料、高耐冲击聚苯乙烯为热塑性片材的选材组合方式。进一步地，证据4公开了将热塑性片材加热至软化或变形，然后紧密包覆于内部材料的技术方案，这使本领域技术人员在面对证据4时，无须花费创造性的劳动即可从中获得启示，产生将区别特征应用于证据4的动机，通过调整优化加热温度等外在条件，获得如本专利权利要求1所保护的强度更高的聚苯乙烯垫板平台。

换言之，虽然严格来讲，两种材料的"接合"和"化合"确实存在差异，但本专利中的"化合"并非化学反应，未产生新的物质，其与"接合"均属于描述两种材料接触状态的惯常用语，区别仅在于两种材料联系紧密程度不同，二者在技术效果上存在异曲同工之处，不影响给本领域技术人员带来需要的启示。

区别特征所披露的技术手段在该对比文件中所起的作用与其在要求保护的发明中为解决该重新确定的技术问题所起的作用相同，是"破坏"发明创造性的典型情形，由前述两案可知，这种相同并不要求达到严格意义上的完全一致，只需存在重合或交集即可，而这一判断最终还是有赖于对区别特征作出准确的解释。

（二）公开的认定——有创造性

创造性评述中的启示允许在现有技术公开信息的基础上进行一定的推演，但这一推演不得超出本领域技术人员的认知水平和能力，如果经过解释，发现区别特征在对比文件中起到的功效完全不同，则可倾向认定所述推演必须经过创造性的劳动才能完成。

1. "弹性阻尼体"案①

本案所涉实用新型专利适用于工业生产线上或机械中的缓冲装置，名为"快进慢出型弹性阻尼体缓冲器"，其权利要求 1 为：一种快进慢出型弹性阻尼体缓冲器，主要由套筒座，承接头，活塞，弹性阻尼体和密封装置组成。其特征在于：在承接头的内腔中装入弹性阻尼体将活塞与活塞杆相连接，装入承接头的内腔之中，将缸盖与承接头连接成一整体，沿活塞圆周部位设置有单向限流装置，压缩行程时单项限流装置打开，回复行程时单项限流装置关闭，活塞外径与内腔之间留有间隙（见图 3－2－9）。

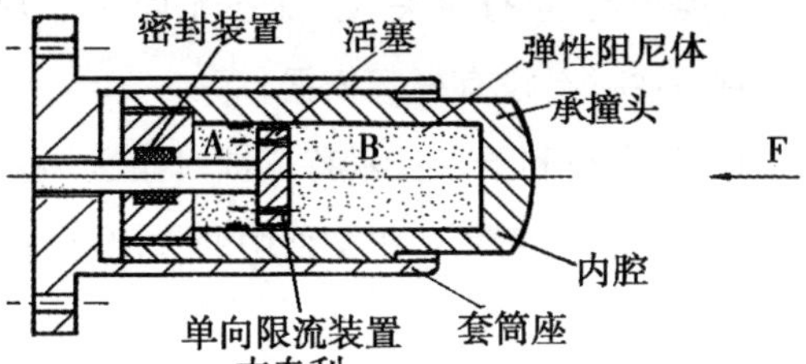

图 3－2－9　弹性阻尼体缓冲器

① 最高人民法院行政裁定书，(2012) 知行字第 3 号。

根据本专利权利要求书和说明书的记载，单向限流装置（单向阀）在本专利中的作用就是调节缓冲器内腔内填充的弹性阻尼体的流量。在压缩行程（正行程）时，由于单向阀打开，阻尼体的流量增大，从而减小阻尼力；在回复行程（反行程）时，由于单向阀关闭，阻尼体的流量减小，从而增加阻尼力，通过单向阀的这种调节作用，实现承撞头的快进慢出，达到保护设备和降低噪声的目的。

对比文件证据1也公开了沿活塞圆周部位设置有单向限流装置的技术特征，但二者的区别在于，压缩行程时单向限流装置打开，回复行程时单向限流装置关闭，本专利所要实际解决的技术问题是，通过活塞上的限流装置与活塞外径和内腔之间留有的间隙的配合实现缓冲器的快进慢出。审查机关认为，本领域技术人员容易想到将单向限流装置反装来实现缓冲器的快进慢出，故在证据1的基础上结合本领域技术人员的常规设计，得到本案专利权利要求1的技术方案是显而易见的，该权利要求1不具备创造性。

审理法院首先指出，认定权利要求中的技术特征被对比文件公开，不仅要求该对比文件中包含有相应的技术特征，还要求该相应的技术特征在对比文件中所起的作用和该技术特征在权利要求中所起的作用相同。相应的技术特征在对比文件中所起的作用是指该相应的技术特征在对比文件公开的技术方案中实际所起的作用，而不是该相应的技术特征客观上可具有的作用的全集。证据1没有公开单向阀的具体形状和位置，从证据1文字部分的表述内容来看，单向阀的作用是使压缩后的活塞杆返回到初始位置，不同于权利要求1中单向限流装置的作用，故本案专利权利要求1中“沿活塞圆周部位设置有单向限流装置”的技术特征，并不能从证据1中直接地、毫无疑义地确定，审查机关认定证据1隐含公开了沿活塞圆周部位设置有单向限流装置的技术特征，没有事实依据。

本案实际上也对如何认定权利要求技术特征被对比文件公开这一问题进行了回应，即需要对相应技术特征在发明和对比文件中的作用进行解释后，再行判断其是否被公开。

2.“注射器包装线”案①

“注射器自动上料机和注射器包装生产线”包括一种注射器自动上料机是用

① 国家知识产权局第39637号无效宣告请求审查决定。

于将注射器准确自动放入注射器包装生产线上的型腔内，从而使其进行包装的实用新型专利。该专利权利要求1为：一种注射器自动上料机。其特征在于：所述注射器自动上料机主要由机架、滑道、吸盘、柔带驱动装置、柔带、上下和横向移动装置组成，滑道、上下和横向移动装置安装在机架上，机架上设有入料口，柔带与柔带驱动装置连接，吸盘与上下和横向移动装置连接（见图3－2－10）。

证据1公开一种注射器自动上料机，将竖直排列的注射器封入薄膜型腔的包装材料中，输送带上设有将注射器从出料口落入其中的定位装置，定位装置被设计成V形横截面，注射器在输送带上呈横向布置（垂直于输送带的输送方向），该输送带配有处理系统，如拾取和放置系统，用于将注射器转移至成型薄膜中。但证据1并未示出其拾取和放置系统的布置和结构。

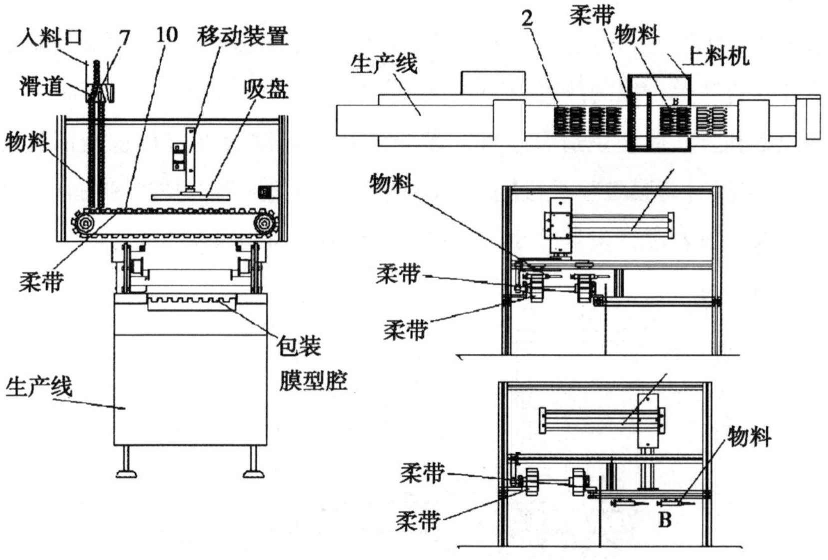

图3－2－10　注射器包装生产线

分析证据1公开的内容并将其与权利要求1相比可知，证据1未具体公开其注射器的拾取和放置系统的具体结构，即将注射器从上料机中转移至薄膜型腔中的机构，而本专利权利要求1则限定了相应的技术特征“上料机包括吸盘以及上下和横向移动装置，上下和横向移动装置安装在机架上，吸盘与上下和横向移动装置连接”。

与此同时，另一现有技术证据2公开一种瓶盖自动装箱装置，其瓶盖输送带和包装生产线相互平行，瓶盖自动装箱装置包括瓶盖抓取机构和包装生产线，瓶盖抓取机构吸住瓶盖后将瓶盖转移到包装生产线上对瓶盖进行包装。证据2的瓶盖抓取机构通过竖移气缸、竖向直线导轨、横移气缸和横向直线导轨实现瓶盖的上下和横向移动，该瓶盖抓取机构与吸盘连接（见图3－2－11）。

请求人认为，证据2公开了瓶盖拾取和放置系统，其运动方式也为竖直方向的上下运动和水平方向的横向运动，且通过上下运动和水平方向的横向运动将瓶盖转移到包装生产线上。因此，本领域技术人员在证据2的启示下容易想到将其公开的吸盘以及上下和横向移动装置应用于证据1中以将证据1中位于输送带上的注射器拾取并放置于成型薄膜中，因此权利要求1相对于证据1和证据2的结合不具备创造性。

审查机关则认为，本专利中的“上下和横向移动装置”应理解为本专利的注射器拾取和放置机构仅通过上下和横向两个方向的运动即可完成注射器在输送带上的拾取和在包装生产线的放置，其间无其他的运动方式，且经上下和横向移动后注射器的位置和方向应当是适合于在包装生产线上对注射器进行包装的位置和方向；特别是当具有薄膜型腔时，经上下和横向移动后注射器的位置和方向与在包装生产线上对注射器进行包装的薄膜型腔的位置和方向相适配。

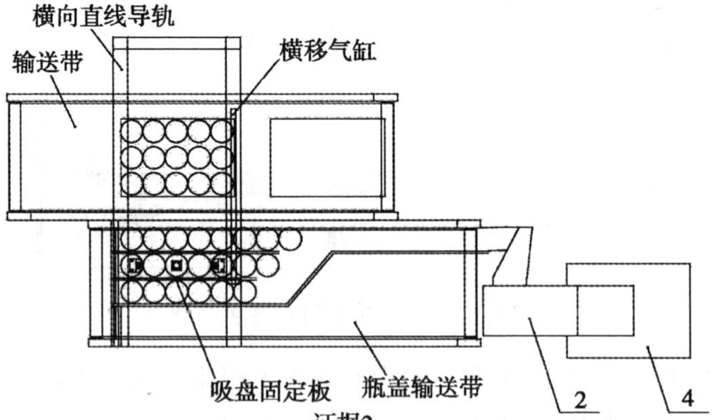

图3－2－11　对比文件

虽然证据2也通过瓶盖抓取机构实现瓶盖上下和横向移动使其完成从瓶盖输送带至包装箱输送带的流转，但其瓶盖输送带和包装箱输送带相互平行，当将证据

1与证据2结合,注射器经上料机上料并位于输送带上后,位于生产线上的注射器的方向将与现有的注射器包装生产线所要求的方向不一致,二者相差90度,而本专利相对于现有技术的改进在于,其仅通过上下和横向移动实现注射器的移转即可使其适用于生产线的包装,省略了注射器90°的旋转,提高了生产效率,而这恰恰是本专利的发明点所在。因此,在看到证据2的技术方案时,本领域技术人员不会想到将其应用于证据1,即本领域技术人员没有动机将证据1和证据2进行结合,权利要求1相对于证据1和证据2的结合具有实质性特点和进步,具备创造性。

通过该案例可见,在创造性的判断过程中,特别是在特征比对与技术启示的判断中,正确理解权利要求的保护范围是保证创造性结论正确的基础,而对权利要求技术方案的理解应当是在符合权利要求解释的基本原则下作出的能够体现发明本意、与发明的技术构思相符的解释和判断,这种对权利要求的理解方式也体现了专利制度对于技术创新保护的应有之义。①

3.“拉链”案②

涉案发明专利名为“在拉链牙链带中用于啮合元件金属线性材料的进给单元”,涉及用于金属线性材料的进给单元,可适用于拉链牙链带的连续制造装置,其权利要求1为:一种用于具有不规则形状断面的啮合元件金属线性材料的进给单元,可适用于拉链牙链带的连续制造装置。该进给单元包括:第七辊和第八辊,它们可旋转地支撑在位于啮合元件金属线性材料上游侧的固定位置;以及第九辊和第十辊,它们分别与相应的第七辊和第八辊相对置,并且由可移动的辊子支撑部件的两端可旋转地支撑。其特征在于:辊子支撑部件绕其中心被可旋转地支撑,并且沿垂直于连接第七辊和第八辊的辊轴中心的直线方向由推压装置弹性地推压(见图3-2-12)。

① 张娴、许艳:《权利要求的理解对创造性判断的影响》,载《中国知识产权报》2020年2月8日,第5版。

② 北京市高级人民法院行政判决书,(2012)高行终字第1088号。

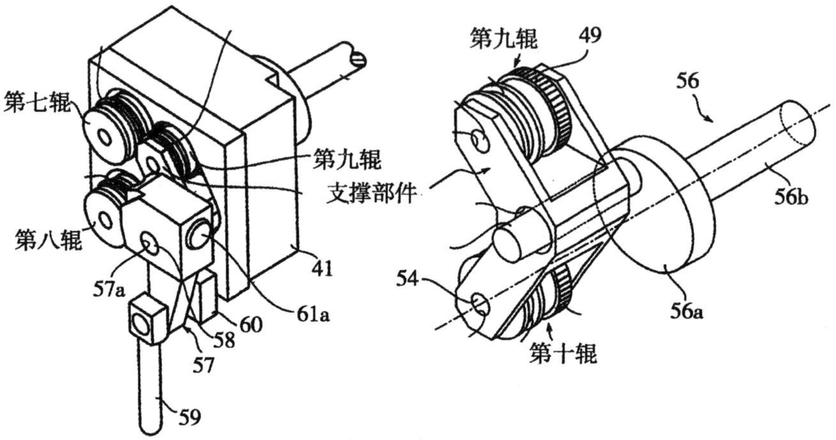

图 3-2-12　本专利

作为最接近现有技术的证据 4 公开了一种横截面大致呈 Y 形等的不规则形状的链牙用线材切断链牙、以一定间隔装入链带、制造拉链用带子的拉链用链牙的成型植入装置,其中链牙用异型线材通过线材供给辊和导向辊间歇地供给,线材供给辊和导向辊处于异型材料的上游。经比对,本专利权利要求 1 和证据 4 相比的区别特征为:本专利权利要求 1 中包括两对辊子(第七辊和第八辊、第九辊和第十辊),其中一对辊子由可移动的辊子支撑部件的两端可旋转地支撑,辊子支撑部件绕其中心被可旋转地支撑,并且沿垂直于连接第七辊和第八辊的辊轴中心的直线方向而由推压装置弹性地推压。

结合说明书的描述,上述区别特征是为了保持第七辊和第八辊与第九辊和第十辊间的压力平衡,减小所供给线性材料的扭曲,防止线性材料从辊子之间滑出。具体而言,在线性材料以轻微扭曲状态从下往上进给的过程中,当发生在下部的扭曲部位进给到位于进给单元下方的第八辊和第十辊之间的夹持点时,其将会向可移动的第十辊施加一个反作用力,该反作用力克服第十辊所承受的弹性推压力而使其向离开第八辊的方向移动,这种移动可能会削弱第八辊和第十辊原来所形成的对线性材料的有效夹持状态,并使线性材料滑出。由于本专利采用"用来支撑第九辊和第十辊的辊子支撑部件绕其中心被可旋转地支撑"这一技术特征,线性材料扭曲部位所施加的反作用力将会通过第十辊而作用于辊子支撑部件的一端,并推动辊子支撑部件绕其中心旋转,从而避免辊子支撑部件的另一端所支撑的第九辊,也与第十辊一样做同方向、等距离的移动，这样，第九辊就可以继续保持其对线性材料的原有正常夹持状态，即在此情形中，尽管第十辊向离开第八辊的方向，做削弱该两辊之间原有夹持状态的移动，因第九辊通过辊子支撑部件旋转，也可继续保持其对线性材料的有效夹持。

相形之下，另一对比文件证据 5 的发明目的是方便在两对滚柱之间安装电线，将铰接在托架上的两个滚柱安装在摆动拨叉上，只要使摆动拨叉旋转，就可使两个滚柱分别同时脱离另两个滚柱，从而能够比较方便地安装电线，即证据 5 中摆动拨叉的作用是使两对滚柱保持接触或释放脱离的作用，两个滚柱在释放时围绕着摆动拨叉的一端旋转，拉伸弹簧的作用也是将摆动拨叉上的吊环钩挂在夹头上，从而保持两对滚柱的接触工作状态。也就是说，证据 5 中虽然也具有两对辊子以及摆动拨叉、托架，但是，这些部件的连接关系、所实现的功能、效果均与本专利权利要求 1 中区别技术特征不同。因此，证据 5 没有给出为了保持第七辊和第八辊与第九辊和第十辊间的压力平衡，减小所供给线性材料的扭曲，防止线材从辊子之间滑出而设置上述区别技术特征的技术启示。

本案涉案专利技术方案较为复杂，但其创造性评述过程可再次印证前述两案所遵守准则的重要性，即判断区别特征是否显而易见，不仅要看现有技术是否公开了该项特征，还要通过解释确定其在现有技术中的功效，以此作为后续比对的依据。

第三节　专利文件的实质性要求

除新颖性、创造性、实用性“三性”以外，《专利法》第 26 条第 3 款、第 4 款在建立密切逻辑关系的基础上，分别对说明书和权利要求书应满足的条件提出了要求，属于评述发明可专利性的常用条款，类似地，《专利法》第 33 条修改超范围、《专利法实施细则》第 20 条第 2 款缺少必要技术特征等条款也是专利授权确权审查的重要依据。上述条款的适用，均需要借助权利要求解释的思维逻辑，在对权利要求书或说明书相关内容准确理解的基础上，判断是否满足对应的实质性要求。

一、说明书公开的充分度

说明书是申请人对申请专利的发明或者实用新型所作的书面说明，是专利申请最基本的文件,是一项发明创造申请专利的基础,其内容是发明公开的范围,公开的标准是清楚、完整,使所述技术领域的技术人员能够实现,未在说明书中公开的内容以及虽在说明书中提及但未充分公开的内容不属于专利权的保护范围。①“清楚”,是指主题明确,用词准确,即说明书应当写明发明或者实用新型的目的和为达到该目的所采用的技术方案以及该技术方案所能达到的技术效果,并且应当使用技术用语,准确表达主题,用词不能含混不清,所使用的法定计量单位应当符合规范。“完整”,是指说明书不得缺少理解、再现发明或者实用新型所必不可少的内容,如技术领域、背景技术、发明内容、附图说明、实施方式等。② 此外,作为一项发明授权确权的规范性标准,《专利审查指南(2010)》对清楚、完整、所属技术领域的技术人员能够实现进行了分别阐述,即对说明书的撰写提出了要求,也对说明书的内容提出了标准。③

1.“高炉冶炼镍铁工艺”案④

本案发明提供了一种“含结晶水的氧化镍矿经高炉冶炼镍铁工艺”,具有工艺流程短、生产产量大、资源利用率高等特点,其权利要求 1 为一种含结晶水的氧化镍矿经高炉冶炼镍铁工艺。其特征在于:所述高炉冶炼工艺主要包括如下步骤:将原矿破碎筛分,其中粒径小于 2mm 的矿粉与焦粉、生石灰/石灰石混合配料进行烧结,得到烧结矿块;将烧结矿块、焦炭、石灰石/生石灰、白云石和萤石混配进行高炉冶炼得到镍铁,其中,下列添加剂与烧结矿重量比为:萤石 0.3% ~20%,白云石 0~8%,石灰石/生石灰 4% ~35%。

专利权人认为,权利要求 1 最重要的技术特征是萤石的添加量与氧化镍矿经高炉冶炼镍铁过程中烧结矿重量之比。在涉案专利中,萤石的添加量是根据氧化铬的量进行计算的,并不考虑或并不主要考虑氧化钙和二氧化硅的量。而对比文件披露的萤石添加量是通过计算二氧化硅和氧化钙的量,使用黏度图计算的,并没

① 杨存吉:《权利要求解释中的限制》,“中华全国专利代理人协会年会暨知识产权论坛”会议论文,2013 年于北京。

② 安建主编,全国人民代表大会常务委员会法制工作委员会编:《中华人民共和国专利法释义》,法律出版社 2009 年版,第 69 页。

③ 《专利审查指南(2010)》第二部分第二章第 2.1 节。

④ 最高人民法院行政裁定书,(2012)知行字第 57 号。

有考虑氧化铬的量。两者在计算原理、计算方法和计算结果方面存在不同,后者无法破坏前者的创造性。

审理法院则认为,利用说明书和附图解释权利要求时,也应当以说明书为依据,使其保护范围与说明书公开的范围相适应。本案中,尽管涉案专利说明书中提到"但由于红土镍矿常伴生有 Cr_2O_3 成分,而铬的熔点很高,使融化后的铁水黏度大,含镍铬铁水不能顺利流出,造成冻炉、毁炉的严重后果"和"本发明所提供的镍铬铁矿冶炼镍铁工艺中加入萤石可以有效降低铬对炉温的影响,提高铁水流动性,同时,因为本发明所提供的冶炼工艺中所加入萤石的量经过严格计算,可以有效避免因为萤石加入量过高导致炉缸烧穿等事故发生"等,但是涉案专利说明书中并未记载任何有关萤石添加量、氧化铬含量以及铁水流动性三者之间关系的内容,未记载权利人在解决铁水流动性方面针对氧化铬的特殊性付出了哪些创造性的劳动。因此,不应将涉案专利权利要求1中的氧化镍矿解释为仅限于含有氧化铬的氧化镍矿并将其中的萤石添加量解释为限于是根据氧化镍矿中氧化铬的含量计算得到的。

值得注意的是,《专利审查指南(2010)》对于说明书"能够实现"的情形进行了列举式的规定,其中"说明书中给出了具体的技术方案,但未给出实验证据,而该方案又必须依赖实验结果加以证实才能成立"指的其实就是本案涉及的情形。①

此外,本案的审理结论也是贯彻"以权利要求为中心"解释原则的体现,即在说明书未进行明确界定的情况下,要充分尊重权利要求的公示性,不得轻易对其保护范围作出限缩。正因如此,审理法院在本案中采用了本领域技术人员的通常理解来解释"氧化镍矿",即"何谓氧化镍矿,涉案专利说明书未对其作特别定义。根据一般理解,含有氧化镍的矿均属于氧化镍矿,氧化镍矿覆盖了含有氧化铬的氧化镍矿和不含有氧化铬的氧化镍矿"。可见,在理解某一技术特征时,无论从权利要求解释的角度,还是从说明书公开充分与否的角度,两种认知途径所得出的结论在实质上应该是相通并一致的。

2."多臂织机"案②

虽然专利审查指给出了更为详细的要求,但是否达到了"清楚""完整"的程度

---

① 《专利审查指南(2010)》第二部分第二章第2.1.3节。

② 最高人民法院行政判决书,(2016)最高法行再95号。

仍然会成为个案中争议的焦点。在笔者看来,产生分歧的根源在于对相关技术方案解释的差异,导致了对说明书理解程度的不一,“多臂织机”案即为此例。本案所涉专利名为“旋转多臂机构以及装备此类多臂机构的织机”,涉及一种旋转多臂机构,用以操作安装在织机机械上的综框,并涉及装备此类多臂机构的织机。

本案中,无效宣告请求人认为专利说明书中存在五点不清楚之处,被诉决定和一审判决均未支持其主张。二审法院认为,本专利说明书撰写存在多处严重错误,所描述的技术方案不清楚,也不完整,所属技术领域的技术人员需要过度劳动或进行大量纠错行为才能再现专利技术方案。因此,本专利不符合《专利法》第 26 条第 3 款的规定,应当被宣告无效。同时,由于本专利说明书存在严重错误,导致权利要求所要求保护的技术方案未在说明书中得以充分公开,因此,本专利权利要求也不符合《专利法》第 26 条第 4 款的规定,应当被宣告无效。

再审法院首先对说明书清楚或完整的判断原则进行了回应,说明书记载达到何种程度才算清楚、完整,与阅读者的水平有关,不宜以错误多少或者是否严重作为判断标准。无论是判断专利说明书是否清楚、完整,还是判断说明书中是否存在错误,判断主体都是本领域技术人员,而非一般公众。如果本领域技术人员在阅读说明书公开内容时即能理解、发现并更正其错误,尤其是该理解和更正并不会导致权利要求的技术方案发生变化,进而损害权利要求的公示性和稳定性的情况下,若不对说明书的不清楚之处及标记错误作出更正性理解,将会导致专利权人获得的利益与其对社会作出的贡献明显不相适应。显然,这一论断与权利要求解释利用了共同的主体即本领域技术人员,遵循了共同的标准即对技术方案作出客观全面的理解,而非仅以字面含义为判断依据。

在此基础上,再审法院针对本案的情形分析认为,本专利说明书确有部分语句不清楚或者标记错误,但这些不清楚之处更多是对本专利的背景技术、现有技术所进行的描述。本领域技术人员在阅读本专利说明书公开的内容时,即能理解说明书不清楚之处的相关技术含义,看出其存在的错误,且在再现本发明的技术方案时,可以在自行理解和纠正的基础上实现发明创造的技术方案。因此,本专利说明书已对本发明的技术内容作出了清楚、完整地说明,本领域技术人员也能够从本专利说明书公开的内容中得到本专利权利要求保护的技术方案,本专利符合《专利法》第 26 条第 3 款、第 4 款的规定。

当然，为避免产生绝对化的裁判规则引导作用，再审法院也就说明书的解读规则进行了“平衡式”的总结：从保护发明创造，鼓励发明创造的基本原则出发，一方面，应当允许对授权后的专利说明书中存在的错误予以更正理解；另一方面，也要防止专利权人滥用这一规则。要准确界定错误，在合理保护专利权人利益和维护社会公众利益之间进行利益平衡，以契合《专利法》鼓励发明创造、促进科技进步与经济社会发展的立法本意。

需要注意的是，本案不仅对说明书清楚、完整的判断标准予以了澄清，还将说明书与权利要求书紧密联系在了一起，即说明书如能达到清楚、完整的程度，自然可以起到支持权利要求书的作用，反之，若说明书公开的信息不够充分，无法达到清楚、完整的程度，权利要求书也很有可能因得不到说明书支持而被认定不合格的权利要求。[①] 这一点，在下文对于权利要求书实质性要件的分析过程中会体现得更加明显。

二、权利要求书内容的支持度

既然是技术方案抽象的、上位的概括，加之受到体例篇幅的限制以及文字语言局限性等因素的影响，权利要求书的内容具有天然的模糊性，这一特性不应成为我们评判其适格性的当然标准。由“多臂织机”案可知，《专利法》第26条第4款实际上指的是权利要求应当得到说明书的支持，从形式到内容都应与说明书所反映的内容相一致，其用语在说明书中应有所反映，记载的技术特征在说明书中有记载，且实质内容应当一致，不能超出说明书的范围。[②]

（一）不支持的情形

作为权利要求书的依据，说明书既是我们解释权利要求的重要工具，也是权利要求概括的技术方案得以具化的指南，因此，当说明书公开的信息不足“实现”权利要求记载的内容，或与之存在隐性矛盾时，应认定权利要求未被该说明书支持。

---

① 在二者存在紧密联系的问题上，二审法院和再审法院的观念是一致的。

② 安建主编，全国人民代表大会常务委员会法制工作委员会编：《中华人民共和国专利法释义》，法律出版社2009年版，第70页。

1.“电机软起动器”案①

本案专利系名称为“无刷自控电机软启动器”的发明专利,其权利要求1为:一种无刷自控电机软起动器,包括电解液、电解液贮容器,处于电解液中可相对移动的静电极和动电极以及与其电气相连接的接线柱,接线柱与电机电枢连接,使静电极和动电极之间的电阻与电枢串接。其特征在于:所述电解液贮容器为环形容器,固定套设在电机转轴上,静电极和动电极相对地沿转轴径向放置,且相对于轴心,静电极设置在动电极的外侧,电解液贮容器内腔中还设有沿径向设置的导向杆,动电极可滑动地安装在其上,动电极与静电极之间设有阻止动电极向静电极移动的弹性阻力装置;所述弹性阻力装置的阻力与动电极和静电极之间距离成反比,电解液贮容器上还设有排气阀和安全阀(见图3-3-1)。

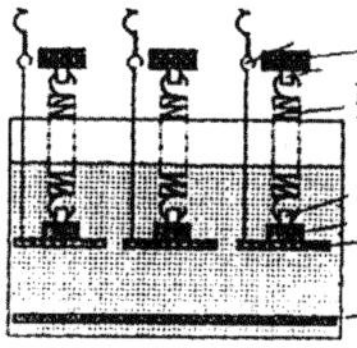

图3-3-1　无刷自控电机软启动器

虽然根据权利要求的记载,“弹性阻力装置”设置于动电机和静电极之间,但说明书中给出的具体实施方式却是,所述“阻止动电极向静电极移动的弹性阻力装置”并未设置在“动电极与静电极之间”,而是设置在动电极与凹腔内环侧壁之间。对此,审理法院认为,本专利在实现过程中要使动电极与静电极相贴,动电极与静电极之间的阻值为零,才能完成启动过程。而由于压簧的自身长度不能压缩为零,故作为动电极与静电极“之中”设置压簧的技术方案在说明书文字及附图中均没有记载。因此,在说明书没有给出相关教导或指引的情况下,本领域技术人员并不明确将“弹性阻力装置”设置在“动电极与静电极之间”的具体实现方式,这样的权利要求无法得到说明书的支持。

2.“纽形电池”案②

判断说明书是否“支持”权利要求,其实也是判断说明书公开的内容能否为权

① 最高人民法院行政判决书,(2014)行提字第32号。

② 最高人民法院行政判决书,(2012)行提字第29号。

利要求的某种解释提供合理依据的过程，从这个角度看，在适用《专利法》第 26 条第 4 款时，引入权利要求解释的思维，也就顺理成章了。

本案中的实用新型专利"无水银碱性纽形电池"的目的是提供一种不含水银的碱性锌/锰、锌/银锰纽形电池，其权利要求 1 为：一种无水银碱性纽形电池，包括正极片、负极盖、负极锌膏、密封胶圈、正极外壳和隔膜。其特征在于：在电池负极片上电镀上一层铟或锡原料，并在锌膏中加入金属铟以代替水银（见图 3 – 3 – 2）。

对于权利要求中的"电池负极片"，一审、二审法院均将其解释为"已电镀镍或铜的金属片"，而非"层压结构"。再审法院则认为，在利用说明书和附图解释权利要求时，应当以说明书为依据，使其保护范围与说明书公开的范围相适应。这一观点的逻辑其实就在于以说明书"解释"权利要求与说明书"支持"权利要求存在互通之处。在此基础上，再审法院对说明书公开的相关内容进行了详细的梳理分析，认为一审、二审法院的"解释"无法得到说明书的"支持"：

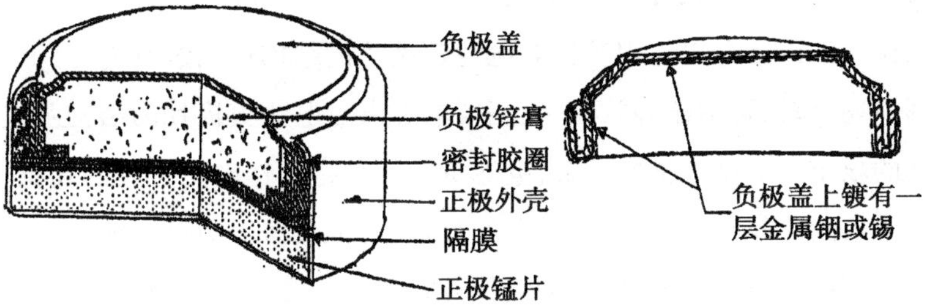

图 3 – 3 – 2　无水银碱性纽形电池

首先，涉案专利说明书背景技术部分记载，"……必须加入水银，防止'锌'与其他原料或金属接触时，产生气体而膨胀"。由此可以看出，涉案专利的申请人从产生发明动机开始直到申请专利之时也未认识到层压结构的电池负极片与电镀结构的电池负极片孰优孰劣，而是认识到水银之所以能够防止漏液，是因为其能够在锌与其他原料或金属之间形成隔离，防止它们之间的接触。故其认为解决纽形电池无汞化问题旨在找到一种能够代替汞的材料，使其亦能够在锌与其他原料或金属之间形成隔离，而未认识到要对电池负极片本身的结构作出专门的改进。

其次，涉案专利说明书发明内容部分记载："……在负极片上进行镀金、镀银、铜、锡、铟等实验，最后发现在负极片上镀铟或锡成功地控制了电池负极锌膏与负极片接触时产生的气体……"由此可见，涉案专利的申请人在探索涉案专利的过程中，所作的工作主要是探索在负极片上电镀哪种金属能够成功地控制电池负极锌膏和负极片的接触，而并未针对电池负极片本身的结构变化进行任何尝试性的探索。

再次，涉案专利说明书发明内容部分还记载，"……本实用新型是在电池的负极片上镀上一层铟稀有金属或锡，镀上铟或锡后的负极片，可以防止'锌'因与负极片接触时所产生的气体膨胀"。由此可见，涉案专利的申请人认为在电池的负极片上镀上铟或锡，就可以防止锌与负极片接触而产生气体膨胀，就已经完成了其发明的任务，而没有认识到其已经完成的该项发明是否还有待进一步的改进，诸如要对电池负极片本身的结构作进一步的改进并为此付出了创造性的劳动。

最后，涉案专利说明书发明内容部分还记载："电镀方法是(1)可将金属片(铁片或不锈钢片)制成负极片……(2)……再镀上一层铟或锡……然后制成负极片。"由此可见，这里制成的负极片既可以是未镀镍或铜之前的金属裸片也可以是镀完铟或锡的最终产物，故涉案专利的申请人即使在申请专利之时亦未想到要对负极片的概念加以区分以体现其针对电池负极片的结构作出过改进。

根据前述分析，再审法院认为，权利要求 1 未对电池负极片的结构及成型方法进行具体的限定。根据通常的理解，电池负极片是指用作电池负极的片状物，其不仅覆盖了单层的片状物，也覆盖了多层的片状物；不仅覆盖通过电镀方式形成的多层片状物，也覆盖了通过诸如层压的其他方式形成的多层片状物。

总体来看，"电机软起动器"案和"纽形电池"案的案情虽然有所不同，但均得出了"不支持"的结论，这其实也拓展了我们对于《专利法》第 26 条第 4 款的认知：不仅说明书与权利要求描述截然相反时无法支持，若无法从说明书中读出对某一技术特征进行特别限定的意味时，以该特别限定解释权利要求，自然无法得到说明书的支持。

（二）支持的情形

权利要求书中的每一项权利要求所要求保护的技术方案应当是所属技术领域的技术人员能够从说明书充分公开的内容中得到或概括得出的技术方案，并且不得超出说明书公开的范围。[①] 那么，说明书应"公开"到何种程度才算"充分"？才

① 《专利审查指南(2010)》第二部分第二章第 3.2.1 节。

能由其“概括”得出权利要求？这一问题仍需要我们在对说明书内容进行挖掘、探寻和解释后，才能作出准确的判断。

1.“内外壁防腐技术”案①

本案是最高人民法院早期适用《专利法》第26条第4款的典型案例，涉案专利名为“金属钢管束内外壁防腐技术”，是一种对石油、化工等行业中冷却器、换热器设备金属钢管束内外壁进行防腐的方法，属于金属防腐处理新工艺。该专利权利要求1为：一种对冷却器、换热器设备钢管束的内外壁进行防腐的方法，即为使冷却器、换热器钢管束的内外壁表面先形成磷化层，然后再进行涂料涂装，其特征在于完成这一过程是采用(a)把冷却器、换热器金属钢管束、泵、阀组、溶液槽通过胶管和铁管按工艺流程联接形成闭路循环体系；(b)整个工艺流程中用于处理冷却器、换热器金属钢管束内、外壁表面的各种处理液(碱液、酸液、磷化液)处于连续而不间断地循环流动状态。

一审、二审判决和被诉决定认为，权利要求1对钢管束内外壁的防腐处理采用的是同一种技术方案，而说明书实施例中记载的管外壁的防腐工艺步骤与管内壁的工艺步骤两者之间存在四点区别，即公开的是对钢管束内、外壁进行防腐的两种不同的技术方案。因此，权利要求1将对钢管束内壁防腐的技术方案与对钢管束外壁防腐的技术方案概括成内外壁防腐的技术方案，是不恰当的，没有以说明书为依据，未得到说明书的支持。

再审法院在梳理了《专利法》第26条第4款的规定后指出，判断权利要求书是否以说明书为依据，主要应当考察权利要求书中的每一项权利要求所要求保护的技术方案，是否为所属技术领域的技术人员能够从说明书中公开的内容直接获得或者概括得出的技术方案，以及权利要求的范围是否超出说明书记载的内容。本案中，关键在于(a)(b)是否能够从说明书中公开的内容直接获得或者概括得出。

具体来说，技术特征(a)可以从说明书第4段、第6段、第7段和附图中概括得出。说明书第4段记载“借助泵、阀、管路、溶液槽按着工艺流程联接操作”；第6段记载了附图说明；第7段分别记载了管内、外壁防腐处理方法的实施例；说明书附图对钢管束、泵、阀组、溶液槽通过胶管、铁管按工艺流程联接进行了图示。通过说

① 最高人民法院行政判决书，(2005)民三提字第2号。

明书公开的上述内容，本技术领域的技术人员完全可以概括得出：酸液槽 A、阀 2、阀 1、胶管 JG、泵、G1、冷却器、G2、JG、盐酸槽入口 a、酸液槽 A 构成酸洗步骤的闭路循环体系；关阀 5，开阀 6 和阀 7……移胶管与槽 E 引出管 e 相接，磷化液槽 E、阀 7、阀 6、阀 1、JG、泵、G1、冷却器、G2、JG、磷化液槽入口 e、磷化液槽 E 构成磷化步骤闭路循环体系；碱液槽 B、阀 3、阀 1、JG、碱液槽入口 b、碱液槽 B 构成碱洗步骤的闭路循环体系。将上述碱洗、酸洗、磷化三个闭路循环体系概括起来，就可以得出区别特征(a)所述的“把冷却器、换热器金属钢管束、泵、阀组、溶液槽通过胶管和铁管按工艺流程联接形成闭路循环体系”这一技术特征。

技术特征(b)可以由说明书第 7 段描述的内外壁处理过程概括得出。例如，由酸洗闭路循环体系，可以知道酸液是按照酸洗步骤的闭路循环体系处于连续而不间断地循环流动状态；由磷化闭路循环体系，可以知道磷化液按照磷化步骤闭路循环体系处于连续而不间断地循环流动状态；由碱洗闭路循环体系，可以知道碱液是按照碱洗步骤闭路循环体系处于连续而不间断地循环流动状态。

综上所述，所属领域技术人员能够从说明书公开的内容中概括得出技术特征(a)和(b)，权利要求 1 所要求保护的技术方案没有超出说明书记载的内容，得到了说明书的支持。

由再审法院的论述不难看出，其并未将权利要求与说明书进行机械的比对，而是基于对权利要求的解释和说明书的解读，将二者的实质性内容抽离出来，以判断前者的抽象概括在后者中是否存在具体的对应之处，这一过程也再次体现出权利要求书和说明书之间“血脉相依”的紧密关系。

2. “精密补偿器”案①

如果说“内外壁防腐技术”案对如何判断权利要求是否得到说明书的支持进行了初步的探索，“精密补偿器”案则更为深刻地阐述了二者之间的关系，并从规则层面客观归纳了《专利法》第 26 条第 4 款的判断标准。

本案实用新型专利“精密旋转补偿器”涉及一种热网管道，尤其是一种具有扭转装置的旋转补偿器，其权利要求 1 为：一种精密旋转补偿器，包括外套管、内管、压料法兰、延伸管和密封材料，内管(1)与外套管之间装有柔性石墨填料，柔性石墨

① 最高人民法院行政判决书，(2011)行提字第 13 号。

填料的端面装有压料法兰,压料法兰与外套管一端的法兰之间由螺栓连接,外套管内凸环和内套管外凸环之间设有钢球;在所述的外套管的另一端与延伸管连接,两者之间留有间隙。其特征在于:所述的延伸管为与内套管内径相同的直管,两者同轴对应;所述的压料法兰的外侧与外套管的内侧为紧密配合(见图3-3-3)。

相应地,说明书在摘要和发明内容部分记载了"……在所述的外套管的另一端与延伸管连接,两者之间留有间隙……"的信息,但在具体实施方式部分记载了"……外套管外侧是直通延伸管5,与内管1内径相等,延伸管5与内管1之间留有适当间隙(1~10毫米)……"的信息。一审、二审判决和被诉决定认为,本专利权利要求1的技术方案不能从说明书公开的内容中毫无疑义地得出,没有得到说明书的支持,不符合《专利法》第26条第4款的规定。

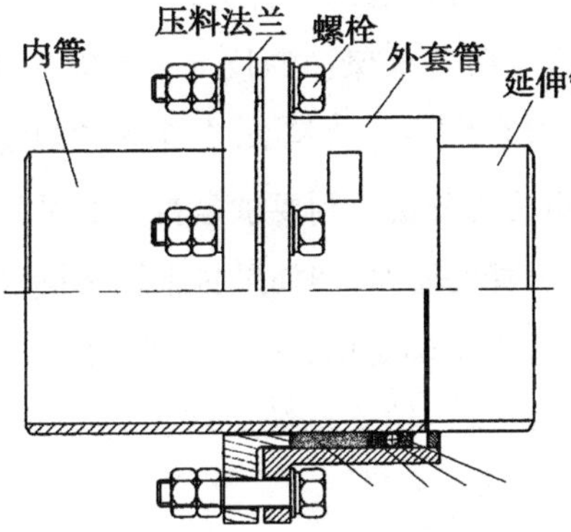

图3-3-3 精密旋转补偿器

再审法院从权利要求概括范围与说明书公开内容关系的角度解读了二者之间合理的配合关系,以及超出这种合理范畴可能会导致的后果:如果权利要求概括的范围过大,把属于公众的已知技术或者申请人尚未完成的技术方案记载在了权利要求的保护范围之内,这种权利要求将会损害公共利益,该专利申请或者专利权可能会因此被驳回或者被宣告无效。反之,如果权利要求记载的范围过小,则意味着申请人在说明书中公开的某些技术方案没有被纳入权利要求书中受到保护,亦即该技术方案被捐献给了公众,他人可以无偿使用该技术方案,这对申请人而言可能是不公平的。因此,《专利法》第26条第4款的立法宗旨在于,权利要求的概括范围应当与说明书公开的范围相适应,该范围既不能宽到超出了发明公开的范围,也不应当窄到有损于申请人因公开其发明而应当获得的权益。

就本案而言，本专利作为压力管道元件的旋转补偿器，产品需要符合焊缝检验、耐压实验以及气密实验等检验要求，焊缝、密封填料处应无渗漏现象。因此，所属领域技术人员知晓外套管和延伸管之间必须是无间隙连接，且不允许出现导致传输介质外泄。因此，内管与外套管之间以及外套管与延伸管之间不可能既连接又留有空隙，权利要求1中“两者之间留有间隙”的“两者”不可能是指外套管与延伸管，而只可能是内管与延伸管。这种解释也与本专利说明书公开的“外套管(4)外侧是直通延伸管5，与内管1内径相等，延伸管5与内管1之间留有适当间隙1～10mm”相一致。因此，本领域技术人员基于其具有的普通技术知识，能够知道权利要求1的撰写存在错误，通过阅读说明书及附图可以直接地、毫无疑义地确定“两者之间留有间隙”的“两者”应当是指延伸管与内管，不会误认为是外套管与延伸管之间留有间隙，权利要求1所要求保护的技术方案能从说明书公开的内容中得出，得到了说明书的支持，符合《专利法》第26条第4款规定。

更难能可贵的是，再审法院分析权利要求是否得到说明书支持的过程中，也潜移默化地引入了权利要求解释的思路，即如果对本领域技术人员来说，权利要求中的技术特征和技术术语的含义是确定的，应当允许对授权后的专利权利要求中存在的明显错误予以正确解释，这一结论也被后续《授权确权司法解释(一)》吸纳，正式上升为法律层面的规则。①

此外，本案所秉持的利益平衡原则也在后案中得到了进一步的印证。在“标识器”案中，②最高人民法院再次强调，一方面，权利人有权在说明书充分公开具体实施方式等内容的基础上，通过合理概括的方式撰写权利要求，以获得适度的保护范围而不仅仅限于具体实施方式本身，从而给发明创造提供必要、适度的激励。另一方面，权利要求限定的保护范围应当与涉案专利的技术贡献和说明书充分公开的范围相适应，以免过宽的保护范围阻碍科学技术的进步。对此，最高人民法院在

---

① 最高人民法院《关于审理专利授权确权行政案件适用法律若干问题的规定(一)》第4条：权利要求书、说明书及附图中的语法、文字、数字、标点、图形、符号等有明显错误或者歧义，但所属技术领域的技术人员通过阅读权利要求书、说明书及附图可以得出唯一理解的，人民法院应当根据该唯一理解作出认定。

② 最高人民法院行政判决书，(2016)最高法行再19号。

“糖基化方法”案中也曾明确表示，如果权利要求的概括使所属技术领域的技术人员有理由怀疑该上位概括或并列概括所包含的一种或多种下位概念或选择方式不能解决发明所要解决的技术问题，并达到相同的技术效果，则应当认为该权利要求没有得到说明书的支持。①

三、权利要求书的修改

文字是表达思想的工具，专利文件一旦用文字方式固定，其技术方案也会随之确定下来。但无论是语言表达的准确性，还是专利权人的认知能力都可能存在局限性，特别是对于现有技术以及发明创造存在认知局限。因此，《专利法》第33条及《专利法实施细则》第69条分别为专利申请人或权利人修改其专利文件提供了依据，条件是不得扩大原专利文件的保护范围，而权利要求尤其是修改部分的权利要求的解释，则是判断修改是否超范围的重要步骤。

1.“后换挡器支架”案②

本案专利名为“后换挡器支架”（见图3-3-4），权利人在申请过程中曾将权利要求中“所述的第一连接结构和第二连接结构为基本上圆的螺栓孔”修改为“所述第一连接结构的形式是一大致圆形孔”。审查部门认为，“圆形孔”是“圆的螺栓孔”“圆形螺栓孔”的上位概念，而且和“螺栓孔”的含义也有所不同，权利人将“圆的螺栓孔”、“圆形螺栓孔”或“螺栓孔”概括修改为权利要求1、3、6中的“圆形孔”，显然包含了并未记载在原说明书和原权利要求书中的内容。所以这种修改使所属技术领域的技术人员看到的信息与原申请记载的信息不同，而且又不能从原申请记载的信息中直接地、毫无疑义地确定，不符合《专利法》第33条的规定，一审、二审法院均支持了这一观点。权利人则认为，在本专利中，“圆形孔”和“圆形螺栓孔”在结构和功能上没有任何差异，关于“圆形孔”的修改符合《专利法》第33条的规定。

① 最高人民法院行政判决书，(2009)知行字第3号。

② 最高人民法院行政判决书，(2013)行提字第21号。

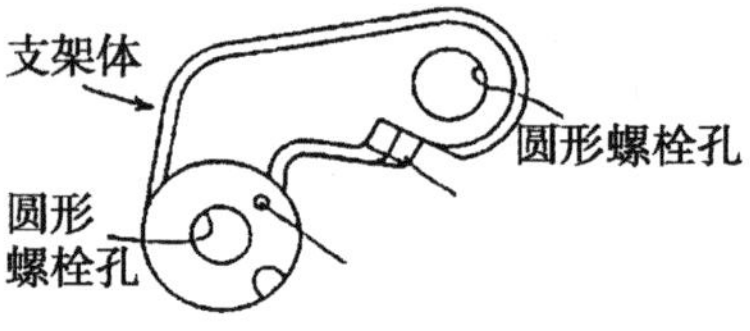

图3-3-4　后换挡器支架

对于权利人提出的异议,再审法院结合技术特征所能起到的技术效果进行了比对分析。原申请文本中"圆的螺栓孔""圆形螺栓孔""螺栓孔"实质上由两个技术特征共同限定:一是圆形孔;二是供螺栓穿过,概括修改为"圆形孔"导致删除了"供螺栓穿过"的技术特征,不属于从原申请文本中能够确定的内容,不符合《专利法》第33条的规定。权利人主张原说明书附图显示8a、8b为大致圆形孔,说明书中也已提及螺栓孔可以用其他各种形式的结构代替,即8a、8b并不仅限于螺栓孔。对此,再审法院认为,附图的作用是使人能够直观形象地理解发明的技术方案,原说明书附图显示8a、8b是圆形的,应理解为对"圆的螺栓孔"、"圆形螺栓孔"或"螺栓孔"的简要形状显示。原说明书中记载"螺栓孔8a和8b可以用其他任何形式的结构代替","其他任何形式的结构"范围宽泛且不确定,不能据此认定其记载了圆形孔,更不能证明"圆形孔"与"圆的螺栓孔"具有相同的技术含义,故对于权利人的上述主张,再审法院不予支持。

可见,再审法院的分析并未止步于字面含义的比对,而是秉持了法律分析的态度,以本领域技术人员的认知水平和能力对修改前后的技术特征进行了解释,以二者的内在含义作为对比对象,来判断修改是否超出之前的范围。这种方法,无疑更契合修改超范围这一授权确权审查要件设立的初衷。

2. "烧结磁体"案①

本案专利系名称为"氧化物磁性材料、铁氧体颗粒、烧结磁体、黏结磁体、磁记录介质和电机"的发明专利。本专利修改后的权利要求9、10均请求保护一种烧结磁体,包括A、R、Fe和M,其中A是锶、钡和钙,R是镧,M是钴,全部各种元素相对于全体金属元素的含量的比例如下:A:1.77~8.33原子%,R:0.29~6.26原子%,Fe:86.06~89.91原子%,M:0.31~3.57原子%。

① 北京市高级人民法院行政判决书,(2013)高行终字第1682号。

权利人主张“氧化物磁性材料”“烧结磁体”“烧结产品”均为同一种物质的不同叫法。审理法院认为,根据原申请文本记载的“一种烧结磁体,包含以下的氧化物磁性材料……”“使用本发明的氧化物磁性材料制备的黏结磁体和烧结磁体”等内容,无法确定氧化物磁性材料和烧结磁体、烧结产品的组成完全相同,原申请文本亦未对此予以明确记载。因此,从原申请文本所记载的内容不能直接地、毫无疑义地确定上述物质属于同一物质。

3.“矿物类中药”案①

较之于无效宣告程序而言,申请程序对专利文件修改超范围的审查相对更宽松一些,解释的宽泛尺度也会更大。“矿物类中药”案是一起发明专利申请驳回复审案件,涉案专利申请名为“一种既可外用又可内服的矿物类中药”,申请过程中,申请人曾将配方中的水银、明矾、牙硝、硼砂分别由八两、八两、十两、五分修改为240g、240g、300~330g、1.5g。

一审、二审判决和被诉决定均认为:目前“两”与“g”的换算关系为一两合50g,我国旧制也有一两合31.25g的换算方式,但涉案专利申请原说明书中并没有明确所述的“两”采用的是新制还是旧制,因此,从原申请文件中不能唯一确定涉案专利申请中所用的“两”为旧制。即使能够确定申请人所采用的是旧制的“两”,申请人提交的证据表明“一两=31.25g(换算时尾数可以舍去)”,在尾数可以舍去,也可以不舍去的情况下,旧制的一两也不必然等于30g。申请人所提交的证据中虽然有部分证据采用了一两等于30g的尾数省略法,但涉案专利申请是否采用的是与之相同的尾数省略法,原始说明书和权利要求书中并没有记载。因此,申请人对涉案专利申请的权利要求书和说明书进行修改时所使用的换算方式无法从原始申请文件中找到依据,也无法从现有技术中明确地、毫无疑义地找到依据,致使修改前后的专利申请文件中的内容不能对应,不符合《专利法》第33条的规定。

再审法院则认为,就一般情况而言,虽然“两”与“g”的换算关系确实存在新制、旧制的不同,但在传统中药配方尤其是古方技术领域中,在进行“两”与“g”的换算时均是遵循“一斤=十六两”的旧制。虽然说明书中没有明确记载“两”与“g”的换算是采用何种换算关系,但本领域技术人员结合涉案专利申请的背景技术、发

---

① 最高人民法院行政裁定书,(2011)知行字第54号。

明内容以及本领域的常识,均能够确定在涉案专利申请中的"两"与"g"的换算应当采用旧制,不应当采用"一斤=十两"的新制。此外,根据《国务院批转国家标准计量局等单位关于改革中医处方用药计量单位的请示报告》的规定,在以旧制进行"钱"与"g"的换算时,旧制的"一钱=3g"。由于旧制中"一两=十钱",因此,在依据旧制进行换算时,旧制的一两显然应当换算为30g。从《中药学》《矿物本草》《中药药剂学》等教科书、技术手册中记载的相关内容来看,亦均是采用"一两=30g"的换算关系。因此,对于《方剂学》中所称的"换算时尾数可以舍去",本领域技术人员应当理解此处所指的尾数是指"31.25g"中的"1.25",即采用"一两=30g"的换算关系。综合上述分析,申请人对涉案专利申请文件的修改超出原始说明书和权利要求书记载的范围。

显然,再审法院在判断专利文件修改是否超范围时,不仅坚持了本领域技术人员的认知水平和能力,还引入了大量教科书、行业标准等证据材料,对相关技术特征进行了宽泛性的解释,这无疑与前文所述的授权案件中应遵循的解释原则是一致的,也再次印证了权利要求解释在修改超范围判断时的关键性。

小结

不同于后续章节介绍的侵权判定程序,授权确权审查环节中权利要求解释的作用似乎不会表现得十分明显,但通过本章分析可以确定的是,权利要求解释贯穿于创造性的评述、专利文件的实质性要求等问题中,在授权确权审查的过程中"无所不在",其解释标准、规则、尺度决定了权利要求保护的具体范围,从而影响本申请的授权前景或本专利的有效性。因此,权利要求解释同样也是我们做好授权确权审查必不可少的基础性工作。

SUMMARY

第四章

侵权判定中权利要求的解释

——说明书的“本位”价值

如果说授权确权程序中权利要求解释的必要性和空间还存在一定争议的话,到了侵权程序中,权利要求解释的重要性则毫无疑问的显现出来,成为判定被诉侵权技术方案是否落入保护范围的关键步骤。而作为“权利要求之母”①,作为解释权利要求、进而确定保护范围最有力的工具,说明书当仁不让的通过其自身记载的信息,以不同的形式实现了权利要求的具象化和技术特征的明晰化。

第一节　直接依赖作用的体现

虽然解释的对象是权利要求中的技术特征,但当其未采用本领域惯用的技术术语,或字面含义十分模糊、无法清楚传递相关技术信息时,往往需要我们直接从说明书的特定记载中寻找相应的答案,这时,说明书成了我们理解权利要求用语的“单一性最佳指南”(Single best guide)②。

---

① 最高人民法院行政裁定书,(2010)知行字第53-1号。

② Vitronics Corp. v. Conceptronics, Inc., 90 F. 3d 1576(Fed. Cir. 1996).

一、自创术语的定义

当今世界,经济发展速度加快,创新理念层出不穷,网络化的信息交流手段在屡次刷新我们对新生事物的认知的同时,也不断把各类热词、新词推入到人们的视野当中,即便素来以严谨、刻板面貌示人的科学技术领域也不例外。各类发明创造更迭频次的加快对发明人的撰写提出了日益严苛的要求,传统领域的惯常术语尚难以满足日益多元化的技术方案需要,新兴领域的技术方案更是亟待与其适配的文字。对于一项申请日之前未曾出现过的新的技术方案而言,仅仅使用申请日之前已有的技术术语,专利申请人可能难以准确、客观地描述该技术方案相对于现有技术所作出的改进。

因此,作为专利文件词典的编纂者,为了满足描述新的专利技术方案的客观需要,在无法找到适当的技术术语加以描述时,发明人往往需要发挥主观能动性,创造性地使用自创术语,在便于表述的同时,力争精确的传达其蕴含的技术内涵。面对这类权利要求,说明书自然迎来了诠释自身价值的良好时机。

1. “空转锁”案①

本案涉案专利为“一种空转锁的装置”(见图4-1-1),双方当事人的争议焦点为如何理解独立权利要求1中“伸缩联动器”的技术特征。鉴于“伸缩联动器”并非涉案专利申请日前本领域中已有的技术术语,是专利申请人自行创设的技术术语,法院认为需要综合考虑说明书、附图中记载的与该技术术语相关的技术内容来确定其含义。

首先,涉案专利的发明目的是提供一种空转防盗锁装置,该装置可以直接将各种类型的锁芯改造成空转锁,使普通锁具备空转防盗功能,其既不涉及对普通锁中的锁舌或者锁栓本身进行改进,也不涉及以伸缩联动器直接替代锁舌或者锁栓的方式对普通锁进行改造。其次,涉案专利必须通过伸缩联动器与旋转推进器配合方式的变化,使得其与锁舌或者锁栓的配合方式发生变化,实现开闭锁或者空转防盗的目的。伸缩联动器是设置在旋转推进器与锁舌或者锁栓之间,用以推动锁舌或者锁栓运动的中间部件。最后,根据相关锁具名词术语的国家行业标准记载,锁

① 最高人民法院民事判决书,(2013)民提字第113号。

舌是锁具中直接起闭锁作用的部件,锁舌拨动件直接起拨动锁舌的作用,故伸缩联动器实质上属于标准中的锁舌拨动件,而非锁舌。相应地,被诉侵权产品中的锁舌与伸缩联动器的工作方式、功能、效果均不相同,不构成相同或等同的技术特征。

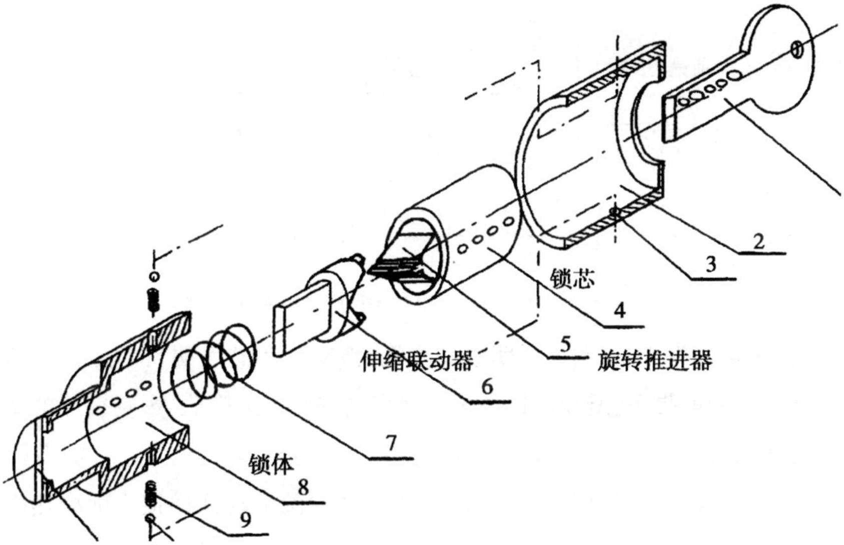

图 4-1-1　一种空转锁的装置

此外,在对本案争议进行分析的基础上,法院还对自创术语出现的合理性进行了分析和肯定,并对该类权利要求的解释规则进行了归纳,即应当结合说明书、附图中记载的与该技术术语有关的背景技术、技术问题、发明目的、技术方案、技术效果等内容,查明该技术术语相关的工作方式、功能、效果,以确定其在涉案专利整体技术方案中的含义。

2.“多槽锅”案①

本案涉案专利是“一种适合绿茶制作的多槽锅”(见图 4-1-2),其权利要求 1 采用了“搭接”这一自创术语限定了多槽锅的连接方式,即“多槽锅从长度向划分至少由两只以上的独立的分体锅搭接而成”。对此,说明书先是在发明目的部分指出了“搭接”的技术效果,即“分体锅……关节式搭接可迅速消化膨胀量,避免了整体式锅体因来不及消化膨胀量而出现下坠变形弯曲现象”。之后又在实施例部分

① 最高人民法院民事裁定书,(2018)最高法民申 2347 号。

进行了更详细地披露，即“搭接处……前锅间隔板一和后锅间隔板一之间具有间隙，设置该间隙有利于消解膨胀量。为形成关节式搭接结构，前锅间隔板一的尾部伸过前锅间隔板上的U形通孔，形成搭接片”。

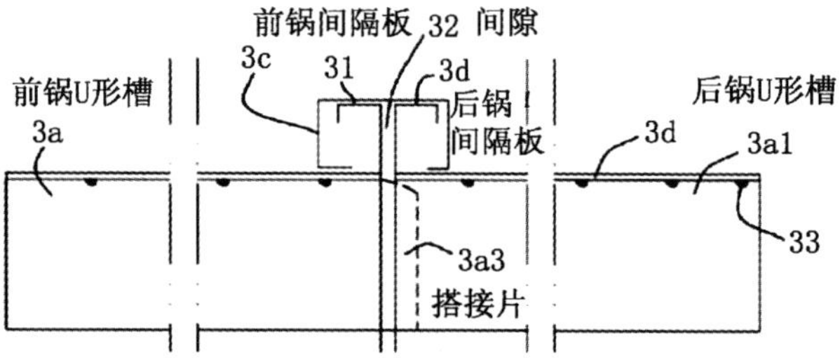

图4-1-2　一种适合绿茶制作的多槽锅

据此，法院认为，通过阅读说明书和附图，涉案专利的发明目的是在不缩短多槽锅整体长度的前提下，避免因锅体过长而出现受热变形膨胀，影响锅体的功效和寿命。为达到这一技术效果，涉案专利将多槽锅划分出至少两只以上的“分体锅”，并将不同分体锅以“关节式搭接”相连接，相互独立的活动式连接为削减热膨胀量提供了空间。相形之下，被诉侵权技术方案中前后U形槽板交叠焊接于同一块具有U形槽口的板，不能直接发生位移，远未达到涉案专利消解热膨胀量的效果，因此缺少涉案专利“搭接”这一技术特征。

二、普通用语的理解

人类语言相对于客观世界具有滞后性，会随着客观世界的发展、进步而不断丰富，发明人对本领域技术发展状况了解程度亦有所不同，这使其对技术术语的选用有时会带有一定的主观色彩，故其虽采取了看似普通或本领域惯常使用的技术术语，但所要表达的含义可能已有了新的内涵，此时如果机械地按照该术语的通常含义来理解权利要求，可能使所描述的技术方案面目全非。[①] 这种情况下，可借鉴对于自创性术语解释的套路，从说明书记载的信息中挖掘和体会权利人意图传达的信息，以确定权利要求的真正含义。

---

① 参见仪军、侯占恒、王晫、周云川、姜庶伟、周丽婷：《如何确定专利权的保护范围——从说明书对权利要求书的解释分析》，载《科技与法律》2008年第3期。

（一）已有词语的明晰

区别于纯自创术语本身自带的陌生感和距离感，一些权利要求在描绘其所保护的技术方案时，选用了部分已有词语及其组合，从观感来看不容易引起解释者的注意，最初也不会产生过多分歧。但细究起来不难发现，该类词语往往只是在形式上披了一层现有表述的“面纱”，其实质含义却隐藏在说明书更为详细的记载中，需要在通读说明书的基础上才能明确其对应的保护范围。

1.“立体承力模壳”案①

本案涉及的是“一种钢筋砼用立体承力模壳”发明专利，其在独立权利要求1中描述为“包括上顶板、周围侧壁及下底，上顶板、周围侧壁及下底彼此连接构成多面体封闭空腔，在空腔内有至少一根以上的杆件”的模壳结构，并作出了“杆件为曲线杆、折线杆、缆索等截面直杆、变截面实心直杆、上开口空心杆或者其组合，或者变截面空心直杆与上述杆件的组合，有杆件竖向设置在周围侧壁的转角部位”的限定（见图4－1－3）。但是，对于双方争议的技术特征“杆件”体如何设置以及起到何种技术效果，在权利要求书中并没有直接予以描述，指代不明。

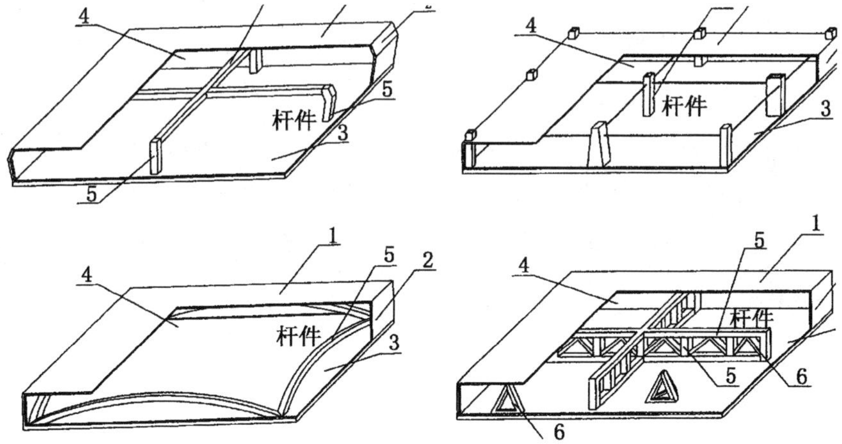

图4－1－3　钢筋砼用立体承力模壳

法院认为，按照说明书的描述，杆件要起到拉、压的技术性能，必然是具有支

① 福建省高级人民法院民事判决书，(2014)闽民终字第1059号。

撑模壳周围侧壁或者支撑上顶板和下底的作用。结合涉案专利的所有附图可见，尽管形状、设置位置各不相同，但权利要求所述的杆件无论是分别受力还是通过组合共同受力，均是为了起到支撑模壳周围侧壁或者支撑上顶板和下底的作用。而在被诉侵权产品的对应结构中，虽然有矩形木条位于模壳中相邻两块侧壁板夹角处，接触侧壁板的位置为直角结构，但该矩形木条在实际安装中通过射钉固定在两块侧壁板的转角部位，长（高）度短于侧壁板，不与上顶板和下底直接接触，这种结构显然不具有支撑侧壁板的功能，也不可能起到支撑上顶板和下底的作用。因此，被诉侵权技术方案中的“矩形木条”与涉案专利的“杆件”显然不构成相同或等同。

从本案的评析思路来看，即便对于某些看起来并不晦涩，甚至与本领域某些已有词语表述相近，如果说明书指明了某用语具有特定的含义，并且权利要求的保护范围因说明书对该用语的说明而被限定得足够清楚，则应当以该特别界定作为权利要求用语的含义。①

2.“扫描装置”案②

与“立体承力模壳”案类似，本案涉及“一种双视角扫描装置的臂架结构”发明专利（见图4－1－4），其权利要求1包括“准直器立柱和竖探测臂与主梁连接，形成框架，为准直器提供支撑及调整机构”的技术特征，但对准直器立柱的具体结构没有限定。对此，说明书进行了说明，即“准直器立柱和竖探测臂立柱通过螺栓与主梁连接，形成一个整体的龙门结构，‘门’形区域内，为检测区域。作为扫描装置臂架结构的框架，为准直器、横探测臂、竖探测臂提供支撑及调整机构”。基于此，法院认定“准直器立柱”的作用为构成框架的一部分以及为准直器提供支撑。

① 参见蔡伟：《应如何准确解释权利要求中的技术用语——评邱则有公司诉茂达建材有限公司等侵犯发明专利权纠纷案》，载《中国知识产权报》2015年8月5日，第8版。

② 河南省高级人民法院民事判决书，（2017）豫民终1183号。

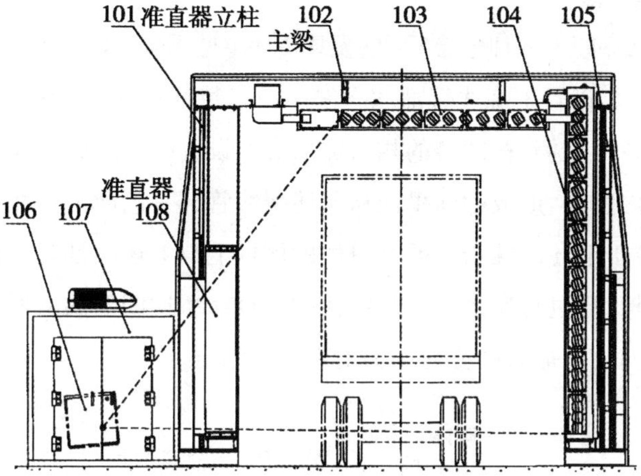

图 4-1-4　双视角扫描装置的臂架结构

反观被诉侵权产品，其加速器舱及上支架、主梁、竖探测臂为一固定连接的整体结构，共同构成框架结构，该结构内部设置有准直器。其中，加速器舱与其上支架一起所构成的结构，既有与主梁连接、构成框架一部分的作用，又具有支撑准直器的作用，两者基本相同。从功能和效果分析，被诉侵权产品的加速器舱与其上支架一起构成了一个支撑体，该支撑体上部与主梁相连，同样作为整体框架的一部分，为准直器提供支撑，与涉案专利中准直器立柱的功能和效果基本相同，且本领域普通技术人员无须经过创造性劳动就能够联想到该种支撑结构，故可认定二者构成等同。

在本案涉及的安保用扫描装置领域，“准直器”是一种常用的部件，但“准直器立柱”则带有一定的原创色彩，需要结合说明书关于其作用和效果的详细记载，来确定其对应的保护范围，并判断被诉侵权技术方案中是否有类似功能的部件。

（二）通用术语的新解

实际上，不仅是掺杂自创术语和已有词语的技术特征需要发挥说明书的解释作用，即便采用的是本领域技术人员熟知的通用术语，也有赖于说明书的“校验”，需要我们在阅读说明书的相关信息后，才能确认其表达的究竟是惯用的技术含义，还是已经发生了变化的真实含义。

1."电磁阀"案①

本案中的专利为"一种电磁阀"的发明专利(见图4-1-5),其独立权利要求1为:一种电磁阀,设置了螺线管部和阀部……其特征在于:一方面,在所述阀身和螺线管部相结合的端侧,在阀身的相对侧的面上设置结合用凹部,将所述凹部的螺线管部一侧的内壁面,形成朝向里面从所述螺线管部一侧向另一端侧倾斜的斜面;另一方面,在位于上述磁性箱体的开口侧的侧壁上与上述凹部对应的部位、设置形成铆接片的切槽,通过将所述铆接片抵接并铆接在所述凹部的斜面上,使所述阀部和螺线管部在向相互嵌入的方向施力的状态下结合。

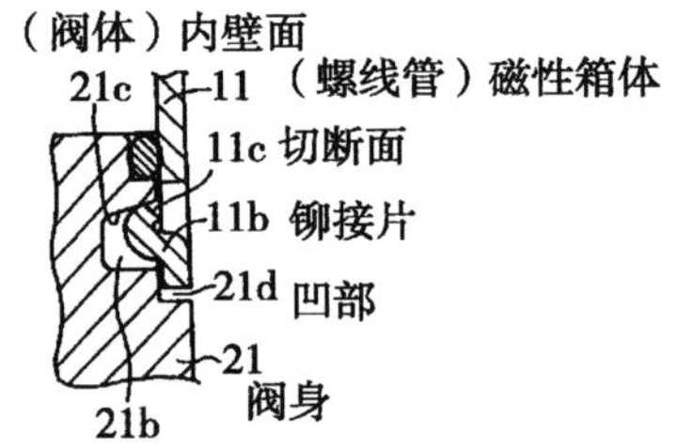

图4-1-5 电磁阀

对于权利要求中"铆接"这一技术特征的解释,被诉侵权人主张,"铆接"应当是通过铆钉将两部件连接,不经破坏性拆解就无法拆卸,这种主张看似符合"铆接"的通用含义②,也印证了人们的通常理解。但是,根据说明书的记载,本发明意在"提供使螺线管部结构进一步简单化地以及更加简单而稳定地与阀部进行结合的电磁阀"。为达成该目的,说明书记载的三个实施例的共性为:在磁性箱体的开口侧侧壁(对应于阀身凹部位置)开设切槽,使磁性箱体的相应部位形成可局部变形的金属片,通过将上述金属片抵入阀身的凹部位置,由于金属片在抵入阀身凹部的过程中产生了塑性变形,在无外力的作用下无法回弹复位,转而对阀身凹部斜面形成了持续的挤压力,该挤压力促使磁性箱体和阀身向相互嵌入方向结合,从而使

① 江苏省高级人民法院民事判决书,(2016)苏民终483号。

② "百度百科"给出的解释为:铆接(英文名Riveting)即铆钉连接,是一个机械词汇,是利用轴向力将零件铆钉孔内钉杆墩粗并形成钉头,使多个零件相连接的方法。载"百度百科":https://baike.baidu.com/item/%E9%93%86%E6%8E%A5/6218109?fr=aladdin,最后访问日期:2020年5月27日。

安装有螺线管的磁性箱体与阀身形成固定连接。因此,本专利的发明点在于通过可局部变形的金属片的塑性变形在两部件之间产生持续的结合力,实现螺线管与阀身的结合。而被诉侵权产品亦是通过上述方式实现磁性箱体与阀体的固定连接,故亦具有专利的“铆接”这一技术特征,落入专利权利要求的保护范围。

2.“空调室内机”案①

本案涉及一种名为“空调机的室内机”的实用新型专利(见图4－1－6),其权利要求13、14系并列的从属权利要求,对权利要求1～11任意一项所述的“室内机”做了进一步的限定,即包括“位于所述前接水槽的凹槽内、带有至少一个向上开口的第一凹部的第一密封件”,以及“位于所述后接水槽的凹槽内、带有至少一个向上开口的第二凹部的第二密封件”。

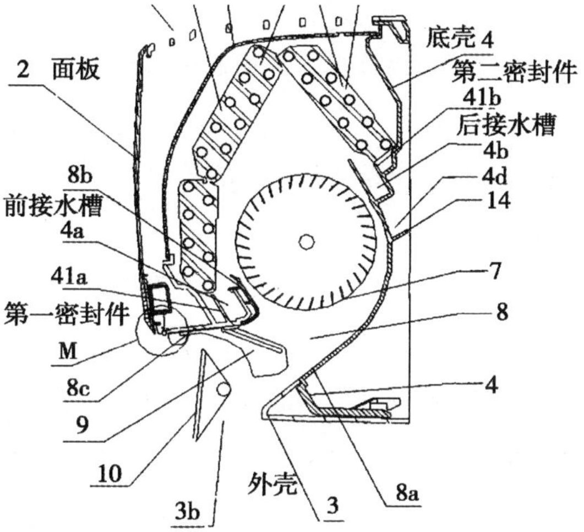

图4－1－6　空调机的室内机

从权利要求的文字含义及本领域技术人员的通常认知来看,“密封件”一般指的是完全的“密封”,但细读说明书后会发现,第一密封件、第二密封件分别用于密封前侧、后侧热交换器的下部与底壳在前、后接水槽处所存在的间隙,防止由于漏风所产生的凝露,该用途并不要求其达到严丝合缝的程度,只要能控制冷量不被流失即可。而被诉侵权技术方案中也存在相应的部件,可以用以防止热交换器与底

① 广州知识产权法院民事判决书,(2017)粤73民初390号。

壳之间的漏风,影响换热效果,故应视为权利要求中的"密封件"。

通过对以上案件的回顾和分析不难看出,无论是本领域常用的技术术语,抑或为社会公众所知悉的通用词语,都不能想当然的将其原有的字面含义代入权利要求解释的过程中,而应在阅读说明书等内部证据的基础上还原发明人的用意,对其限定的保护范围进行准确的识别和判断。

三、"不清楚"时的释明

尽管《专利法》第26条第4款提出了"权利要求书应当以说明书为依据,清楚、简要地限定要求专利保护的范围"的明确要求,但受到专利申请撰写水平参差不齐以及申请人总是希望尽可能扩大专利权保护范围的主观追求的影响,权利要求中的一些技术特征或者技术用语不可避免地会采用含糊不清或者产生歧义的表述,通过阅读大量案例,我们会发现因该类情况而起的分歧已成为专利侵权诉讼中最常见的争议焦点之一。此时,如何准确解释这些模糊概念和技术用语,对确定专利保护范围,对于判断是否构成侵权是非常重要的。[①]

(一)模糊的澄清

由于语言表达能力的局限性,权利人在撰写权利要求时对技术术语的选择可能会带有一定的主观色彩,或对技术方案进行过度上位的概括,或在表述方式上进行不当地简化,或忽略了相关修饰性词语的限定,或因免于实审程序而最终获得授权,都将会导致权利要求在公之于世时就带有模糊不清的"先天"瑕疵。为此,我们需要结合说明书和附图中相应更为清楚、明确部分的记载,以本领域技术人员的视角来理解权利要求中该特定术语的含义。

1."玻璃钢夹砂顶管"案[②]

本案涉及一种名为"玻璃钢夹砂顶管"的实用新型专利(见图4-1-7),其独立权利要求1为:"一种玻璃钢夹砂顶管,它由管头、管身以及管尾组成,管头和管尾管径一致,管尾连接部设有密封用套环,管头、管尾通过套环连接,其特征在

① 参见杨志敏:《权利要求语义解释中的说明书参考准则及其利用模式探析》,载国家知识产权局条法司编:《专利法研究(2012)》,知识产权出版社2013年版,第210页。

② 最高人民法院民事裁定书,(2010)民申字第181号。

于……”从专利技术方案来看,其所述顶管管壁有一定厚度,但权利要求文字中所提的“管径”并未明确是“管外径”还是“管内径”,具有一定的模糊性。而根据现场勘验的结果,被诉侵权产品中相应的技术特征为“承口、插口的内径一致,但插口的管外径小于承口的管外径,有锥度。其中,承口、插口分别对应于涉案专利中的管头和管尾”。对此,一审法院认为,二者在连接手段、顶进功能和效率上基本相同,构成了等同的技术特征。二审和再审法院则考虑了说明书和附图记载的相关内容,对“管头和管尾管径一致”作出了更为详细的解释。

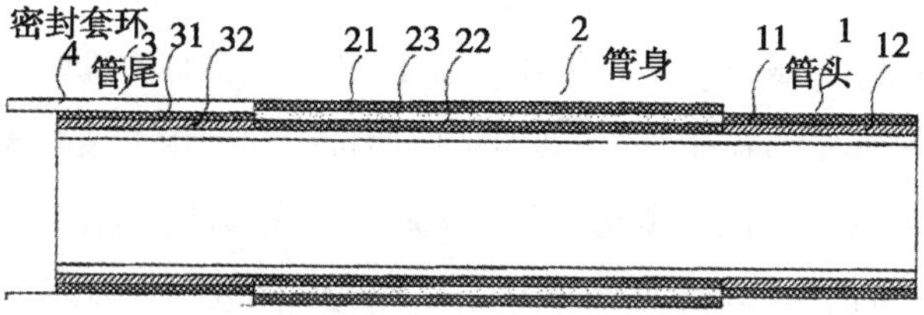

图 4 –1 –7　玻璃钢夹砂顶管

根据涉案专利说明书的记载,“现有的顶管……端部密封连接结构不合理,出现渗漏”“本实用新型……端部连接结构合理,管道安装方便,密封性好”“顶管的一段一段连接是通过套环 4 将管头 1 和管尾 3 连接在一起的”。此外,涉案专利的说明书附图中公开了五个具体实施方式的结构图,所述结构图中管头和管尾的内外径均一致。据此,二审和再审法院一致认为,“管头和管尾管径一致”是指涉案专利所涉的玻璃钢夹砂顶管的管头、管尾管内径一致,并且管外径也一致,其具有使管头、管尾与钢套环之间紧密配合,连接结构合理、密封性好的功能和效果。

而在被诉侵权产品中,其插口管外径呈不规则台阶状,这会导致插口管外径与钢套环之间并不能紧密配合,无法实现增强管道连接密封性的功能和效果,其在管外径与钢套环之间形成供减阻砂浆通过的环形空间,实现的也只是管道外壁与土壤间的摩擦阻力,提高的是管道顶进效率的有益功能和效果,与权利要求 1 中“管头和管尾管径一致”所实现的功能和效果具有实质性的差异,不属于等同的技术特征。

需要注意的是,本案中“管头和管尾管径一致”的表述在本领域技术人员看来存在模糊不清的瑕疵,实用新型专利无须实质审查的特点可能是产生上述瑕疵的程序性原因之一。结合前述章节关于不同阶段权利要求解释规则异同的分析,如以所述技术方案申请发明专利,其模糊不清的问题很可能会在实审阶段被审查员发现并指出,发明人亦会对此进行回应,将其修改为类似"管头和管尾的内、外管径一致",这不仅可以更精确的匹配其实际的技术贡献,也可以消除模糊,避免后续侵权诉讼中因此而起的争议,提高解释效率。反过来说,对于该类未经实审程序或存在表述瑕疵的权利要求,在侵权程序中更应对其进行全面深入的解释,以给出合理的保护限度。

2."顶棚内置式家电"案①

实际上,即便是经过实质审查程序"打磨"的发明专利,其权利要求也不一定是"无懈可击"的。在"顶棚内置式家电"案中,独立权利要求1为:一种顶棚内置式家电分体安装方法,该方法是将家用电器分解为上部的主机体和下部的面罩板两部分,面罩板制成室内顶棚状,与其他顶棚面板一起利用卡条与卡槽或嵌条与嵌槽之间的配合,均匀固定在顶棚龙骨下面构成一个完整的顶棚面,而主机体被固定安装在面罩板上方的顶棚内(见图4-1-8)。其中,关于"面罩板制成室内顶棚状"以"……状"为连接词,描述了"面罩板"和"顶棚面板"之间的关系,但其表述较为抽象,存在一定模糊,似乎可直接理解为该"面罩板"在安装方式、形状结构、材质、色彩、风格上均与"顶棚面板"相同,但能否达到直接地、不加任何变动地用"顶棚面板"扣接在电器下方以替代"面罩板"的程度,也存在一定疑问。

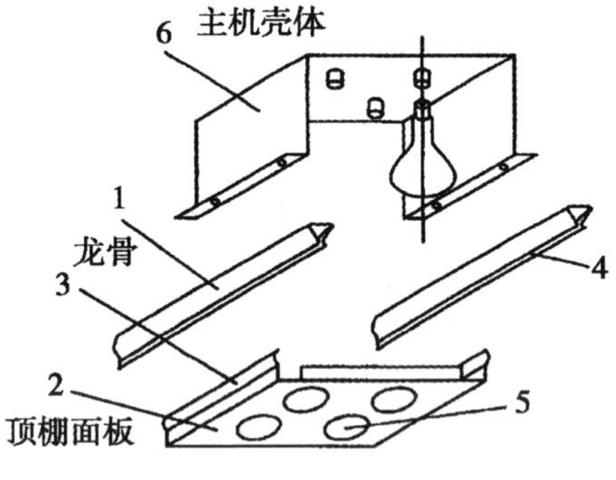

图4-1-8 顶棚内置式家电

法院在对说明书披露的信息进行细致阅读后认为,从涉案专利的发明目的来看,以往的浴室取暖器、室内换气扇等家电的主机体与其面罩板通常是被组装成为

① 浙江省高级人民法院民事判决书,(2011)浙知终字第241号。

一体后，通过打孔的方式安装在室内顶棚上，家电的安装、使用均不太方便，安装完成后又很难移位，增加了安装难度和使用成本。涉案专利采用面罩板与家电分体安装，使面罩板与其他顶棚面板以一定方式共同构成顶棚面的方法，则能够克服上述问题。可见，“面罩板制成室内顶棚状”是为了强调面罩板与其他顶棚面板在尺寸、结构上的相互兼顾和统一，使得两者最终能以相同的安装方式共同构成一个完整的顶棚面，从而改变现有技术中家电面罩板依附于家电主机体进行制作和安装的惯常模式，但并不意味着两者的材质、色彩必然一致。因此，被诉侵权产品中与“顶棚面板”不同材质、色彩的板材另行独立制作而成的“面罩板”与权利要求所述技术特征构成相同。

（二）歧义的消除

中华文化千年的积淀使我们的汉语厚重丰富、含义深刻，作为对技术方案的高度概括，权利要求往往采用上位且抽象的表述方式，其表达的含义可能与该术语的通常含义有所差异，甚至可以解读出不同的含义，从而导致在侵权比对实践中产生理解上的分歧，此时就需要我们结合发明目的等说明书的内容来消除这种分歧，通过对说明书记载信息的反复咀嚼和理解，在多种可能的含义中作出判断和选择。①

1.“复合板”案②

本案涉及一种名为“玻镁、竹、木、植物纤维复合板”的实用新型专利，其权利要求 1 为“一种玻镁、竹、木、植物纤维复合板，它由镁质胶凝竹、木、植物纤维复合层和玻纤网格布层或竹编网增强层组成，其特征在于镁质胶凝竹、木、植物纤维复合层至少有两层，玻纤网格布层或竹编网增强层至少有一层，两层镁质胶凝竹、木、植物纤维层置于玻纤网格布层或竹编网增强层的下面和上面”。其中，从“镁质胶凝竹、木、植物纤维复合层”的文字表述来看，竹、木、植物纤维三种材料究竟为选择关系还是并列关系，当事人双方对此存在理解上的分歧。

对于此种情况，二审法院指出，在侵犯专利权纠纷案件的审理中，如对权利要求记载的内容产生不同理解，容易产生歧义，可以结合说明书对权利要求进行解

① 参见马云鹏：《专利侵权判定中发明目的理解与适用的实证分析》，载《电子知识产权》2019 年第 9 期。

② 最高人民法院民事裁定书，(2010) 民申字第 871 号。

释。本案中，根据涉案专利说明书的描述，镁质胶凝植物纤维层是由氯化镁、氧化镁和竹纤维或木糠或植物纤维制成的混合物，即对竹、木、植物纤维三种材料的采用是选择关系，三者具备其中之一即可，而非竹、木及植物纤维三者必须同时具备。况且，在复合板材领域中，“竹纤维”“木纤维”都属于植物纤维，与“植物纤维”的概念存在从属关系，只要具备了竹、木、麻或棉等植物纤维中的一种或几种，就可构成植物纤维层，而不需要具备所有类型的植物纤维。因此，被诉侵权产品中的“植物颗粒”“植物纤维”与专利权利要求 1 中的“竹、木、植物纤维”的功能应当是等同的。再审法院肯定了这一解释方法，并再次强调，如果对权利要求的表述内容产生不同理解，导致对权利要求保护范围产生争议，说明书及其附图可以用于解释权利要求。

本案带给我们的另一启示在于，无论以权利要求文字含义还是以说明书记载内容为据进行解释，均应考虑到本领域的公知常识和普通技术人员的认知水平，避免在解释过程中过于僵硬和刻板的理解权利要求。此外，如“玻璃钢夹砂顶管”案所述，假设涉案专利为发明申请，或许能够将“镁质胶凝竹、木、植物纤维复合层”究竟为“和”还是“或”这一分歧提前消除于实质审查程序中。

2.“信号采集方法和系统”案①

与“复合板”案类似，本案也涉及同时出现多个术语时应视为并列关系还是选择关系的分歧。具体而言，涉案专利为“分布式并行智能电极电位差信号采集方法和系统”，其权利要求 1 包括“改变供电正极 A、供电负极 B、公共地 N 的位置，进行下一次测量，如此循环”的技术特征。被诉侵权人认为，涉案专利所有技术方案都是每次改变供电正极 A、供电负极 B、公共地 N 的位置，循环测量，直至数据采集完毕，而被诉产品的使用方式是改变供电正极 A 和/或供电负极 B 的位置，但绝不改变公共地 R 的位置，进行下一次测量，如此循环，二者是不同的技术构思和不同的技术特征。权利人则认为，改变 A、B、N 的位置不是三者均要作出改变，三者中只要有任一种改变，均能够形成新的测量数据，被诉侵权技术方案只是涉案专利的循环测量方式的一种。

通过对说明书和附图的进一步说明可知，在专利技术方案中，由于每次网络控制主机要指定两个供电电极及公共地电极进行数据采集，数据采集完毕后再由网

① 山东省高级人民法院民事判决书，(2018) 鲁民终 838 号。

络主机指定另一电极为公共地电极进行数据采集，直到所有电极循环采集完毕，故其公共地电极在相关数据信号采集过程中始终是循环变化的。而被诉侵权产品的实际工作方式为在数据采集过程中，各工作电极在 A、B 供电电极、采样电极之间转换并进行循环测量，作为公共地电极的参考电极位置固定不变。据此，法院认为，技术特征“改变供电正极 A、供电负极 B、公共地 N 的位置，进行下一次测量，如此循环”中的“公共地 N”电极始终是循环变化的，被诉侵权产品在进行相关数据的循环测量时，公共地电极是始终固定不变的，二者不构成相同或等同的技术特征。

3.“调容变压器的开关”案①

本案为典型的多义词技术特征解释案件。该涉案专利权利要求 1 中含有技术特征“串联多断口”，而被诉侵权产品的相应技术特征是“串联双断口”，故“多”是否包含“双”，会直接影响到被诉侵权产品是否落入涉案专利权的保护范围。法院认为，对于权利要求中使用的词语，不能脱离具体的技术背景作抽象理解，应当结合发明目的、发明所要解决的技术问题来准确界定其含义，抽象地去解释汉语中的“多”是否能够包含“双”，从已有的汉语词典、工具书籍以及一般人的认知来看，难以形成多数一致意见。

具体而言，根据涉案专利说明书所记载的内容，涉案专利在通过高压侧设置“串联多断口触头”，即增加串联断口的数量，以达到降低单个触头上的切换电压的目的。结合相关技术资料的内容，其单个触头断点的切换能力不能超过 2000V。对于被诉侵权产品应用的电压环境而言，只有当有载调容开关的串联断口的数量 N 大于 3 时，才能保证单个触头断点的切换电压低于 2000V；而当 N = 2 时，单个触头断点的切断电压是 2886.5V 大于 2000V。据此，涉案专利权利要求 1 中“串联多断口触头”中的“多”不应包含“双”（见图 4 - 1 - 9）。

被诉侵权产品采用的“串联双断口”也能够实现涉案专利的发明目的，原因在于其在高压绕组中部增加设置了一个过渡抽头，可使切换时过渡电阻承受的电压值降为 3330V 左右，再通过双断口结构，使得开关切换时的断口电压降为 1670V 左右。由此可见，被诉侵权产品所采用的“串联双断口 + 高压绕组中设置过渡抽头”

① 江苏省高级人民法院民事判决书，（2015）苏知民终字第 237 号。

的技术手段明显不同于涉案专利所采用的“串联多断口”技术手段，因此二者不构成等同特征。

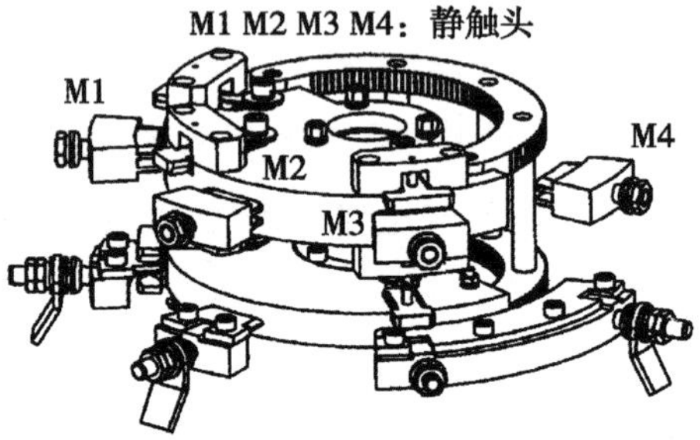

图4-1-9　调容变压器的开关

本案二审承办法官曾就上述认定进一步指出，“从涉案专利的发明目的去解释权利要求，既是合理界定专利权保护范围的内在需要，又能避免在裁判中对汉语中具有丰富含义词汇作武断定义”①，从而明确肯定了发明目的在权利要求字面含义模糊时予以澄清的作用。

尽管说明书可用于澄清模糊，消除歧义，但也恰恰暴露了在很多情况下权利要求的撰写还存在“先天不足”的弊端，这也提醒专利申请人及其代理人在撰写专利申请文件时，尽量避免使用含义不清、多义理解的字句，也不要心存取得更大保护范围的侥幸心理。②

（三）进一步的说明

除前述两种情形外，实践中还有一种权利要求，其虽然貌似清楚无歧义，但在与被诉侵权技术方案进行比对的具体语境下，仍然需要借助说明书中的相关信息，对专利技术方案作进一步的说明。

1.“折叠椅”案③

涉案专利名为“一种折叠椅的折叠结构”，其独立权利要求1为：“一种折叠

① 张晓阳：《权利要求解释应符合发明目的及其所要解决的技术问题》，载微信公众号“知产力”2017年10月18日，http://news.zhichanli.com/article/8101.html。

② 北京市第一中级人民法院：《不应用说明书及附图对权利要求书进行解释的情形》，载《中国发明与专利》2008年第3期。

③ 最高人民法院民事裁定书，(2018)民申字第5202号。

椅,包括第一折叠支撑架和第二折叠支撑架,第一折叠支撑架包括第一前椅腿、第一后椅腿和座板组件,第一前椅腿的上端部和座板的侧前端部可转动连接,第一前椅腿和第一后椅腿交叉地可转动连接,座板的侧边可滑动地并可转动地连接于第一后椅腿;第二……(与第一镜像对称)”根据本案查明的事实,被诉侵权产品相应的技术特征为座板的侧前端部可滑动地并可连接于第一前椅腿的上端部(见图4－1－10)。

本案争议的焦点在于专利技术方案中“座椅”与“后椅腿”的连接方式,即对于“滑动”和“转动”两个关键词的理解。在权利人看来,涉案专利中“转动”并不一定是围绕固定点的“转动”,被诉侵权人则抗辩认为,权利要求中“转动”及“滑动”应与说明书及附图的描述一致,“转动”仅指围绕固定点转动。

法院经审理认为,根据说明书的记载,本发明的目的在于通过“座板与后椅腿可滑动并可转动连接,使其折叠后处于同一平面内……克服现有折叠椅折叠后厚度较大,占用较大空间的缺点”,并给出了实现“滑动”的不同实施例如“滑套”“滑槽”。可见,涉案专利权利要求1中的“转动”和“滑动”应为相对独立的两种连接方式,并无彼此包含的关系。具体来说,其前椅腿和座板之间的连接方式为围绕固定点进行转动,而后椅腿和座板之间则可以在滑动的过程中实现相对的转动。而被诉侵权产品在座板侧面设置了前滑槽,前椅腿上端嵌入前滑槽中,与座板在滑动的过程中实现相对的转动。因此,被诉侵权技术方案未落入涉案专利权利要求1的保护范围。

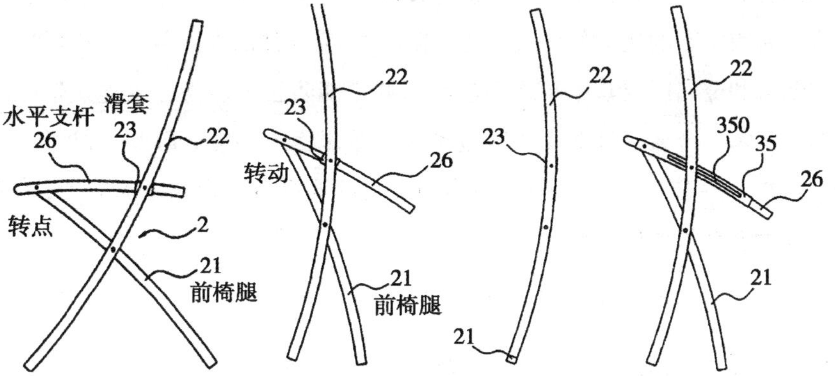

图4－1－10　折叠椅的折叠结构

通过本案不难看出,即便对于“滑动”“转动”这种在普通公众看来无甚争议的技术用语,当其置身于权利要求所限定的技术方案中后,也可能衍生出不同的含义,故仍需要依赖说明书等资料构成的“语境”,对其作出合理的解释。

2.“天线馈电结构”案①

本案涉及一种名为“伸进型全向天线馈电结构”实用新型专利(见图4-1-11)。权利人主张作为确定保护范围的为从属权利要求3,即“一种伸进型全向天线馈电结构,包括金属固定套、金属连接器和电缆,金属固定套与金属连接器连接在一起,其特征是金属连接器的外侧铣有平台,平台与金属固定套的内表面形成通道,通道将天线罩内腔与外部连通,金属连接器外层设有凸台,凸台与金属固定套的尾端有一定的距离”。

涉案专利的说明书未对“一定的距离”进行进一步的限定或说明,但是对于设置“一定的距离”的目的,说明书中有如下记载:“在金属连接器外层设有凸台,凸台与金属固定套的尾端有一定的距离,这样一来使雨水不容易从金属连接器底端吸进到天线罩里面。”法院认为,本领域普通技术人员在阅读说明书的上述内容后,能够根据涉案专利在凸台与金属固定套的尾端之间设置“一定的距离”的目的,将权利要求3中所称的“一定的距离”理解为能够“使雨水不容易从金属连接器底端吸进到天线罩里面”的距离,而不会理解为只要凸台与金属固定套的尾端存在距离,即落入“一定的距离”所限定的保护范围内。

与涉案专利相比,被诉侵权产品虽也设有金属固定套和凸台,但是被诉侵权产品中的凸台和金属固定套尾端之间仅有细微间距(基本持平),并且金属连接器的尾端从金属固定套的尾端伸出较长的一段距离,完全暴露在外部环境中,被诉侵权产品中凸台和金属固定套尾端之间的距离并不能防止雨水与金属连接器接触,不具有防止雨水从金属连接器底端吸进到天线罩里面的功能。因此,被诉侵权产品不具有与权利要求3中的“凸台与金属固定套的尾端有一定的距离”的技术特征,未落入涉案专利权的保护范围。

① 最高人民法院民事裁定书,(2009)民申字第1533号。

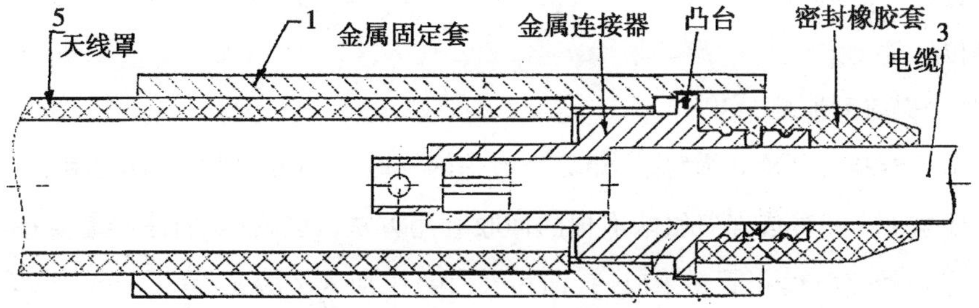

图 4－1－11　伸进型全向天线馈电结构

关于本案中权利要求解释的规则，裁判者在事后撰写的案例评析中，结合对说明书中发明目的如何利用问题的探讨进一步指出，权利要求描述的是为了实现一定的发明目的（或称为所要解决的技术问题）、达到一定的技术效果而提出的技术方案，而该发明目的往往又是针对现有技术中存在的不足、缺陷等提出的，其背景技术描述的是专利权人所理解和掌握的现有技术，因此权利要求、背景技术以及发明目的、技术效果之间具有密切的关系，而这种关系成为我们根据背景技术和发明目的来解释权利要求的基础。①

第二节　充分修正作用的发挥

与上一节中因技术特征模糊不清、带有歧义，或撰写内容存在瑕疵、表述方式不够精准，从而导致在客观上需直接倚赖说明书等资料进行解释的情形相比，本节描绘的则是实践中另一种常见的情形：权利要求虽采取了公众熟知或字面清楚无异议的技术用语，但仍需要我们基于说明书整体内容公开的技术方案对其含义进行适当的“修正”。这一解释过程也充分体现了说明书“强势”的影响作用。

一、特别界定的考量

对权利要求解释而言，无论是域外的“BRI 标准”和“Philips 标准”之争，还是我国宽泛性原则和限缩性原则的讨论，均包含一个共同的特点，即当说明书对某一

---

① 参见李彦涛：《专利侵权诉讼中权利要求的解释规则——广东通宇通讯设备有限公司诉摩比天线技术（深圳）有限公司专利侵权案》，载《科技与法律》2009 年第 5 期。

术语进行了清晰明确的“定义式”界定时，该界定在解释过程中无疑会占据最优先的顺位。

1.“聚氨酯泡棉”案①

本案专利为一种名为“废弃聚氨酯泡棉的回收利用方法”的发明专利，其独立权利要求1为一种废弃聚氨酯泡棉的回收利用方法，其特征是将废弃聚氨酯泡棉(00)进行粉碎(11)得到粉末(19)，向粉末(19)中加入辛酸亚锡(T－9)、甲苯二异氰酸脂(TB1)聚丙二醇(PPG)原料并充分混合，辛酸亚锡(T－9)、甲苯二异氰酸脂(TB1)聚丙二醇(PPG)原料发生聚合发泡反应，将所述“粉末”包裹在新生成的聚氨酯泡棉产品之中。根据本案查明的事实，将被告的生产方法与原告专利的所有必要技术特征进行比对，除了其采用T－80(TDI－80)或MDI作为原料之一与专利技术特征中的TB1不同外，其他技术特征均相同。权利人认为，权利要求所保护的范围应当以汉字标明的该专利所保护的成分“甲苯二异氰酸醋”为准，其保护范围涵盖了“甲苯二异氰酸醋”的所有下位概念，包括被诉侵权人使用的TDI－80。

对此，法院援引了涉案专利说明书的部分内容：“……通过使用特殊甲苯二异氰酸脂(TB1)及进行蒸汽加热，可急速成型并裁切(本方法使用之特殊甲苯二异氰酸脂为TDI－90，内含较高成分之2－4TDC，反应性较一般T－80为强，在较低温及较短时间作聚合反应，并增强其韧性及拉力，以下TDI－90简称TB1)，而且，所得的再生产品具有更强的透气、抗菌、吸湿、高弹性等特性，是用作鞋材、鞋热垫及取代其他弹性体的最好材料……”并在此基础上指出，“固然，‘甲苯二异氰酸脂’系‘甲苯二异氰酸脂TDI－90’‘甲苯二异氰酸脂TDI－80’的上位概念，但涉案专利特征部分中的‘甲苯二异氰酸脂(TB1)’明确指的是‘TDI－90’，从字面上明确排除了被诉侵权方法使用的‘甲苯二异氰酸脂TDI－80’，故二者为不同的技术方案”。

由此可见，说明书在权利要求解释中作用大小与其表述的限定性成正比，限定性越强，解释作用越明显，尤其在因权利要求撰写格式简洁性要求而没有充分表达

① 福建省高级人民法院民事判决书，(2008)闽民终字第391号。

清楚或者有可能产生歧义时,更应以专利说明书的解释为准。①

2.“建筑物的移位方法”案②

需要注意的是,前文所提“特别界定”专指存在于说明书中的“特别界定”,如其出现在权利要求中,是否具有所述限定作用仍有待说明书的“检验”。例如,在“小型建筑物的移位方法”案中(见图4-2-1),独立权利要求1为:小型建筑物的移位方法。其特征在于:先将建筑物的山墙侧的地圈梁下的基础刨去,并用凹形支撑件和千斤顶将该侧地圈梁支撑住,在凹形支撑件的下方依次铺设支撑梁、移动滚柱和移动轨道后,卸下千斤顶;将建筑物的檐墙侧的地圈梁下的基础清除,并挖去建筑物内的地平;在新址处打好新基础,并将移动轨道沿至新基础上;通过动力将建筑物移至新基础上后,先将建筑物檐墙下的墙砌好,用千斤顶顶住山墙下的凹形支撑件,拆除支撑梁、移动滚柱和移动轨道,砌好山墙后,撤去千斤顶及凹形支撑件,填好空缺。就该权利要求中“先将建筑物的山墙侧的地圈梁下的基础刨去”的技术特征,被诉侵权人主张,其技术方案中先刨的是“檐墙侧”的基础,而非“山墙侧”的基础,二者不构成相同或等同。

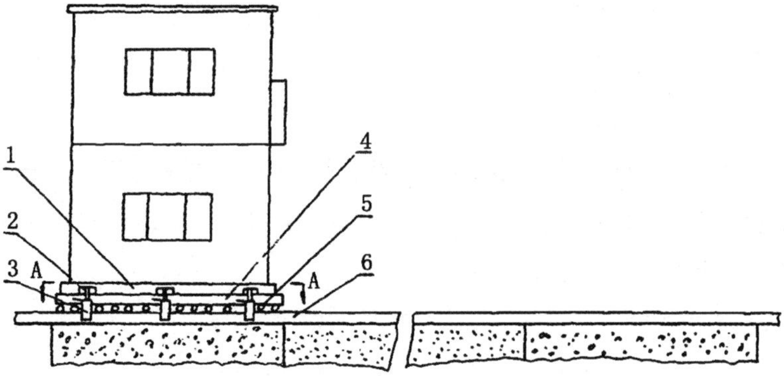

图4-2-1 小型建筑物的移位方法

法院经分析认为,方法专利的特性是一个动态过程而非静止状态,尽管原告专利在描述方法步骤时是先将建筑物的山墙侧地圈梁下的基础刨去,但该限定是由

① 参见孔祥俊副主编:《中国知识产权指导案例评注》(上、下卷),中国法制出版社2011年版,第163页。

② 南京市中级人民法院民事判决书,(2005)宁民三初字第469号。

建筑物的移位方向决定的。从涉案专利说明书可知,其发明目的在于提供一种适用于小型民用建筑物的简便易行的移位方法,从该发明所实现的技术效果看,这一技术步骤是根据建筑物的移动方向而调整的,说明书和实施例中对建筑物几种可能的移位方向均有具体描述。因此,对该步骤中的“山墙侧”应作广义解释,即根据建筑物的移位方向决定清除建筑物相应方向的地圈梁下的基础,并非仅限于“山墙侧”,还应包括与此步骤中相对应的“檐墙侧”。概括来说,对原告专利方法中涉及清除不同墙体地圈梁下基础时,不论先后,均是原告专利权利要求的内容。

从权利要求撰写的角度来看,这一案例也启示发明人特别是专利代理人,在申请专利时尽可能准确描述方法中的步骤特征,避免引入含混不清的概念或过窄的“下位”概念,防止给今后的专利诉讼带来不必要的麻烦。①

二、“清楚”时的限定

根据《专利法》第26条第4款的规定,“清楚”是权利要求撰写的基本要件,因此,授权专利尤其发明专利的权利要求应视为已满足了前述要件。但到了侵权程序中,这一推定能否延及保护范围的确定,尤其是能否以权利要求“清楚”的字面含义作为侵权比对的依据,尚需通过对说明书等资料的利用来进行解释。

(一)字面含义的更正

与权利要求模糊的澄清、歧义的消除等情形不同,即便我们面对的是字面含义“清楚”的权利要求,也不能将其直接代入解释程序中,因为其真实含义在说明书构成的语境中可能已经发生了变化。

1.“水龙头”案②

本案中的涉案专利提供了一种含有“防冻保护层的改进型水龙头”(见图4-2-2),根据其权利要求1的记载,“塑料内阀芯管与金属龙头本体之间填充满……防冻保护层……防冻保护层为多个金属颗粒聚集而成的蜂窝金属防冻保护层”。被诉侵权人认为,涉案产品塑料内阀芯管与金属龙头本体之间填充有铁砂颗

① 参见姚兵兵:《如何解释方法专利的权利要求——析“小型建筑物的移位方法”专利侵权纠纷案》,载《发明与创新》2006年第12期。

② 最高人民法院民事裁定书,(2018)最高法民申5730号。

粒,但并没有“填充满”,故未落入涉案专利的授权保护范围。

法院经审查认为,对于权利要求的解释,不仅要考虑其字面含义,还要结合说明书的记载,尤其关于技术效果的描述,来准确界定权利要求的保护范围。关于“填充满”,结合说明书和实施例,指的是将“防冻保护层”充分布局于塑料内阀芯管与金属龙头本体之间形成的空腔内,而非金属颗粒毫无缝隙地填满该空腔,其目的在于“当水压不稳定时由于有防冻保护层抵制于塑料内阀芯管上,可预防塑料内阀芯管被长期使用受水压或水温影响胀大与收缩,避免被撑出裂纹或出现冻裂”,以及“吸附进入的潮湿的空气或水分,避免潮湿的空气或水分进入金属龙头本体内壁,造成金属龙头本体氧化、腐蚀的现象……”的效果。

反观被诉侵权产品,填充于塑料内阀芯管与金属龙头本体之间的铁砂颗粒为固态的球形金属颗粒,可以视为“填充满”了塑料内阀芯管与金属龙头本体之间的空腔,而颗粒之间的空隙则可以视为“蜂窝”状的层结构,上述结构和材料意味着其客观上会起到防破裂和吸潮的效果。因此,被诉侵权技术方案以相同的结构实现了涉案专利的技术效果,落入涉案专利的保护范围。

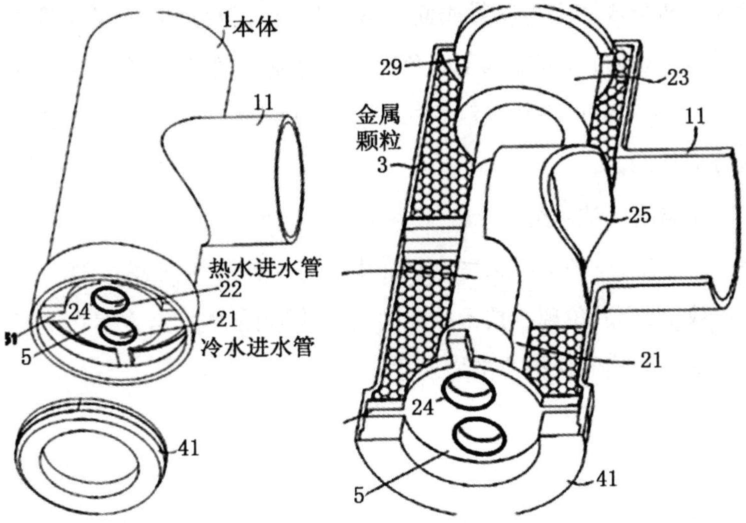

图 4-2-2　含有防冻保护层的改进型水龙头

此外,涉案专利无效审查决定亦作出了一致的认定,即“金属颗粒间仍具有一定的间隙……因此该蜂窝金属防冻保护层具有一定的吸附潮湿空气或水分的能力”。[①] 作为内部证据的一种，该无效审查决定的相关认定也起到了进一步的解释作用。

2.“扫描装置”案[②]

在前文所述的“扫描装置”案中，涉案专利权利要求1中记载了“在所述横探测臂上，X射线射到的两个成一定角度射线面区域内，均匀安装有射线探测器”的技术特征，从字面含义上看，“均匀安装”指的应该是各个探测器在横探测臂上的水平间距相等。但是，结合专利说明书，依据射线探测器的工作原理，射线探测器的放置位置应能全部接收X射线射到的两个成一定角度射线面区域内的所有射线。相应地，射线探测器的安装位置是需经过科学运算依据不同角度合理设计，以保证不遗漏射线，从而能够实现安检的最基本要求。因此，权利要求1关于“均匀安装有射线探测器”的描述并非指各个探测器之间在横探测臂上的水平间距相等，在射线发射区域确定的情况下，射线探测器的安装位置也是固定的。

通过现场勘验，被诉侵权产品的射线探测器的安装机理也是为了能全部接收X射线射到的两个成一定角度射线面区域内的所有射线，射线探测器的安装位置并非随意排列，是经过计算依据不同角度而合理确定的，能够实现不漏射线的技术效果，即被诉侵权产品的射线探测器的安装机理与涉案专利相同，安装方式与涉案专利技术特征相同。

（二）正常含义的限缩

在该类情形中，权利要求文字本身并未限定保护范围，但为实现发明目的所能达到的技术效果，或避免现有技术存在的技术缺陷，某些技术方案在实际上会被排除在权利要求所明确的保护范围之外。

1.“剃须器”案[③]

权利人在本案中主张保护范围的依据为权利要求4，其内容为“一种剃须器……其特征在于，它包括两个或更多个的圆形剃刀组，每个剃刀组具有一个皮肤

① 国家知识产权局第35783号无效宣告请求审查决定书。

② 河南省高级人民法院民事判决书，(2017)豫民终1183号。

③ 最高人民法院民事判决书，(2016)最高法民再127号。

支持框,它可绕一个轴线作枢轴转动,该轴线位于一个平行于该外切刀的外表面所限定的剃须面的平面内,该轴线垂直于一条各剃须刀组中心和剃须刀组结合的重心之间的连线而伸展”。该项权利要求可以分解为11项技术特征,其技术特征9和10分别为:“9.每个剃刀组具有一个皮肤支持框,它可绕一个轴线作枢轴转动;10.该轴线位于一个平行于由外切刀的外表面所限定的剃须面的平面内。”(见图4-2-3)

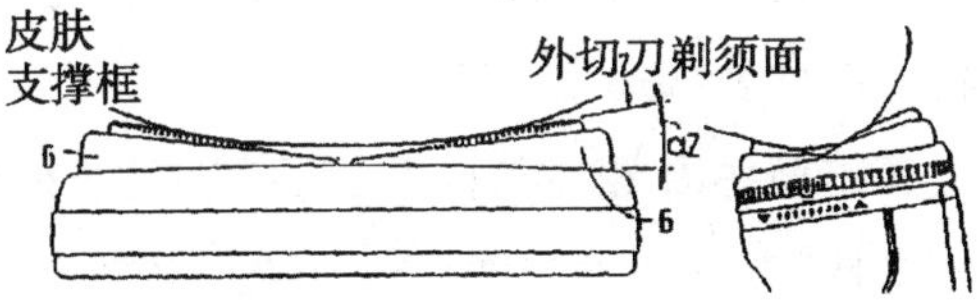

图4-2-3　剃须器

二审法院认为,技术特征10是对剃须器结构特征的描述,从权利要求4的记载内容来看,并无任何文字表述限定了所述技术特征是剃须器处于静止、非使用状态下的技术特征。在权利要求未作特别限定的情况下,应理解为无论剃须器静止或非静止、使用或非使用状态下,都具有相应的结构特征。

再审法院则以说明书为据进行了更为细致的分析:根据说明书的相关记载,在剃须器使用状态下,随着作用于外切刀外表面的压力变化和面部形状,外切刀需要作相应的运动变化,其外表面所限定的剃须面也会随之变化,平行于外切刀的外表面所限定的剃须面的平面也必然随之变化,若以这种运动变化的平面为参照物,根本无法确定皮肤支持框绕以作枢轴运动的轴线的位置。因此,权利要求4中“外切刀的外表面所限定的剃须面”不应该是使用状态下随时变化的平面,而应是一种未使用的静止状态下由外切刀的外表面所限定的剃须面。涉案说明书的实施例和附图对此也有进一步的印证。

在此基础上,再审法院指出:“权利要求的解释……不能机械解读或者望文生义……应该得到说明书的支持,不能脱离说明书或者与说明书公开的关联内容相互矛盾”。

2.“高架立体建筑物”案①

本案涉及上海世博会期间法国馆的建筑设计方案,即一种名为“高架立体建筑物”的发明专利(见图4－2－4),其权利要求1提供了“空间支架四周空间及表面布置有若干房屋单元”的技术方案。从一般的字面含义理解,“四周空间及表面”应当既包括物体表面向四周空间延伸的部分,也包括物体表面自身。但是,从发明目的结合实施例可以看出,房屋布置在空间支架顶面向外延伸的表面,不但可以节约单位建筑用地,而且没有占用交通路面,同时又保证了交通路径与房屋的紧密结合,从而实现了对居住交流性和舒适度的改善。反之,如果将房屋布置在空间支架顶面上,不但占用了交通路面的有效通行面积,而且不利于车辆的运行保持通畅。因此,权利要求1中技术特征“空间支架四周空间及表面布置有若干房屋单元”应当被限缩为“空间支架顶面及向上延伸合理高度以外的四周空间及表面布置有若干房屋单元,房屋单元的主体不设置在空间支架顶面上及向上延伸的合理高度内”。

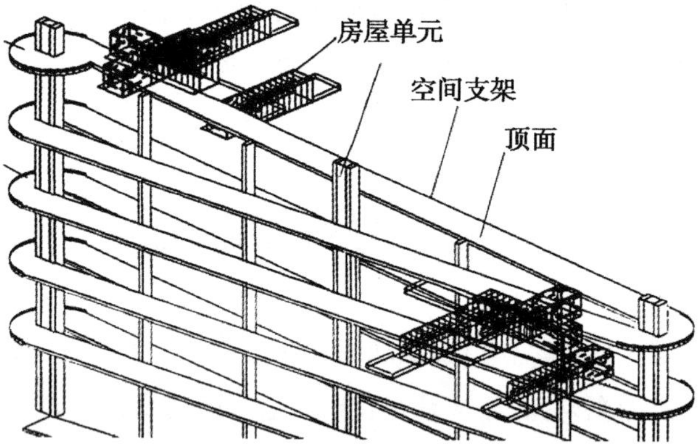

图4－2－4　高架立体建筑物

在被诉侵权技术方案“法国馆”中,其空间支架的顶面一部分用于布置房屋单元,一部分用作道路,这种设计特点决定了它不能达到为房屋移动提供路径的功能,也不能实现节约用地、能在单位建设用地面积上建设较多面积建筑的同时改善居住交流性和舒适度的效果。因此,法国馆建筑与涉案专利设计方案并不构成等

① 上海市高级人民法院民事判决书,(2010)沪高民三(知)终字第83号。

同侵权。

值得注意的是，在针对“高架立体建筑物”发明专利进行的无效审查中，专利权人自述认为“本发明的螺旋形空间支架不仅可以作为车道使用，还可以作为房屋单元移动时的路径使用”。[①] 显然，如果房屋位于该空间支架本体顶面甚至占用支架顶面，不但影响车辆运行，而且不利于房屋移动，这与法院的前述解释是一致的。

三、明显错误的认定

根据《侵权司法解释（二）》第 4 条的规定，权利要求书、说明书及附图中的语法、文字、标点、图形、符号等存有歧义，但本领域普通技术人员通过阅读权利要求书、说明书及附图可以得出唯一理解的，人民法院应当根据该唯一理解予以认定。关于本条的理解与适用，司法解释的起草者进一步指出，文字表达本身具有一定的局限性，权利要求书对专利技术方案的概括难以作到全面、精准。而且，专利文件撰写水平的提高需要一个过程，不可能一蹴而就。因此，在强调权利要求公示性这一基本导向的同时，权利要求的解释需要保有一定的弹性，避免“唯文字论”，使真正有技术贡献的专利能获得比较周延的保护，从而在一定程度上实质弥补了专利文件撰写的疏忽。[②]

（一）明显错误的弥补

在已获授权的专利中，若存在撰写错误的权利要求，需要以本领域的普通技术人员的立场，仔细阅读和分析说明书及附图、权利要求书中的相关权利要求、专利审查档案等内部证据，并对权利要求中的明显错误作出更正性的解释，而不能因明显错误的存在而一概将错就错地解释，这也恰恰是说明书“修正”作用的充分发挥。

1.“洗涤抽胶处理桶”案[③]

本案是我国法院在早期司法实践中面对“明显错误”的权利要求时，在缺乏法律依据的前提下，通过说明书的解释进行“修正”的典型案例。其涉及一种名为“洗涤抽胶处理桶”的实用新型专利（见图 4－2－5），独立权利要求 1 内容为：一种

---

① 国家知识产权局第 WX15526 号无效宣告请求审查决定书。

② 参见宋晓明、王闯、李剑：《〈关于审理侵犯专利权纠纷案件应用法律若干问题的解释（二）〉的理解与适用》，载《人民司法》2016 年第 10 期。

③ 广东省高级人民法院民事判决书，（2004）粤高法民三终字第 158 号。

洗涤抽胶处理桶。其特征在于:一桶体,其顶端设有可启闭的桶盖,底端设有一可启闭的排放口,底部相对排放口上方设一可启闭的胶质出口,中段偏下位置处设原料抽出口,靠近顶部处设原料导入口;至少一洒水管,装设桶体内部的上方位置,其上设有洒水孔;一滤网,装设于桶体内部,相对胶质出口下方处;至少一蒸气导管,装设于桶体下方;一搅拌构件,装设于桶体内部相对滤网上方;一驱动构件,装设于桶体顶部且连接搅拌构件。而在被告生产、使用的被诉侵权产品抽胶处理桶中,除有一个技术特征"一滤网,相对于胶质出口的上方处"与涉案专利权利要求书表述的必要技术特征之一"一滤网,装设于桶体内部,相对胶质出口下方处"不同,其他特征均相同。

审理过程中有一种意见认为,权利要求书与附图记载内容不一致是由当事人自己的行为所致,应以权利要求书为准,说明书及附图可以解释但不可以纠正权利要求记载的内容。涉案专利的权利要求书表述滤网设置于胶质出口下方,被诉侵权产品滤网设置于上方,二者的必要技术特征(滤网位置)存在实质性差别。

经过了对专利文件的整体剖析和说明书相关内容的细致考察后,法院最终还是将前述技术特征认定为"明显错误"并进行了修正:由专利说明书对蒸煮作业的工作方式的描述可知,滤网所起的作用是将胶质从海藻原料中滤出,然后从胶质出口排出所需胶质,因此该滤网只有设置在胶质出口的上方才可以实现这一功能,说明书附图所示的滤网位置与说明书文字部分的描述是对应的;反之,假如将滤网设置于胶质出口的下方,则胶质经滤网渗透至胶质出口之下,而从胶质出口得到的只能是剩余的海藻原料而非胶质,这显然不符合该技术方案的设计初衷。因此,权利要求书中"一滤网,装设于桶体内部,相对胶质出口下方处"中的"下方"属明显的笔误。

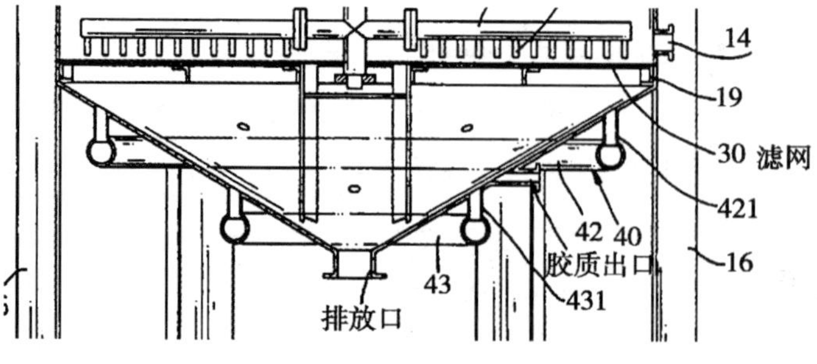

图 4-2-5　洗涤抽胶处理桶

值得一提的是,二审法院曾就上述解释思路请示最高人民法院,并得到了后者肯定的答复,即“权利要求书等有关表述歧义,不能直接得出具体、确定、唯一的解释的,应当依据所属领域的技术人员通过阅读权利要求书和说明书及附图,对实现要求保护的技术方案得出具体、确定、唯一的解释,以达到确定该专利保护范围的目的”。① 这一答复的精髓被司法解释制定者延续了下来,写入了十年后的《侵权司法解释(二)》的相关条文中。

允许将“笔误”这种情形认定为“明显错误”,并利用说明书“修正”其含义,其根本原因在于,根据现有法律法规,对于已经授权的专利权利要求书,即使出现笔误,也不允许专利权人对权利要求书进行文字修改,只有在专利侵权诉讼或在专利无效宣告程序中,由法官或审查员对该权利要求根据说明书及附图进行正确解释,以达到对专利权利保护范围的正确界定。本案中,法官正是运用法律智慧对权利要求书中出现的笔误予以正确解释,保护了专利权人的合法权益。②

2.“开甲刀”案③

《侵权司法解释(二)》颁布后,实践中对于“明显错误”权利要求的解释有了法律上的依据。本案中,根据涉案专利“开甲刀”的权利要求1记载:“新型果树开甲刀,包括定握板和动握板……其特征在于,在所述的定握板的前端两侧分别设有安装板……”(见图4-2-6)有观点认为,涉案专利权利要求1关于定握板与安装板连接关系表述清楚,且完全能够实现对果树的环割,无须通过说明书附图来解释权利要求。

---

① 最高人民法院《关于广东省高级人民法院请示阳江虹阳食品工业有限公司与叶冠东专利侵权纠纷案的答复》,2007年6月20日颁布。

② 参见林广海、邱永清:《在专利侵权诉讼中如何解释权利要求》,载《人民司法·案例》2008年第6期。

③ 山东省高级人民法院书,民事判决(2019)鲁民终711号。

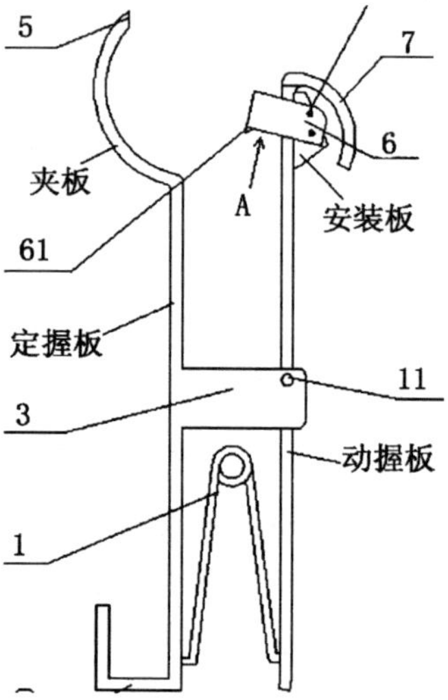

图4－2－6　开甲刀

法院援引了《侵权司法解释（二）》第4条并认为：首先，涉案专利附图清楚显示安装板安装在了动握板的前端，而非定握板的前端；其次，根据涉案专利说明书记载，使用时按压定握板和动握板，使树干卡在两刀片与夹板之间，然后手握本实用新型绕树干转动，实现对树皮的横向环剥，即刀片分别相对设置在动握板和定握板上；最后，从涉案产品设计常理来看，定握板的前端已经设有夹板，而为了更好地贴合树枝实现夹持，夹板一般都会带有一定弧度。综上，可以直接、明确得出涉案专利权利要求1中记载的"定握板的前端两侧分别设有安装板"中的"定握板"系"动握板"的明显笔误，应当修正为"动握板的前端两侧分别设有安装板"。

3."发热器"案①

与"开甲刀"案相比，本案更进一步对《侵权司法解释（二）》第4条的适用条件进行了提炼，对于认定可以纠正的"明显错误"提出了两个条件：一是本领域普通技术人员能够认识到专利申请文件的记载或者附图存在歧义或者错误；二是本领域普通技术人员通过阅读权利要求书、说明书及附图可以得出唯一理解以解决该歧义或者错误。

① 最高人民法院民事判决书，（2018）最高法民再111号。

具体而言,本案涉及的是一种名为“PTC发热器的导热铝管及PTC发热器”的实用新型专利(见图4-2-7),其争议技术特征为权利要求2中的“所述散热铝条粘贴在发热芯中导热铝管的左右侧面上”。法院认为,该技术特征中的“左右侧面”系笔误,应理解为“上下表面”。

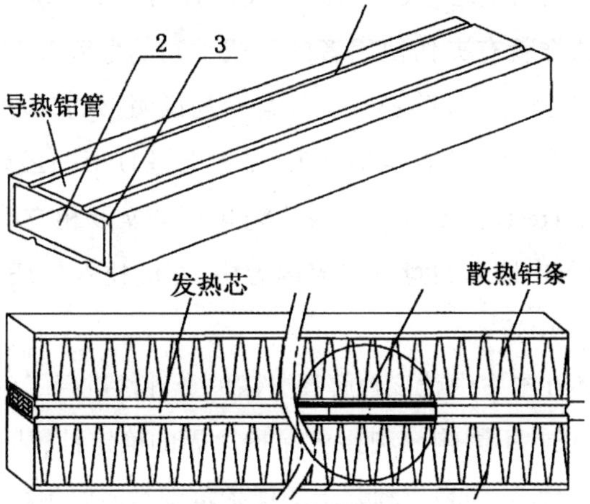

图4-2-7 发热器

首先,根据权利要求2记载的技术方案,导热铝管压制后在左右侧面形成半圆形凹槽而不能形成一个平面。由于散热铝条的作用是将发热芯的热量传导出去,即便散热铝条能够在一个半圆形的凹槽内进行粘贴,这种粘贴方式也明显不符合散热传导的基本原理,也无法很好地实现散热功能。其次,根据专利说明书的记载,“为了满足安装空间较小的分体空调器的安全要求,优选使用一排波纹状散热铝条分别粘贴于发热芯中导热铝管的上下表面上”。最后,说明书中的附图显示,散热铝条粘贴在发热芯中导热铝管的上下表面上。因此,本案专利权利要求2中的“所述散热铝条粘贴在发热芯中导热铝管的左右侧面上”中的“左右侧面”确系“上下表面”的笔误,属于可以纠正的明显错误。

4.“可移动折叠台”案①

事实上,除了说明书以外,权利要求解释的其他内部证据,如专利审查档案、PCT申请文本也可能会提供关键线索,而这些在识别与判断“明显错误”的过程中

① 上海市高级人民法院民事判决书,(2012)沪高民三(知)终字第44号。

起到重要作用。

本案专利为“可移动的折叠台”，权利人主张作为保护依据的权利要求 3 中包含一项“基本上呈矩形的第二连杆（105）”的技术特征，该特征被法院认定为是撰写错误，其应为“基本上呈 U 形的第二连杆（108）”。具体理由为：首先，根据说明书的记载，现有技术的缺陷之一是“当该台被折叠到一基本垂直的位置时，台盖板的端部彼此接触，这样就有夹伤使用者的手或手指的危险”，只有当第二连杆“基本上呈 U 形”才能克服这一缺陷；其次，涉案专利说明书的“发明内容”“具体实施方式”“附图”中相应的第二连杆均记载为“基本上呈 U 形”；最后，在涉案专利 PCT（Patent Cooperation Treaty，《专利合作条约》）申请英文及相应中文申请公开文件、授权过程中审查员与申请人的意见交流内容中，相应技术特征均表述为“基本上呈 U 形的第二连杆（108）”。

此外，裁判者还在本案中就该种解释方法的合理性进行了阐述：这种对权利要求中明显错误的更正并不影响权利要求保护边界的确定性，从而也不会影响权利要求的公示性与稳定性。因为权利要求的保护范围是所属领域普通技术人员所理解的保护范围，所属领域普通技术人员在阅读说明书及附图、权利要求书中的相关权利要求、专利审查档案后，如果能明确无误地确认权利要求的撰写存在错误，且存在明显无疑的更正答案，其必然会自行予以更正，更正后的权利要求所确定的保护范围才是权利要求的应有保护范围，才是所属技术领域普通技术人员所理解的保护范围，也才是权利要求向社会公示的保护范围。

5.“耐磨组件”案①

除了因笔误导致“明显错误”以外，一些专利文件在以 PCT 申请形式进入中国时，也可能因对其国际申请外文原文的中文翻译不准确而产生歧义。

本案所涉专利为“耐磨组件及耐磨构件”（见图 4－2－8）。审理过程中，权利人主张权利要求 20 的专利公告文本存在明显错误，技术特征“凸轨形成于突出部上，而插口包含凹槽用于接收凸轨”应当更正为“所述插口（53）包括一个用于接收一形成在所述突出部（18）上的凸轨的凹槽（65）”。法院在对照参考涉案专利 PCT 国际申请时提交的原始说明书后支持了权利人的主张。

① 宁波市中级人民法院民事判决书，（2015）浙甬知初字第 626 号。

根据涉案专利说明书的记载,“突出部 18 的侧壁 28、30 各形成有一侧翼 34 和一具有一外表面 36 和一侧面 37 的凸轨 35”。从附图中也可看出,凸轨 35 形成于突出部上,而插口 53“各侧面 59、61 均形成有一凹槽 65……凹槽 65 具有容纳接头突出部上的凸轨 35 的形状”。从 PCT 申请原国际公开文本 WO03/004783A2 来看,凸轨也是形成于突出部上,而插口的侧面上的凹槽用于接收该突出部上的凸轨。因此,本领域普通技术人员通过阅读专利权利要求书、说明书及附图,以及参考涉案专利 PCT 国际申请时提交的原始说明书,均能得出唯一理解,即“凸轨形成于突出部上,而插口包含凹槽用于接收凸轨”应当修正为“所述插口(53)包括一个用于接收一形成在所述突出部(18)上的凸轨的凹槽(65)”。鉴于被诉侵权技术方案包含权利要求 20 经解释修正的技术特征。因而,被诉侵权技术方案已完全具备涉案专利权利要求记载的全部必要技术特征,落入了涉案专利权的保护范围。

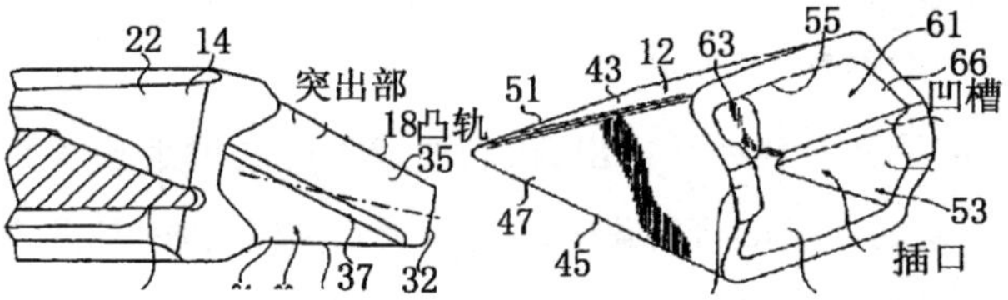

图 4-2-8 耐磨组件及耐磨构件

虽然裁判者在本案中通过解释“修正”了权利要求中的“明显错误”,但也提示我们,对于此类 PCT 申请,要在通读原始文本、理解技术内涵的基础上进行翻译。

（二）非明显错误的后果

人民法院从保护发明创造专利权、鼓励发明创造的基本原则出发,一方面,允许对授权后的专利权利要求中存在的明显错误予以正解解释;另一方面,又要防止专利权人对这一解释的滥用。因此,需要以本领域普通技术人员的立场,准确认定“明显错误”。对于含义清楚且说明书未作特别界定的权利要求术语,不属于可以更正的明显错误的情形,应禁止以说明书的记载修改或者否定含义清楚且说明书未作特别界定的权利要求用语。① 由于这样的解释明显“不合理”或者对专利权人

① 参见李龙飞等:《浅析存在撰写错误的权利要求的解释》,“2014 年中华全国专利代理人协会年会第五届知识产权论坛”会议论文,2014 年于北京。

明显不利,但又不能通过专利说明书等专利文件进行合理消除,也有人称之为“破罐子破摔”式解释。①

1.“剥线机”案②

由于不同技术领域的常用术语、公知常识和逻辑推理等方面存在较大差异,在认定权利要求中的瑕疵是否属于《侵权司法解释(二)》第4条规定的“歧义”时,应当充分考虑专利所属技术领域的特点,从所属领域技术人员的角度,对权利要求书、说明书及附图所记载的技术方案进行解释,不能脱离本领域技术人员的认知水平。

本案涉及一种名为“剥线机”的实用新型专利(见图4-2-9)。一审法院认为,本专利权利要求2没有对“由拨杆推引夹爪做相互靠近或分开的位移”中的“拨杆”设置、功能、效果等做任何描述,其相应的说明书部分载明了“以在芯杆沿着轴管的轴向往复动作时即由契块推引夹爪做相互靠近或分开的位移”,故“拨杆”属于明显笔误,应解释为“契块”。

二审法院否定了这一解释并指出,权利要求中存在的瑕疵关系到专利权保护范围的确定,对于确属明显的撰写缺陷等原因产生的专利权利要求文件存在的问题,应准确、审慎掌握其认定标准,不能简单化处理。本案中,根据权利要求和说明书的记载,权利要求2限定的夹线机构中配置有“契块”,起到推引夹爪做相互分开、靠近的位移的作用,但同时记载于权利要求2和权利要求9中的“拨杆”也是涉案专利产品部件之一,且属于本领域常用部件,本领域技术人员无法从权利要求2的文字表述中非常容易地认识到“拨杆”将导致歧义。此外,即使权利要求书与说明书附图之间存在矛盾,亦无法确定“拨杆”是否经由某种未载入权利要求的方式与夹爪相连接,从而实现权利要求2中“由拨杆推引夹爪做相互靠近或分开的位移”的技术目的。因此,本领域技术人员无法轻易发现并最终确认权利要求2中记载的“拨杆”属于歧义。

① 参见章建勤、张小娟:《专利侵权判定中权利要求解释的经验分享》,载《中国发明与专利》2019年第10期。

② 广东省高级人民法院民事判决书,(2014)粤高法民三终字第1212号。

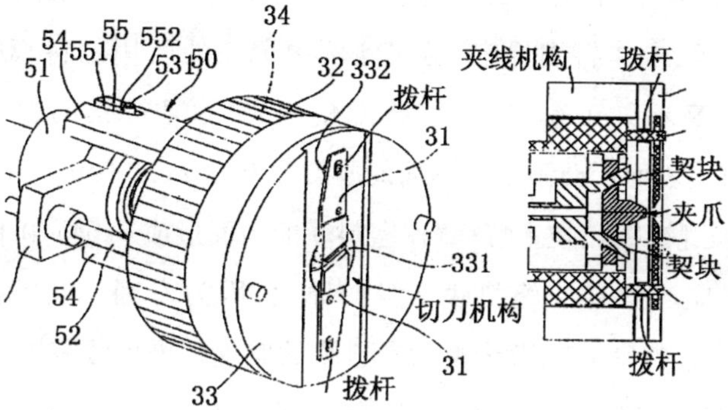

图4－2－9 剥线机

本案不仅体现了权利要求解释主体认知水平界定的重要性，而且再次明确了解释过程需遵循利益平衡的基本原则，即允许专利权人对专利权利要求中存在的瑕疵进行修正的前提是不能损害权利要求对专利保护范围的公示和划界作用，从而使专利侵权诉讼程序对权利要求的解释成为专利权人额外获得的修改权利要求的机会，同时也要保证社会公众可以准确、完整的理解其技术方案和保护范围。

2.“金属屏蔽复合带”案①

其实，司法解释的制定者在起草《侵权司法解释（二）》时也注意到关于“明显错误”认定和把握的问题，并在征求意见稿第5条第1款作出如下规定，“权利要求记载的文字含义清楚，但说明书的相应描述与其根本冲突，且不属于本解释第四条规定的情形的，人民法院应当根据权利要求的记载确定专利权的保护范围”。有学者指出，这一规定的意义在于对第4条进行了补充和完善，明确了在权利要求与说明书的描述相矛盾情形下，如果属于语法、文字、标点、符号、图形等错误且本领域普通技术人员通过阅读权利要求书、说明书及附图可以清楚地得出唯一理解，则按照该唯一理解认定；否则应当以权利要求的记载确定专利权的保护范围。②

上述规定虽遗憾的未出现在司法解释正式稿中，但其精神在实践中还是有一定的体现。本案中，涉案专利“平滑型金属屏蔽复合带的制作方法”权利要求1的

① 最高人民法院民事判决书，(2012)民提字第3号。

② 参见王晓琳、李剑：《中国〈专利法〉下权利要求解释的规则与实践综述》，载《专利代理》2015年第3期。

技术特征之一为“使塑料膜的表面形成0.04～0.09毫米厚的凹凸不平粗糙面”，说明书对该技术特征未作特别界定，但实施例中记载的所用塑料膜的厚度分别为0.04毫米、0.09毫米和0.07毫米。被诉侵权产品塑料膜的厚度为0.055～0.07毫米，塑料膜表面凹凸不平粗糙面的厚度为0.00247～0.00353毫米。

一审、二审法院认为，技术特征“使塑料膜的表面形成0.04～0.09毫米厚的凹凸不平粗糙面”应当解释为塑料膜本身的厚度，因为专利说明书实施例记载的0.04毫米、0.09毫米和0.07毫米均为塑料膜的厚度。再审法院则认为，该技术特征的含义是清楚、完整的，是指塑料膜表面凹凸不平粗糙面的厚度为0.04～0.09毫米，本专利说明书既未对上述技术特征进行详细说明，又未对塑料薄膜的厚度进行限定和解释，而仅仅在实施例中提及了塑料薄膜的厚度分别为0.04毫米、0.09毫米和0.07毫米。在此情况下，本领域普通技术人员在阅读权利要求书和说明书之后，难以形成上述表述实际上应为“塑料膜厚度为0.04～0.09毫米”的认识。

从本小节的案例来看，实践中如何掌握“明显错误”的判断标准至关重要。总体来说，通常应该从本领域普通技术人员发现错误比较容易，解决错误（找到唯一答案）也比较容易这两个方面判断，缺一不可，这样既较好地平衡了专利权人和社会公众的利益，又促进了纠纷的实质性解决。[①]

第三节　柔性调节作用的彰显——扩张式

如前文所述，当权利要求包含自创术语、明显错误、模糊歧义，或者发明人在专利文件中做了特别界定、进一步释明时，说明书会“挺身而出”，将其记载的信息呈现于权利要求解释者面前，“当仁不让”地成为必选的依据资料，淋漓尽致地发挥其在权利要求解释中的“刚性”作用。此外，在更多的情况下，由技术方案抽象概括而成的权利要求往往介于清楚与模糊之间，其相应的保护范围也存在一定程度的弹性，这时，说明书的重要性不仅没有减弱，反倒彰显出“柔性”的调节作用，在对权利

① 朱理：《权利要求用语与说明书记载不一致时如何解释和处理——评无锡市隆盛电缆材料厂等与西安秦邦电信材料有限责任公司等侵犯专利权纠纷案》，载《中国知识产权报》2013年9月18日，第8版。

要求解释的过程中，对权利边界的定位和侵权判定的结论产生了潜移默化的影响。

在具有权利要求解释里程碑式意义的 Graver Tank 案①中，美国最高法院阐述了现代等同原则的基本轮廓及适用等同原则应当考虑的一些要素，“等同的构成，必须在专利、现有技术和有关案件特定情形的背景中予以确定……在确立等同时……必须考虑专利中某一技术要素所要达到的效果，它与其余技术要素合并时产生的特性，以及它在操作时将要产生的功能”。

相应地，我国 2001 年最高人民法院《关于审理专利纠纷案件适用法律问题的若干规定》第 17 条就对等同原则作了明确的规定：“……专利权的保护范围应当以权利要求书中记载的必要技术特征所确定的范围为准，也包括与该必要技术特征相等同的特征所确定的范围。等同特征是指与所记载的技术特征以基本相同的手段，实现基本相同的功能，达到基本相同的效果，并且本领域的普通技术人员无须经过创造性劳动就能够联想到的特征。”

等同原则的原理在于，若严格按权利要求的记载确定保护范围，将使那些只稍加改头换面但实质又相同的被诉技术方案落在专利权的效力范围之外，这极不利于鼓励发明创造，也违反公平理念和社会正义。因此，应用等同原则进行专利侵权判定，实际上是对权利要求作扩张式解释，以维护专利权人的合法权益，而说明书在这一过程中往往扮演了重要的角色。②

一、手段的等同

手段是等同侵权判定的起点，也是后续功能和效果比较的载体。判断是否构成“基本相同的手段”，离不开以说明书为依据对记载该手段技术特征的解释。

1. “防火隔热卷帘”案③

本案所涉专利名为“全耐火纤维复合防火隔热卷帘”（见图 4－3－1），主要用于各类工业及民用建筑物的防火分区，当火灾发生时，能够有效阻止火灾蔓延，防火、防延、隔热，以达到保护生命和财产的目的。其曾在一段时间内引发多起专利侵权纠纷。

---

① Graver Tank & Mfg. Co. V. Linda Air Products Co. 339 U. S. 605（1905）.

② 参见陈建南：《试论专利权利要求中的扩大解释》，“2009 中华全国律师协会知识产权专业委员会年会暨中国律师知识产权高层论坛”会议论文，2009 年于北京。

③ 北京市高级人民法院民事判决书，（2009）高民终字第 4721 号。

涉案专利权利要求1为：一种防火隔热卷帘耐火纤维复合帘面，其中所说的帘面由多层耐火纤维制品复合缝制而成，其特征在于所说的帘面包括中间植有增强用耐高温的不锈钢丝或不锈钢丝绳的耐火纤维毯夹芯，由耐火纤维纱线织成的用于两面固定该夹芯的耐火纤维布以及位于其中的金属铝箔层。

被诉侵权防火卷帘产品的帘面与涉案专利相比，区别技术特征在于被诉侵权产品的不锈钢钢丝绳在耐火纤维毯的一侧，而涉案专利的钢丝绳植在耐火纤维毯夹芯中间。对该区别特征，法院认为，通过对涉案专利说明书的阅读可知，帘面中加入钢丝绳系起增强作用，其位置的改变不影响其技术效果的实现。因此，被诉侵权产品的上述特征属于以基本相同的手段，实现基本相同的功能，达到基本相同的效果，并且本领域的普通技术人员无须经过创造性劳动就能够联想到的与涉案专利所记载的技术特征等同的特征，被诉侵权产品落入涉案专利保护范围，构成侵权。

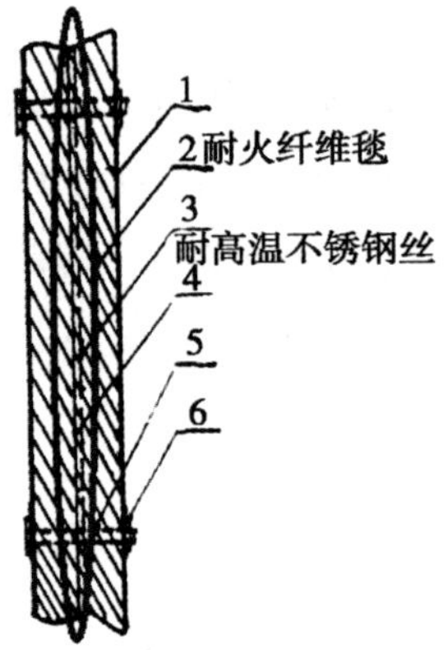

图4－3－1　全耐火纤维复合防火隔热卷帘

本案裁判者之后还对“基本相同的手段”的标准作了进一步的明确，即“适用了实质相同的方式或者相同的技术手段，替换了属于专利技术方案中的一个或若干必要技术特征，使代替与被代替的技术特征产生了实质上的技术效果”。①

2.“微耕机”案②

涉案专利为“一种具有安全可靠性的微耕机”（见图4－3－2），权利人主张据

---

① 孔祥俊副主编：《中国知识产权指导案例评注》（上、下卷），中国法制出版社2011年版，第712页。

② 山东省高级人民法院民事判决书，(2017)鲁民终890号。

以确定保护范围的权利要求1为：一种具有安全可靠性的微耕机，包括齿轮箱、汽油机、把手，齿轮箱上设有汽油机固定架，汽油机安装在汽油机固定架上，齿轮箱的动力输出轴上设有旋耕刀。其特征在于：所述具有安全可靠性的微耕机设有自动熄火装置，所述自动熄火装置包括固定安装在车把横杆上的熄火电接触点和后保护活动横杆，熄火电接触点与车把横杆绝缘，熄火电接触点的接线端通过导线与汽油机的熄火线连接，后保护活动横杆通过螺栓活动安装在车把横杆上，螺栓上设有压簧；具有安全可靠性的微耕机设有挡土板。

经比对，被诉侵权产品与专利技术方案的区别之一在于“后保护横杆”与“车把横杆”的连接手段不同：专利技术方案中后保护活动横杆通过螺栓活动安装在车把横杆上，螺栓上设有压簧；被诉侵权技术方案中后保护活动横杆一端铰接在车把横杆上，一端通过一个导向套（矩形框）固定在车把横杆上，导向套内设有压簧。双方当事人的争议也因此而起，即上述两种连接手段是否构成等同。

根据涉案专利说明书的记载，采取专利技术方案的手段，可以在操作者的身后有障碍物不能倒退，触到后保护活动横杆16时压迫后保护活动横杆16前移，使后保护活动横杆16触到熄火电接触点D17，熄火线搭铁，点火线短路，汽油机熄火，微耕机停止工作，从而达到保护操作者的目的。同样，被诉侵权技术方案中的手段也是对后保护横杆相对于车把横杆起到固定和导向作用，故其与涉案专利给出的具体实施方式相比，技术手段基本相同，构成等同技术特征。

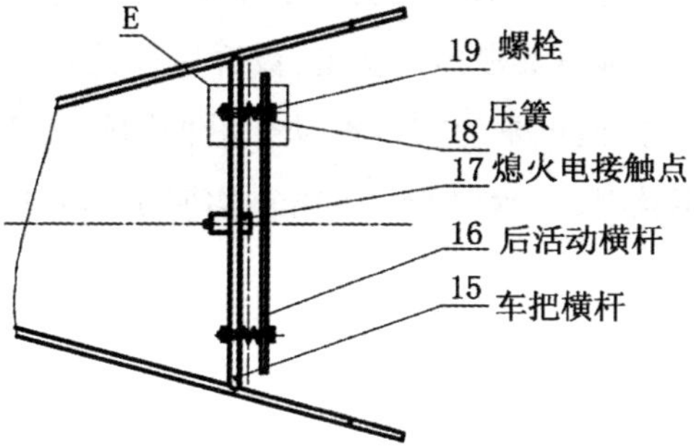

图4-3-2 具有安全可靠性的微耕机

换言之，在利用说明书对权利要求进行解释后，我们自然会得出“螺栓+压簧”与“铰接+导向套”属于本领域技术人员无须花费创造性劳动就能够联想到的等同手段的替换。

不过,本案另一个值得关注的问题在于,二审法院在本案中将“后保护横杆”与“车把横杆”的“活动安装”认定为功能性限定,笔者认为这一观点值得商榷。根据《侵权司法解释(二)》第8条的规定,“功能性特征,是指对于结构、组分、步骤、条件或其之间的关系等,通过其在发明创造中所起的功能或者效果进行限定的技术特征,但本领域普通技术人员仅通过阅读权利要求即可直接、明确地确定实现上述功能或者效果的具体实施方式的除外”。据此,“活动安装”虽然使用了功能或效果性的词语,但也同时在权利要求中披露了“螺栓+压簧”的具体结构,本领域普通技术人员在阅读后应该可以直接、明确地确定其实施方式,故该特征不宜被认定为功能性特征。①

3.“排水车”案②

与“微耕机”案类似,本案涉及的也是机械作业用具中结构连接组件等同替换的问题,其解释的焦点在于“排水车平移举升滑动作业装置”专利权利要求1中“绞盘(8)安装在伸缩管支架(5)靠近铰链(6)的底部,并通过钢丝绳与伸缩管支架(5)上滑动架(1)连接”的技术特征(见图4-3-3)。

本案中,将被诉侵权技术方案与涉案专利权利要求1确定的技术方案进行比对,区别在于前者以“液压油缸”替换了后者的“钢丝绳、绞盘”。从涉案专利说明书的记载来看,“绞盘安装在伸缩管支架靠近铰链的底部,并通过钢丝绳与伸缩管支架上滑动架连接……由于绞盘的作用,可使滑动架沿伸缩管支架运动”。可见,“钢丝绳、绞盘”这一传动手段的设置是为了实现滑动架沿伸缩管支架方向滑动的功能。根据一审、二审法院现场勘验的结果,被诉侵权技术方案中的“液压油缸”采取了液压传动的方式,但也是为实现滑动架沿伸缩管支架方向滑动而设置的技术手段。因此,“钢丝绳、绞盘”“液压油缸”均属于本领域实现上述作业的常规技术手段。

---

① 后续章节对功能性特征的认定和解释还会进行详细分析,此处不再展开论述。

② 最高人民法院民事裁定书,(2017)最高法民申4138号。

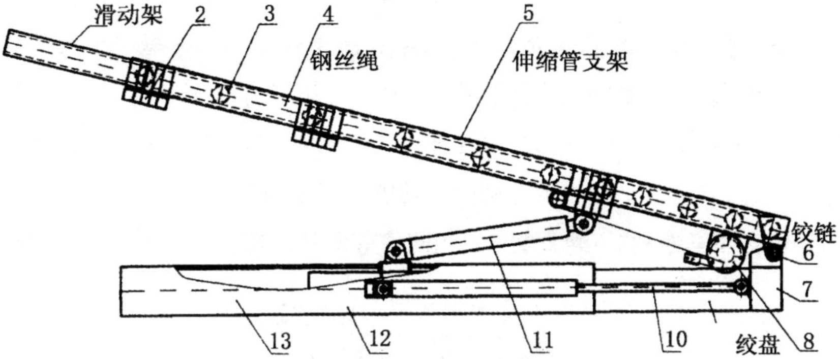

图 4－3－3　排水车平移举升滑动作业装置

此外，根据北京理工大学出版社公开出版发行的《专业汽车结构与设计》一书记载，“升降运动……驱动方式也可以采用液压传动或钢丝绳滑轮传动”。由此可见，教科书、工具书等公知常识资料也是佐证某一手段是否为惯用的、可替换的技术手段的证据之一。

二、功能的等同

由前述案例的评析不难看出，具有何种功能不仅是判定手段是否构成等同的校验标准之一，而且蕴含于说明书中，有待解释者挖掘和提炼的关键技术信息。

1.“拳击训练器”案①

涉案专利为一种“多功能程控拳击训练器”（见图 4－3－4），其权利要求 1 记载了“该训练器包含五个靶标”的技术特征，被诉侵权产品对应的技术特征为“九个靶标”，依照其产品说明书记载分为“左头击打部位、右头击打部位、左臂击打部位、右臂击打部位、左肋击打部位、右肋击打部位、腹部击打部位、左胯击打部位、右跨击打部位”。一审、二审法院认为，根据权利要求的字面含义，涉案专利“五个靶标”的技术特征与被诉侵权产品“九个靶标”的技术特征不等同。

再审法院则认为，根据说明书对“五个靶标”技术特征的解释，“在面板上有按头、胸、腹部位排列的五个靶位，在每个靶位内装有靶标……可以按照设定的程序

① 最高人民法院民事裁定书，(2012) 民申字第 137 号。

或遥控指令实现直、摆、勾等各种拳法的训练”。因此,从二者的功能来看,涉案专利和被诉侵权产品的靶标数量虽然不同,但是由于涉案专利的每一个靶标在击打时单独发挥作用,故不能将“五个靶标”作为一个技术特征来考虑,应当将其分解为头部靶标、腹部靶标和腰部靶标来考虑。被诉侵权产品包含头部靶标和腹部靶标,其胯部靶标与涉案专利的腰部靶标在功能效果上是等同的,应当认定被诉侵权技术方案包含涉案专利“五个靶标”的相同或等同技术特征。

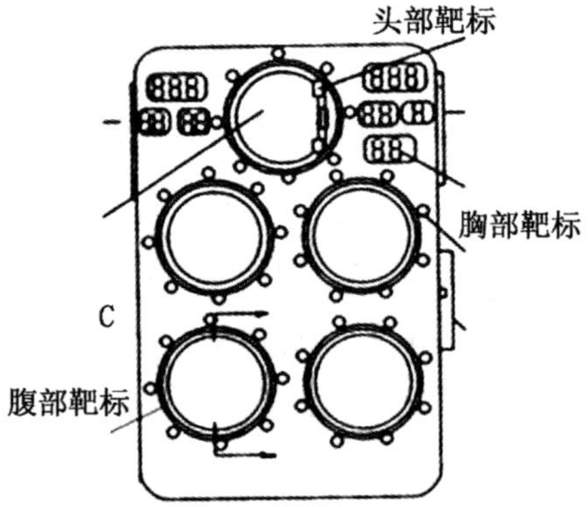

图 4-3-4　多功能程控拳击训练器

从另一个角度来看,本案也体现了技术特征的划分对权利要求解释及保护范围确定产生的影响。再审法院确立的规则是,在划分权利要求的技术特征时,一般应把能够实现一种相对独立的技术功能的技术单元作为一个技术特征,不宜把实现不同技术功能的多个技术单元划定为一个技术特征。这一观点虽未上升为司法解释,但也被纳入了地方法院出台的相关规范性文件中,成为供司法实践参考的重要规则之一。①

2.“婴儿座椅”案②

同样作为入选最高人民法院年度报告的典型案例,“婴儿座椅”案再次强调了技术特征划分对侵权判定的重要性。“技术特征的划分应该结合发明的整体技术方案,考虑能够相对独立地实现一定技术功能并产生相对独立的技术效果的较小

① 北京市高级人民法院《专利侵权判定指南(2017)》第 8 条规定:技术特征是指在权利要求所限定的技术方案中,能够相对独立地执行一定的技术功能、并能产生相对独立的技术效果的最小技术单元。

② 最高人民法院民事裁定书,(2017)最高法民申 3802 号。

技术单元。如果划分技术特征时未恰当考虑该技术特征是否能够相对独立地实现一定技术功能并产生相对独立的技术效果,导致技术特征划分过细,则在侵权比对时容易因被诉侵权技术方案缺乏该技术特征而错误认定侵权不成立,不适当地限缩专利保护范围;如果未恰当考虑该技术特征是否系相对独立地实现一定技术功能和技术效果的较小技术单元,导致技术特征划分过宽,则在侵权比对时容易忽略某个必要技术特征而错误认定侵权成立,不适当地扩大专利保护范围。因此,恰当划分技术特征是进行侵权比对的基础。”

本案中,根据涉案专利“可调节的婴儿座椅”权利要求1的记载,“调节拉杆两端分别套设有弹簧,在弹簧的外围套有孔径小于弹簧直径的套体”。被诉侵权产品的调节拉杆两端分别通过销轴挂设有弹簧,但没有孔径小于弹簧直径的套体。二审法院认为,根据权利要求书的记载,涉案专利的调节拉杆上套设弹簧,且在弹簧的外面还套有孔径小于弹簧直径的套体,而被诉侵权产品系直接将弹簧两端分别挂设在调节拉杆和椅体上以达到实现椅体调节之目的,缺少权利要求记载的“套体”这一技术特征,应当认定被诉侵权产品未落入涉案专利权的保护范围(见图4-3-5)。

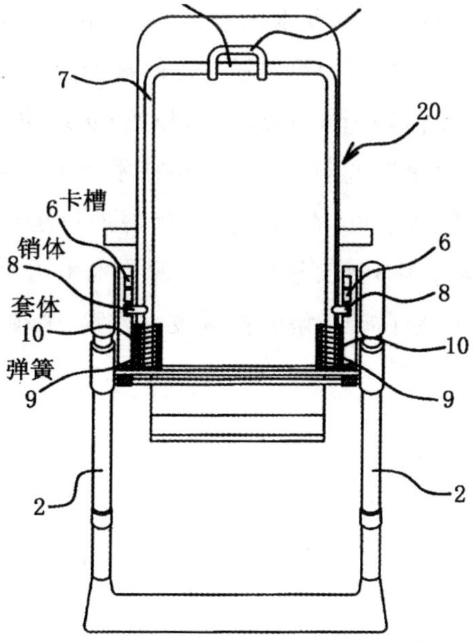

图4-3-5 可调节的婴儿座椅

在前述技术特征划分原则的指引下，再审法院根据说明书对争议技术特征和被诉侵权技术方案中相应特征所具备的功能进行了解释。技术特征“调节拉杆两端分别套设有弹簧，在弹簧的外围套有孔径小于弹簧直径的套体”的功能是，当需要调节椅体高度时，对调节拉杆产生回复力，使销体和卡槽扣紧。可见，“套体”虽然是一个部件，但其功能和效果必须依赖于弹簧的配合才能实现，两者相互配合才能在整体技术方案中发挥作用。因此，在涉案专利权利要求 1 中，“套体”本身无法实现相对独立的功能，不宜作为一个独立的技术特征对待。被诉侵权产品是利用在调节拉杆两端设置销轴并挂设弹簧的方式实现相应的功能，但无论是利用弹簧的拉伸原理调节座椅，还是采用弹簧的压缩原理调节座椅，均是利用了弹簧具有回复力的基本性质，手段基本相同，实现利用其回复力使得销体和卡槽扣紧的功能，并且两者所能达到的效果基本相同，两者属于等同技术特征。

对于本节所述两起案件，笔者赞同其关于权利要求的解释及侵权比对的结论，但认为这仍不足以体现出技术特征划分的必要性和合理性。首先，作为发明人智力活动成果的载体，权利要求意欲传达的技术方案在任何情况下应该是保持一致的，原则上不应因拆分而发生改变；其次，作为确定保护范围的依据，权利要求书自撰写之时起就是一个有机的整体，在解释时自然也要从整体上加以把控，对于技术特征的划分可能会割裂权利要求的整体性，不利于我们对发明创造实质的理解；最后，从实践层面考虑，即便给出了一定的标准，技术特征的划分仍然是一项主观性很强的工作，如何判断“是否能够相对独立地执行一定的技术功能”、何为“相对独立的技术效果”、怎样才算“最小技术单元”，都属于仁者见仁智者见智的事项。因此，依笔者之见，在权利要求解释的过程中，对技术特征进行划分主要是为了便于咀嚼消化冗长、复杂、晦涩的技术术语，体现更多的是其形式意义，解释者的真正目的是在于理解和把握技术方案，无须过多的纠结于具体的划分形式中。

三、效果的等同

作为“三基本”等同原则判断的最后一个因素，效果相对手段和功能其抽象度更高，也更需要依赖说明书披露的信息来进行考量。

1.“打包机”案①

涉案实用新型专利名为“打包机的打包框架装置”(见图4-3-6),该专利提供了一种能够提高走带顺畅性及打包捆扎质量的打包框架装置。经勘验查明,与涉案专利“按照打包带的进带方向,处于下游的单页片的上游端叠在处于其上游的相邻单页片的下游端”的技术特征相比,被诉侵权技术方案在左右竖直方向和上方水平方向的框体内采用相邻单页片相互叠加的技术方案,但在两个方向的框架连接处以及固定框架下方转角处采用了四个三角块状角座。一审法院认为,被诉侵权技术方案由多个可转动的单页片分段构成活动轨道壁组,不同组单页片之间相互独立不叠加,这与专利技术特征不相同。

二审法院则认为,通过阅读说明书可知,涉案专利具有可顺着打包带走带方向逐次陆续打开的活动轨道壁,使得打包带在脱离打包带轨道时是以从前至后顺序脱离,而非整体同时脱出,以达到打包带之间不会互相干涉而出现扭曲、打偏现象的技术效果。因此,涉案专利采用了设置有复位弹簧的单页片上游端与相邻单页片的下游端相互依次叠加的技术手段,实现使单页片逐次陆续打开的功能,达到使打包带从前至后顺序脱离,不会互相干涉的效果。

反观被诉侵权产品,其在固定框体主体内采用了单页片相互叠加的方式,只是在固定框体的转角处因没有设置单页片而使转角处相邻的两个单页片之间没有发生叠加,但这一缺失实质上并不影响走带的顺序和方向,仍然能够使单页片逐次打开,以达到打包带按前后顺序依次脱离,避免互相干涉而发生扭曲打偏的技术效果,两者构成等同特征。

① 浙江省高级人民法院民事判决书,(2017)浙民终160号。

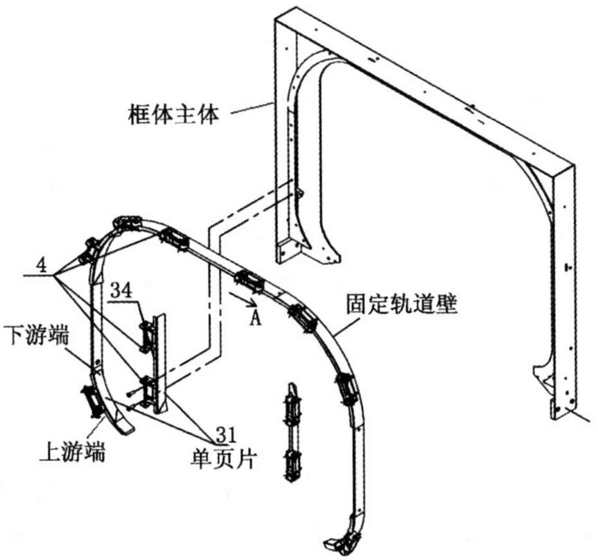

图 4－3－6　打包机的打包框架装置

此外，从涉案专利和被控侵权产品所采用的手段本身来看，由涉案专利评价报告可知，四个转角处三角块状角座与页片分组相配合的技术方案已为在先专利所公开，故本领域普通技术人员对导带轨道结构配合关系和组装方式的简单替换，属于无须经过创造性劳动就能够联想到的技术特征，这也进一步印证了有关二者效果等同的判断。

2. “空调器控制方法”案①

在等同原则的适用过程中，对有关效果的判断不能泛泛而谈，尤其在效果不完全相同的情况下，还应结合结构形态、运行方式、工作原理、运用领域、使用状态、运行条件或环境，以及技术方案要达到的目的等因素进行分析。② 这些信息不可能为容量有限的权利要求所涵盖，还是要根据说明书记载的内容进行梳理总结。

本案专利“按照自定义曲线运行的空调器及其控制方法”包含一项“当设置完成后，遥控器将已设置好的自定义曲线数据存储在遥控器自带的记忆芯片中”的技

① 广东省高级人民法院民事判决书，(2011)粤高法民三终字第 326 号。

② 参见孔祥俊副主编：《中国知识产权指导案例评注》(第 4 辑)，中国法制出版社 2013 年版，第 35 页。

术特征。根据专利说明书的描述,在进入自定义设置状态时,遥控器首先显示的是上一次设定的信息,而不是空白的信息,要实现这一状态,用以存储曲线数据的记忆芯片通常是非易失性的。被诉侵权技术方案中控制芯片的RAM虽然是易失性的,在遥控器掉电时数据不会被保存,但通常情况下,空调遥控器在使用中一般不会取下电池,这符合人们的使用习惯,也就是说在实际使用中,控制芯片的RAM因长期供电而保留了数据,这与记忆芯片的效果基本相同,二者构成等同。

通过本节的案例可以发现,判断是否构成等同特征,应当对手段、功能、效果以及是否需要创造性劳动联想进行全面审查,既不能忽略其中任一要件,也要注意各要件之间的关联和相互影响,不能仅对某一要件孤立地进行审查。具体来说,手段是等同判断的考察起点和基础;而功能和效果作为技术特征的外部表现,是评价手段是否实现技术方案目的,以及成效如何的标准和依据。而这些“环环相扣”使内在逻辑关系密切的各种评述,都必须经过以说明书为依据,通过权利要求解释来界定手段、功能、效果等同边界和范围的过程。

第四节　柔性调节作用的彰显——限缩式

作为解释权利要求的重要依据,说明书的调节作用体现在其既可以通过对技术方案的进一步释明,将某一技术特征的外延等同的“扩张”出去,也可以通过对发明目的、功能作用、技术效果的限定,将形式上涵盖面较宽的权利要求“限缩”在一个较窄的范围内。这一作用的发挥,也是为了准确把握司法解释有关等同侵权规则的适用精神,既要以等同原则克服字面侵权的局限,又要适度从严把握等同侵权的适用条件,防止等同原则适用过宽过滥,避免以认定等同侵权的方式不当地扩大专利权保护范围,压缩创新空间和损害公共利益。①

一、上位概念的降阶

在权利要求的撰写过程中,为获得尽量宽泛的保护范围,发明人往往倾向于采

① 参见蔡伟:《应如何准确解释权利要求中的技术用语——评邱则有公司诉茂达建材有限公司等侵犯发明专利权纠纷案》,载《中国知识产权报》2015年8月5日,第8版。

用上位化的概念来描述其技术方案,这也是考虑到权利要求篇幅空间有限的特点而作出的选择。不过,到了侵权诉讼中,为了使保护的程度与权利人的创新贡献相匹配,保护范围的"宽泛"程度可能会有所降低,从而由上位概念限缩至下位概念,这是其中的典型情形之一。

1."锁扣装订机"案①

本案是一起专利侵权行政处理纠纷案件,涉案专利公开了一种"全自动快装箱锁扣装订机"(见图4-4-1)。其独立权利要求1是本案据以确定保护范围的依据,由结构和工作过程两部分特征组成,其中,工作过程特征为:检测元件检测到工件后发送检测信号至控制器——控制器接收检测信号后发送用于驱动级进模将锁扣装订在工件上的驱动信号至驱动装置——发送用于控制工件输送装置运行状态的信号至工件输送装置——装订完成后所述控制器发送用于控制输送锁扣原料的送料信号至原料输送装置。

被诉决定和一审、二审法院认为,权利要求中"装订完成后所述控制器发送用于控制输送锁扣原料的送料信号"并不局限于电信号,涉案产品是控制器发送控制液压油缸带动上模板向上移动的驱动信号,通过带动气动压板控制气动阀,进而利用气动机械完成送料的,送料信号仍旧是控制器通过控制信号间接实现的,即涉案产品具有"控制器发送用于控制输送锁扣原料的送料信号至原料输送装置"的技术特征。

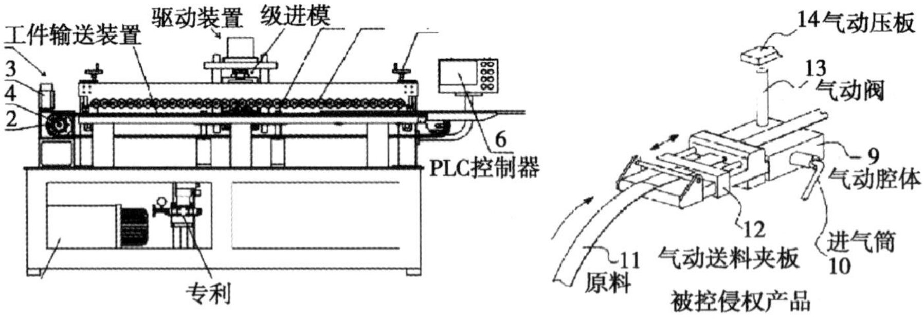

图4-4-1 全自动快装箱锁扣装订机

① 最高人民法院行政裁定书,(2018)最高法行申1545号。

再审法院否定了原审关于“送料信号”的宽泛认定，理由在于通过阅读说明书和附图，涉案专利的发明目的是实现锁扣装订的全自动化，降低人工劳动强度，提高生产效率。为实现这一目的，权利要求1的技术方案将驱动装置、工件输送装置、原料输送装置、级进模等部件通过控制器实现信号连接，形成以控制器为“指挥中心”、各部件为“工作单元”的架构模式，通过控制器向各个部件发送信号来实现有序作业，权利要求1中的“检测信号”“驱动信号”“送料信号”等均系此用途。而被诉侵权技术方案中采取了机械自动进料的方式，即通过级进模的下压和上行触发“气动压板 + 气动阀 + 气动送料夹板”的气动连锁反应，最终实现对锁扣原料输送的控制，该种进料方式与权利要求1在信号的表现形式和传送方式上形成了区别，难以认定构成侵权。

也就是说，虽然涉案专利权利要求中使用了“信号”这一较为上位的概念，但根据说明书相关内容尤其是对发明目的的描述，其保护范围已被限缩至“电信号”这一下位概念。

2. “灭蚊灯泡”案①

涉案专利是一种名为“灭蚊灯泡”的实用新型专利（见图4－4－2）。其权利要求1为：灭蚊灯泡，包括用于连接灯口的灯座和发光件。其特征在于：所述灯座上设有连接座，所述连接座内设有电连接所述灯座的线路板，所述线路板包括照明控制线路板和灭蚊控制线路板；所述发光件连接所述连接座并电连接所述照明控制线路板，灭蚊器连接所述连接座并电连接所述灭蚊控制线路板。一审法院认为，该权利要求中“连接灯口的灯座”是产品用于外接电源的电源接口的一种技术方案，而电源接口在所属技术领域通常有多种实现方式，被诉侵权产品以“USB接口”保持外来电源供电的方式也包含其中。

二审法院则认为，对于权利要求中使用的词语，不能脱离具体的技术背景作出孤立理解，应当结合该专利的说明书中记载的发明目的、技术问题来准确界定其含义，以确定专利权利要求的合理保护范围，从而实现权利人、相对方及社会公众的利益平衡，给予涉案专利以与其创新程度相适应的保护水平和力度。

① 浙江省高级人民法院民事判决书，（2018）浙民终139号。

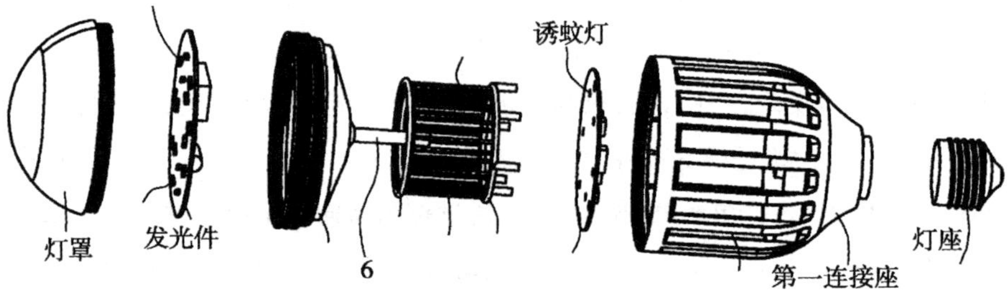

图 4-4-2 灭蚊灯泡

本案中，根据涉案专利说明书所记载的内容，本发明要解决的技术问题是针对现有技术的现状提供一种能直接连接在现有灯座（口）上使用的具有灭虫功能的灭蚊灯泡，且其灯座应具有连接电源和固定灭蚊灯泡位置的功能。据此，“连接灯口的灯座”中的“灯座”应当降阶解释为能够直接连接在现有灯口上，实现灭蚊灯泡对现有灯泡的替换使用，不需要对原线路和开关控制进行任何改动的“螺口、卡口等式样的灯座”，并非所有“灯座”都满足这一界定。被诉侵权产品“USB 接口”的形式无法实现直接连接在现有灯口上、替换现有灯泡在原线路上使用的发明目的，也没有固定位置的功能，二者并不构成相同或等同。

二、特定含义的排除

除了将上位概念降阶为下位概念，说明书的限定还可能起到对某些特定含义的排除作用，从而客观上缩小权利要求所能涵盖的范围。换言之，同为限缩作用，如果将上位概念的降阶视为较宽的“面”到较窄的“面”的限缩，特定含义的排除则可以视为将较宽的“面”中某一个具体的“点”扣除出去。

1.“安全电热毯”案①

本案中，涉案专利“安全电热毯”的权利要求 1 是“一种安全电热毯，由电加热系统和包覆层组成，其特征在于电加热系统由电热丝、套在电热丝外并两端封闭的软套管、夹在电热丝与套管之间的传热液构成”。被诉侵权技术方案使用了水作为传热液。从权利要求的字面含义看，“传热液”字面含义较为宽泛，应包含任何具有

① 河北省高级人民法院民事判决书，(2003)冀民三终字第 52 号。

传热功能的液体,但根据说明书的记载,现有的电热毯使用“水”作为传热液,存在低温情况下结冰使导管易折断的弊端,故本专利采用防冻液作为热传导物质。这也指引我们要对技术特征“传热液”进行限缩性解释,至少将“水”这类液体排除在保护范围之外。因此,法院认为,被诉侵权产品电热毯缺少权利要求1中记载的“传热液”这一技术特征,不构成侵权。

2.“喷枪”案①

涉案专利“喷洒液体用的喷枪”的权利要求1包括如下技术特征:一流体槽;一可卸且可被折叠的内衬,在向该内衬里注入流体之前它的形状与该槽的内壁的形状一致,它紧密贴合于该槽的内壁上;一分配来自该内衬里的流体的喷嘴;其中,在该喷枪操作期间,当流体从该内衬里排出时该内衬就折叠起来(见图4-4-3)。

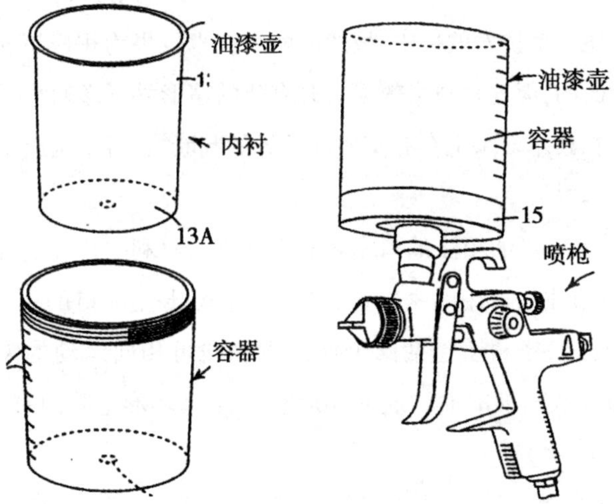

图4-4-3 喷洒液体用的喷枪

而在被控侵权产品中,其内杯侧壁的外表面靠近开口处沿长度方向有一小段外突的阶梯过渡,内表面亦有对应的一小段向外周的阶梯过渡,当内杯置入外杯时,内杯开口处的下部边缘抵在外杯开口处的上部边缘上,内杯靠近开口处的阶梯过渡与外杯内壁贴合,阶梯过渡以下部分与外杯内壁之间存在一定的间隙。权利人认为,权利要求“在向该内衬里注入流体之前它的形状与该槽的内壁的形状一

① 上海市高级人民法院民事判决书,(2016)沪民终459号。

致，它紧密贴合于该槽的内壁上”中的“形状一致，紧密贴合”应理解为“内衬对应并精确配合容器内壁形状”的意思，被诉侵权产品的“阶梯过渡”中内杯形状也是精确配合外杯内壁形状的，故二者即便不相同也应认定为等同。

一审、二审法院均未采信权利人仅从字面含义上确定权利要求保护范围的主张，而是结合说明书与附图进行了分析。具体而言，由于“阶梯过渡”处位于内衬上沿下方约1厘米水平切线上，该设计可使多个内衬叠加存放时相邻内衬之间相应存有约1厘米间隔，与涉案专利所述内衬叠加存放状态下相邻内衬之间的极小间隔相比较，该1厘米间隔可产生以下技术效果：一是操作者使用喷枪过程中在拿取内衬时可快速便捷地使用拇指与食指抽拉；二是操作者在确定所需内衬数量时可快速便捷地通过目测确定相应数量；三是由于前述约1厘米间隔所导致的单位体积内可存放内衬数量的大幅减少以及因此可能产生的其他诸如运输、仓储成本增加等不利因素。在上述三个技术效果中，虽然前两个技术效果为积极正面的，而后一个技术效果为消极负面的，但这种技术效果有升有降的情形并不影响“阶梯过渡”与“形状一致、紧密贴合”在技术效果上存有实质性差异的判断，二者不构成相同或等同。

3.“油箱盖”案①

本案中，涉案专利“油箱注油口密封盖”的独立权利要求1包括四个必要技术特征：(1)一种油箱注油口用的密封盖，具有一个突出注油口的密封盖和一个操作密封盖用的手柄；(2)密封盖包括两个彼此沿轴向可相向运动的夹紧件；(3)夹紧件之间有一个由互成角度的面构成的环形空腔；(4)环形空腔内有一径向可扩张的密封垫(见图4-4-4)。

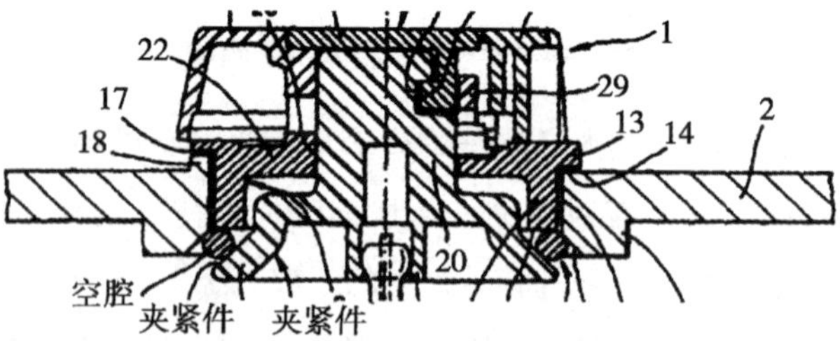

图4-4-4　油箱注油口密封盖

① 浙江省高级人民法院民事判决书，(2008)浙民三终字第284号。

对于权利要求中的“环形空腔”,从字面含义上看,其并未限定“空腔”的形式,但根据说明书相关内容的记载,本专利的优点在于通过“夹紧件”的轴向移动使密封盖径向扩张,不仅密封地挤压在两个“夹紧件”上,而且挤压在油箱的某一平面上。由此可知,“环形空腔”不包括密闭式的空腔,否则,空腔内的密封垫不可能与油箱的某一平面贴合,这一点在说明书附图中也得到了印证。

三、等同范围的限缩

作为专利保护的“双刃剑”,在等同原则适用的过程中,既要充分发挥其扩张作用,帮助权利人将属于发明创造贡献的实质内容涵盖进来,切实保障权利人利益的实现,又要注意避免对权利要求的过度解释,防止无限扩张保护范围而损害公共利益。在这一问题的判断上,说明书依然是辅助我们妥善平衡各方利益的重要工具。

(一)手段的不同

手段的替换是等同侵权最直观的表现,判断被诉侵权技术方案中不同的技术手段是否与专利技术方案中的相应特征实质相同,关键在于对说明书相关信息的解读。需要指出的是,如前文所述,手段的等同还有赖于对功能、效果的验证,三者是有机的整体,在判断过程中可能有相对意义上的侧重,但并无绝对意义上的分裂。

1.“消防排烟装置”案①

涉案发明专利“多核驱动的多级增压组合式消防排烟装置”属于消防装置技术领域,其独立权利要求1中包含一项技术特征“所述控制系统包括无线控制器与接收装置”。权利人认为,被诉侵权产品中的“有线控制器”与涉案专利中的“无线控制器”的控制方式、控制逻辑是相同的,唯一的不同就是在输出装置与接收装置之间的信号传输方式,并且本领域的普通技术人员无须经过创造性劳动就能通过“无线控制器”联想到“有线控制器”,两者属于等同的技术手段。

一审、二审法院认为,根据涉案专利说明书的记载,“该专利设置有控制系统,控制系统可以是无线控制系统亦可是有线控制系统,本发明采用无线控制系统,它

---

① 山东省高级人民法院民事判决书,(2015)鲁民三终字第151号。

包括无线控制器、接收装置”。因此,“有线控制器”属于涉案专利权明确放弃的技术方案,在侵权诉讼中不应再次被纳入“无线控制器”等同的范围。

这一结论实际上遵循了《侵权司法解释(一)》第5条关于“捐献规则”的规定,即对于仅在说明书或者附图中描述而在权利要求中未记载的技术方案,权利人在侵犯专利权纠纷案件中将其纳入专利权保护范围的,人民法院不予支持。捐献规则实质上是对等同原则适用的一种限制,之所以如此规定,是考虑到以下情形:专利申请人有时为了容易获得授权,权利要求采用比较下位的概念,但在侵权诉讼中主张说明书所扩张的部分属于等同特征,从而不适当地扩大了专利权的保护范围。因此,对于说明书记载而权利要求未记载的技术方案,视为专利权人将其捐献给社会公众,不得在专利侵权诉讼中主张上述已捐献的内容属于等同特征所确定的范围。①

本案中,虽然陕西银河公司在专利说明书中将控制系统描述为“控制系统可以是无线控制系统亦可是有线控制系统”,但其随后明确“本发明采用无线控制系统”,应视为其将“有线控制系统”这一技术特征“捐献”给了社会公众,其在侵权案件中将有线控制系统纳入涉案专利的保护范围的主张,不适当地扩大了专利权的保护范围,损害了公共利益,不应得到支持。该案件通过对专利权保护范围的准确界定,划清了专利权与公共领域的界限,防止了权利滥用,为大众创新留出了合理空间,实现了专利权人与社会公众的利益平衡。②

2.“揉面机”案③

本案专利提供了一种质量稳定、生产效率高、自动化程度高的用于粉条加工的揉面机,其独立权利要求1公开了该揉面机的基本构造,其中包含一项“两揉面锤的支撑架通过曲柄连杆机构与驱动电机的动力轴相连接”的技术特征,根据涉案专利说明书和附图的描述,专利技术特征中两个揉面锤共用的一个支撑架通过曲柄连杆机构与驱动电机的动力轴相连接,动力驱动装置通过曲柄连杆机构带动两个

① 参见孔祥俊、王永昌、李剑:《〈关于审理侵犯专利权纠纷案件应用法律若干问题的解释〉的理解与适用》,载《人民司法(应用)》2010年第3期。

② 参见陶凯元主编,最高人民法院知识产权审判庭编:《中国知识产权指导案例评注》(第8辑),中国法制出版社2017年版,第135页。

③ 最高人民法院民事裁定书,(2009)民申字第1562号。

揉面锤同向上下往复运动。被诉侵权产品则是两揉面锤各有一支撑架,两个揉面锤的支撑架之间由杠杆连接,其中一个揉面锤的支撑架通过曲柄连杆机构和动力驱动装置使两个揉面锤反向上下往复运动(见图4-4-5)。

通过比较,虽然二者均具有通过支撑架支撑揉面锤,动力驱动装置通过曲柄连杆机构带动揉面锤的支撑架上下运动的基本功能,但通过对说明书的解读不难发现,二者揉面锤的工作原理和运动方式并不相同,不属于相同的技术手段。进一步来说,被诉侵权产品利用杠杆原理使两个揉面锤反向上下往复运动也避免了专利的两个揉面锤共用一个支撑架时同向向上运动时所作的无用功,二者在技术效果上亦有明显不同。因此,被诉侵权产品的这种技术手段的变换已经超出了本领域的普通技术人员无须创造性劳动就能够联想到的范畴,二者不构成等同。

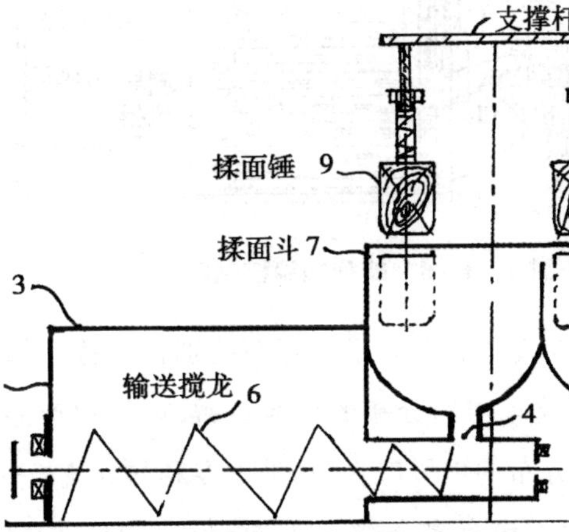

图4-4-5 揉面机

3.“蜡疗恒温控制箱”案①

本案涉及一种“蜡疗恒温控制箱”(见图4-4-6),属于医疗设备技术领域,关于储存医疗用蜡饼,其权利要求1的技术特征可作如下分解:

第一,主要构成部件:恒温箱体;匀温风机;加热管;传感器;冷却风机;后导流板(四周折边成无盖容器结构,在后导流板上下、左右侧面上设有均匀分布的出风口,后导流板前端面上开有进风口、排风出口);前导流板(前导流板四周折边成无

① 最高人民法院民事裁定书,(2017)最高法民3645号。

盖容器结构,前导流板上下、左右侧面及前端面上设有多个进风孔);匀风挡板(匀风挡板上开有多个出风孔)。

第二,各部件位置关系:前导流板安装在后导流板的前端面上;后导流板的进风口、排风出口位于前导流板的空腔内;匀温风机、加热管及传感器位于后导流板空腔内;后导流板的内部设有匀风挡板,匀风挡板安装在匀温风机及加热管的外围。

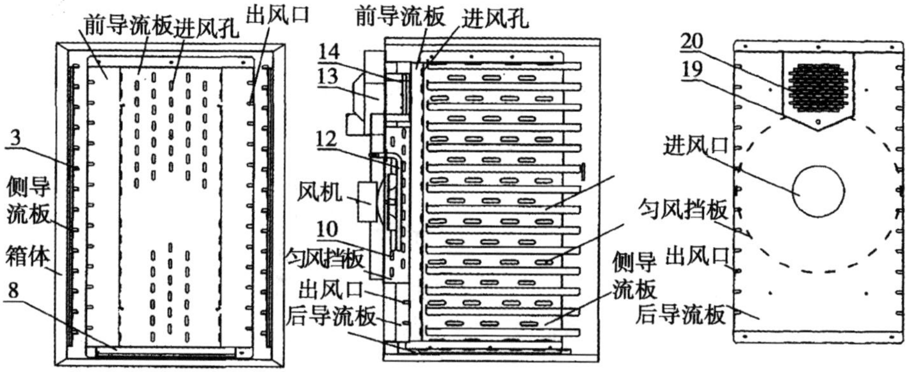

图 4-4-6　蜡疗恒温控制箱

经查明,被诉侵权产品与专利权利要求 1 存在区别技术特征如下:(1)涉案专利后导流板上下、左右侧面设有均匀分布的出风口;被诉侵权产品后部设有导流板,仅在其上侧面设有均匀分布的出风口。(2)涉案专利前导流板安装在后导流板的前端面上,其上下、左右侧面设有多个进风口;被诉侵权产品中在后部导流板上亦设置有前导流板,其上下侧及前端面上设有多个风孔,其中,部分风口为进风作用,部分风口为出风作用。此外,前导流板左右侧面为与背板存有间隙的开孔的折边。(3)涉案专利中,匀温风机、加热管及传感器等部件位于后导流板的空腔内;被诉侵权产品中,上述部件部分位于前导流板与箱体后壁之间,部分位于后导流板与箱体后壁之间。

权利人认可上述区别技术特征的存在,但认为均构成等同特征。法院认为,结合涉案专利说明书的记载,涉案发明目的在于通过前、后导流板等部件大小形状、位置关系、出(进)风口排布的设置,使得用于加热的循环气流在箱体内的流动路径更加优化合理,从而达到较好的恒温效果。而在被诉侵权产品中,后导流板并未在所有侧面开设出风口,覆盖于后导流板上的前导流板部分充当了出风的功能,热风部分从前导流板上的风口直接进入箱体内,部分经由前后导流板的空腔从前导流板上的风口进入箱体,部分经后导流板上侧面进入箱体。二者在技术手段上存在明显区别,导致二者在对蜡疗箱体内加热气体的流动路径、分散程度等方面存在明显不同,最终对温度控制起到的效果也会不同,不构成等同特征。

（二）功能的区别

在部分产品类专利中,其权利要求往往只记载了专利的部件、结构、连接关系等特征,被诉侵权技术方案中相应的技术特征是否构成等同,往往需要我们结合说明书中的进一步解释,确定其实现的功能后再行比对。

1.“弹性阻尼体”案①

涉案专利就是只限定了结构及位置关系特征的实用新型专利,其权利要求1为:一种快进慢出型弹性阻尼体缓冲器(见图4-4-7)……设置有单向限流装置,压缩行程时单项限流装置打开,回复行程时单项限流装置关闭。专利说明书对其中“单向限流装置”的目的和工作方式进行了描述,“本实用新型的目的在于提供一种当缓冲器受到冲击载荷后,可迅速缓冲能吸收大部分撞击能量,然后缓慢稳定地回复……的一种快进慢出型弹性阻尼体缓冲器……为了实现上述目的……沿活塞圆周部位设置有单向限流装置,压缩行程时单向限流装置打开,回复行程时单向限流装置关闭”。

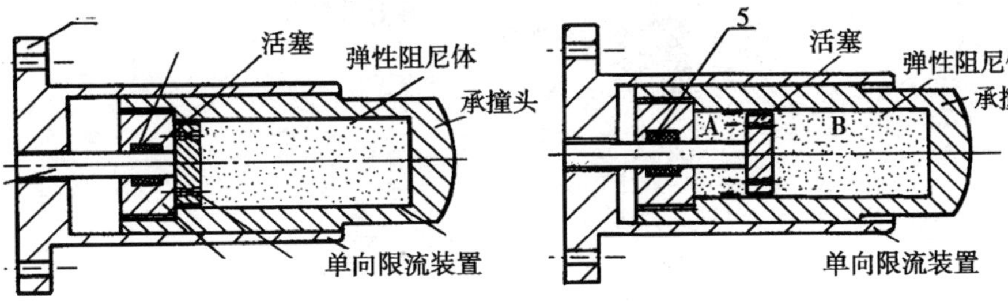

图4-4-7 快进慢出型弹性阻尼体缓冲器

被诉侵权产品虽然也安装了“单向限流装置”,但其采取的是压缩行程时关闭,回复行程时打开的安装方式,实现的是承撞头慢进快出的相反功能,与专利技

① 最高人民法院民事裁定书,(2013)民申字第1146号。

术中的“单向限流装置”既不相同,也不等同。

2.“水烟筒”案①

由“弹性阻尼体”案可知,即便采取了看似相同的技术手段,其也有可能因所处“语境”的差异而发挥不同的功能。本案中的“水烟筒”专利提供了一种传统的吸烟装置(见图4-4-8),其独立权利要求1为:一种水烟筒,包括烟筒和烟嘴,烟筒内设有一条烟管。其特征在于:所述的烟筒的上端连接有一个烟锅座,烟锅座上连接有一个烟锅,烟锅的底部设有多个小通孔,该小通孔与烟筒内的烟管相通;烟筒的下端连接有一个盛水容器,烟筒内的烟管伸入盛水容器中,烟筒的下端与盛水容器的连接处设有一个空腔;烟筒的下端还设有一个烟孔接头,该烟孔接头与空腔连通,烟嘴通过一条长软管与烟孔接头连接。相应地,被诉侵权产品烟筒的下端设有一接嘴和一进气调节阀,接嘴和进气调节阀分别设有一个贯通至烟筒底端的吸烟孔和进气孔,其“上窄下宽”的吸烟孔也构成了一种中空结构,双方的争议就在于此“中空结构”是否与专利技术特征中的“空腔”构成等同。

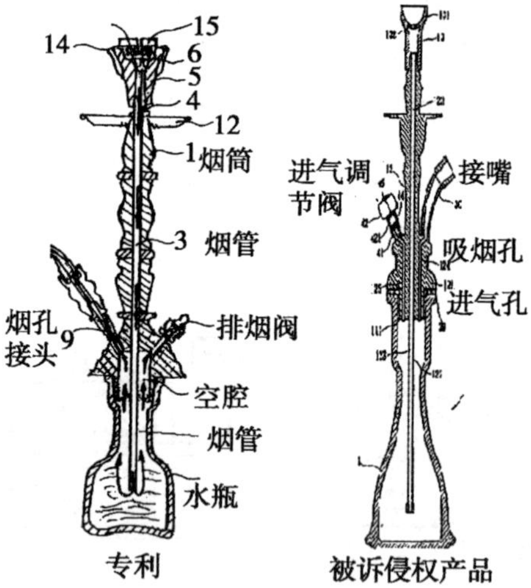

图4-4-8 水烟筒

根据专利说明书的记载,专利中“空腔”的作用在于容纳烟气,“空腔”的体积越大,其防止将水吸入嘴中的效果越好。而被诉侵权产品中“上窄下宽”的吸烟孔

① 湖北省高级人民法院民事判决书,(2010)鄂民三终字第15号。

的主要作用是一个烟气的通道，并非权利人所称的独立设置且区别于烟道的中空结构，二者不构成等同。

（三）效果的差异

技术效果的比较往往无法以定性的方式来判断，其更多地体现为程度上的差异，而非本质上的不同。因此，对于技术效果的衡量，更需要通过说明书的辅助，对专利技术特征效果“辐射”的范围进行界定。

1.“泡沫镍制备方法”案①

涉案专利名为“一种海绵状泡沫镍的制备方法”，该专利提供了一种泡沫镍的制备工艺，其权利要求 1 涉及具体制备方法及相关工艺参数，出现了数值范围、工艺步骤等多种限定方式。其技术特征之一为“溅射前先抽真空，真空度为$(0.8 \sim 3.5) \times 10^{-5}$毫米汞柱，充入氩气后真空度在$(2 \sim 3.5) \times 10^{-4}$毫米汞柱”，换算后“本底真空度为$(1.1 \sim 4.7) \times 10^{-3}$Pa、工作真空度为$(2.7 \sim 4.7) \times 10^{-2}$Pa”。而根据本案查明的事实，被诉侵权技术方案中的本底真空度及工作真空度分别为2×10^{-2}Pa、$(2.0 \sim 2.5) \times 10^{-1}$Pa，两者相差了一个数量级（10 倍）。

尽管从技术手段上看存在明显差异，法院并未贸然对等同与否给出结论，而是指出，由于工艺步骤之间的互相影响，难以确定或孤立地量化比较某一单一技术效果，故既不能直接认定不同的本底真空度和工作真空度所产生的整体效果基本相同，也不宜简单地认定被诉侵权技术方案的低真空度相对于权利要求的高真空度是变劣的技术方案。

在此前提下，法院结合说明书的描述对技术方案进行了全面的解读和分析，佐证了其关于涉案专利工艺参数并非孤立存在，而需要结合具体操作条件以获得最终期望的溅射效果的判断。进一步解释权利要求可知，专利工艺条件的选择是一个动态的过程，需要在设计人员精心计算的基础上进行大量的具体实验才能确定出合适的参数范围。本案中本底真空度和工作真空度是明确端点的数值范围，不应当将有明确端点的数值范围之外，并且与该范围差异明显的数值纳入等同技术特征的范围内，二者技术效果的差异已超出了等同原则所允许的范围。

---

① 江苏省高级人民法院民事判决书，(2011) 苏知民再终字第 1 号。

2."丙醇生产工艺"案[①]

本案涉及的也是生产工艺的参数范围,涉案专利"铜锌催化剂下丙醛加氢制备正丙醇的生产工艺"的权利要求1特征部分为,"……其特征在于丙醛在铜锌系催化剂的作用下进行气相加氢,生成粗丙醇,然后粗丙醇进入精馏系统提纯得到产品正丙醇,所述铜锌催化剂的重量组成为:氧化铜29.4%~50%,氧化锌49.4%~70%,三氧化铝0.05%~1.5%,三氧化二铁0.05%~0.15%和氧化钠0.2%~0.3%"。从该专利的权利要求表述来看,"铜锌系催化剂"的具体成分和比例范围的含义是明确的。同时,说明书中所陈述的三个实施例也把"铜锌系催化剂"的组成作为实施例中的重要内容,可见,"铜锌系催化剂"具体成分和比例是该技术特征不可或缺的内容。

而根据检测机构对被诉侵权产品中两种催化剂进行的分析检测数据,其检测结果分别为氧化铜35.6%、氧化锌63.1%、三氧化铝1.25%、三氧化二铁0.02%、二氧化硅0.06%、氧化钠未检出;氧化铜31.8%、氧化锌56.1%、三氧化铝1.18%、三氧化二铁0.02%、二氧化硅0.02%、氧化钠未检出。与专利催化剂相比,被诉侵权技术方案中没有氧化钠,有专利中不存在的二氧化硅,而且三氧化二铁比例为0.02%。结合前述说明书有关催化剂组分变化会对催化效果产生显著影响的描述,足以推定被诉侵权技术方案与专利催化剂相比在具体技术特征上存在明显差别,不可能达到基本相同的效果,不构成等同。

由上述两案不难看出,在等同原则适用过程中,从技术事实认识与分析到法律价值判断的每个环节都会在个案中由于不可预测之因素而无法精确量化,这不仅使法定的规则标准无法客观化,而且技术事实之判断也无法量化。因此,我们需要从权利要求解释的角度,将不可扩张之范围尽量予以明确,以最大化明确专利权扩张之边界。[②]

---

① 山东省高级人民法院民事判决书,(2012)鲁民三终字第87号。

② 参见郭鹏鹏:《专利保护范围之实质约束——以科力远案为视角》,载《中国发明与专利》2016年第12期。

小 结

过分扩张等同原则会挤压国内创新主体的创新空间，也难以获得成长所需的时间，但仅限于实施例基础上进行的等同比较。这会让真正的创新者难以获得回报，最终损害整个创新机制，并阻碍专利法立法目的的实现。如何在对权利要求解释的过程中达成保护范围扩张与限缩之间的平衡，说明书“功不可没”。①

实际上，无论是对于自创术语的定义，还是对于已有术语的理解；无论是权利要求清楚时的修正，还是技术特征模糊时的明晰；无论是对等同范围扩张的推动，还是对等同幅度限缩的设定，说明书在权利要求解释的各种语境中，无一例外地扮演着将保护范围确定从抽象概括的理念转化为形象具体的步骤的关键角色，这不仅增强了确定保护范围的可操作性，也保证了结果的准确性和合理性。打个比方，说明书就像“数据库”一样，蕴含了一项发明创造所涉及的背景技术、发明目的、有益效果、具体方式等信息。不同类型的权利要求则类似于进行了“加密”的技术问题，解释者在“解密”时，必须从说明书这一“数据库”中对相关信息进行检索、整合和提炼，并在此基础上形成对于目标权利要求客观的理解，进而才能得出与被诉侵权技术方案比对的结论。在这一过程中，不仅权利要求得以“解密”，浓缩于其中的发明创造结晶以通俗易懂的形式被公之于众，说明书的“智囊”作用也得到了充分的发挥，最终实现了其自身的“本位”价值。

SUMMARY

① 参见黄丽君：《二元体制下的权利要求保护范围》，载《法学杂志》2019 年第 1 期。

第五章

侵权判定中权利要求的解释

——说明书的"越位"限制

专利制度的本质是以公开换取垄断,说明书的内容是公开的范围,权利要求的内容是垄断的范围,其作为专利申请文件最重要的组成部分之一,主要意义在于区别发明与其他物,为专利权人的独占权划定边界,向社会公众公示专利权的保护范围。一旦被授权公告后,社会公众会信赖权利要求的公示作用,相信其权利边界不会扩大,据此开展生产经营活动,由此形成信赖利益。① 此外,权利要求产生的初心是废除专利权保护范围以说明书为依据的旧制度,建立专利权保护范围以权利人的明确请求为原则的新制度。② 因此,说明书和附图虽可用于解释权利要求,使专利权的保护范围更加清楚明确,但依然不能作为划界的直接依据。利用说明书和附图解释权利要求时应当体现专利制度的本质和基本原则,使解释后的权利要求既要与说明书公开的内容相适应,又要以权利要求为根本性依据,确保其在专利保护中

① 参见杨伦:《浅谈权利要求保护范围和解释》,载《中国发明与专利》2013 年第 8 期。

② 参见卫志远、王一娟、杨存吉:《论权利要求的初心、根本与解释》,载《中国发明与专利》2019 年第 12 期。

的核心地位有所体现。[①]

第一节 辅助理解作用的体现

权利要求书与说明书及其附图是一个有机的整体,权利要求的记载是建立在说明书及其附图公开的技术信息的基础之上的,权利要求的用语,尤其是权利要求记载的技术方案必须得到说明书及其附图的支持。[②] 因此,在保持权利要求的真实含义的基础上,与专利说明书作最为一致的解释,才是最后的正确解释。[③]

1.“加热器油箱”案[④]

本发明提供的是内燃机领域的一种油箱水包油型加热器,其仅有一项权利要求,所包含的技术特征均为下位的、具体的构件及其连接关系,且可与说明书附图所示形成清晰的对应。

涉案专利权利要求 1 为:一种水包油型加热器油箱。加热器构成:具有水套管竖段与水套管横段焊接构成水套管,在水套管竖段上侧连接有水套管进水口,在水套管横段端部连接有水套管出水口,吸油管横段置于水套管横段内,吸油管竖段置于水套管竖段内,吸油管横段与竖段之间连接为吸油管,在水套管横段一侧底部设有支腿(见图 5-1-1)。

加热器油箱结构:油箱由主油箱和副油箱相隔构成,加热器安装在主油箱内,在副油箱内插有高号油吸油管,高号油吸油管与三通油阀横向连通,吸油管出口与三通油阀纵向连通,三通油阀上部装有三通油阀手柄,三通油阀安装高号油吸油管方向相对的一侧三通油阀出油口与供油管连通,供油管与发动机进油管连通。

其特征是:所述吸油管金属管壁的外围涂覆盖导热石墨层,吸油管置于水套管内的部位管壁上设有翅片,在吸油管上相距排列连接有吸热热管;发动机冷却水经

---

① 参见杨存吉:《权利要求解释中的限制》,“中华全国专利代理人协会年会暨知识产权论坛”会议论文,2013 年于北京。

② 杨志敏:《权利要求语义解释中的说明书参考准则及其利用模式探析》,载国家知识产权局条法司主编:《专利法研究(2012)》,知识产权出版社 2013 年版,第 210 页。

③ Philips v. AWH Corp. 415 F. 3d 1303(Fed. Cir. 2005).

④ 最高人民法院民事裁定书,(2018)民申字第 725 号。

由水套管进水口进入到水套管内，然后再从水套管出水口流回发动机冷却水箱内；主油箱盛装低号油，副油箱盛装高号燃油；当发动机启动时，通过三通油阀，使高号油箱的吸油管通过三通油阀腔与供油管连通，使用高号油启动发动机运转；当发动机机体升温后，冷却水随即升温，当发动机冷却水达到 30 摄氏度以上时，扭转三通油阀手柄，将设置在主油箱内的吸油管与供油管连通。

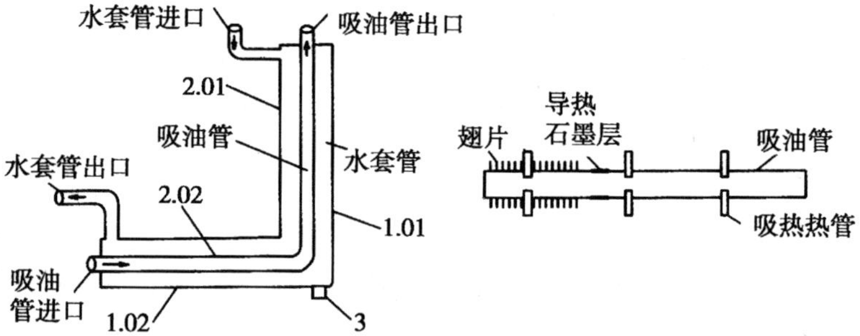

图 5－1－1　水包油型加热器油箱

结合权利要求 1 的记载和说明书附图相应的描绘，其包含如下技术特征：吸油管金属管壁的外围涂覆盖导热石墨层；吸油管置于水套管内的部位管壁上设有翅片；在吸油管上相距排列连接有吸热热管。反观被诉侵权产品，根据法院查明的事实，其未包含上述组件，故显然未落入权利要求 1 的保护范围。

不难看出，当权利要求清楚、无歧义的记载了技术方案中的相关技术特征时，说明书的作用也变得单纯起来，此时其既不会发挥所谓的澄清、限缩或扩大作用，更谈不上会产生修正的效果，而是在与相关技术特征的字面含义保持一致的前提下，形成配合关系，通过示例尤其是图示的形式，将该特征更生动地展现出来，以便于解释者的理解。

2. "扬声器"案①

涉案专利是一种名为"弹性体扬声器箱系统"的发明专利（见图 5－1－2），其权利要求 1 为：一种弹性体扬声器箱系统。其特征在于：所述弹性体扬声器箱系统包括扬声器箱、扬声器单体、障板和底板，所述扬声器箱由弹性材料制成，其管壁弯折形成波形管状箱体，这样扬声器箱箱体有弹性可自由伸缩运动，所述扬声器单体

① 最高人民法院民事判决书，（2019）最高法民再 141 号。

安装固定在障板上，所述扬声器箱箱体端固定在障板上，另一端通过底板封闭，这样扬声器单体、扬声器箱与底板共同构成闭箱系统。

与“加热器油箱”案类似，本案专利权利要求的文字表述也十分清晰，具体构件及其配合关系的技术特征大都采用了不易产生歧义的下位概念，一目了然地呈现于说明书附图中。

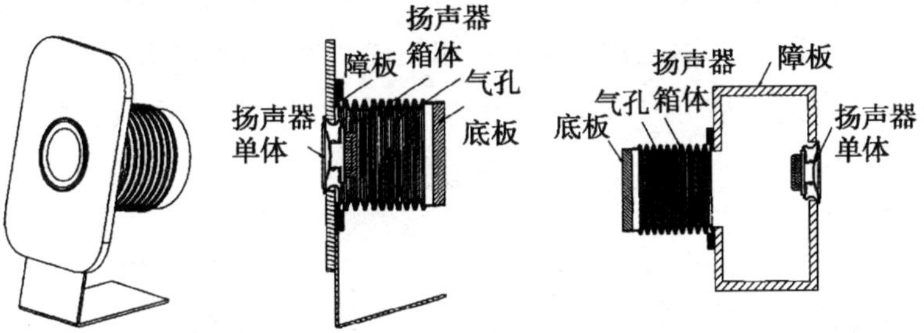

图 5－1－2　弹性体扬声器箱系统

借助说明书的辅助作用，对权利要求意欲保护的技术方案建立起直观的认识，自然有助于裁判者进行侵权比对的分析。本案中，法院正是依靠说明书与权利要求记载相一致的内容，最终作出了准确的判断。

3. “假捻变形机”案①

前述两案涉及的技术领域均较为简单，权利要求采用的技术特征和说明书中的相关描述也比较直观，阅读时通常不存在太多理解上的障碍。本案中的专利虽同属机械领域，但其构造特征及技术用语较为生僻，此时说明书及其附图的辅助理解作用进一步凸显，其与权利要求一致且下位化的描述自然更有益于增进解释者对于其所保护技术方案的理解。

涉案发明专利名为“假捻变形机”（见图 5－1－3），其权利要求 1 为：用于使多根复丝丝线变形的假捻变形机，具有多个输送机构，一个加热装置、一个冷却装置、一个假捻装置和一个卷绕装置，用于其中至少一根丝线的抽出、拉伸、变形和卷绕，所述卷绕装置具有一个被驱动的传动辊，其中，在一个第一输送机构和一个第二输送机构之间构成一个组合的变形/拉伸区，并且在第二输送机构与一个设

① 最高人民法院民事裁定书，（2019）最高法民申 1571 号。

置在卷绕装置之前的第三输送机构之间构成一个后处理区。其特征是：第一输送机构和第二输送机构分别构成一个缠绕输送机构，而第三输送机构成为一个夹紧输送机构。

显然，仅从权利要求的字面表述来看，何为“输送机构”，什么是“加热装置”“冷却装置”“假捻装置”“卷绕装置”，“传动辊”怎样传动，以及上述组件之间的配合连接关系等，即便是本领域的技术人员，在无其他资料供辅助理解时尚且未必能迅速形成清晰无误的概念，更何况不具备相关技术背景的裁判者。此时，必须借助说明书的进一步阐释和附图的描绘，才能“有凭有据”的开展对权利要求的解释工作。

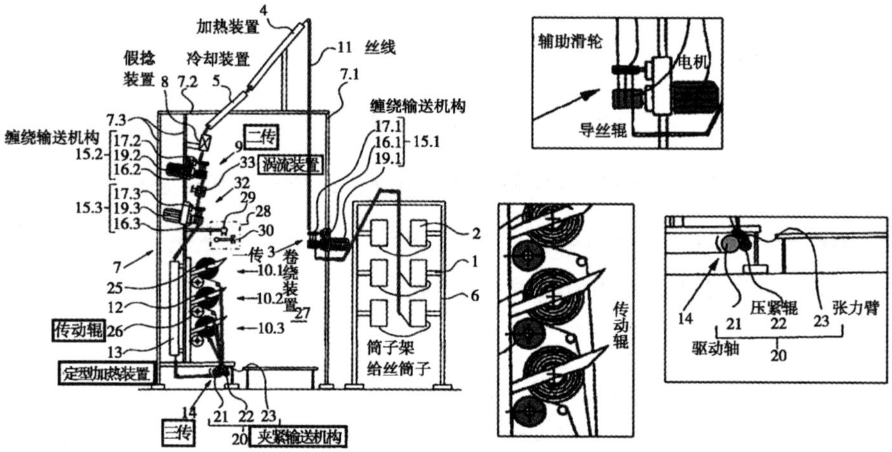

图 5－1－3　用于使多根复丝丝线变形的假捻变形机

具体而言，说明书在“具体实施方式”部分列举了两种涉案专利所保护的“假捻变形机”，就各个部件的构造、连接、运行等进行了详细说明，并在附图中一一体现，配合权利要求 1 记载的内容，其所蕴含的技术方案也随之变得立体、清晰起来。

从上述案例不难看出，作为我们解释权利要求最重要，也是最便利的“工具”，说明书在大多数情况下会在权利要求限定的含义之内，履行起将抽象上位概念转化拆解为具象下位术语的职能，便于人们更快速准确的理解权利要求的内涵，这也正是其“说明”作用的体现。

第二节 尊重权利要求的自身价值

权利要求本身在界定保护范围方面具有统治地位,即以“权利要求的内容为准”,解释者要做的工作是解释,而不是重写权利要求,否则专利法上的诸多实质审查制度都会在这一环节被架空,同时社会公众也会失去对于权利边界的预期。①

一、字面表述的解读

既然是专利法制度认可的确定保护范围的直接依据,从常理来看,权利要求自身记载的内容既是我们解释的对象,蕴含着技术方案的全部信息,同时也是最基础的工具,为权利要求解释提供了“一手”的文字材料。

(一)惯常含义的理解

专利文件的编写者和阅读者往往是本领域技术人员,故采用本领域技术人员熟悉的术语,以及将某一术语表述为其通常含义的做法,是专利文件撰写的基本方式。

1.“电子测定仪”案②

本专利授权公告的权利要求3(产品独立权利要求)为一种反应时电子测定仪(见图5-2-1),它包括外壳和设置其内的电路印制板,其特征是:在外壳的面板上设有显示屏、查询键、开关、一个启动键、若干个信号灯和数量相同的反应键;所述启动键与各反应键之间距离相等;所述各信号灯与反应键位置对应或者直接选用带灯的反应键;所述电路印制板包括:电源、单片机控制器、显示屏,并依次连接;所述单片机控制器的输入分别为启动键信号、查询键信号和若干个并联的反应键信号,其输出分别接若干个并联的信号灯、显示屏。

本案争议焦点在于对权利要求中“并联”这一技术术语的理解上,即是否如说明书附图所示,各反应键是“并列连接”的形式。法院认为,“并联”作为电学领域的基本术语,其含义对于本领域技术人员而言是明确的,即电路元件并列接在电路

---

① 参见崔国斌:《专利法原理与案例》(第2版),知识产权出版社2016年版,第590页。

② 北京市高级人民法院民事判决书,(2010)高民终字第1782号。

中的两点之间,其效果为干路电流在分支点分成若干个支流,若干个支流又在汇合点合成干路电流,每一支路和干路组成一个独立的电流路径,各支路的工作互不影响。因此,在权利要求字面含义清楚,且符合本领域技术人员的常识性认知的前提下,不宜将“并联”限制为“并列连接”。

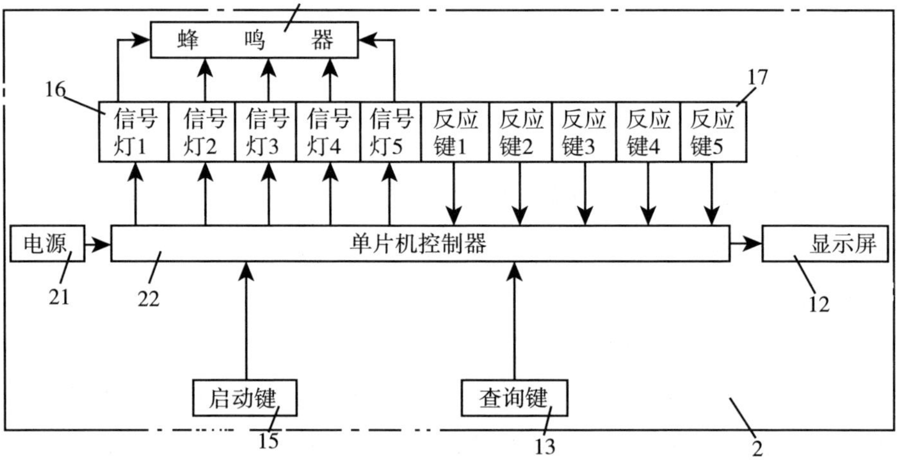

图 5－2－1 反应时电子测定仪

根据对被诉侵权产品的勘验结果,其在正常情况下,一个反映键信号接通时,其他反应键信号并不接通,一个信号灯接通时,其他的信号灯也不接通,其工作过程与涉案专利相同,符合“并联”的技术特征。

裁判者曾专门就本案所涉情形进行过总结,即“说明书发挥解释作用的情形往往出现在权利要求书的撰写存在‘先天不足’的时候……若权利要求书中所描述的技术方案含义清楚,本领域技术人员无歧义……此时无须用说明书对权利要求进行解释”。① 笔者认同这一结论,但需要强调的是,该观点只是指出了无须用说明书这种材料进行解释的情形,并没有否定权利要求解释的必要性。

2.“汽车方向盘锁”案②

本案中,涉案专利是名为“汽车方向盘锁”的实用新型专利(见图5－2－2),其

① 参见北京市第一中级人民法院:《不应用说明书及附图对权利要求书进行解释的情形》,载《中国发明与专利》2018 年第 3 期。

② 最高人民法院民事判决书,(2011)民提字第 248 号。

权利要求 1 关于锁体内部结构的技术特征为“垂直大孔的两侧设有贯穿其中心的纵向孔”。一审法院认为,该技术特征应理解为“两侧纵向孔与垂直大孔的中心处于同一水平线上”,并进而认为其与被诉产品垂直大孔两侧上下错位设置的纵向孔不同。

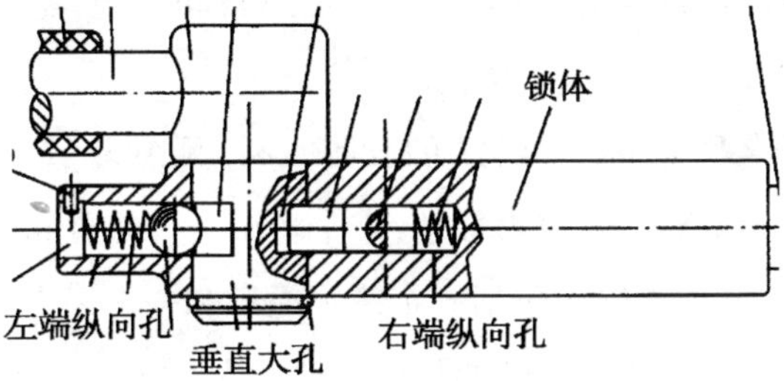

图 5－2－2　汽车方向盘锁

二审和再审法院则一致指出,“贯穿”不是一个专业技术术语,在涉案专利说明书中也没有对其含义作出特别界定,因此,应根据其通常含义对其进行解释。《现代汉语词典》(第 5 版)载明,“贯”的意思是“穿、贯通、连贯”,“贯穿”的意思是“穿过、连通”。也就是说,“垂直大孔的两侧设有贯穿其中心的纵向孔”的字面含义为两侧的纵向孔连通并且穿过垂直大孔中心。垂直大孔是立体的,其中心指的是其轴向中心线,而不是轴向中心线的中心,只要两端的纵向孔分别贯通于垂直大孔的中心即可满足要求,两侧纵向孔与垂直大孔的中心处于同一水平线上并非实现这一目的的必要手段。要实现这一点,垂直大孔两侧的纵向孔可以在一条直线上,与垂直大孔形成“十”字形结构,也可以上下错位设置,与垂直大孔形成“Z”形结构。因为垂直大孔和纵向孔都是中空的,上述两种结构均可以实现垂直大孔两侧的纵向孔连通并且穿过垂直大孔中心。

综合上述分析,即便垂直大孔两侧的纵向孔采上下错位的“Z”形结构设置,被诉侵权产品锁体的内部构造仍与涉案专利构成相同,一审判决将从专利附图中看出的信息用于限定权利要求的特征,显然不当地缩小了专利权的保护范围。

由本案的结论可以看出,在司法实践中,即便争议词语不是专业技术术语,如果说明书没有对其进行明确界定,也应按照本领域技术人员阅读说明书和所属领域的教科书、技术词典之后所能理解的通常含义进行解释,迈出我们在理解特定技术特征时的第一步。①

（二）上下文含义的结合

如前文所述，整体来看，说明书构成了发明创造技术方案的“语境”，而就某一特定技术特征来说，按照人们在阅读文字时的通常习惯，其所在的权利要求的上下文，无疑是理解该技术特征时首先关注到并用于解释的一手素材。

1.“锻炼装置”案②

本案涉及一种名称为“锻炼装置”的发明专利（见图5－2－3），其权利要求1为：一种锻炼装置。包括：一个阻力部件；一个将第一延伸臂和第二延伸臂连接到阻力部件上的绳索，其中该绳索包括一个第一绳股和一个第二绳股；第一延伸臂，包括一个选择性地支撑在阻力部件的附近的第一端，以及一个自由的第二端，绳索的第一绳股经此第二端延伸以由使用者抓握；第二延伸臂，包括一个选择性地支撑在阻力部件的附近的第一端，以及一个自由的第二端，绳索的第一绳股经此第二端延伸以由使用者抓握；以及其中，第一延伸臂远离第二延伸臂延伸，移动第一延伸臂的第二端远离第二延伸臂的第二端以确定第一和第二绳股的相反的延伸空间，并且第一延伸臂的第一端在第一枢转点处枢转地支撑在阻力部件的附近以绕第一轴线转动，第一延伸臂的第一端包括一个滑轮，该滑轮有一个与第一枢转点偏置的转动轴线并且绕一个平行于第一轴线的轴线转动，从而当第一延伸臂选择性地转动时绳索张力不变；并且第二延伸臂的第一端在第二枢转点处枢转地支撑在阻力部件的附近以绕第二轴线转动，第二延伸臂的第一端包括一个滑轮，该滑轮有一个与第二枢转点偏置的转动轴线并且绕一个平行于第二轴线的轴线转动，从而当第二延伸臂选择性地转动时绳索张力不变。

权利人主张称，权利要求1以“包括……”进行限定，属于开放式权利要求，其中多处出现的“包括……一个”，应解释为“包括……一个或者多个”。审理法院则认为，权利要求1不仅限定了“一个阻力部件”“一个……绳索”，还限定了“该绳索包括一个第一绳股和一个第二绳股”“第一延伸臂，包括一个……第一端，以及一

① 参见北京市高级人民法院知识产权审判庭编：《北京市高级人民法院〈专利侵权判定指南（2017）〉理解与适用》，知识产权出版社2020年版，第134页。

② 最高人民法院民事裁定书，（2014）民申字第497号。

个自由的第二端”,以及“该滑轮有一个……转动轴线”等技术特征。如果按照权利人的主张,将权利要求1中的“包括……一个”均解释为一个或者多个,会出现该绳索上包括多个第一绳股、第二绳股,延伸臂上包括多个第一端和自由的第二端,该滑轮上有多个转动轴线的技术方案,而这些技术方案不仅没有在涉案专利说明书、附图中公开,甚至会出现技术特征之间发生矛盾的情形。

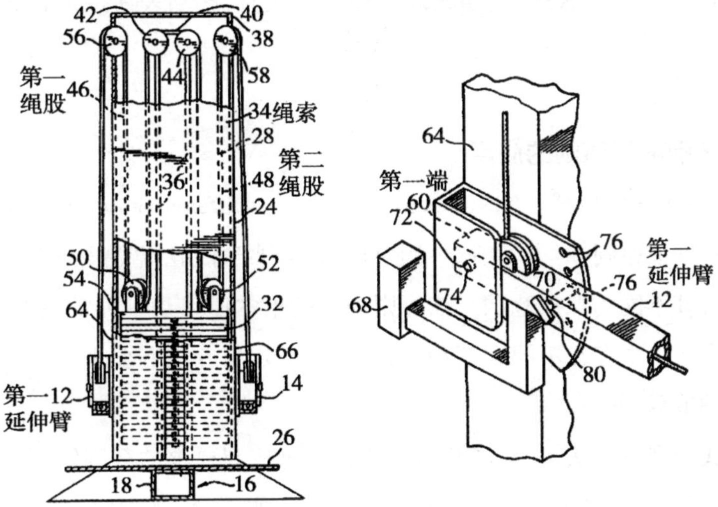

图5-2-3 锻炼装置

本案给我们带来的启发是,当对权利要求的特定用语产生分歧,从说明书中亦无法得到明示的情况下,不妨回到权利要求本身,在其上下文中寻找线索,以合乎完整语句正常语言逻辑的方式,对该特定用语作出合理的解释。

2.“硝酸铵溶液制备方法”案①

与前案同理,对同时包含多个介词的权利要求,其具体含义也应结合其所连接语句的语义关系进行解释。在“硝酸铵溶液制备方法”案中,专利“浓缩硝酸铵溶液的制备方法”的权利要求1为:在管式反应器中将硝酸与氨进行中和,以生产浓硝酸铵溶液的方法。其特征在于:当反应物总流量是使产物的产量低于150公斤/时/厘米^{2}时,在有循环比为1至5的硝酸铵溶液循环物流存在的情况下进行该中和反应;或当反应物总流量是使产物的产量高于150公斤/时/厘米^2

① 太原市中级人民法院民事判决书,(1999)并知初字第91号。

时,在没有硝酸铵溶液循环的情况下,进行该中和反应。权利人认为,"或当"一词表述的是并列的两个独立的技术方案。审理法院则指出,从权利要求 1 全段来看,"或当"前后两句话的内容描述的是工艺过程中不同动态下所采取的相应技术手段,是一个完整的工艺过程,解释时不能将任一单步的工艺过程游离出来形成一个独立的技术方案。因此,"或当"二字的中心词应该在于"当"字,其在本语句结构中是一个状态词,当其加前缀或后缀时,起到表述一定状态条件下的动态过程。

二、区别解释原则的应用

"权利要求区别解释原则"(Doctrine of Claim Differentiation)起源于美国法院的判例。根据该原则,对于一项专利中的多项权利要求,法院应当解释为每一项权利要求均有其不同的保护范围。该原则确立的根本原因是一种常识性观念,即由于不同权利要求中存在不同词汇和短语,所以推定这些权利要求具有不同含义和不同的保护范围。①

尽管我国现行的法律、法规及司法解释未对权利要求的区别解释作出明确规定,但其实质性内容已有所体现:《专利法实施细则》第 20 条规定,权利要求书应当有独立权利要求,也可以有从属权利要求。从属权利要求应当用附加的技术特征,对引用的权利要求作进一步限定;《专利审查指南(2010)》明确指出,在一件申请的权利要求书中,独立权利要求所限定的一项发明或者实用新型的保护范围最宽……由于从属权利要求用附加的技术特征对所引用的权利要求作了进一步的限定,所以其保护范围落在其所引用的权利要求的保护范围之内。②

或许是司法实践经验更为丰富,部分地方法院规范性文件的表述更为直接。例如,北京市高级人民法院在《专利侵权判定指南(2017)》第 17 条中明确将其视为权利要求解释的规则之一,即"解释权利要求、确定权利要求书中记载权利要求的保护范围时,可以推定独立权利要求与其从属权利要求所限定的保护范围互不

---

① 参见张晓都:《专利权利要求区别解释原则——以一起专利侵权纠纷案为例》,载《调处·仲裁·诉讼》2006 年第 6 期。

② 《专利审查指南(2010)》第二部分第二章第 3.1.2 节。

相同。独立权利要求的保护范围大于其从属权利要求的保护范围,在前从属权利要求的保护范围大于在后引用该在前从属权利要求的保护范围,但本领域普通技术人员根据专利说明书及附图、专利审查档案等内部证据,可以做出相反解释的除外”。

(一)范围大小的区别

考虑到权利人撰写不同权利要求的目的,尤其是在独立权利要求的基础上撰写从属权利要求是为了限定出不同层次的保护范围,使专利权的保护范围更为明确和立体,因此,应当推定不同的权利要求具有不同的保护范围。也就是说,“独立权利要求的保护范围内应该大于从属权利要求,以防止从属权利要求成为多余的”。①

1.“热交换器”案②

本案所涉专利“热交换器”共有6项权利要求(见图5-2-4),权利要求1为独立权利要求,权利要求2为其从属权利要求,二者内容分别如下。

权利要求1:一种热交换器包括一个框架,一个由所述框架支承的外壳,一个在所述外壳内绕着一根轴线转动的转子,多个安装在转子内的热交换单元,安装在所述转子的第一轴向端和第二轴向端上的第一扇形板和第二扇形板,第一轴向端为转子的热端而第二轴向端为其冷端,所述扇形板各沿着所述转子的一条直径延伸,分别位于所述第一轴向端和第二轴向端并安置在所述扇形板的同一径向侧的气体进口和出口管道,以及分别位于所述第一轴向端和第二轴向端并安置在所述扇形板的与所述气体进口和出口管道相对的径向侧的空气出口和进口管道,其中,至少第二扇形板是由一块大致平整的板材所制成,在其上焊有至少两条纵向延伸的扇形板肋条,该肋条从扇形板沿着背离转子的方向延伸,还有支承结构肋条被直接焊在框架上,所述支承结构肋条再与所述扇形板肋条相互焊接在一起。

权利要求2:根据权利要求1的热交换器,其特征在于其中靠近转子的扇形板的表面被制成凸形的,从而使它与由任何热变形造成的转子凹形相互补偿。

① Dow Chem. Co. v. United States,226 F.3d 1334,Fed. Cir. 2000.

② 上海市高级人民法院民事判决书,(2005)沪高民三(知)终字第63号。

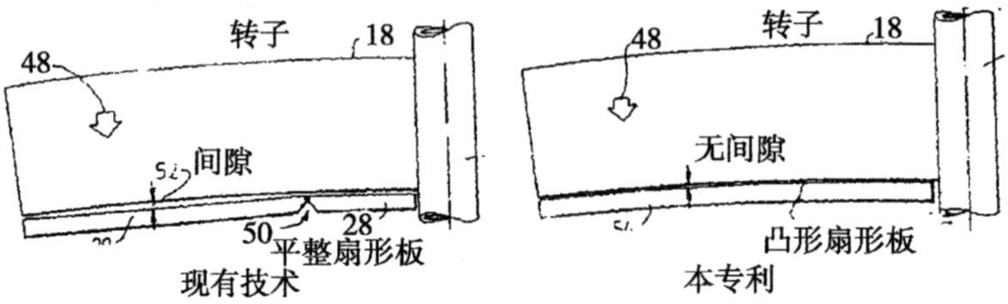

图 5－2－4　热交换器

被诉侵权人认为，分析专利说明书及附图，可以了解到权利要求 1 技术特征“大致平整的板材”是指第二扇形板的表面制成凸形，以与由任何热变形造成的转子冷端的凹形相互补偿，从而缩小转子径向封接的缝隙，有效减少了漏泄问题。

审理法院没有采信该种主张，而是首先对权利要求区别解释原则进行了明确，即当专利权利要求书既有独立权利要求，又有从属权利要求时，应当认定独立权利要求与各从属权利要求所限定的保护范围各不相同，独立权利要求的保护范围要大于从属权利要求的保护范围，在前从属权利要求的保护范围要大于在后的引用该在前从属权利要求的在后从属权利要求的保护范围，否则从属权利要求或者在后的从属权利要求就成为多余。

本案中，权利要求 2 中的“其中靠近转子的扇形板的表面被制成凸形的，从而使它与由任何热变形造成的转子凹形相互补偿”技术特征，是对独立权利要求中技术特征“至少第二扇形板是由一块大致平整的板材所制成”中“扇形板”结构的进一步限定。没有权利要求 2 记载的技术特征，独立权利要求仍然是一个完整的技术方案，只是“至少第二扇形板是由一块大致平整的板材所制成”。按照被诉侵权人的解释，涉案专利从属权利要求 2 将成为多余的。

实际上，即便从说明书的内容进行分析，解释者如果能仔细阅读说明书相关内容，得出的也会是同样的结论。根据涉案专利说明书的陈述，为了解决在热变形后转子和下扇形板之间的相互干扰的问题，涉案专利发明提出了两种解决方案：一种是直接记载于权利要求 1 的“至少第二扇形板由一种一般为平整的板材制成，在其上焊接有至少两根纵向延伸的扇形板肋条，该肋条从扇形板以背离转子的方向延伸，在其中，支承结构肋条直接焊在框架上，所述支承结构肋条和所述扇形板肋条相互焊接在一起”；另一种是“第二扇形板的表面一开始就制成为凸形的，以与由任何热变形造成的转子冷端的凹形相互补偿”。由此,将前者与后者解释为同一内容显然是不合理的。

2.“煤物质分解设备”案①

本案是一起专利侵权纠纷行政处理案件,涉案实用新型专利名为“内煤外热式煤物质分解设备”(见图5-2-5)。权利人据以主张保护范围的权利要求1为:一种内煤外热式煤物质分解设备,包括一个密封窑体。其特征在于:所述窑体内设置煤物质推进分解管道,所述煤物质推进分解管道设置进煤口、出煤口和分解气收集管,所述煤物质推进分解管道与窑体内壁之间设置热交换仓,所述热交换仓与高温气体加热机构连通,所述热交换仓设置加热气导出管。

被诉决定认为,根据说明书及附图所述,涉案专利采用多根平行密排管道组成的煤物质推进分解管道,而被诉侵权设备的煤料分解管道只有一个回转窑体(管道),二者不构成相同或等同特征。

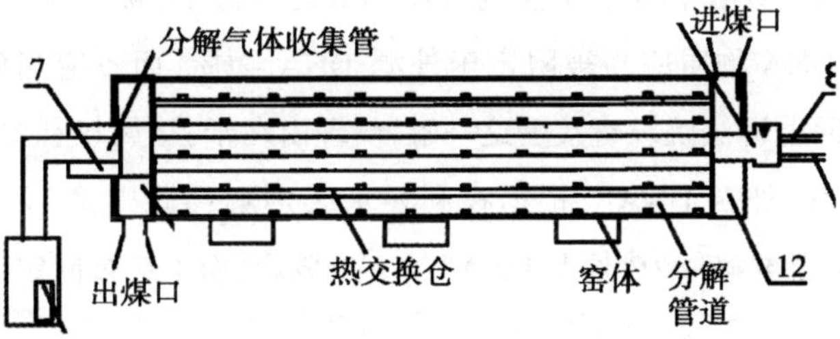

图5-2-5 内煤外热式煤物质分解设备

再审法院首先对同一专利中独立权利要求和其从属权利要求的关系进行了明确,即“根据《专利法实施细则》规定的权利要求撰写规则,从属权利要求是对其所从属的独立权利要求的进一步限定,独立权利要求的保护范围应当大于其项下的从属权利要求的保护范围”。这在一定程度上也可以视为对区别解释原则的认可和默许。在此基础上,再审判决结合从属权利要求5的相关表述,对权利要求1中“煤物质推进分解管道”这一特征范围的大小进行了分析。涉案专利权利要求1并未对煤物质推进分解管道的数量和位置作进一步的限定,反而在其从属权利要求5记载,“如权利要求1或2所述的内煤外热式煤物质分解设备,其特征在于:所述煤

① 最高人民法院行政判决书,(2017)最高法行再84号。

物质推进分解管道由多根平行密排管道组成,所述多根平行密排管道一端设置分配盘,所述分配盘与所述进煤口连通,另一端设置汇聚盘,所述汇聚盘与出煤口连通”。

由此,根据涉案权利要求 5 对于“所述煤物质推进分解管道由多根平行密排管道组成”的限定,可以反推其从属的权利要求 1 的“煤物质推进分解管道”并无关于数量和形式的限定,其范围应大于“多根平行密排”这一特定情形,被诉侵权设备的煤料分解管道只有一个回转窑体(管道)的方案当然也包含在内。

（二）上下位概念的区别

在权利要求用语含义的解释中,如果一个从属权利要求用一个下位的且更具体的术语对其所引用的权利要求中的上位用语作进一步限定,那么就推定它所引用的权利要求(如独立权利要求)中的该上位用语的含义范围不限于这一下位的术语含义。① 例如,在 Amgen 案中,涉案专利独立权利要求包括“DNA 物质”技术特征,但没有限定 DNA 物质的类型为外源的或者内源的,被告认为涉案专利权利要求涉及基因 DNA 物质应当被限定于外源 DNA 物质,而不应当包括内源 DNA 物质。联邦巡回上诉法院没有接受这一解释,理由在于,从属权利要求之一将上述技术特征描述为“外源 DNA”,根据权利要求区别解释原则,独立权利要求中的“DNA 物质”应当被解释为“外源 DNA”的上位概念,而不应被限定为“外源 DNA”这一下位概念。②

当然,权利要求的区别解释只是一种推定,它要求法院在解释专利权利要求时,首先要假设涉案专利权利要求是按照《专利法》、《专利法实施细则》及《专利审查指南(2010)》的相关规定撰写的,原则上应推定专利权利要求书中记载的每一项权利要求均有其不同的保护范围。但是,如果有证据能够推翻该种推定,如根据专利说明书及附图、专利审查档案等内部证据,专利权利要求书中的不同权利要求实质上限定的是同一个技术方案的,权利要求区别解释规则就不再适用。③

---

① Liebel-Flarsheim Co. v. Medrad, Inc., 358 F.3d 898, 910 Fed. Cir. 2004.

② Amgen Inc. v. Hoechst Marion Roussel, Inc., 314 F.3d 1313, 1326, 65 U.S.P.Q.2d(BNA) 1385, 1393 Fed. Cir. 2003.

③ 参见北京市高级人民法院知识产权审判庭编:《北京市高级人民法院〈专利侵权判定指南(2017)〉理解与适用》,知识产权出版社 2020 年版,第 79 页。

例如,在“锻炼装置”案中,法院在适用区别解释原则的同时指出语言文字本身存在一词多义,也可能存在多词同义的情形。加之申请人在撰写技巧、主观认识等方面的偏差,对于同一技术方案,有可能使用不同的技术术语,以不同的表述方式进行限定,从而出现不同的权利要求的保护范围相同,或者实质相同的情形。本案中,对于本领域技术人员而言,权利要求 1 中的“一个绳索”与权利要求 2 中的“单根绳索”并无实质性的区别,二者仅仅是表述方式不同而已,在此种情形下,机械地进行区别解释,无疑是有悖于客观事实的。①

第三节 避免说明书的过度限定

列宁说过:“真理只要向前一步,哪怕是一小步,都可能成为谬误。”同理,语言的含义应当被置于具体的语境中理解,引入语境进行解释是确定确切保护范围的必由之路,但这并非表明说明书可以不受限制地改写权利要求的内容。反之,如果在解释的道路走过头,则迈向了以说明书“重述”权利要求的极端。因此,要注意使用权利要求以外的文件解释权利要求的尺度,不能把这些文件中的限制读入权利要求,从而威胁权利要求的独立地位。②

一、缺少特征时的判断

将权利要求中没有的特征“解释”进入权利要求的做法超出了合理的范畴,不仅会损害权利要求的公信力,更会从根本上撼动其作为权利樊篱的核心地位,导致回到以说明书界定保护范围的具有过多不确定性的环境中去,依赖权利要求提高确定性和可预期性的政策目标也将落空。③

1.“空调器控制方法”案④

本案专利“按照自定义曲线运行的空调器及其控制方法”中的权利要求 2 未提及“遥控器主芯片”这一技术特征,更未限定“记忆芯片”与“遥控器主芯片”包括物

① 最高人民法院民事裁定书,(2014)民申字第 497 号。

② 参见崔国斌:《专利法原理与案例》(第 2 版),知识产权出版社 2016 年版,第 590 页。

③ 参见陈文煊:《专利权的边界》,知识产权出版社 2014 年版,第 213 页。

④ 广东省高级人民法院民事判决书,(2011)粤高法民三终字第 326 号。

理位置关系在内的任何关系，专利说明书关于具体实施方式的描述以及附图2虽然记载了“遥控器主芯片”接收和生成数据并传送到“记忆芯片”，但说明书具体实施方式和附图所记载的内容应作为专利技术方案的实施例，而不能将“遥控器主芯片接收和生成数据并传送到记忆芯片”作为技术特征，纳入权利要求2的技术方案中(见图5-3-1)。

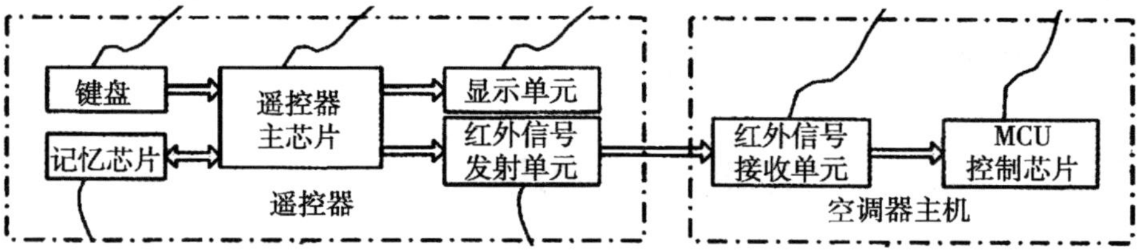

图5-3-1　按照自定义曲线运行的空调器及其控制方法

权利要求2未记载“遥控器主芯片”及其与“记忆芯片”的关系，那么“记忆芯片”既可以单独存在于“遥控器主芯片”外，也可以存在于“遥控器主芯片”内，无论其物理关系如何，从专利侵权的覆盖原则来讲，只需审查被诉侵权技术方案是否包含了“当设置完成后，遥控器将已设置好的自定义曲线数据存储在遥控器自带的记忆芯片中”的技术特征。

2.“太阳能手电筒”案①

本案涉及的是一项发明专利(见图5-3-2)，其权利要求1为：一种太阳能手电筒，其包括有手电筒的筒体、灯头、灯座、开关，灯头与筒体进行连接，筒体里内置有充电电池作为电源，同时手电筒上安装有控制电源断通的开关，筒体的外表面固定有太阳能电池板，太阳能电池板的输出与筒体内的充电电池进行并联连接，其特征在于所述的太阳能电池板与在外面的、保护太阳能电池板的、透明的罩盖组成可脱卸的部件。同时，筒体的表面开有配合的安装孔，罩盖的前部有前缘部分，与安装孔的前沿呈插接连接，罩盖的后端面上开有小孔，紧固有紧固件，紧固件与筒体的后部里表面进行配合固定，使该部件能够通过可脱卸的连接结构安装固定在筒体的外表面安装孔上。

① 最高人民法院民事判决书，(2011)民提字第64号。

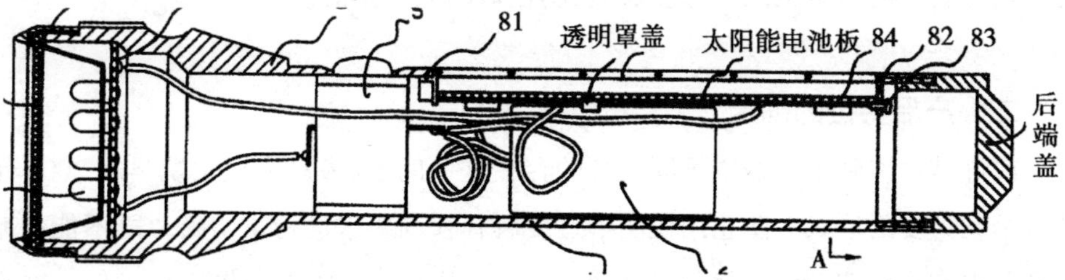

图 5－3－2　太阳能手电筒

针对该权利要求中“太阳能电池板与在外面的、保护太阳能电池板的、透明的罩盖组成可脱卸的部件”的技术特征，二审法院结合说明书关于专利发明目的的描述进行了解释，即将太阳能电池板与透明罩盖组成可脱卸的部件，既方便拆换太阳能电池板，又实现了对太阳能电池板的保护。而比较被诉侵权产品的技术方案，其太阳能电池板与透明罩盖安装固定在筒体的外表面上，并将紧固件与筒体后部里表面进行配合固定，但其手电筒筒体后端盖经过高压冲压后固定在手电筒的筒体上，无法通过人力正常打开。因此，被诉侵权产品不具备该技术特征。

再审法院则认为，这一结论看似尊重了说明书对权利要求的解释作用，但忽略了权利要求记载内容的限定意义，错误地将与争议技术特征无关的内容解释进来，不当的限定了权利要求本应有的保护范围。本案中，权利要求 1 并未记载“后端盖”这一特征，“可脱卸”是指电池板与罩盖之间的可脱卸，以及罩盖、电池板与筒体之间的可脱卸，与后端盖和筒体之间的可脱卸非同一含义，仅是说明书的实施例部分及附图部分有所提及，不能作为界定本案专利权保护范围的直接依据。因此，被诉侵权产品的后端盖不能通过人力打开，并不意味着其不具有专利权利要求中的“可脱卸”特征。

进一步的，再审法院还对如何把握说明书解释权利要求的限度，尤其是使用实施例时的注意事项，进行了全面而客观的总结和分析。权利要求的作用在于界定专利权的权利边界，说明书及附图主要用于清楚、完整地描述专利技术方案，使本领域技术人员能够理解和实施该专利。教导本领域技术人员实施专利的最好方式之一是提供实施例，但实施例只是发明的例示，因为专利法不要求、也不可能要求说明书列举实施发明的所有具体方式。因此，运用说明书及附图解释权利要求时，不应当以说明书及附图的例示性描述限制专利权的保护范围。否则，就会不合理地限制专利权的保护范围，有违鼓励发明创造的立法本意。

二、产品特征的确定

或许是意识到了实践中不同程度的存在这一问题，最高人民法院早在2005年就以个案批复的形式对防止用说明书过度解释权利要求进行了明确，“既不能忽略权利要求有明确记载的任何技术要求，也不能引入权利要求未作记载而仅反映在说明书及附图中的技术要求”。[①]这就要求我们在解释权利要求，尤其以说明书为依据理解技术方案时，除非因发明目的等原因需要对权利要求作限缩性解释以外，要避免引入原不属于权利要求本意的限定。实践中，产品类型权利要求的解释是容易走入这种误区的情形之一。

（一）自身特性

当权利要求记载的内容未对产品某一特征自身的特性或表现形式进行专门限定或特别要求时，符合该特征字面含义或用途的形式，均应理解为属于其保护范围。

1.“输入法”案[②]

本案涉及输入法领域的技术问题，涉案专利“一种输入过程中删除信息的方法及装置”（见图5-3-3）的权利要求1可以划分为如下技术特征：（1）一种输入过程中删除信息的方法；（2）输入区域包括编码输入区和字符上屏区；（3）当输入焦点在编码输入区时，接收删除键的指令，删除已输入的编码；（4）当所有的编码全部删除完时，暂停接收所述删除键的指令；（5）当所述删除键的按键状态达到预置条件时，继续接收删除键的指令，删除字符上屏区中的字符。

对于上述技术特征中的“输入焦点”，被诉侵权人认为，根据涉案专利说明书公开的内容，专利技术方案是基于个人电脑（PC）平台而开发的，在PC版本的输入法中，输入的窗口中存在光标即为输入焦点；而被诉侵权输入法是基于触屏手机开发的，其光标仅位于字符上屏区，在编码输入区不存在光标。

① 最高人民法院《关于对河南省高级人民法院请示郑州市振中电熔锆业有限公司与郑州建嵩耐火材料有限公司专利侵权纠纷再审一案有关问题的答复》。

② 北京市高级人民法院民事判决书，（2018）京民终498号。

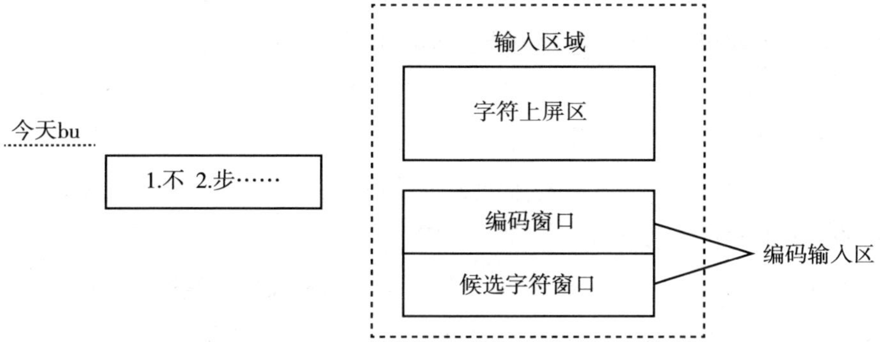

图 5-3-3 输入过程中删除信息的方法及装置

审理法院结合本领域技术人员的理解,对“输入焦点”的定义及形式进行了细致的分析。涉案专利解决的是现有删除方法在进行编码删除时,由于误操作将已经上屏的字符也删除掉的问题,权利要求 1 中并没有限定“输入焦点”显示的形式,其是不是会在删除完编码输入区的字符后自动跳转到字符上屏区也只是上述技术问题的表象,而非技术问题本身。实际上,在本领域技术人员看来,“输入焦点”就是根据当前输入的位置确定的焦点,即当前可进行操作的位置,在编码输入区进行输入时,编码输入区可以进行操作的位置就是“输入焦点”,在字符上屏区进行输入时,字符上屏区可以进行操作的位置就成为“输入焦点”,将其限定为光标,不符合本领域技术人员对于“输入焦点”的通常理解,也没有将涉案专利说明书作为依据。

由本案的结论还可以看出,运用说明书对权利要求进行解释的前提,是在全面细致阅读说明书的基础上作出客观的解释,而非片面粗略的浏览后得出偏颇的理解,这也是对解释者提出的一项重要要求。

2. “地栅”案①

本案专利涉及一种地栅及制造地栅的方法,其独立权利要求 7 是关于该地栅组成结构的限定,“一种地栅,其通过设置有孔的阵列的塑料起始材料拉伸和双轴定向而制得,所述地栅包括:第一组大致成直线定向的绞合线,其相对于第一方向 MD 以锐角延伸;第二组大致成直线定向的绞合线,其相对于第一方向 MD 以锐角

① 福建省高级人民法院民事判决书,(2019)闽民终 828 号。

延伸,从与第一方向 MD 成直角的第二方向 TD 上考虑,交替成角的所述两组绞合线以基本相等和相对的角度与第一方向 MD 形成角度;另外的大体为直线定向的绞合线,其沿所述第二方向 TD 延伸;以及结合处,每一结合处连接四个成角度的定向绞合线和两个另外定向绞合线,大体在每一结合处,每对相邻绞合线之间的分叉定向为在环绕该分叉的方向上,由此从一个绞合线的端部、环绕分叉至相邻绞合线的端部存在有连续的定向”。

审理法院认为,虽然权利要求 7 记载采用“设置有孔的阵列的塑料起始材料”,但并未限定采用哪种塑料,且该权利要求已经记载了最终产品的结构,具有该结构的产品便能够解决该专利的技术问题,被诉侵权产品具备涉案专利最终产品的结构特征,无论其采取何种原材料,应当认定其已经落入涉案专利权利要求的保护范围。

(二)结构形态

结构形态特征是产品权利要求最常见和最基本的组成要素,也是说明书尤其是实施例、附图等会示例性给出具体样态的部分,其解释空间的大小往往关系到最终保护范围的确定,往往会成为各方产生分歧的焦点之一。

1. “反烧锅炉”案①

作为早期司法实践中的案件,本案虽为专利确权案件,但其关于说明书解释权利要求规则的评述分析,对于我们在侵权案件中处理类似问题,有相当的借鉴意义。

涉案发明专利权利要求 1 为:一种立式或卧式双层炉排平面波浪型反烧炉排锅炉。其特征是上层水管反烧炉排是平面波浪型布置。不论在其权利要求书还是在说明书中,均未对下层炉排的具体结构作出特别的限定或者说明,只是在说明书中唯一一个附图中显示的下层炉排是平面一字排开的炉条(见图 5-3-4)。

法院认为,在使用说明书及附图解释权利要求时,不应当将仅反映在说明书及附图中而未记载在权利要求书中的技术特征读入权利要求,用于限制专利权的保护范围;也不能直接以仅在说明书附图中所反映出的具体结构来限定权利要求中相应技术特征的含义。

---

① 最高人民法院行政判决书,(2007)行提字第 4 号。

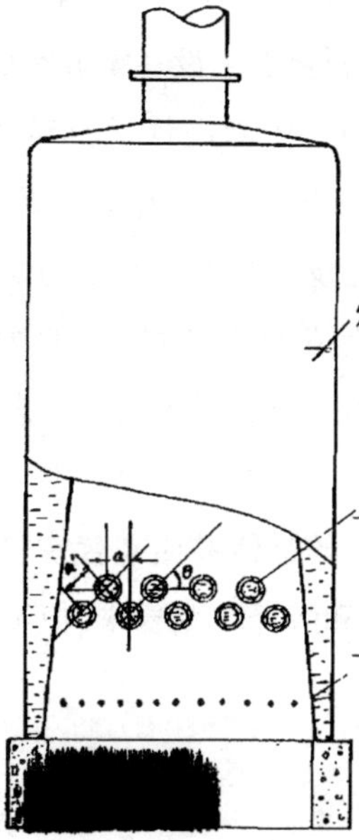

图 5－3－4　反烧炉排锅炉

本案中,在该发明专利权利要求并未对下层炉排的具体结构作出特别限定的情况下,不能仅依据说明书附图中有关下层炉排的表示来限定其具体结构,该发明专利的下层炉排也可以是平面波浪形排列的炉排。

2.“计算机接口连接器”案①

本案是一起如何运用说明书实施例及附图解释权利要求的典型案例,涉案专利是一种名为“小型计算机系统接口双向连接器”的实用新型专利(见图 5－3－5)。其权利要求 1 为:一种小型计算机系统接口双向连接器,包括由两端设有螺钉孔的梯形槽框架和通过绝缘体安装在梯形槽框架之梯形槽内的端子组成的插接本体、壳体和端盖。其特征在于:端盖设有可将插接本体之梯形槽框架端固定的定位槽,端盖与壳体间为卡扣连接。

被诉侵权人认为,无论从权利要求 1 的字面含义,还是从说明书的具体实施例来看,权利要求 1 中限定的定位槽是要对梯形槽框架的端部起定位、固定作用,防止其上下移动,所以才将其命名为“定位槽”。而被诉侵权产品的端盖是大缺口“U

① 最高人民法院民事裁定书,(2011)民申字第 1318 号。

形槽”结构，梯形槽框架的端部可在这个大缺口中有较大的上、下活动空间，没有被固定或定位，故被诉侵权产品对权利要求 1 没有构成字面侵权。

审理法院首先对说明书实施例的作用进行了明确：实施例只是对发明或者实用新型优选的具体实施方式的举例说明，其作用在于帮助所属技术领域的技术人员理解和再现发明或者实用新型的技术方案。而权利要求书往往是一个在说明书充分公开的实施例的基础上概括而成的技术方案，其内容通常比说明书中的具体说明抽象、概念上位，保护范围也相应地是一个包含了多个实施例的集合。除非说明书中有特别说明，否则，说明书及附图对权利要求书内容的解释不能认为是用说明书的具体实施方式尤其是实施例的具体描述来替换权利要求书中相应的技术特征，即说明书实施例可以用于支持和解释权利要求，但不能作为限制而将其读入权利要求中。

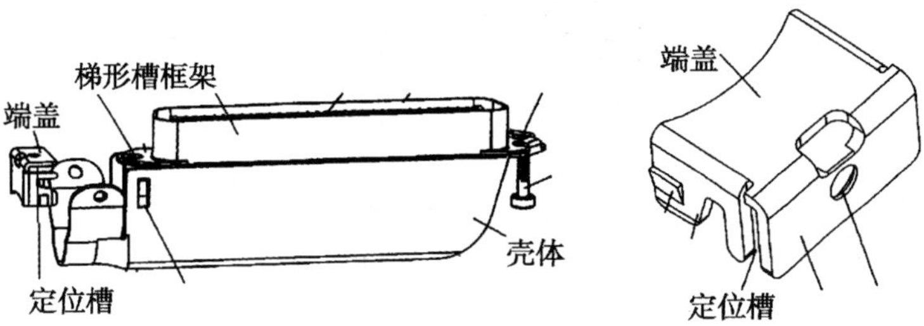

图 5－3－5　小型计算机系统接口双向连接器

基于上述分析，审理法院认为，涉案专利权利要求 1 对“端盖设有可将插接本体之梯形槽框架端固定的定位槽”中的“定位槽”的含义没有作出解释，对其结构也没有作出进一步的限定，专利说明书具体实施方式部分描述“端盖 3 设有可卡入梯形槽框架端的定位槽 31”“端盖 3 插入到位时，端盖 3 的定位槽 31 将梯形槽框架 10 端固定”，指出了定位槽与其他结构之间的配合关系，“卡入”“定位”“固定”等词语是表明各个结构之间进行组配后形成的具体状态，并非必须是定位槽的厚度与梯形槽框架左端部的厚度大小相当才存在“卡入”和“固定”。

综上，被诉侵权技术方案中的“U 形槽”结构就是用来固定插接本体之梯形槽框架端，实现定位功能的，故应视为其具备了具有“端盖设有可将插接本体之梯形槽框架端固定的定位槽”的技术特征，被诉侵权人提出定位槽的厚度略等于梯形槽框架左端部的厚度的主张，不应予以支持。

本案带给我们的另一启示在于，权利要求的基本属性决定了权利要求所记载的技术特征越少，表达每一个技术特征所采用的措辞越是具有广泛的含义，该权利要求的保护范围也就越大。

3.“电器产品保护套”案①

本案涉及的也是一种实用新型专利，名为“电器产品保护套”（见图 5－3－6），其独立权利要求 1 为：一种电器产品保护套。其特点在于：所述电器产品保护套为一弹性套体，该弹性套体为空心柱体或台体结构，顶端有 1～4 条通过中点的任意角度的开缝，开缝的内侧与柱状结构内壁设有加强筋。

被诉侵权人认为，其生产的产品顶端中心为镂空圆形，由圆形的周边向圆柱体的边缘开缝不通过中点，也没有与中点连接，不具有涉案专利权利要求 1“通过中点”这一技术特征，不构成侵权。

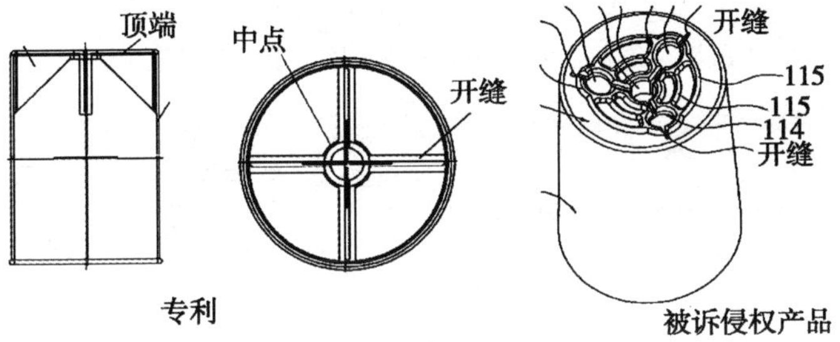

图 5－3－6　电器产品保护套

审理法院则指出，结合说明书的描述，“开缝”技术特征的功能在于使受保护的电器产品能够通过开缝处进出套体，故专利权利要求 1 中设置“通过中点的任意角度的开缝”的目的是便于将产品通过开缝插入保护套中，其并未限定开缝的长度及具体样态，尤其是否如实施例所示必须穿过中点，贯通顶端。

因此，权利要求 1 中的“开缝”应当既包括开缝直线通过顶端中点的情形，也包括开缝从顶端边缘到达顶端中点之后，以任意角度转折到达顶端另一边缘的情形。并且，为了达到前述发明目的，权利要求 1 所述“中点”应为空心，但并未就该空心的形状及大小作出限定。反观被诉侵权产品，顶端虽为镂空圆形，但亦

① 最高人民法院民事裁定书，(2018) 民申字第 5647 号。

可视为顶端的“中点”,周边辐射有数条通过该点的“开缝”,目的也是便于插入产品,应认定其具备了权利要求1中“通过中点的任意角度的开缝”的技术特征。

（三）位置关系

与结构特征类似,不同组件之间的位置关系也是产品权利要求较为常见的技术特征,对其保护范围的理解较结构特征而言更为抽象,解释空间更难以把握。

1.“主轴电机”案①

本案涉及一种执行转动光盘盘片功能的主轴电机的发明专利(见图5－3－7),其权利要求1记载了该种电机的组成部件及相应的位置关系,“一种主轴电机,所述主轴电机包括:底板;PCB,被布置在所述底板的上表面上;轴承组件,联结到所述底板;转轴,可转动地联接到该轴承组件;定子,包括联结到所述轴承组件的周围的芯体和缠绕在所述芯体上的线圈;以及转子,包括联接到所述转轴的轭以及固定在该轭上以与所述芯体相对的磁体,其中,所述底板形成有外来物质流入防止护栏,并且其中,所述PCB布置在所述底板的上表面上,使该底板的与所述芯体相对的部分被部分地露出”。

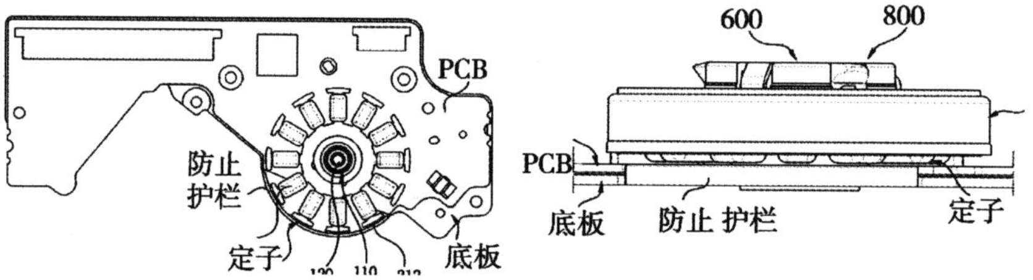

图5－3－7　主轴电机

各方当事人争议的焦点在于涉案专利中的防止护栏的两端是否与PCB接触。被诉侵权人认为,涉案专利技术方案中,防止护栏的两端必须与PCB接触,才能实现本专利的发明目的;权利人则认为,在专利技术方案中,防止护栏的两端可以与PCB接触,也可以不与PCB接触。

审理法院认为,虽然专利说明书给出的实施例记载“防止护栏”两端与PCB接触,但相关权利要求并未做这样的限定,本专利发明目的之一是本领域技术人员在

① 北京市高级人民法院民事判决书,(2017)京民终55号。

阅读本专利全部文件后,可以根据应用环境和实际需要,设定与 PCB 的露出单元部分的开口形成对应配合关系的外来物质流入“防止护栏”的具体形状,以实现通过“防止护栏”与 PCB 位置关系的设置来防止某些灰尘或杂质进入的上述目的。因此,“防止护栏”的两端无论是否与 PCB 接触,只要能实现上述目的,均落入为涉案专利的保护范围。

此外,审理法院还特意指出,实施例只是权利要求技术方案的一种具体展示,通常来说,权利要求记载的技术方案比实施例展示的技术方案更为抽象,虽然实施例可以用来解释权利要求,但一般不能用实施例来限定权利要求,特别是不能用实施例来扩展或者限制权利要求的保护范围。

2. “中间板”案①

涉案专利是一种用于分隔调整行李箱内部空间的“中间板”(见图 5－3－8),其权利要求 1 为:一种行李箱,包括至少一个内部空间,所述内部空间由行李箱的至少一个壁和至少一个从所述行李箱的壁突出的侧壁限定,所述内部空间通过至少一个中间板分隔。其特征在于:至少一个行李绑带在第一端被固定到中间板,所述行李绑带通过至少两个偏转装置沿着行李箱的所述壁和至少两个相对侧壁可调节地被引导,于是中间板到行李箱的所述壁之间的距离能够可变地调节,而且行李绑带的自由第二端也可以固定到中间板。

一审法院结合说明书中描述的“现有技术……如果被中间板分隔的行李箱的空间没有被完全填满,行李箱内运送的衣物可能移动……”的缺陷,认定其发明目的是“通过偏转装置和可调节的行李绑带,实现中间板与底壁之间的空间随行李体积的大小而适度调整、使二者相适应、从而夹紧行李使之不能随便移动的技术效果……解决……当行李较少时会因不能夹紧而自由移动的问题”。

基于此,一审法院指出,考虑到当行李箱水平放置时,中间板若欲发挥作用,其高度不应超出偏转装置,否则无法对中间板与底壁空间中所放置的行李形成有效夹紧。因而,涉案专利技术方案为实现其技术效果,偏转装置的位置需要尽可能地贴近于底壁,即涉案专利权利要求 1 中所述“行李绑带通过至少两个偏转装置沿着行李箱的所述壁和至少两个相对侧壁可调节地被引导”中的“沿着”应当要求通过

① 浙江省高级人民法院民事判决书,(2019)浙民终 7 号。

偏转装置后的行李绑带尽可能地贴近于底壁，从而使中间板也可尽量贴近底壁，以便于在中间板和底壁之间形成较小的稳定空间。而被诉侵权产品中供行李绑带穿过的拉环位置远离底壁，位于近侧壁顶缘处，无法实现上述发明目的，与上述技术特征不构成相同或等同。

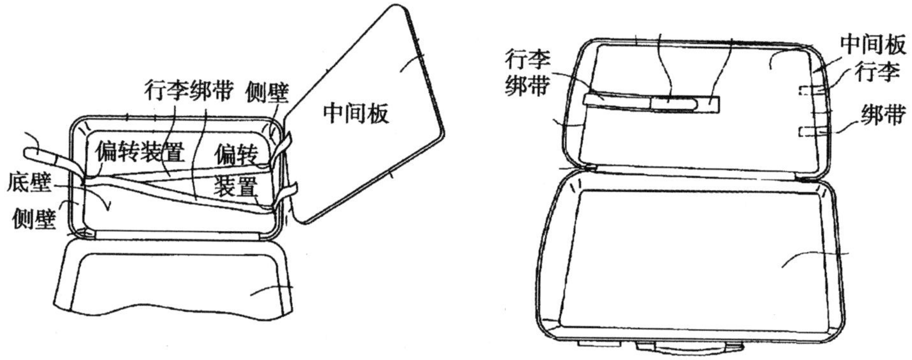

图 5－3－8　行李箱的中间板

二审法院对权利要求和说明书进行了更为细致的解释，并修改了一审法院的结论：

首先，从涉案专利权利要求的字面理解。专利权利要求 1 对偏转装置在侧壁上的高低位置未作限定，因此通过偏转装置的行李绑带“沿着……被引导”应当理解为行李绑带“顺着进程被引导到”，从而实现行李绑带在行李箱内可调节地被引导的技术效果即可。且涉案专利说明书第 0011 段载明“根据行李箱的内容物不同，中间板也可以相对于行李箱的所述壁发生倾斜”，由此可见涉案专利并未限定行李绑带必须贴着或处于贴着相邻底壁的位置。

其次，从被诉侵权产品的使用状态分析。当行李箱的内容物较多时，通过抽拽行李绑带的自由第二端即可调节中间板与底壁的间距，达到与专利完全相同的技术效果；当行李箱里的内容物较少时，仍可以通过抽拽行李绑带的自由第二端调节中间板与底壁之间的最佳距离，只是在此情况下中间板相对于行李箱的所述壁会发生倾斜。可见，之所以产生不同的效果取决于行李箱内放置的内容物多少。而根据涉案专利说明书描述，其所要克服的是刚性固定在行李箱的中间板不能对行李箱内部空间进行可变调节分割这一技术缺陷。因此，被诉侵权产品因内容物多少导致的中间板与底壁之间无法形成两端有效夹紧，不属于涉案专利所需要克服的技术缺陷。一审法院对涉案专利技术缺陷的理解存在偏差,以此作出中间板的高度不应超出偏转装置的限定不当缩小了涉案专利权的保护范围。

最后,从涉案专利技术特征与发明点之间的关系考虑。通过阅读涉案专利说明书及专利复审委就涉案专利权作出的三次维持专利权有效的审查决定书内容可知,本专利为克服现有技术中中间板不能对行李箱内部空间进行可变分隔以及行李绑带固定衣物容易起皱的技术缺陷,采取了将中间板与行李绑带相互配合、协调工作的技术手段,即通过行李绑带的第一端被固定到中间板、通过至少两个偏转装置使行李绑带能够沿着行李箱的壁和至少两个相对侧壁可调节地被引导。同时行李绑带的自由第二端也可以固定到中间板上,从而实现在行李箱中放置行李后,通过抽拽行李绑带的自由第二端即可来回调节中间板与底壁的间距,直至所满意的间隙为止,再通过该自由第二端固定到中间板完成中间板的固定和行李安稳放置,是非常有益的技术手段。整个调节过程简单、快捷、方便,行李箱内部结构简单、方便制造,具备突出的实质性特点和显著的进步,因此本专利的创新程度较高。而被诉侵权产品在中间板、行李绑带、偏转装置的设置以及三者在行李箱空间内的相对位置及相互配合关系等这些与发明点密切相关的技术方案与涉案专利技术特征完全相同,为保护涉案专利真正的创新点所在,应认定被诉侵权产品落入涉案专利权的保护范围。

本案的处理结果再次提示我们,无论是从专利制度的原理还是从立法规范的本意来看,权利要求无疑是确定保护范围的基准,其他资料均为辅助解释作用。因此,在权利要求文字含义清楚且无明显错误的情况下,任何解释均不得与其相悖,一切围绕发明目的的分析最终都“服务”于权利要求的解释,为侵权比对的结论提供依据。此外,在阅读说明书时,需结合说明书中记载的背景技术及其存在的缺陷,发明内容中记载的“发明目的”“所要解决的技术问题”“有益效果”,以及具体实施方式中与“技术问题”“有益效果”相关的多处内容,对涉案专利所要解决的技术问题和实现的技术效果进行认定。[①] 换言之,与发明目的相关的记载可能散落于说明书的各个部分,但并非所有与技术效果相关的描述都能在确定权利要求保

---

① 最高人民法院行政判决书,(2016)行再19号。

护范围时发挥作用，只有在通读说明书的前提下，才能保证我们认定的发明目的更客观，更贴近权利人的本意。①

三、方法特征的把握

发明或者实用新型专利权的保护范围以其权利要求书的内容为准，说明书是权利要求书的依据，而权利要求书是在说明书的基础上，用构成发明或者实用新型技术方案的技术特征来表明要求专利保护的范围。因此，只有记载在权利要求书中的技术特征才会对该权利要求的保护范围产生限定作用，在说明书中予以描述而没有在权利要求书中予以记载的技术特征，是不能用来限定权利要求保护范围的。这一原则不仅适用于前述有关产品技术特征的权利要求解释，而且在对方法技术特征的解释过程中也同样适用。②

1. “粉墙机”案③

涉案实用新型专利属于建筑工程机械技术领域，是一种建筑物装修用抹灰粉墙机械（见图5-3-9），其包含如下两项权利要求：

(1)一种料斗折合式新型粉墙机，它设有粉墙机主体、粉墙抹灰作业机构，其特征在于，粉墙抹灰作业机构是抹灰斗到顶自动下降使活动抹灰板上部与屋顶接触能粉到顶的粉墙抹灰作业机构，粉墙机主体包括两根伸缩式立杆和动力机构，伸缩式立杆底部装连有动力机构，伸缩式立杆杆体上装设有沿伸缩杆体上下运动的粉墙抹灰作业机构，粉墙抹灰作业机构上装连有到顶部自动下落到底又能自动回位的抹灰斗。

(2)根据权利要求1所述的料斗折合式新型粉墙机，其特征在于：抹灰斗是托座上部装连簸箕状活动料斗，簸箕状活动料斗前部设有抹灰板，抹灰板是装有调节抹板倾角的调节连件的可调式抹灰板，簸箕状活动料斗中间装设有灰斗下降触角，簸箕状活动料斗的两侧挡板是由拉簧和侧板折合触角连接控制的折叠式侧挡板，

① 参见马云鹏：《专利侵权判定中发明目的理解与适用的实证分析》，载《电子知识产权》2019年第9期。

② 需要说明的是，本小节中所称的“方法特征”不仅指方法权利要求中的特征，也包括产品权利要求中反映产品作业方式或步骤变化等特征。

③ 最高人民法院民事裁定书，(2018)最高法民申1570号。

簸箕状活动料斗底部装有震动电机,调节连件配合触连装于抹灰斗托座上的磁铁和抹板连接件回位触角。

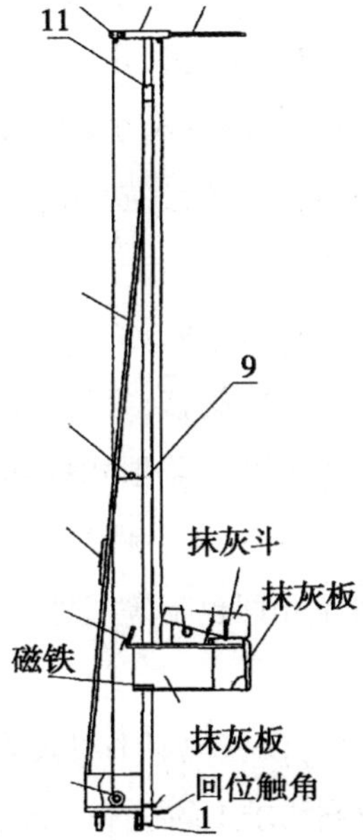

图5-3-9　料斗折合式新型粉墙机

根据权利要求1的明确记载,粉墙抹灰作业机构上装连有到顶部自动下落到底又能"自动回位"的抹灰斗,抹灰斗下落到底后能够"自动回位"应确定为涉案专利权利要求的一个重要技术特征。被诉侵权人主张,根据权利要求3和说明书的相关记载,涉案专利设有"磁铁"是达到"自动回位"功能的关键所在,而被诉侵权产品技术方案没有"磁铁",不能实现自动回位的功能,二者并不相同。

审理法院则认为,上述观点误解了权利要求1中实现"自动回位"的技术方式。本案中,涉案专利独立权利要求1有关抹灰斗的技术特征为"到顶部自动下落到底又能自动回位",根据说明书的记载,活动料斗的两侧挡板是由拉簧和侧板折合触角连接控制的折叠式侧挡板,抹灰斗返回落下到底后,触到回位触角顶起抹灰斗回到原位并卡住拉簧把两侧板打开成簸箕状。此外,从属权利要求2、3给出了抹灰板的回位方式,即将调节连件配合触连装于抹灰斗托座上的磁铁和抹板连接件回位触角,通过三者之间的配合实现对抹灰板倾角的调整,从而实现抹灰板的回位。

可见,权利要求1并未限定抹灰斗自动回位的方式,即便结合说明书,其也是通过设置机械领域的触发联动装置来实现抹灰斗的自动回位，二审法院将抹灰斗的回位方式解释为抹灰板回位所依赖的“磁铁 + 调节连件 + 抹板连接件回位触角”结构，并在此基础上与被诉侵权技术方案进行比对，有所不当。

由本案可知，侵权判定时不仅对于说明书要进行全面阅读和深入理解，在利用相关权利要求进行解释时，也不能脱离技术方案的整体背景，将本无限定或关联的特征机械结合，得出本不属于专利技术涵盖范围的方案。

2.“阀门”案①

本案专利涉及一种不泄漏的阀门（图 5 – 3 – 10），其权利要求 1 为：一种装有翻卷式密封套的无泄漏阀门，由阀体、阀盖、封头、翻卷式密封套、盖帽式操作环等组成。其特征是：阀体的侧端孔外罩有盖帽式操作环，阀内装有翻卷式密封套。一审、二审法院认为，被诉侵权产品中“密封膜”的结构特征与程润昌权利要求 1 中“翻卷式密封套”的结构特征既不相同也不等同外，对两者的其余上述结构特征相同没有异议。

再审法院则指出，上述结论将仅在说明书以及附图中描述而未在权利要求中记载的具体实施方式纳入了权利要求 1 的技术方案，对阀体、阀盖、封头、盖帽式操作环等技术特征作了进一步的限定，错误地缩小了专利权利要求 1 的保护范围。具体而言，对于“翻卷式密封套”这一技术特征，专利权利要求中并没有明确的界定，因此，应借助说明书及附图进行解释。该专利说明书记载，“旋转操作环可使密封套往返翻卷、封头上下升降，从而控制阀门开关和流量”，附图描绘了未翻卷和已翻卷的翻卷式密封套。结合说明书记载的上述技术内容以及附图，翻卷是指密封套竖直边沿的一种运动方式，当封头向下运动时，密封套的竖直边沿外侧逐渐向内翻卷 180 度，变为垂直边沿的内侧，逐渐关闭阀门并减少流量；当封头向上运动时，密封套的竖直边沿内侧逐渐向外翻卷 180 度，变为竖直边沿的外侧，逐渐打开阀门并增加流量，随着封头的上下往返运动，密封套的翻卷可反复进行。

被诉侵权产品中的“密封套”包括底部、竖直边沿以及边沿部，其中密封套的底部固定在阀杆的下端，边沿部通过固定套压紧固定在阀体上。当阀杆向上运动时，阀杆带动密封套的底部向上运动，密封套的竖直边沿的内侧逐渐向外翻转 180

① 广东省高级人民法院民事判决书，（2010）粤高法审监民再字第 44 号。

度,变为竖直边沿的外侧,逐渐打开阀门并增加流量;当阀杆向下运动时,带动密封套的底部向下运动,密封套的竖直边沿的外侧逐渐向内翻转 180 度,变为竖直边沿的内侧,逐渐关闭阀门并减少流量,随着阀杆的上下往返运动,密封套的翻卷可反复进行。

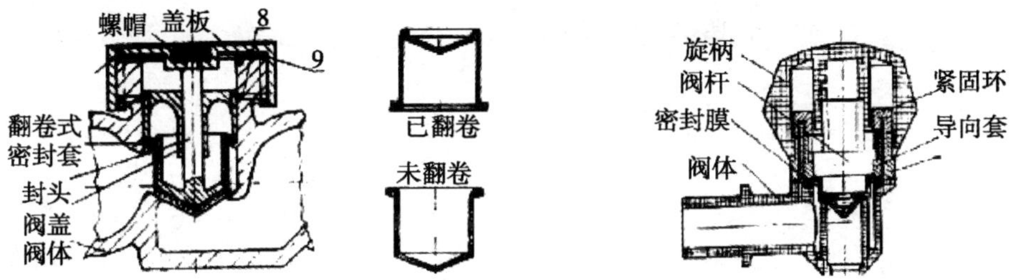

涉案专利　　被诉侵权产品

图 5-3-10　装有翻卷式密封套的无泄漏阀门

根据对专利权利要求 1 中的“翻卷式密封套”与被诉侵权产品的“密封套”工作方式的解析,二者的翻卷方式、功能以及技术效果均相同,属于相同的技术特征,被诉侵权产品具有专利权利要求 1 的全部技术特征,已落入其保护范围。

小 结

作为最重要的解释依据之一,说明书就像“双刃剑”一样,既要最大限度地展现其“本位”价值,竭力帮助解释者理解技术方案的实质性内容,归结出权利要求的真实含义,也要充分尊重权利要求书的核心地位,小心谨慎地恪守解释的尺度,避免因“越界”产生不当的限缩作用。对我们来说,在解释权利要求的过程中,如果权利要求的含义是清楚、确定的,并且说明书也没有就其含义作特别界定,就不能以“说明书及附图可以用于解释权利要求的内容”为借口,将权利要求中没有记载的内容纳入权利要求中,达到实质上以说明书来修改权利要求的目的,使权利要求书和说明书发生“本末倒置”的现象,这既与二者诞生的初衷不符,也可能得出错误的解释结论。这种情况下,我们应以权利要求框定的范围为“红线”,紧密围绕其记载的内容,在说明书及附图中寻找相对应的描述和示例,以建立对技术方案全方位、立体化的理解,提高权利要求解释的效率和精度。

SUMMARY

第六章

侵权判定中权利要求的解释

——其他资料的使用

权利要求解释资料并非只有说明书一种,什么样的资料可以纳入解释者的视野,实际上是什么范围的资料可以作为影响解释结果的知识基础的问题,这主要取决于两个方面:一是有关资料与权利要求内容的关联程度;二是解释成本。①从世界各国的立法经验和实践做法来看,为了使权利要求解释更客观化和体系化,在解释资料的分类上多借鉴了美国的做法,即包括"内部证据"(intrinsic evidence)和"外部证据"(extrinsic evidence),前者主要指权利要求书、说明书、专利审查档案等,后者一般包括字词典、专家证言、发明人陈述、论文等与专利有关的除了内部证据以外的所有证据。② 有学者认为,二者划分的依据为是否与所涉专利直接相关、是否体现撰写者创设语言文字时的意图。内部证据直接指向特定的专利,记载了撰写人的所思所想,与有关专利的联系程度较为紧密,而外部证据或者指向宽泛,或者从撰写人以外外部人的身份给出解释,故与有关专利的联系较远,针对性不强,相关性较弱。③ 因此,CAFC 曾指出,"对于确定权利要求语言的法

① 参见陈文煊:《专利权的边界》,知识产权出版社 2014 年版,第 142 页。

② Zodiac Pool Care Inc. v. Hoffinger Industries Inc. 260 F. 3d 1408, 54 USPQ 2d 1141 (Fed. Cir. 2000).

③ 参见陈文煊:《专利权的边界》,知识产权出版社 2014 年版,第 145 页。

律意义而言,外部证据没有内部证据重要”。①

第一节 审查档案的利用模式

与说明书同为权利要求解释的内部证据,专利审查档案在这一体系中占据着不可替代的重要作用,其不仅包括在专利申请和审查过程中形成的审查记录,也包括各类针对涉案专利作出的行政决定或裁判文书。“作为‘无可争辩的公共记录’,专利审查档案对于理解权利要求具有首位的重要性,可以作为法律问题以确定权利要求中用语的真正含义”。②

一、审查档案的内涵和意义

各国关于专利审查档案并无统一定义,我国早期曾在司法解释起草过程中尝试将其定义为“专利授权和维持程序中所形成的所有文件和记录”,③但该定义最终亦未出现在正式的司法解释中。事实上,“专利审查档案”这一称谓本身也没有过多值得探究之处,其更多的是一种形式上的概念,泛指某些特定类别的资料,正是这些资料共同具有的特性,集中体现出了专利审查档案的内涵和意义。

(一)档案形成

既然是“档案”类的资料,自然是在历经一定过程后逐渐留存起来的。从形成渠道来看,常见的专利审查档案大致有以下三类:

一是申请人或权利人的陈述。在专利申请和审查过程中,为澄清权利要求中用语的含义,或说明发明人对发明范围的看法,或克服专利文件的缺陷及瑕疵,申请人或权利人通常需要与审查员之间进行意见交换,其中就包括对权利要求用语的解释或修改。例如,审查员指出发明与现有技术的相似之处,而申请人通过意见陈述或修改权利要求书将发明与现有技术相区别;再如,为答复审查员提出的问

① C. R. Bard, Inc,. v. U. S. Surgical Corp. ,388 F. 3d 858,862(Fed. Cir. 2004).

② Markman v. Westview Instruments, Inc. 517 U. S. 370(1996).

③ 最高人民法院《关于处理专利侵权纠纷案件有关问题解决方案草稿(内部征求意见稿)》第20条。

题，权利人对权利要求的保护范围作出限缩性的陈述。① 实质上，发明人关于其发明以及现有技术的所有陈述，都是发明人关于其要求保护的范围的证据。② 从形式上来看，上述材料一般会记载于审查机关的书面文档中，可以为公众查阅，从而构成了专利审查档案最重要的来源。

二是审查部门的意见。专利审查程序是法定的必经程序，审查部门在专利申请、复审、无效过程中，会对本专利或本申请中待审查的权利要求进行研读、理解和解释，进而提出意见，最终形成审查部门的认定并体现在其发出的官方文件中，如审查意见通知书、会晤记录、口头审理记录、生效的专利复审请求审查决定书和专利权无效宣告请求审查决定书。需要注意的是，一般而言，审查部门会形成完整的审查记录，并以书面文件的形式存在，故虽然有时权利人或申请人和审查员需要进行面谈或电话交谈，且形成了会议纪要，但如果这些纪要只是交流概要的反映，其能否作为权利人或申请人为获得专利对于发明的描述还有待个案中的具体判断。

三是特殊类型的审查档案。除了直接发生于申请人或权利人与审查部门之间因交流而产生的记录外，与本专利或本申请存在分案申请关系的其他专利及其专利审查档案、生效的专利授权确权裁判文书，往往也可用于解释其权利要求，故其与本专利或本申请的审查档案具有同等的地位，或可称为广义的审查档案。

综上看来，专利审查档案的形式是多样的，我们需要关注的重点在于其披露的信息，而非承载该信息的载体，其可能在专利周期的各个环节中都有所体现。因此，日本也将审查档案称为“专利审查经过”，包括在专利局从申请到授权的全过程，以及无效程序中专利局的审查和决定过程，以及法院审决取消诉讼的过程。③

（二）特性分析

专利审查档案之所以能“跻身”于权利要求解释的内部证据序列，与其自身特点和属性有密切关系。

第一，交流机制的产物。由上述关于审查档案种类的梳理可知，其往往是在权

① 参见闫文军：《专利权的保护范围》（第 2 版），法律出版社 2018 年版，第 113 页。

② See Robert C. Kahrl, *Patent Claim Construction*, 2nd ed., New York, Wolters Kluwer, 2015, pp. 5 - 6.

③ 参见［日］中山信弘：《工业所有权法上 · 专利法》（第 2 版增补版），弘文堂 2000 年版，第 130 页。

利人或申请人与审查部门双向的交流对话过程中形成的。在这一过程中，审查员就解读者关心的问题向申请人“追问”，申请人也由此得到中肯的反馈，从而对之前没有意识到的问题进行明确，对模糊之处进行澄清，对不适当的表述进行修改，从而有效降低了总信息成本，这一过程并不完全反映在修改后的权利要求和说明书中，大部分内容体现在审查档案中。因此，审查过程的信息交流在权利信息的单方陈述模式之外提供了对话机制的重要补充。①

第二，不同程序的连接。从专利体系“二元制”角度来看，专利审批程序属于行政机关赋予发明创造以排他性专利权的范畴，而专利侵权诉讼程序是人民法院判断被控侵权产品或方法是否落入行政授权范围并作出裁决的程序。这种体制的设置必然导致不同部门对同一专利的保护范围的界定不尽一致。但是，“专利审查档案对于权利要求具有解释作用，是因为专利权利要求中的用语在专利审查过程和侵权诉讼中应当具有相同的含义，专利权利要求不能在授权过程中采取一种解释方式，而针对被控侵权人又采用另一种解释方式”。② 因此，使两个程序对权利要求的理解达成一致的可能连结点就是，专利审批、无效审查档案，专利授权、无效与司法程序的时序性天然地决定了司法程序中确定专利权保护范围时要以行政程序中所形成的相关档案材料为逻辑起点。③

第三，技术信息的来源。与说明书类似，审查档案也会引入解释权利要求时所需要的语境，尤其在审查过程中出现各方预料不到的情况或申请之时考虑不周的问题时，其可以灵活的形式，给予双方补充陈述意见的机会。“通过证明发明人是如何理解其发明，以及发明人是否在申请过程中限缩了发明范围从而使权利要求的范围比原先的要窄，申请历史文件还是经常能够说明权利要求语言的含义的”。④因此，审查档案是可以直接用于确定权利要求中用语含义的有用资料，尤其是当说明书及附

① 参见陈文煊：《专利权的边界》，知识产权出版社 2014 年版，第 148 页。

② Southwall Technologies, Inc. v. Cardinal IG Co. 54 F. 3d 1570, at 1576, 34 UPSQ2d 1673 (Fed. Cir. 1995).

③ 参见路传亮：《专利审查档案对专利权保护范围的影响——以韩其华、祝凤山与洛阳丽铭公司侵犯专利权纠纷一案为视角》，载《电子知识产权》2010 年第 3 期。

④ Autogiro Co. of America v. United States. 155 USPQ 997 (1967).

图不能解释或定义权利要求中的某个用语,且审查档案对之又有说明的时候。①

第四,公共属性的体现。既然专利审查档案可以用于解释权利要求,对权利要求起到限定作用,那么,专利审查档案的公开以及获取途径对公众来说就相当重要。有学者指出,专利授权过程中所形成的审查档案越是容易被公众获得,其地位也越重要;公众获取审查档案的成本越高,其地位也相应地应当降低。② 根据我国《专利法》第21条的规定,国务院专利行政部门应当完整、准确、及时发布专利信息,定期出版专利公报。因此,专利审查档案的公开,不仅对解释权利要求有重要作用,对提高创新起点、减少重复研发活动、避免侵犯他人专利权、促进科技进步和经济社会发展也具有十分重要的意义。③

值得一提的是,为满足申请人、专利权利人、代理机构和社会公众对专利申请的查询需求,国家知识产权局于2012年4月27日在官方网站推出了中国专利查询系统。对于已经公布但尚未公告的发明专利申请,可以查阅申请文件和通知书文件的图形文档,对于已经公告的专利,还可以查阅中间文件的图形文档、发文信息、退信信息、专利证书等信息,这无疑降低了公众信息搜索和获取的成本,提高了专利审查档案的利用概率。

(三)应用状况

尽管专利审查档案对权利要求解释有举足轻重的作用,但从其应用状况来看,各国的重视程度不尽相同:美国、日本均将专利审查档案作为解释权利要求的内部证据,我国相关司法解释亦就其法律地位和形式范围进行了明确规定,肯定了其作为权利要求解释法定资料的属性。④ 相形之下,英国和德国也不否认专利审查档案可能会对专利的保护范围产生影响,但因担心过多考虑审查档案会加大当事人和法院的工作量,影响专利诉讼的效率,故仅在有限的情形下参考审查档案,以保证对于公平的追求。例如,专利申请人的意见陈述,可以为本领域普通技术人员在优先权日如何理解专利说明书提供教导;如果被诉侵权人是以前的异议人,专利权

---

① 参见杨志敏:《专利权保护范围研究》,四川大学出版社2013年版,第392页。

② 参见陈文煊:《专利权的边界》,知识产权出版社2014年版,第150页。

③ 参见孙志飞:《专利审查档案对权利要求保护范围的限定作用》,载《科技与企业》2013年第14期。

④ 参见《侵权司法解释(一)》第3条、《侵权司法解释(二)》第6条。

人在异议过程中的主张具有禁止反悔的效力。[①]

二、禁止反悔原则的适用

作为专利诉讼尤其侵权诉讼中一类相对独立的原则,同时也是平衡权利人与社会公众利益的有效手段之一,禁止反悔原则的适用通常来自权利人或申请人所作出的与权利保护范围相关的表述,并以书面形式记录在专利审查档案中,成为专利审查档案最重要、出镜率最高的用途之一,故禁止反悔亦被称为"审查档案禁止反悔"。[②]关于其存在的价值和意义,最高人民法院曾在2018年的"放料装置"案中明确指出,"禁止反悔原则是对等同原则的必要限制,目的在于敦促当事人在诉讼活动中诚实守信,避免在行政授权确权程序和侵权诉讼中对权利要求作出不一致的解释,从而两头获利。通过适用禁止反悔原则对等同范围予以必要的限制,可以合理地确定专利权的保护范围,维持专利权人与被诉侵权人以及社会公众之间的利益平衡"。[③]

(一)法理基础

禁止反悔原则的诞生和存续有着深厚的法理基础,对其加以梳理和总结不仅有利于深刻理解其核心要义,也有助于合理把握禁止反悔原则的适用要件,提前预判其法律效果。

首先,诚实信用原则的体现。禁止反悔原则的一个根本来源是民法规定的诚实信用原则,其实质是需要行为人遵循诚实信用原则,信守诺言,诚实不欺,不得损害善意第三人对其合理信赖或正当期待,不得出尔反尔、两头得利。[④] 我国在早期的司法实践中就曾对此予以明示,即"专利侵权诉讼司法实践中广泛采用的'禁止反悔原则'……虽无明确的法律依据,但属于民法诚实信用原则的一种体现,也是为了合理平衡专利权人与社会公众的利益,已为社会各界所普遍认同"。[⑤] 这是因

---

① 参见闫文军:《专利权的保护范围》(第2版),法律出版社2018年版,第562页。

② 杨志敏:《专利权保护范围研究》,四川大学出版社2013年版,第391页。

③ 最高人民法院民事判决书,(2018)最高法民再387号。

④ 参见吴大文:《论专利侵权诉讼中的禁止反悔原则》,"中华全国专利代理人协会年会暨知识产权论坛"会议论文,2015年于北京。

⑤ 《最高人民法院民事审判第三庭关于王川与合肥继初贸易有限责任公司等专利侵权纠纷案的函》,2001年2月2日颁布。

为,在专利审查过程中,申请人可以为了获得授权而将专利保护的范围解释得非常窄,但在侵权诉讼中将其解释得非常宽,以期涵盖被诉侵权技术方案,此时如不考虑审查档案,专利权人的解释可能得到支持,其不诚信的行为得到激励,从而使更多的申请人为了自己的目的随意解释权利要求且不用承担不利的后果。① 基于此,我国司法解释的制定者在谈及该原则的定义时也表达了同样的观点,即"禁止反悔规则,是指当一方当事人已经作出某种行为,且被他人所信赖,该当事人以后就不能再否认该行为"。②

其次,公示作用的要求。专利的排他性权利来源于"权利公示",因此,对于专利权利要求的解读,应当以公示的专利文件为基础,并且以社会公众(本领域普通技术人员)的角度去理解专利权的保护范围,而不能以专利权人的真实意思表示来界定专利权的保护范围。公示的专利文件不仅包括权利要求书、说明书,还包括在专利授权和无效程序中形成的专利审查档案,因此,社会公众会因这些记载了专利申请人或者专利权人在专利授权、确权过程中作出的书面陈述意见或修改内容的专利审查档案的公开,形成信赖利益。③ 如果不加限制地将专利权的保护范围延伸到权利要求字面含义之外,社会公众根据权利要求的记载评估自己的行为是否会构成专利侵权的确定性就会降低,权利要求的公众告示功能就会受到一定的影响。④ 例如,日本就曾在数起案例中认为专利权人前后相矛盾的主张"构成对第三人正当信赖的背叛"。⑤

最后,等同原则的限制。权利要求界定专利权保护范围的边界,社会公众(特别是专利权人的竞争对手)根据权利要求的记载评估自己的行为是否会构成专利侵权。通常认为,禁止反悔是对等同原则的限制,二者密切联系,相互制衡,共同确

---

① 参见闫文军:《专利权的保护范围》(第2版),法律出版社2018年版,第563页。

② 孔祥俊、王永昌、李剑:《〈关于审理侵犯专利权纠纷案件应用法律若干问题的解释〉的理解与适用》,载《人民司法(应用)》2010年第3期。

③ 参见宋健、张晓阳:《关于专利侵权诉讼中适用禁止反悔原则的几个问题》,载《法律适用》2018年第8期。

④ 参见张晓都:《美国与日本专利侵权诉讼中的禁止反悔原则》,载《中国发明与专利》2008年第4期。

⑤ 闫文军:《专利权的保护范围》(第2版),法律出版社2018年版,第357页。

保向专利权人提供既充分又适度的保护范围,同时兼顾社会公众的利益。[①] 适用等同原则的目的是防止侵权人以等同替换逃避专利侵权的制裁,扩大专利的保护范围,以保护专利权人的利益;而适用禁止反悔原则的目的则是防止专利权人不当扩大专利的保护范围,将等同侵权的适用限定在一个恰当的范围,以确保权利要求的公众告示功能,从而维护公众利益。[②] 换言之,禁止反悔原则是用专利权人自己作出的修改或意见陈述来避免其过分扩张保护范围,故禁止反悔原则是被诉侵权人进行防御的武器,其与等同原则是盾与矛的关系。[③]

(二)启用时机

在明确了禁止反悔原则的法理基础和存在价值后,如何把握激活并适用该原则的时机,成为理论和实践中颇具分歧的一个话题。根据《侵权司法解释(一)》第6条的规定,专利申请人、专利权人在专利授权或者无效宣告程序中,通过对权利要求、说明书的修改或者意见陈述而放弃的技术方案,权利人在侵犯专利权纠纷案件中又将其纳入专利权保护范围的,人民法院不予支持。进一步地,《侵权司法解释(二)》第13条对何为"技术方案的放弃"作出了明确,"权利人证明专利申请人、专利权人在专利授权确权程序中对权利要求书、说明书及附图的限缩性修改或者陈述被明确否定的,人民法院应当认定该修改或者陈述未导致技术方案的放弃"。在司法解释起草者看来,权利人为了应对专利授权确权程序中权利有效性受到的挑战而作出的放弃,且该放弃被采信,才会触发禁止反悔规则的启用。[④]

1."模型舵机"案[⑤]

本案是最高人民法院近年来在专利侵权案件中适用禁止反悔原则的一起典型案例,涉及一种适用于模型飞机上使用的舵机(见图6-1-1),其权利要求1~3为:

"1.一种模型舵机,其特征在于:包括支架、电机、丝杆和滑块,所述支架包括电

---

① 参见程永顺:《专利侵权判定中几个主要原则的运用》,载程永顺主编:《专利侵权判定实务》,法律出版社2002年版,第156页。

② 陈芳华:《专利诉讼中禁止反悔原则的理解与适用》,载《电子知识产权》2006年第2期。

③ 北京市高级人民法院知识产权审判庭编:《北京市高级人民法院〈专利侵权判定指南(2017)〉理解与适用》,知识产权出版社2020年版,第257页。

④ 宋晓明、王闯、李剑:《〈关于审理侵犯专利权纠纷案件应用法律若干问题的解释(二)〉的理解与适用》,载《人民司法》2016年第10期。

⑤ 最高人民法院民事判决书,(2011)民提字第306号。

机座和滑块座，所述电机设置于所述电机座内，在所述电机的一端设置有一主动齿轮，所述丝杆纵向穿过所述滑块座，在所述丝杆的一端设置有一从动齿轮，所述主动齿轮和所述从动齿轮啮合，所述滑块穿在所述丝杆上，并且所述滑块伸出所述滑块，在所述滑块底面设置有一电刷；

“2. 如权利要求 1 所述的舵机，其特征在于：在所述支架上，设置有固定到一舵机驱动电路板上的固定孔；

“3. 如权利要求 2 所述的舵机，其特征在于：在所述舵机驱动电路板上，印制有一条形的碳膜和银膜，所述支架通过其上的固定孔固定到所述舵机驱动电路板上，且所述滑块底面上的电刷与该碳膜和银膜相接触。”

根据本案查明的事实，被诉侵权产品中，“在所述含有舵机驱动电路的电路板上，印制有一条形碳膜和镀金铜条，且所述滑块底面上的电刷与该碳膜和镀金铜条相接触”。

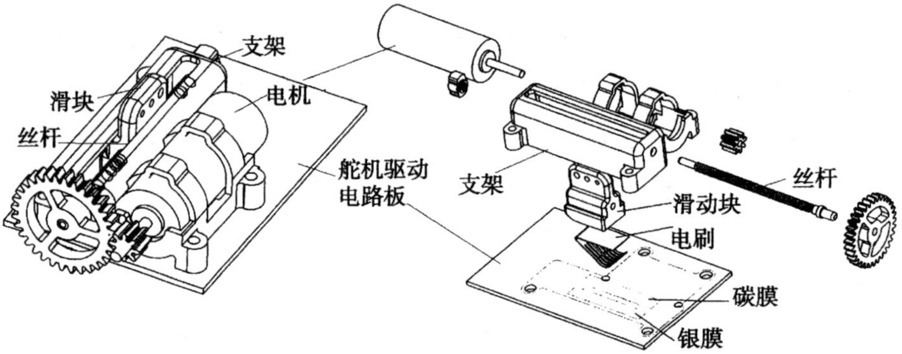

图 6－1－1　模型舵机

审理过程中，涉案专利权利要求 1、2 被宣告无效，并在权利要求 3 的基础上被维持有效。二审法院认为，权利要求 3 中“在所述舵机驱动电路板上，印制有一条形的碳膜和银膜，且所述滑块底面上的电刷与该碳膜和银膜相接触”属于为维持专利权有效限制性修改权利要求而增加的技术特征，应视为专利权人放弃了除“银膜”外以其他导电材料作为导流条的技术方案，依据禁止反悔原则，被诉侵权技术方案中的“镀金铜条”与“银膜”不能构成等同。

再审法院则对此表达了不同的观点：首先，在专利授权实践中，专利申请人往往通过对权利要求或说明书的限缩以便快速获得授权，但在侵权诉讼中又试图通过等同侵权将已放弃的技术方案重新纳入专利权的保护范围。为确保专利权保护范围的安定性，维护社会公众的信赖利益，专利制度通过禁止反悔原则防止专利权人上述“两头得利”的情形发生。

其次，每一项权利要求都是单独的、完整的技术方案，每一项权利要求都应准确、完整地概括申请人在原始申请中各自要求的保护范围，而不论其是否以独立权利要求的形式出现，即使从属权利要求所从属的权利要求被宣告无效，该从属权利要求并不能因此被认为无效。所以，不应当以从属权利要求所从属的权利要求被宣告无效而简单地认为该从属权利要求所确定的保护范围即受到限制。

最后，在判断是否构成禁止反悔原则中的“放弃”时，应充分注意专利权人未自我放弃的情形，严格把握放弃的认定条件，如果该从属权利要求中的附加技术特征未被该独立权利要求所概括，则因该附加技术特征没有原始的参照，不能推定该附加技术特征之外的技术方案已被全部放弃。本案中，权利人在专利授权和无效宣告程序中没有修改权利要求和说明书，在意见陈述中也没有放弃除“银膜”外其他导电材料作为导流条的技术方案，不应当基于权利要求 1、2 被宣告无效，而认为权利要求 3 的附加技术特征“银膜”不能再适用等同原则。

2. “放料装置”案①

如果说“模型舵机”案给出了禁止反悔原则适用的先决条件，即权利人需作出过限缩专利权保护范围的意思表示或行为的话，作为最高人民法院对禁止反悔原则的适用进行表态的另一起案件，“放料装置”案则为禁止反悔原则的启用附加了进一步的限制，即是否由此导致被诉侵权技术方案的放弃。

本案涉及一种名为“放料装置”的发明专利（见图 6 - 1 - 2），其权利要求 1 为：一种放料装置，包括输料罐本体，其特征在于，所述输料罐本体由中空输料腔和出料斗部构成，输料罐本体内腔中设置下料活塞单元，用于控制开闭输料罐本体的输料口；所述下料活塞单元由拉杆、拉杆套和活塞构成，所述拉杆套安装在输料罐本体的中空输料腔中；所述拉杆套具有容拉杆沿竖直方向上、下自如拉动的拉杆套通孔；拉杆穿装在拉杆套中，拉杆的一端与第二动力源连接，拉杆的另一端装配活塞；前述的放料装置，其中，所述出料斗部位于该中空输料腔下方；该拉杆套一端固定

① 最高人民法院民事判决书，（2018）最高法民再 387 号。

于输料罐本体顶部之拉杆装配孔的位置，拉杆套通孔与输料罐本体的拉杆装配孔保持同心；在放料装置输料罐本体的出料斗部安装料位开关。

根据涉案专利说明书的记载，“料位开关又称物位开关，属于物位控制器，它能够精确地检测出被测物体在生产设备中的变化……包括但不限于音叉式、电容式，也可以是阻旋式或其他形式，当铝粉彻底排空后开关输出信号，可以使用现场信号，也可以使用远传信号”。相应地，被控侵权产品是通过压力检测的方式来检测下粉罐中的铝粉是否排空。

在涉案专利授权前，权利人曾在权利要求1中增加了技术特征“料位开关”，涉案专利亦被维持有效，但从相关无效宣告决定的评述来看，无法确定“料位开关”这一技术特征的增加是产生维持专利有效效果的唯一因素，故二审法院以“不能证明……无效宣告行政程序中的相关陈述对涉案专利权的有效性已经产生了实质性影响”为由排除了禁止反悔原则的适用，再审法院虽得出了同样的结论，但在论理上与二审法院存在较大不同。

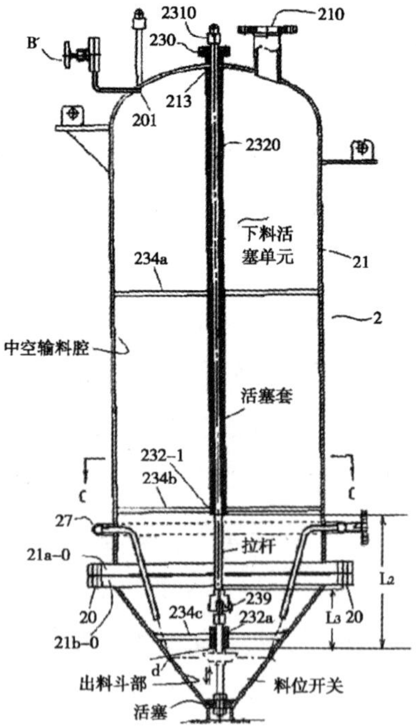

图6-1-2　放料装置

再审法院认为：虽然在权利要求中增加技术特征会进一步限定专利权的保护范围，导致权利要求的保护范围发生变化，但在没有其他证据证明权利人通过修改或者意见陈述“放弃”特定技术方案的情况下，不能仅由于在权利要求中增加技术特征，导致权利要求的保护范围进一步限缩，就认定权利人完全“放弃”了与该技术特征等同的其他所有技术特征，不能再就增加的技术特征主张适用等同原则。如此，会导致以增加技术特征的方式修改的权利要求的保护范围受到过度限制，被诉侵权人极易通过技术特征的修改、替换来规避侵权，导致权利人与社会公众的利益失衡。在权利人作出了限缩性修改或者陈述的情况下，在认定是否适用禁止反悔原则时，应当查明权利人是否通过“限缩性修改或者陈述”导致“放弃”了特定的技术方案，而不仅仅是考虑“限缩性修改或者陈述”是否对专利权的效力产生实质性影响。本案中，虽然权利人在实质审查过程中修改权利要求1时增加了“料位开关”，涉案专利权最终被维持有效，但并无证据证明权利人通过上述修改以及意见陈述，放弃了对通过压力检测来确定是否排空铝粉的技术方案主张等同侵权。因此，对于被诉侵权人有关本案应适用禁止反悔原则，不能再认定“料位开关”与被诉侵权技术方案中的压力检测构成等同的主张，不予支持。

在此基础上，二审法院和再审法院在等同侵权的判定上意见一致，鉴于压力检测的前提是必然存在感应压力信号的压力传感装置，故被诉侵权技术方案通过压力检测来判断铝粉是否排空，与涉案专利说明书记载的“音叉式、电容式或其他形式”的料位开关基本相同，且其功能、效果相同，二者构成等同特征。

由此可见，是否对专利有效性产生影响，仅仅是分析权利人陈述或行为后果的因素之一，而是否产生了放弃技术方案的效果，才是判断其陈述或行为构成“反悔”内容的关键所在。

3.“鲨鱼鳍式天线”案①

在掌握了“技术方案的放弃”的认定标准后，如何判断审查部门作出了“明确否定”的结论，自然成为我们下一步需要关注的问题。对此，最高人民法院在“鲨鱼鳍式天线”案中进行了回应。

涉案发明专利的权利要求1为：一种鲨鱼鳍式天线。其特征在于：具有天线外

① 最高人民法院民事裁定书，(2017)最高法民申1826号。

壳,天线外壳内侧上部设置无线电接收天线,无线电接收天线一端设有天线信号输出端,天线信号输出端通过天线连接元件与天线放大器信号输入端相连接,或直接与同轴电缆匹配相连,天线外壳底部装有安装底板;所述无线电接收天线通过注塑嵌装或固定卡装在天线外壳内侧上部;在天线外壳内侧上部设置有无线电接收天线,所述无线电接收天线采用螺旋状弹簧天线或金属天线,增加了天线接收无线电信号的有效长度,实现360度全向性信号接收;所述无线电接收天线为AM/FM共用天线(见图6-1-3)。

本专利授权过程中,权利人曾明确主张权利要求1技术方案与对比文件相比,包括以下两点区别特征:a.天线信号输出端通过天线连接元件与天线放大器信号输入端相连,或者直接与同轴电缆匹配相连;b.所述无线电接收天线通过注塑嵌装或固定卡装在天线外壳内侧上部。审查部门则明确回应认为,a、b均系本领域公知常识,不能作为体现本专利创造性的依据。为克服审查部门所指出的缺陷,权利人补入了技术特征c,即"所述无线电接收天线为AM/FM共用天线",并最终获权。

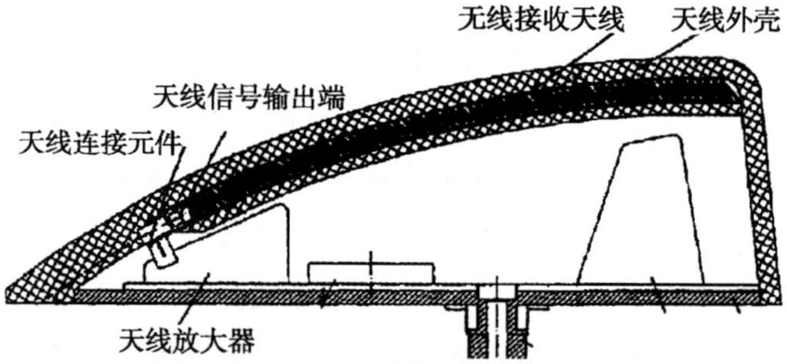

图6-1-3 鲨鱼鳍式天线

在本专利后续确权过程中,权利人重申了前述关于技术特征a、b的意见,认为"天线信号输出端通过天线连接元件与天线放大器信号输入端相连接"并非惯用的技术手段,"无线电接收天线通过注塑嵌装及固定卡装在天线外壳内侧上部"的方式亦未被公开。审查部门并未对技术特征a、b进行评述,而是以技术特征c为论据得出了权利要求1具有创造性的结论。

巧合的是,经比对查明,本案被控侵权产品与专利授权确权过程中引用的对比文件完全一致,故其与权利要求1技术方案亦存在涉及技术特征a、b的两点区别:

专利中的“天线信号输出端通过天线连接元件与天线放大器信号输入端相连接”，但被控侵权产品上没有任何天线连接元件，而是通过天线引线与电子线路板相连；专利中无线电接收天线的安装方式是“通过注塑嵌装或固定卡装在天线外壳内侧上部”，被诉侵权产品的卡槽很大，是用胶将天线粘贴在天线外壳内侧上部。此时，判断被诉侵权产品相应技术特征与专利技术特征是否构成等同，首先需要确定权利人的相关陈述是否产生了禁止反悔的限制效力。

二审法院认为，权利人就 a、b 区别特征所作限缩性意见陈述，涉及与专利创造性的实质性判断相关的内容，而审查部门在无效宣告请求决定书中仅就 c 特征使涉案专利具备创造性作出了认定，并在此基础上维持专利权有效，并没有对 a、b 特征是否使涉案专利具有创造性作出明确评价，相当于“未予评述”，因而其无论是意思表示的形式还是法律效果均不符合“明确否定”的要求。

再审法院则指出，由于专利授权确权程序对技术特征的认定存在连续性，权利人作出的陈述是否被“明确否定”，应当对专利授权和确权阶段技术特征的审查进行客观全面的判断，着重考察权利人对技术方案作出的限缩性陈述是否最终被裁判者认可，是否由此导致专利申请得以授权或者专利权得以维持。本案中，在授权程序中，审查部门对权利人关于技术特征 a、b 的陈述意见持明确否定意见，在后续的无效审查程序，审查部门亦未推翻该意见。因此，权利人关于特征 a、b 的意见陈述，不发生技术方案被放弃的法律效果。本案二审法院脱离涉案专利获得授权的具体审查事实，割裂了审查程序中对技术特征认定的连续性，进而得出了错误的结论。

结合前述案例，在适用“禁止反悔”原则时应重点注意以下三个问题：

第一，无须考虑动机。从司法解释制定者的本意来看，为增强可操作性，该条（禁止反悔原则）强调的是，专利申请人、专利权人客观上所作的限制性修改或者意见陈述，该修改或者陈述是权利人主动还是应审查员要求所为，均不影响该规则的适用。[1] 换言之，申请人或权利人意思表示或行为的动机不影响禁止反悔原则的适用。

---

① 参见孔祥俊、王永昌、李剑：《〈关于审理侵犯专利权纠纷案件应用法律若干问题的解释〉的理解与适用》，载《人民司法（应用）》2010 年第 3 期。

第二，须达到“明确否定”的程度。在专利授权确权程序中，对于限缩性修改或者陈述，审查部门除了明确接受或明确否定，还有可能采取的做法是“未予评述”或“不予置评”，此种情形能否视同于“明确否定”呢？实际上，《侵权司法解释（二）》曾在征求意见阶段采取过这样的表述，即“该修改或者陈述未被审查员采信”，而在最终正式版本中替之以“明确否定”。可见，对于专利申请人、专利权人在专利授权或者无效宣告程序中作出的限缩性修改或者陈述，必须持极其审慎的态度，不能为获得授权或维持专利有效而不顾及专利权的保护范围，表现出了倒逼提高专利授权确权质量的司法态度。[1]

第三，导致“技术方案的放弃”。法院在判断是否发生“技术方案的放弃”时，不需要细究申请人或权利人修改或者意见陈述的目的到底是满足实质性授权条件还是形式授权条件，其审查重点应当为申请人或者专利权人的修改或者意见陈述本身，判断其是否对专利所要求保护的范围产生限缩性的影响，而权利维持有效往往只是这一影响产生的附带性的后果。

（三）法律后果

之所以禁止反悔原则的启用需经过严格而审慎的判断步骤，是因为其作为等同原则的限制和例外，会直接影响我们对于权利要求解释的尺度，并对权利保护范围边界产生明显的调节作用。但该原则究竟对等同的程度产生多大的制约作用，还有待个案的具体分析和判断。

1. “汽车地桩锁”案[2]

禁止反悔原则亦被称为“禁反言”（equitable estoppel）原则。[3] 顾名思义，言语、陈述、主张是“反言”的重要来源，是权利人“两头获利”想法的直接体现。

本案涉及一种常见的器械，即用来锁住停放在停车场内汽车的地桩锁（见图6－1－4），其权利要求1为：一种汽车地桩锁。其特征在于：它由底座、芯轴、活动桩和锁具构成，所述底座固定在地面上，所述活动桩通过芯轴与座相连，活动桩设

① 参见宋健、张晓阳：《关于专利侵权诉讼中适用禁止反悔原则的几个问题》，载《法律适用》2018年第8期。

② 最高人民法院民事裁定书，（2009）民申字第239号。

③ 参见杨志敏：《美国法院对专利权利要求的等同解释：理论与方法》，载国家知识产权局条法司编：《专利法研究（2011）》，知识产权出版社2012年版，第444页。

有供锁具插入的孔。相应地，被诉侵权产品的锁具是固定在底座上的，与权利要求1中的“活动桩设有供锁具插入的孔”不相同。

在涉案专利关联的确权行政诉讼中，专利权人曾明确表示，“活动桩设有供锁具插入的孔。该描述的含义是，锁具不是永久固定在孔中，而是根据使用状态呈现两种连接关系，即锁定时位于活动桩的孔中，打开时，从孔中取出，与活动桩的孔分离”。审查部门采信了其观点，并进一步指出，“在锁闭地桩锁时，权利要求1的活动桩上所设置的孔可供锁具整体的插入以达到锁闭地桩锁的目的，开启地桩锁时，可将锁具全部取出，活动桩上也无须设置附加的固定装置来固定锁具，因而本专利相对于现有技术具有实质性特点和进步……具备创造性”。在此基础上，无效宣告决定认为涉案专利相对于现有技术具有新颖性和创造性，故涉案专利权最终被维持有效。

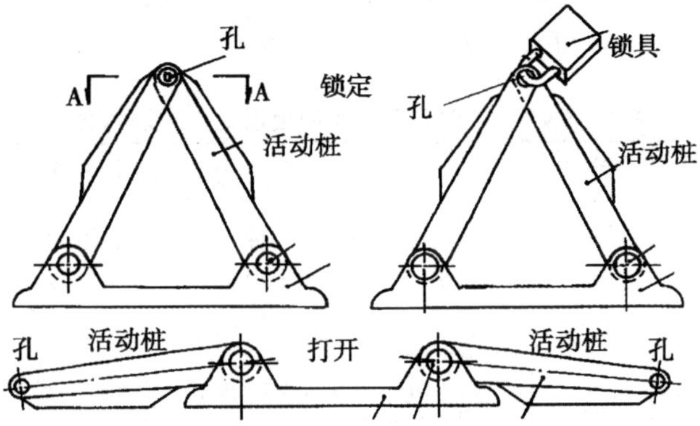

图 6-1-4 汽车地桩锁

一审、二审法院一致认为，被诉侵权产品的锁具是固定在底座上的，在锁具锁定时锁舌插入“∧”形杆上的孔内，使右杆与底座相连，与专利权利要求1中的“活动桩设有供锁具插入的孔”是不相同的，即使上述技术特征等同能够成立，权利人的相关陈述也已在确权程序中得到确认。因此，根据禁止反悔原则，权利人亦不能以等同为由主张专利侵权成立。

再审法院肯定了前两审法院的意见，并明确了禁止反悔原则的启动并非仅有依当事人申请一种途径，即“在认定是否构成等同侵权时，即使被控侵权人没有主张适用禁止反悔原则，人民法院也可以根据业已查明的事实，通过适用禁止反悔原则对等同范围予以必要的限制,以合理地确定专利权的保护范围”。不过,需要注意的是,赋予法院在特定情况下主动适用禁止反悔原则,只是一种例外,而不是常态。这里的“主动适用”并非赋予人民法院调查取证并主动适用禁止反悔原则的权利。侵权诉讼中的所有理由和证据原则上都应由当事人提供,人民法院不能越俎代庖。如果当事人未提出禁止反悔的抗辩主张,亦未提交证据证明,法院当然不得主动调查取证并主动适用禁止反悔原则。①

2.“活性钙”案②

与专利权人的陈述或主张可以存在于各个阶段的特性相比,对权利要求的修改虽然只发生于授权和确权审查环节,但往往是为了回应审查部门提出的意见,或克服专利本身存在的缺陷而作出的。因此,其一旦被采信确认并对权利获得及维持产生积极影响,就有必要适用禁止反悔原则来限制权利人后续关于等同的主张。

本案发明专利涉及一种防治钙质缺损的药物及其制备方法,该专利的授权文本与申请公开文本的权利要求存在如下区别(见表6-1-1):

表6-1-1　申请公开文本和授权文本的权利要求

申请公开文本	授权文本
1. 一种防治钙质缺损的药物,其特征在于:它是由下述重量配比的原料制成的药剂: 可溶性钙剂　4~8份 葡萄糖酸锌或硫酸锌　0.1~0.4份 谷氨酰胺或谷氨酸　0.8~1.2份 2. 可溶性钙剂是“葡萄糖酸钙、氯化钙、乳酸钙、碳酸钙或活性钙”	1. 一种防治钙质缺损的药物,其特征在于:它是由下述重量配比的原料制成的药剂: 活性钙　4~8份 葡萄糖酸锌　0.1~0.4份 谷氨酰胺或谷氨酸　0.8~1.2份 2. 删除

国家知识产权局在第一次审查意见通知书中认为,该权利要求书中使用的上位概念“可溶性钙剂”包括各种可溶性的含钙物质,它概括了一个较宽的保护范围,而申请人仅对其中的“葡萄糖酸钙”和“活性钙”提供了配制药物的实施例,对于其他的可溶性钙剂没有提供配方和效果实施例,所属技术领域的技术人员难以预见其他的可溶性钙剂按本发明进行配方是否也能在人体中发挥相同的作用,权

① 参见北京市高级人民法院知识产权审判庭编:《北京市高级人民法院〈专利侵权判定指南(2017)〉理解与适用》,知识产权出版社2020年版,第278页。

② 最高人民法院民事判决书,(2009)民提字第20号。

利要求在实质上得不到说明书的支持,应当对其进行修改。因此,申请人根据审查员的要求,对权利要求书进行了修改,将"可溶性钙剂"修改为"活性钙"。

根据本案一审法院委托鉴定机构的结论,被诉侵权产品中含有葡萄糖酸钙,与活性钙同样都是可食用的能被人体吸收的钙剂,作为补钙药剂的原料,两者是等同的,可供任意选择。权利人据此认为,被诉侵权技术方案已落入涉案专利权利要求1的保护范围。

再审法院则认为,根据涉案专利申请公开文本及说明书的记载,葡萄糖酸钙与活性钙是并列的两种可溶性钙剂,专利权人在专利授权程序中对权利要求1所进行的修改,放弃了包含"葡萄糖酸钙"技术特征的技术方案,根据禁止反悔原则,在解释权利要求1时不能重新将其纳入等同的范围。

此外,本案还对禁止反悔原则可适用的"场景"进行了明确。一审、二审法院认为,涉案专利的申请人对权利要求书进行的修改只是为了使其权利要求得到说明书的支持,并非因此而使其申请的专利具有了新颖性或创造性,故此修改不产生禁止反悔的效果。再审法院纠正了这一观点并指出,"……不再将禁止反悔原则的适用条件仅拘泥于与专利的新颖性、创造性有关的狭隘的范围……"对此,裁判者在后续的评论文章中还就《侵权司法解释(一)》第6条适用的范围进行了说明:"禁止反悔原则的适用最初是与专利的新颖性和创造性联系在一起……以后又扩展到与专利性有关的所有修改和意见陈述都可以适用禁止反悔原则,包括权利要求是否得到说明书的支持、说明书是否充分公开专利技术方案等。这种变化的大的背景还在于限制等同侵权的过多适用,确保社会公众对自己行为的可预见性和确定性……确保专利权人与社会公众利益的平衡。"①

从另一个角度来看,本案之所以对"活性钙"作出上述限制性的解释,与涉案专利说明书披露的相关信息亦密不可分:说明书明确葡萄糖酸钙与活性钙作为并列的两种钙原料,并在实施例1中记载了以葡萄糖酸钙作为原料的技术方案,在实施例2中记载了以活性钙作为原料的技术方案。根据前述章节中有关说明书解释权利要求的相关分析,这些信息足以构成"活性钙"等同范围的限制。因此,有人曾

① 孔祥俊副主编:《中国知识产权指导案例评注》(第3辑),中国法制出版社2012年版,第155页。

对本案评价认为,“本案中,最高院不必‘舍近求远’,诉诸专利申请公开文本,本领域普通技术人员通过这两点(说明书明确记载)已经可以推定权利要求 1 中所谓‘活性钙’不包含‘葡萄糖酸钙’”。①

3.“可触控黑板”案②

事实上,权利人或申请人在实践往往会表现出复合性的举动,即对专利进行了实质性的修改,同时辅以限缩性的陈述,二者均在后续侵权诉讼中构成“禁止反悔”的情形。

本案涉及一种基于纳米触控膜的可触控显示黑板,权利要求 4 记载了该类型黑板的材料特征,其在授权公告时记载为“根据权利要求 1 所述的一种可触控显示黑板,其特征在于:所述玻璃黑板使用的是亚光玻璃板或者超白玻璃板或者纳米玻璃板等有机高强度玻璃”。在相应的无效宣告程序中,专利权人删除了权利要求 4 中的“等”字,同时主张:亚光玻璃板、超白玻璃板、纳米玻璃板为现有玻璃黑板的已知材料,而无效宣告申请人提供的证据没有公开“亚光玻璃板或者超白玻璃板或者纳米玻璃板有机高强度玻璃”这一技术特征。审查部门认同了专利权人的主张,并进一步认为,涉案专利所使用的这些材料的具体限制使玻璃黑板的强度更高,触控性更好,不属于本领域惯用手段的直接替换。

由此,审理法院认为,专利权人的相关主张和修改排除了使用已知的亚光玻璃板、超白玻璃板、纳米玻璃板等同替换的可能性,即如果使用玻璃黑板中亚光玻璃板、超白玻璃板、纳米玻璃板,均不属于权利要求 4 的保护范围。权利人在本案诉讼中关于被诉侵权产品使用亚光玻璃板落入其涉案专利保护范围的主张,属于无效宣告程序中放弃的技术方案,在侵犯专利权诉讼中又将其纳入专利权保护范围的情形,不予支持。

三、基础性的解释作用

如前文所述,专利审查档案之所以被视为权利要求解释的内部证据,原因在于

① 何怀文:《权利要求解释、等同原则与禁止反悔:专利审查档案的法律效力——评最高人民法院午时药业提审案(2009)民提字第 20 号》,载《中国专利与商标》2011 年第 3 期。

② 福建省高级人民法院民事判决书,(2018)闽民终 171 号。

其虽不是专利授权文件的组成部分,但公众可以查阅,且权利要求用语在专利审查过程中和侵权诉讼中应当具有相同的含义,因此,专利审查档案对于权利要求也具有重要的解释作用。[①] 实际上,即便在不考虑是否存在"反言"的情形下,当说明书及附图不能解释或定义权利要求中的某个用语时,无论行政审查部门的认定,抑或申请人、权利人所作的说明,均可能直接被作为确定权利要求中用语含义的资料。

（一）划定真实范围

引入专利审查档案对权利要求进行解释是确保权利要求的术语在专利授权、无效程序与专利侵权诉讼程序保持一致的必要前提,亦是统一专利权利要求所限定的字面范围的基础。因此,通过参阅审查档案,往往可以在对权利要求字面含义进行解释的前提下,合理划定其保护范围。

1."混凝土衬砌机"案[②]

本案涉及一种名为"电动滚筒混凝土衬砌机"的发明专利(见图6-1-5),该发明提供了一种在斜坡和平面上均可以进行混凝土衬砌的设备,其授权公告时的独立权利要求1为:"一种电动滚筒混凝土衬砌机,包括上下端分别带有行走机构的机架和安装在机架上的衬砌小车,至少一端的行走机构与导轨配合,行走机构及衬砌小车由电动机驱动,其特征是:机架包括主直架和其两端的连接件,连接件为直架或上端下弯或下端上弯的变角模块"。

在本案诉讼期间,被诉侵权人曾对涉案专利提起两次无效宣告请求,根据国家知识产权局作出的第12229号无效决定,权利要求1中"连接件为直架"的技术方案被宣告无效。同时,根据无效决定的评述,之所以保留"连接件为上端下弯或下端上弯的变角模块"这一技术方案,是因为其能达到使衬砌小车可以转向到达坡肩和坡底,实现对坡肩和坡底的衬砌操作的技术效果。相应地,对比文件中"下端上弯的底架"的作用仅仅是将机架支撑在渠道的底部,不具有前述效果,故未公开权利要求1所述的"变角模块"。

因此,虽然权利要求1中的"变角模块"仅有关于其结构的描述,即"上端下弯

① 参见孔祥俊、王永昌、李剑:《〈关于审理侵犯专利权纠纷案件应用法律若干问题的解释〉的理解与适用》,载《人民司法(应用)》2010年第3期。

② 最高人民法院民事裁定书,(2009)民申字第191号。

或下端上弯”,但在解释“变角模块”时不应仅限于该结构特征,而应考虑审查档案的相关认定,将其能够实现的功能和效果考虑进来,否则会不当扩张专利保护范围,损害社会公众利益。

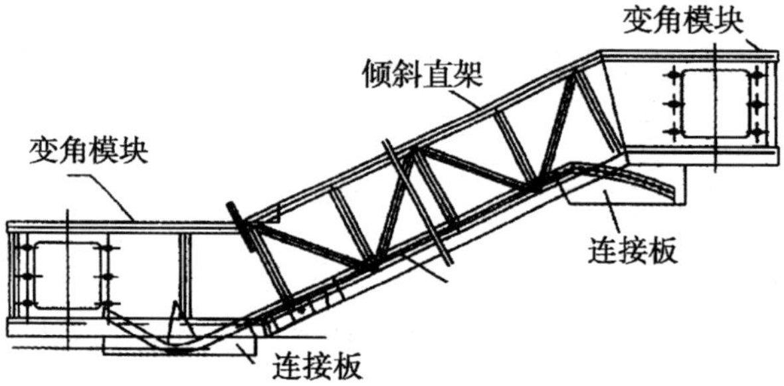

图6－1－5　电动滚筒混凝土衬砌机

实际上,涉案专利文件“自带”的内部证据——说明书,也可与前述解释形成呼应,根据说明书的相关记载,“……上端上弯或上端下弯的变角模块……能够实现衬砌小车的转向,从而使本发明能够同时完成对斜坡及其上下沿的衬砌操作……更换两端变角模块……可满足不同坡长和坡比的斜坡的衬砌”。这也进一步印证了审查档案作为解释依据的合理性。

2.“可折叠竹席”案①

与“混凝土衬砌机”案类似,“可折叠竹席”案中的审查档案也通过对发明目的的明确,完成了对相关权利要求的解释。

本案中,实用新型专利“一种可折叠绣花竹席”提供了一种通过包边将竹席沿竹条垂直方向分成两个竹席单元的技术方案,从而解决了传统竹席只能沿竹条水平方向折叠,体积大且不便收藏的缺陷,该发明目的贯穿于背景技术、发明内容和实施例(见图6－1－6)。但是,在关于该专利的无效审查决定中,用于评述其创造性的最接近的现有技术,专利号为92212505.8的实用新型专利“竹布复合折叠席垫”亦包含这样的技术特征,即通过柔性连接带,实现竹席可对折的效果。无效审查决定认为,前者相对于后者具有创造性的发明点在于“(本专利)竹席采用拼接缝制线连接竹席单元,可实现相邻两块竹席单元更为紧密的并靠,减小折叠间隙,

① 国家知识产权局第13446号无效宣告请求审查决定书。

提高席面整体平整度”,即本专利的发明目的不在于提供了折叠的方法,而在于其折叠的方法有更优的效果,至此,审查档案的引入完成了对说明书记载的发明目的的“修正”。

可见,作为对一项技术方案可专利性进行评述的材料,审查决定、口审记录、修改意见等往往对我们正确理解该发明有至关重要的“修正”作用。在侵权程序中,如果有证据表明说明书中描述的发明目的并非专利技术方案实际解决的技术问题,则权利要求的解释就应当根据最接近的现有技术所重新确定的发明目的,而不是按照发明人自己根据说明书的字面描述认定的发明目的。①

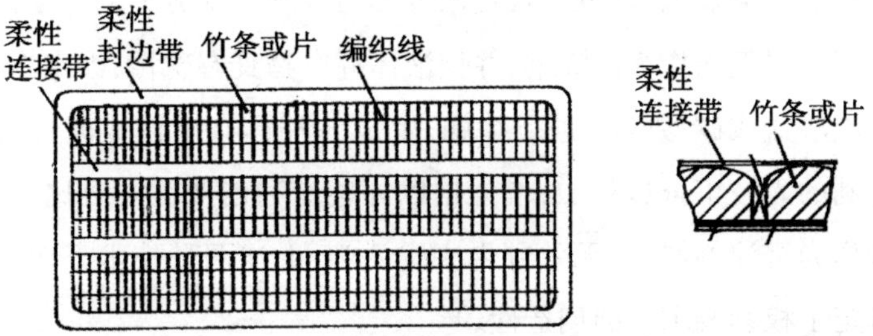

图 6－1－6　可折叠绣花竹席

由本案可知,审查档案等材料之所以可用于校验发明目的的真实性,根本原因在于我们可借助审查程序关于技术方案发明点的评述,对该技术方案相对于现有技术的贡献进行锁定,从而在侵权程序中确定可用以解释权利要求的发明目的。②

(二)直接判断侵权

1.“混合氧化物”案③

除了通过对技术效果的限定或发明目的的明确来达到“间接”解释权利要求的效果以外,专利审查档案的相关认定往往还可以“直接”作为侵权判定的参照依据,本案即一起运用无效宣告决定书中的解释准确确定专利权保护范围的典型案例。审理法院认为,生效的专利无效宣告决定书等认定的专利区别技术特征对专

---

① 参见张晓都:《发明目的在权利要求解释中的作用》,载《中国专利与商标》2012 年第 3 期。

② 参见马云鹏:《专利侵权判定中发明目的的理解与适用的实证分析》,载《电子知识产权》2019 年第 9 期。

③ 山东省高级人民法院民事判决书,(2017)鲁 03 民初 121 号。

利权利要求的保护范围具有限定作用,在判断被诉侵权技术是否落入其保护范围时,对该区别技术特征应予着重考虑。

涉案专利名为“基于铈和锆的混合氧化物的组合物及其前体、制法和应用”,其权利要求1为:以铈和锆的混合氧化物为主要成分的组合物的制备方法。其特征在于包括下述步骤:制备含有三价铈化合物和锆化合物的液体混合物;让上述混合物与碳酸盐或碳酸氢盐进行接触,生成一种在反应时具有中性或碱性PH的反应介质;回收含有碳酸铈化合物的沉淀;煅烧沉淀物,其中,通过将所述的液体混合物加入碱性溶液中进行上述的接触。

侵权比对的结果显示,被诉侵权技术方案与专利技术方案的主要区别在于,被告的工艺流程是以氨水作为沉淀剂,并使液体混合物具有碱性,涉案专利中是让液体混合物与碳酸盐或碳酸氢盐进行接触,生成一种具有中性或碱性的反应介质。而在涉案专利的无效审查过程中,作为据以评述专利创造性的对比文件恰恰选用了氨水溶液作为沉淀剂使用,无效宣告决定认为,上述两种技术方案存在不同,并在基础上肯定了权利要求1的创造性。①

审理法院采纳了审查档案的结论,认定被告工艺技术相关技术特征与涉案专利相应技术特征并不相同,被诉侵权技术方案未落入权利要求1所确定的专利权的保护范围,显然,审查档案在本案中对侵权比对的一致性起到了“直接”的参考作用。

2.“电力变换方法”案②

除了确权审查中对比文件与侵权判定中被诉侵权技术方案有相同技术特征,可直接用来进行比对以外,无效宣告决定中关于技术特征含义的分析,往往也可作为权利要求解释的依据。

本案涉及“一种高电压电力变换方法及其变换装置”的发明专利,提供了一种交直流功率变换装置及其变换方法,其权利要求1为:一种高电压电力变换方法。其特征是采用以下步骤:(1)将输入的交流电或直流电变换成M×N路、彼此间电位独立的中间交流电;(2)对各路中间交流电进行整流滤波形成相同路数的中间直

① 国家知识产权局第38246号无效宣告请求审查决定书。

② 广东省高级人民法院民事判决书,(2010)粤高法民三终字第271号。

流电;(3)对各路中间直流电进行逆变,并串联各逆变电桥,将中间直流电同极性叠加,输出高压直流电、脉动直流电或交流电。

如何理解权利要求1中的“将输入的交流电或直流电……输出高压直流电、脉动直流电或交流电”?根据涉案专利无效宣告决定的记载,本专利权利要求1应被理解为一个多功能技术方案,即能够处理两种输入并有可能分别得到三种输出,而非概括了6种技术方案,从而与对比文件的单一功能技术方案存在本质区别。因此,该专利权利要求1的技术方案具备如请求人所述的6种可能的功能,即从交流电变直流电、交流电变脉动直流电、交流电变交流电以及直流电变直流电、直流电变脉动直流电、直流电变交流电。①

反观被诉侵权产品,其只输入交流电并仅得到交流电,是处理一种输入并得到一种输出的单功能的技术方案,与涉案专利相比,发明目的以及实现发明目的的手段不同,技术效果也不同。因此,审理法院认定被控侵权产品缺少涉案专利的必要技术特征,没有落入涉案专利的保护范围。

值得注意的是,无效宣告决定之所以对权利要求1作出上述解释,是因为认可并采信了权利人相应的主张,并基于此维持了涉案专利的有效性,这也导致了“禁止反悔原则”的启用,从而将该解释延续到了侵权判定的过程中。

四、特殊类型的审查档案

根据《侵权司法解释(二)》第6条的规定,人民法院可以运用与涉案专利存在分案申请关系的其他专利及其专利审查档案、生效的专利授权确权裁判文书解释涉案专利的权利要求。由此可知,除了涉案专利自身以外,与其存在分案申请关系的其他专利及其审查档案也可用作解释涉案专利权利要求的内部证据。

1.“空心模壳构件”案②

其实,早在颁行之前,司法实践就已经在个案中对如何利用关联专利解释权利要求进行了尝试和探索。本案涉及“一种现浇砼空心模壳构件”发明专利(见图6-1-7),其独立权利要求1记载的内容为:一种现浇砼空心模壳构件,包括上底、

① 国家知识产权局第38246号无效宣告请求审查决定书。

② 最高人民法院民事裁定书,(2011)民申字第1309号。

周围侧壁、下底,上底和周围侧壁构成模壳,模壳与下底彼此围成有封闭空腔的模壳构件,其特征在于所述的模壳由至少两块分块模壳板拼接组装而成,分块模壳板有至少一根杆件支撑。

本案的争议焦点在于,被诉侵权产品的顶盒和侧框板上下组拼与涉案发明专利的"模壳由至少两块分块模壳板拼接组装而成"这一技术特征是否相同或等同,这也涉及对"分块模壳板"的解释。权利人认为,"分块模壳板"可以是由部分上底与部分侧壁相互连接成的成型件,也可以是单纯的上底或侧壁。而在涉案专利的母案申请中,"分块模壳板"均是包括部分上底与部分侧壁的结构,无单纯的上底或侧壁构成的分块模壳板。

基于该种解释,审理法院认为,涉案专利中的模壳由至少两块分块模壳板组成,而分块模壳板为包括部分上底和与之相连的部分侧壁的成型件。与之相比,被诉侵权产品中顶盒和侧框板上下组拼,结构更加简单,成型更加容易。二者采用的技术手段不同,实现的功能和达到的效果也不同,不构成等同。

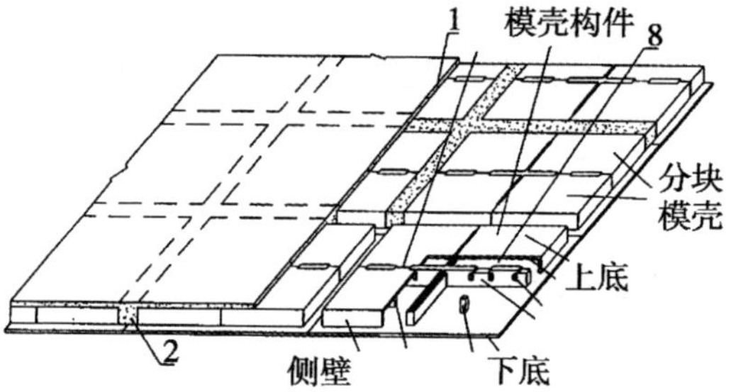

图 6-1-7　现浇砼空心模壳构件

在论及为何母案申请可用于解释权利要求时,审理法院指出,"分案申请是一类特殊的专利申请,是为了保证专利申请人的正当利益不受到损害,允许专利申请人将其在申请日提交的母案申请文件中已经披露,但因单一性等原因不能在母案中获得保护的发明创造另行提出专利申请,同时保留原申请日的一种制度。该制度在保护专利申请人利益的同时,为了平衡社会公众的利益,要求分案申请不得超出母案申请文件公开的范围,即不得在分案申请中补充母案申请文件未曾记载的新内容,以避免专利申请人将申请日后完成的发明创造通过分案申请抢占在先的申请日。因此,分案申请要受到母案申请文件的约束。在此意义上,对于分案申请而言，母案申请构成其特殊的专利审查档案，母案中未公开的内容不能作为权利人基于分案申请主张权利的依据”。这一论述也为《侵权司法解释(二)》第6条的拟定积累了实践经验。

2.“清洁设备”案①

有了“空心模壳构件”案提供的经验，以及《侵权司法解释(二)》第6条作为依据之后，最高人民法院在“清洁设备”案中再次对分案申请在权利要求解释中的作用进行了明确，并将该种适用扩展到了享有同一优先权的在后申请专利的解释中。

本案中，涉案发明专利名为“清洁设备”，涉及一种手持式真空吸尘器(见图6-1-8)，其权利要求1为：一种手持式清洁设备。其特征包括：吸入管道；气流发生器，其用于产生沿所述吸入管道流动的气流；分离装置，其与所述吸入管道相通，以使脏物和灰尘从所述气流分离；手柄，其用于使使用者能够操纵所述手持式清洁设备，该手柄具有第一端、第二端和纵向轴线；以及被安置成邻近所述手柄第二端的电源，用于向所述气流发生器供电，其中，所述气流发生器被安置成直接邻近所述手柄的第一端，所述纵向轴线通过所述气流发生器的至少一部分，所述手柄位于所述气流发生器和电源之间。

而在被诉侵权产品中，其通过电源线接入电源插座的方式提供电能，所述“电源线”虽然本身不能提供电能，但使用状态下其必然会与电源插座连接，提供交流电能。因此，本案争议焦点之一在于，涉案专利权利要求1中的“电源”是否包含“电源线”。

经审查查明，权利人名下另一相关专利与涉案专利享有共同的优先权，其与涉案专利的独立权利要求的保护范围基本相同，而说明书公开的内容也基本一致。进一步地，在相关专利发明实质审查阶段，戴森公司在答复意见中就“电源”一词的含义作了具体陈述，明确电源线并非电源。对此，最高人民法院首先重申了其在“空心模壳构件”中的观点，即“分案申请要受到母案申请文件的约束，母案申请构成分案申请特殊的专利审查档案”，并认为这也是《侵权司法解释(二)》允许运用与涉案专利存在分案申请关系的其他专利及其专利审查档案解释涉案专利权利要求的原因。

① 最高人民法院民事裁定书，(2017)最高法民申1461号。

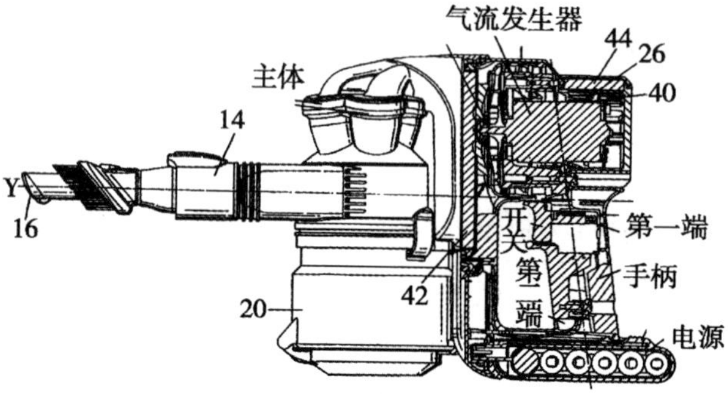

图 6-1-8 手持式真空吸尘器

在此基础上，法院认为，在后申请与优先权申请之间的关系与分案申请与母案申请之间的关系基本一致，即在后申请/分案申请均不能超出优先权申请/母案记载的范围。除此之外，由于享有优先权的在后申请应当与优先权申请具有同一主题，较之分案与母案之间的非单一性关系，显然具有更加密切的内在关系。因此，权利人在相关专利发明实质审查阶段中就"电源"一词的含义作出的具体陈述，可以用于解释涉案专利的权利要求，即"电源线"并非"电源"。

除此之外，涉案专利说明书在解释过程中也起到了重要的限定作用，根据其记载，"……电源被安置成邻近手柄的第二端。通过提供这种配置，使用者抓握手柄时，这些部件的每一个的质量中心之间的合力矩较小，因此使用时使用者的手可方便地操纵手持式真空吸尘器……为了达到操纵既方便又惬意的目的，将手柄设置在气流发生器（包括马达、风扇组件）与电源的合理位置，使各个部件的质量中心之间的合力矩较小"。因此，只有所述电源是具有一定重量的电源装置时才能达到涉案专利的发明目的。此外，涉案专利说明书中对可充电电源、标准电池和电源线作了严格区分，而电源线的技术方案并不能达到上述发明目的，故不能将权利要求中的"电源"解释为包含"电源线"。显而易见，这一解释方式正是前文提及的说明书对权利要求"限缩式"的柔性调节作用。

3. "电磁阀"案①

在明晰了分案申请可以作为权利要求解释依据的原理后，部分法院在个案中

① 上海市知识产权法院民事判决书，(2015)沪知民初字第 512 号。

对其他类型的关联专利如何解释权利要求作了进一步的探索,通过实践扩张了该种特殊类型审查档案的“范围”。

本案涉及一种名为“电磁阀”的发明专利,其权利要求1为“一种电磁阀,设置了螺线管部和阀部;所述螺线管部把向线圈通电的操作所驱动的移动铁芯内装在一端设置了开口的磁性箱体内,所述阀部在阀身内配设了对上述移动铁芯所驱动的多个口之间的通路进行切换的阀体……”涉案专利实施例披露了一种阀体结构,包括推杆、提升阀、排出阀座、供给阀座、移动节流装置、提升阀弹簧等结构,提升阀在排出阀座与供给阀座之间移动而切换流路,其中移动节流装置上的第一作用面面积大,第二作用面面积小,使供给阀座可以移动,通过移动接近或远离提升阀。

本案中,专利权人还拥有早于涉案专利申请日的一件关联专利,即02130310. X号“电磁阀”专利,其权利要求1前序部分关于阀部的表述与本案专利类似,专利附图实施例显示的阀部结构与本案专利附图中实施例阀部结构相同,同时,该专利说明书记载,“在此就使上述阀座体(供给阀座)在阀孔的轴线方向移动的实施例子进行了说明,但也可以将该阀座体固定”,故可以认定该专利披露了供给阀座可移动的实施方式,也披露了供给阀座固定的实施方式。

据此,审理法院认为,本领域普通技术人员在涉案专利申请日之时已知的能够实现“对移动铁芯所驱动的多个口之间的通路进行切换”的功能的阀体结构既包含涉案专利供给阀座可移动的方式,亦包含供给阀座固定的实施方式,该两种具体实施方式均可纳入涉案专利“所述阀部在阀身内配设了对上述移动铁芯所驱动的多个口之间的通路进行切换的阀体”的技术特征的保护范围。被诉侵权产品与涉案专利供给阀座固定的实施方式相同,故落入涉案专利权保护范围。

第二节 外部证据的参考准则

相对于内部证据而言,工具书、教科书等公知文献,以及技术鉴定意见、专家证言等资料因不出现在所述专利的文件及其档案中,故被称为外部证据。对于其作用,CAFC曾指出:“外部证据对于确定相关技术是有帮助的……但是,对于确定权利要求语言的法律意义而言,外部证据没有内部证据重要。"①

一、工具书、教科书等的功能

有学者认为,外部证据之所以具有解释权利要求的功能,其原因在于,外部证据的内容实际上是被推定的言说者和解读者共有的背景知识,其所反映的释义在专利申请日之前已在先存在于作为本领域技术人员的解读者的脑海之中。② 以最为常见的一类外部证据,即教科书、字词典为例,美国法院在 Texas Digital 案中分析认为,这些参考材料公正地反映了人们的通常理解,未受到专家证词或专利授予内部证据固定后发生事件的影响,也未受诉讼的影响,因而这类材料优于专家证词等外部证据,是协助法官更好地理解专业人士使用的词汇及专业术语的意思的最有意义的资源,而且不管它们是否被当事人作为证据提出,初审和上诉法官在诉讼的任何阶段都完全可以参考这些资料。③

在"钢砂生产方法"案中,④涉案专利的权利要求 1 为:"一种钢砂生产方法,其特征在于将轴承厂生产轴承时冲切下来的边角废料,进行淬火,淬火后分两级破碎,筛分得到不同粒度的钢砂,制得多棱形的钢砂。"其中,对于何为"两级破碎",相关行业领域并没有明确的定义。但是,根据《化工辞典》的记载,在本领域中,"粉碎设备"可以分类为:"粗碎或预碎设备:处理直径 40～1500 毫米范围的原料,所得成品的直径大约是 5～50 毫米,如颚式压碎机等。""中碎和细碎设备:处理直径 5～50 毫米范围的原料,所得成品的直径大约是 0.1～5 毫米,如滚碎机等。"也就是说,各个破碎级别的设备所处理的原料直径范围以及加工出的成品均不相同,并且粗碎或预碎设备的出料成品直径范围为中碎和细碎设备的进料直径范围。因此,审理法院认为,涉案专利的"两级破碎"中,"粗碎级"破碎和"细碎级"破碎应当理解为是相互独立的两个步骤,"粗碎级"的出料为"细碎级"的进料,工序一先一后,不能理解为"粗碎级"和"细碎级"可以合并或者替代。同时期的《广西冶金》《武钢》《中国铸造装备与技术》等本领域期刊也作了类似的描述。

---

① C. R. Bard, Inc. v. U. S. Surgical Corp., 388 F. 3d 858, 862 (Fed. Cir. 2004).

② 参见陈文煊:《专利权的边界》,知识产权出版社 2014 年版,第 151 页。

③ Texas Digital Systems, Inc. v. Telegenix, Inc., 308 F. 3d 1193 (Fed. Cir. 2002).

④ 最高人民法院民事裁定书,(2010) 民申字第 979 号。

相应地,被诉侵权方法仅使用一种双辊式破碎机进行钢砂加工。由于双辊式破碎机的破碎动力产生于两个辊子之间的挤压力,其加工方法是在一个级别的破碎中多次循环,每次破碎都是加工出一定比例的钢砂,在多次积累加工出钢砂后进行筛选。所以,被控侵权方法只存在“细碎级”破碎,不存在“粗碎级”破碎,缺少涉案专利“两级破碎”中的粗碎。

此外,涉案专利说明书的相应记载也与《化工辞典》的解释保持了一致。根据其记载,“发明采用两级破碎,粗碎用颚式破碎机,细碎用辐式破碎机。本发明不是用钢珠破碎成钢砂,而是用冲切料破碎成钢砂,冲切料不像钢珠粒度小且均匀,对于粗大的冲切料,本发明采取先用颚式破碎机将其轧碎成小块,而后进行细碎,破碎成钢砂”。可见,涉案专利说明书指明了“两级破碎”具有的特定含义,即先进行粗碎和后进行细碎。

可见,字典、教科书等材料在权利要求解释中往往可以发挥实际作用,帮助法官熟悉专业术语并且理解专利发明中蕴含的科技,使其可以从具有一般熟练技能的从业人员的眼中看待问题。① 当然,根据前述章节的相关论述,如果发明人对权利要求用语界定了明确的其他含义,或者发明人对权利要求的范围进行了明确的舍弃,则可以不采纳其词典中的含义。② CAFC 曾就此专门指出:“虽然科技论文和词典因不属于专利档案的一部分而归于外部证据,但它们值得我们特别注意,法官为了更好地理解有关技术可以随时借助于这些资料,并且可以依赖词典解释权利要求的用语,只要词典的定义与通过阅读专利文件所得到的或明确的含义并不矛盾。”③

二、鉴定意见、专家证言等的作用

作为一类特殊的外部证据,鉴定意见、专家证言等对裁判者理解专利所涉技术方案的背景、特定技术术语的含义等具有帮助作用,但较之于工具书、教科书等资料,其具有一定的局限性和主观性,故不能“越俎代庖”,取代说明书等内部资料成

---

① 参见高莉:《专利权利要求解释规则研究》,知识产权出版社 2015 年版,第 171 页。

② 参见闫文军:《专利权的保护范围》(第 2 版),法律出版社 2018 年版,第 113 页。

③ Vitronics Corporation v. Conceptronic, Inc. 90 F. 3d 1576 (Fed. Cir. 1996).

为解释权利要求的唯一依据，这或许也是司法解释未明确提及该类外部证据的原因之一。

（一）定位的限制

对于鉴定意见、专家证言等资料的作用，司法实践早在1999年的“硝酸铵溶液制备方法”案中就有了明确的观点，审理法院指出：“……专利权利要求书的解释……此项权利属于人民法院而不属于鉴定机构，本案现在需要解决的是法律问题而非技术问题，故认为本案不再需要做重新鉴定。”①有评论者对此进一步分析认为，解释权利要求的保护范围纯粹是一个法律问题，鉴定机构应该仅就技术问题提出自己意见，审判机构更不应将应由自己行使的判断裁决权让渡给鉴定机构。②不仅如此，在专利侵权纠纷案件中，除不能请鉴定机构对如何用说明书和附图对权利要求进行解释外，是否应当适用等同原则、禁止反悔原则等也不能通过鉴定确定，因为这实际上就是对是否构成侵犯专利权行为的最终结论进行鉴定，无异于由鉴定机构代替法院作出判决，形成“大权旁落”的结局。③ 对此，最高人民法院在“机芯奏鸣装置”案中曾强调，“就等同物替换本身认定是否构成侵犯专利权，方系法律问题，应当属于人民法院的职权范围”。④

司法鉴定是在诉讼活动中鉴定人运用科学技术或者专门知识对诉讼涉及的专门性问题进行鉴别和判断并提供鉴定意见的活动，不能作为认定案件事实的依据。⑤ 例如，在“阀体”案中，⑥涉案专利权利要求1没有对阀体的结构进行限定，但鉴定意见在解释阀体的结构时对阀体、阀盖、封头、盖帽式操作环等技术特征作了进一步的限定，“专利技术方案采用了外设螺纹，被控产品的阀体对应部位则是无螺纹的限位阶台……专利为螺纹联接，被控产品则为限位的滑动套合……由于两者的结构部件各自之间都存在有机的联接配合致使阀体的这一限位阶台结构形式

① 太原市中级人民法院民事判决书，（1999）并知初字第91号。

② 参见温彪飞：《从一起跨国专利纠纷案例看权利要求解释原则的变化及适用趋势》，“中华全国专利代理人协会年会暨知识产权论坛”会议论文，2011年于北京。

③ 参见尹新天：《中国专利法详解》，知识产权出版社2011年版，第581页。

④ 最高人民法院民事判决书，（2001）民三提字第1号。

⑤ 广东省高级人民法院民事判决书，（2016）粤民终1093号。

⑥ 广东省高级人民法院民事判决书，（2010）粤高法审监民再字第44号。

与螺纹结构形式对最终的技术效果产生了不同”。意即,将仅在说明书以及附图中描述而未在权利要求中记载的具体实施方式纳入了权利要求 1 的技术方案,错误地缩小了专利权利要求 1 的保护范围,导致其鉴定结论缺乏客观性和公正性。

与鉴定意见相比,专家证言也存在类似的问题。例如,在“热交换器”案中,①根据说明书的记载及权利要求区别解释原则,独立权利要求中的技术特征“至少第二扇形板是由一块大致平整的板材所制成”中“扇形板”并无关于其自身机构的限制。鉴定专家则认为,热变形是物理知识,当一端由于热而产生凹形的时候,另一端则应当作凸形调整。审理法院认为,仅凭鉴定专家关于当扇形板一端由于热而产生凹形的时候,另一端应当作凸形调整的陈述,并不足以将有关形状的限定代入对“一块大致平整的板材”的解释中,从而改变独立权利要求的保护范围。

(二)有限的参考

既然存在定位上的限制,实践中如何发挥鉴定意见、专家证言等材料在权利要求解释中的作用呢?最高人民法院对此曾表态认为:“对技术鉴定结论的采信与否,应当通过庭审质证,全面审查鉴定程序和鉴定结论所依据的事实与理由,结合案件其他证据,综合分析,作出评判。对有缺陷的鉴定结论,可以通过补充鉴定、重新质证或者补充质证等方法解决;符合法定情形的,可以重新鉴定。必要时,也可就有关专业技术问题进行专家咨询。”②这一表态既肯定了上述资料具有一定的价值和利用空间,也对采信与否给出了基本的判断标准。

在利用方式上,鉴定意见、专家证言仅可作为理解技术事实的基础资料,但不能“越界”对侵权判定等法律问题妄加评论。例如,在“感温探测器”案中,③审理法院遵循了“机芯奏鸣装置”案的观点,再次明确指出,“鉴定结论作为证据的一种,仅能起到证明案件事实的作用,不具有对案件事实(不相同技术特征)进行法律评价的效能”。在此基础上,法院分析认为:“本案中,鉴定机构作出被控侵权产品的技术特征与本案专利所述的特征相同或等同的鉴定意见显然超越了鉴定机构仅应对技术特征等专门性问题进行司法鉴定的范围,对技术特征进行了非事实性的法

---

① 上海市高级人民法院民事判决书,(2005)沪高民三(知)终字第 63 号。

② 最高人民法院《关于对河南省高级人民法院请示郑州市振中电熔锆业有限公司与郑州建嵩耐火材料有限公司专利侵权纠纷再审一案有关问题的答复》[(2005)民三他字第 16 号]。

③ 重庆市高级人民法院民事判决书,(2012)民终字第 71 号。

律评价，其鉴定结论不应作为法院认定案件事实的依据。但是，《鉴定意见书》中关于被控侵权产品的构造、工作原理等鉴定分析内容与查明案件事实直接相关，在无相反证据的情况下，法院予以采信。”

再如，在“同步传动装置”案中，①法院探索了专家诉讼辅助人在复杂技术事实认定中的运用方式和机制，即在涉及复杂技术事实认定的专利侵权案件中，可以由双方当事人提供，或由法庭指定专家辅助人参与诉讼，就涉案技术的专门性问题向法庭作出说明，各方专家诉讼辅助人发表的技术意见可作为认定案件技术事实的依据。

在采信标准上，不仅要提供可靠的鉴定材料，并且要符合普通证据采信的一般标准。例如，在“多肽”案中，②审理法院首先对司法鉴定行为进行了定性，“司法鉴定是在诉讼活动中鉴定人运用科学技术或者专门知识对诉讼涉及的专门性问题进行鉴别和判断并提供鉴定意见的活动”。并进一步对用于鉴定的鉴材标准提出了要求，即“鉴定意见并非必然采信为定案依据，其内容的客观性和意见的合理性需要经过司法审查，本案鉴材真实、完整、充分，鉴定用途合法，鉴定材料能够满足鉴定需要，鉴定程序合法，鉴定意见应予采信为定案依据”。

同样地，在“盐酸吉西他滨”案中，③审理法院也将鉴定意见视为证据的一种，即“鉴定机构接受人民法院的委托，对争议的技术问题作鉴定，应当以双方当事人经过庭审质证的真实、合法、有效的证据材料作为鉴定依据”。本案中，一审法院提交给鉴定机构的工艺技术材料均未经双方当事人庭审质证，不是合法有效的证据，未被作为认定本案事实的依据。

第三节　解释资料的适用顺序

在明确了工具书、教科书、鉴定意见、专家证言等外部证据有助于了解发明时的现有技术，帮助法院确定本领域技术人员理解权利要求的作用后，其与内部证据如何协调适用，自然也成为人们关心的下一个话题。根据前述章节的相关介绍，作

① 江苏省高级人民法院民事判决书，(2015)苏知民终字第172号。

② 广东省高级人民法院民事判决书，(2016)粤民终1093号。

③ 最高人民法院民事裁定书，(2002)民三终字第8号。

为与权利要求形成最密切相关的资料,内部证据在解释权利要求时也有着得天独厚的优势,尤其"在确定权利要求文字的有效含义上,其(外部证据)重要性不如内部证据那样大"。[①]但另一方面,内、外证据也并非完全对立的关系,二者在实践中往往也能形成配合呼应,相互印证解释结论的效果。因此,在笔者看来,权利要求解释资料的适用不存在绝对的顺序,而要结合涉案专利及可用资料的具体情况,权衡之后作出合理的解释。

一、内部证据的优先

权利要求的语义不能脱离内部证据的上下文语境而只依赖外部证据进行解释。[②] 因此,Markman 案确立了"内部证据优先"的原则,即解释权利要求时,应先依据内部证据如公开的记录、专利自身的文件(说明书、权利要求书、专利证书等)和审查记录(专利申请记录)进行解释,然后再考虑外部证据。

(一)说明书的优先

作为权利要求所处的语境,说明书的重要性在前文分析中已有充分的体现,在其对某一技术特征有相应描述,尤其进行了定义式限定时,该描述或限定即权利要求解释的首选。

1."医用支架"案[③]

本案涉及医疗器械领域的一种"医用腔道内支架"专利(见图 6-3-1),其权利要求 1 为:一种医用腔道内支架,是网状管形的网管,由记忆合金编制。其特征是:网管内壁有一由透明、透气生物膜的内膜管。双方当事人争议的焦点之一在于对"生物膜"一词的解释。被诉侵权技术方案所使用的聚氨酯膜具有透明、透气、超弹性的特征,但被诉侵权人认为,根据《辞海》的解释,生物膜即为"细胞和细胞器外膜的总称,主要由类脂质和蛋白质组成",故二者不构成等同。

审理法院指出,在对专利权利要求书所定义的技术方案进行解释时,首先应当根据专利说明书记载的相关内容进行解释,只有在说明书没有作出相关说明或者

① Philips v. AWH Corp. 415 F. 3d 1303(Fed. Cir. 2005).

② C. R. Bard, Inc. v. U. S. Surgical Corp. ,388 F. 3d 858,862(Fed. Cir. 2004).

③ 江苏省高级人民法院民事判决书,(2006)苏民终字第 36 号。

记载不明的情况下，才引用字典、辞典的一般解释。

秉持这一逻辑，审理法院进一步分析认为，专利权利要求中虽然没有明确“生物膜”的具体含义，但根据该专利说明书中关于该生物膜具有透明、透气，有超弹性且耐腐，可随记忆合金网管同步伸长等特征的描述，应当认定专利说明书中已对该“生物膜”的特性作了具体说明和限定。因此，本领域的技术人员通过阅读该专利说明书之后，显然能够获知该专利的内膜管应当是由高分子生物材料制成的，否则不可能具有上述特性。据此，权利要求书中的“生物膜”应当解释为“高分子生物材料制成的膜”。

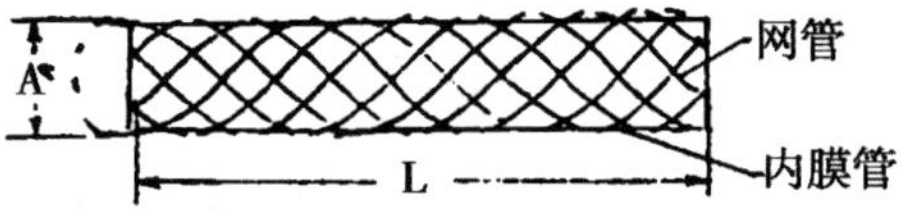

图6－3－1　医用腔道内支架

相应地，聚氨酯属于可用于临床医疗的高分子生物材料，故被诉侵权产品使用“聚氨酯膜”落入涉案专利保护范围。

2.“喷枪”案①

在前述章节所提及的“喷枪”案中，权利要求8对独立权利要求1中的“内衬”的构造作了进一步的限定……“8.如权利要求1的喷洒液体用的喷枪，其特征在于，该内衬由一种热塑性塑料经热/真空成形；该内衬具有：一底部和侧壁，与侧壁相比该底部是硬的，该侧壁比起底部较薄并能被折叠；以及，一平的向外延伸的边缘部，该边缘部的形状能使该边缘部坐落在该喷枪储槽的一开口的边缘上。”

对于权利要求中的符号“/”的解释，权利人引用了本领域教科书《塑料制品设计》的相关记载，“热成型是利用热塑性塑料的片材作为原料来制造塑料制品的一种方法，也叫真空成型……施加的压力主要是靠片材两面的气压差，但也可借助于机械压力或液压力”，“热成型方法”一节载明“以成型动力可分为两大类，模压法和差压法……差压法可分为真空吸引和压缩空气成型二种”。据此，权利人认为，“/”可解释为“或者”“等同”的含义。

而根据涉案专利说明书的记载，塑料需先经加热到适合真空成形的状态，然后使用“真空泵抽走空气”，最后利用“压差”使塑料成形。审理法院认为，符号“/”代

① 上海市高级人民法院民事判决书，(2016)沪民终459号。

表塑料加热与真空成形两个步骤的前后衔接,是承上启下的意思。虽然《塑料制品设计》含有“热成型也叫真空成型”的表述,但该表述从整体理论体系角度看,是一种不严谨、不准确的孤立表述,与一审、二审其他相关证据特别是涉案专利说明书所表达的含义相矛盾,权利人关于“热/真空成形”等同于“热成形”以及符号“/”代表“或者”“等同”之意的主张,依据不足,故不予认可。

(二)审查档案的优先

审查档案作为专利形成过程中的衍生文件,与授权公告的权利要求存在密切的联系,故而在解释权利要求时与外部证据相比具有天然的便利性,尤其在二者含义存在矛盾时,应以审查档案为优先解释材料。

在“糖果玩具”案中,①涉案专利名为“糖果玩具及其生产方法”(见图6-3-2),其权利要求1如下:一种糖果玩具,它是由许多基本上平行并列的且由泡沫糖和果胶构成的浇注片或片型件构成的,它在售货包装状态下通过一个透明包装形的包装层被保持在相对贴靠的位置上,其中糖果玩具总共有至少4层。其特征在于:各有两层通过浇注生产法不可分地连在一起,至少一个外泡沫糖层和第二泡沫糖层分别和另一果胶层一起形成了一个双层片或一个双层片形件。

本案的争议焦点在于如何解释涉案专利权利要求1中“果胶”一词的含义,根据食品安全国家标准,“果胶”应被解释为“以柚子、柠檬、苹果等水果的果皮或果渣以及其他适当的可食用的植物为原料,经提取、精制而得的食物添加剂”。审理法院认为,这一解释针对的是作为食品添加剂的“果胶”,并未涵盖“果胶”的全部类型,仅以此为据不足以对涉案专利权利要求1中的“果胶”作出准确客观的解释。

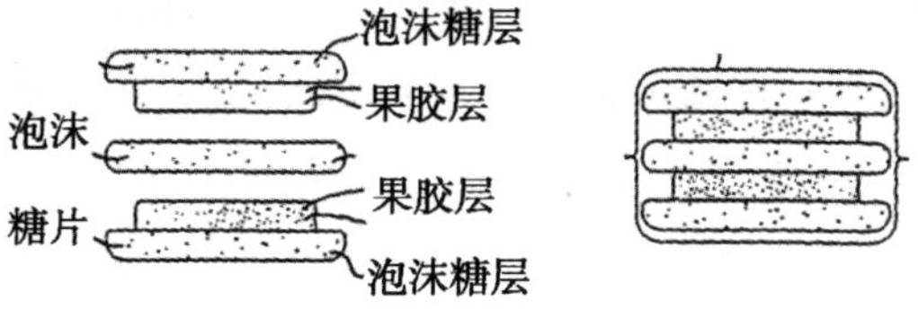

图6-3-2　糖果玩具

涉案专利系其国际申请的国内文本,原始申请的文本可用于相关权利要求的

① 最高人民法院民事裁定书,(2017)最高法民申3141、3139号。

解释。作为食品添加剂的果胶对应的英文一般为"pectin",而在涉案专利中,无论其德文原始申请专利中的"fruchtgummi",抑或英文同族专利中的"fruit gum",被翻译为"水果味的凝胶糖"更为妥帖,这一含义的外延至少要大于狭义的作为食品添加剂的果胶。因此,"果胶"一词不宜仅解释为作为食品添加剂的果胶,而应理解为含有水果味的凝胶糖。

此外,涉案专利权利要求本身及说明书的相关记载也与审查档案的解释保持了一致:从权利要求的记载来看,果胶层与泡沫糖层均为片形件,与作为食品添加剂的果胶常见的粉末状形成了区别;从说明书和附图的进一步描绘来看,涉案专利的发明目的主要是在确保可玩性的前提下,利用果胶层和泡沫糖层随意可变的拼叠组合方式,简化糖果玩具生产的复杂性。因此,权利要求 1 并未限定果胶的来源方式和内部组分,其更强调的是果胶作为构件之一的物理属性。

二、证据的综合使用

内部证据优先规则不等于内部证据审查是权利要求解释的最先步骤,诸多证据并存时也不一定必须作出"非此即彼"的选择,在这些证据含义一致时,对其进行综合性的使用往往有助于提升解释的准确性。

(一)"牙膏挤出器"案①

本案涉及一种名为"简易牙膏挤出器"的实用新型专利(见图 6-3-3),其技术方案并不复杂,独立权利要求 1 为:"一种简易牙膏挤出器,其特征在于:包括一梯形端面的框架体,其中框架梯形宽度较大的底为一长方形开口状,较小的底设置长条形开口,该长条形开口的长度略大于牙膏袋的宽度,开口的宽度略大于牙膏皮的厚度。"

被诉侵权产品也是一种用于挤出牙膏的产品,结合其产品说明书所图示的使用方法,被诉侵权产品包含以下技术特征:卡通鱼形的框架体;卡通鱼形框架体内设置一长方形内框架;内框架底部为一长方形开口;两个向上斜对的页片彼此不相连,形成一长条形开口,两个页片分别与长方形开口底部两个较长的边相连,与长方形内框架其他部分不相连。

权利人认为,权利要求 1 中的"一梯形端面的框架体",是指"框架体里面的一

① 最高人民法院民事裁定书,(2009)民申字第 1622 号。

个端面为梯形”,其清楚地表明该框架体里面含有一个“梯形端面”,权利要求 1 对框架体的结构形状没有限定,并不是指整个框架体的结构是梯形的。

对此,审理法院结合了在案的内、外部证据,对“一梯形端面的框架体”进行了详细的解释,主要包括以下四个方面:

首先,从权利要求 1 的字面内容来看,按通常理解,权利要求 1 中的“包括一梯形端面的框架体”中的“一”是用于修饰和限定“框架体”的,并非修饰 “梯形端面”,不是对“梯形端面”数量的限定。因此,“包括一梯形端面的框架体”的实际含义就是“一具有梯形横截面的框架体”,其端面本身为平面形状即梯形,这也符合梯形通常是指平面图形的含义。

其次,从专利说明书和附图对框架体的相关描述来看,说明书中称“其结构为一具有梯形断面的框架 2”,此处的“2”即附图 1 标记 2,因被置于“框架” 一词之后,所以是指代“框架”,而不是指代“断面”或“端面”。故应当认为权利要求 1 保护的产品是一具有梯形横截面的框架体。

再次,权利要求 2 所述“梯形端面框架”中的“梯形”显然是用于限定框架体横截面为梯形,根据不同权利要求中采用的相同技术术语应当解释为具有相同的含义的基本原则,权利要求 1 中的“梯形”也应当被解释为是对框架体的限定。

最后,从专利权人在其专利无效宣告程序中的意见陈述来看,其将“这种梯形端面设计可以最大限度地节约材料”作为其专利相对于专利无效宣告程序中的证据 1 具有创造性的理由,专利复审委员会也正是基于上述理由决定维持专利权有效。根据禁止反悔原则,权利人在无效宣告程序中的意见陈述在本案中具有约束力,应当将权利要求 1 中的“包括一梯形端面的框架体”认定为该专利保护的简易牙膏挤出器本身为一具有梯形横截面的框架体。

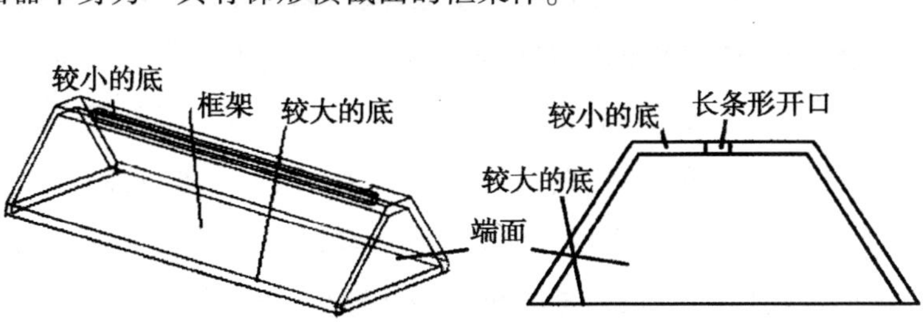

图 6－3－3　简易牙膏挤出器

相应地,被诉侵权产品的内框架和两个页片构成的整体的横截面的形状为中间开口的类W形,专利权利要求采用梯形端面的框架体的技术方案比其更节约材料,技术手段和技术效果均明显不同,故二者既不构成相同,也不构成等同。

不难看出,本案在解释争议技术特征时,至少考虑了字面通常含义、相关权利要求、说明书及附图、审查档案等证据,这也为最后解释结论的作出奠定了坚实的基础。值得注意的是,本案审理之时正值《侵权司法解释(一)》颁行之际,其关于权利要求解释资料种类和使用方式的分析也与司法解释的相关内容形成了呼应。

(二)“耳机”案①

两部侵权司法解释的颁行不仅明确了可用于解释权利要求的资料范围,也对解释的方法进行了规范,是司法实践中处理相关问题时最重要的依据。在“耳机”案中,涉案专利名为“可产生三维立体声效果的耳机”(见图6-3-4),涉及一种用于音响系统和通信系统的耳机,特别是包含多个扬声器(声音驱动器)的,在同一轴上前后直线设置扬声器或将扬声器设置在不同轴上,或扬声器设置在前后形成一定角度为结构的耳机。独立权利要求1载明:一种可产生三维立体声效果的耳机,其特征是所述耳机包括:(a)一扬声器罩,包括一前部、一后部、一设置于所述前部的前端音效单元,一设置于所述前部的前端声音谐振器、一设置于后部的后端声音谐振器和一设置于后部的后端音效单元;(b)至少一个设置在所述扬声器罩前部的前端扬声器;(c)至少一个设置在所述扬声器罩后部的后端扬声器;(d)至少一个设置于所述扬声器罩内的声音控制器;(e)至少一个与所述扬声器罩连接的声音输出单元。所述至少一前端扬声器和所述至少一后端扬声器共同配合以在扬声器罩内的第一个维度和第二个维度上产生立体声,以及至少一组前端扬声器和后端扬声器共同配合在扬声器罩内的第三个维度上产生立体声。

权利人主张:对于涉案专利“前部”“后部”的划分,应当以靠近声音输出口的部分为前部,靠近另一端的为后部;被诉侵权产品动铁扬声器、动圈扬声器距离声音输出口存在距离差异,故可以区分为前端和后端,并分别可在其对应的谐振腔内实现谐振;被诉侵权产品前部、后部各单元相互配合,扬声器罩内壁及支架内壁及

① 浙江省高级人民法院民事判决书,(2018)浙民终1009号。

隔板配合动铁扬声器产生第一维度声音，动圈扬声器下方的壳体壁围成的区域配合动圈扬声器产生第二维度声音，动铁扬声器发出的声音可以通过隔板上的小孔、振膜、导声管、海绵体等部件进入后端的空间，与动圈扬声器发出的声音在后端的空间进行谐振，产生第三维度声音。

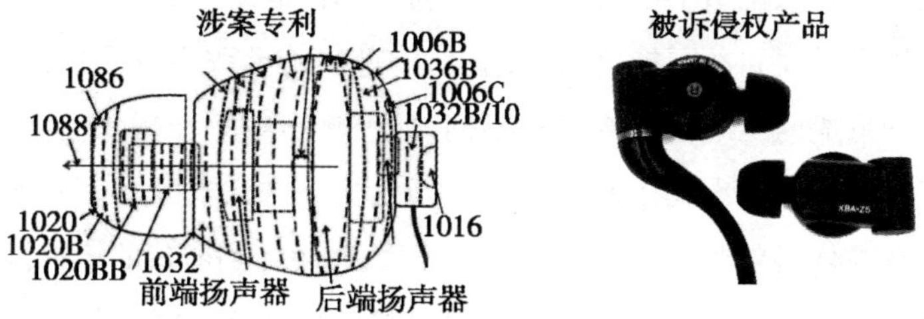

图 6－3－4　可产生三维立体声效果的耳机专利及被诉侵权产品

对权利人的上述主张，审理法院结合说明书、审查档案及鉴定意见给予了回应：

一是说明书关于发明目的的限定。根据说明书记载，涉案专利主要发明目的是将两个扬声器单元在扬声器罩中前后设置，提供 X－Y－Z 的三维立体声效果及低/中/高音音频的输出的第三（Z 轴）深度声音回响空间，营造三维立体声效果。其中，Z 轴的立体声深度是三维立体声空间和效果的主要决定因素，只有获得了 Z 轴的立体声深度，低/中/高音这三种声音的音频才能被同时同步获得构成三维立体声空间和效果。而被诉侵权产品的动铁扬声器和动圈扬声器两者连线与声音输出口呈垂直角度，距离声音输出口没有明显的前后位置差异，且中间设置有隔板，该种结构设置并不足以获得低/中/高音音频输出的 Z 轴立体声深度，无法实现涉案专利前端、后端扬声器的技术效果。

二是无效程序中权利人的意见陈述。权利人在涉案专利的无效宣告口头审理程序中表示："前部、后部对于本领域技术人员来说是明确清晰的，附图上都有标记，参见图 2 黑色的标记一条实线把扬声器罩区分为前端或后端……对于本领域技术人员来说，塞进耳朵部分是前端，后面就是后端。"因此，关于前部、后部的界定，应当以其距离声音输出口的远近作为区别标准，靠近声音输出口的部分为前部，靠近另一端的为后部。被诉侵权产品上标有"XBA－Z5"字样的部分与标有"L"或"R"字样的部分距离被诉侵权产品的声音输出口并无远近之分，故被诉侵权产品上标有“XBA－Z5”字样的部分与标有“L”或“R”字样的部分并非涉案专利权利要求1中的“前部”“后部”。

三是鉴定机构出具的意见。鉴定意见认为，涉案专利说明书没有公开两组扬声器正相对设置下的具体解决方案，而该方案并非本领域公知技术，因此，前端和后端扬声器只能按照说明书以及实施例中公开的内容来理解。此外，由于被诉侵权产品在动铁扬声器和动圈扬声器之间设置有隔板，导致声音传播路径或声音反射路径与专利形成的三维立体声显然不同，即使输出中频和高频的动铁扬声器的声音传送通过隔板上的小孔以及动圈扬声器的振膜进入动圈扬声器所在腔体中，也难以经由该腔体反射并返回通过隔板的小孔，产生专利所述的第三维度的声音。

综上，被诉侵权技术方案并未落入专利权利要求1确定的保护范围。从上述分析不难看出，本案裁判对于司法案件中如何合理解释权利要求，科学界定专利权保护范围进行了有益探索，对引导发明人合理撰写权利要求具有积极意义。

三、解释不能的情形

在梳理了各类资料在权利要求解释中的不同作用和主次顺位后，还有必要对实践中一种看似极端但也时有出现的情形进行分析研究，即在权利要求自身存在瑕疵，运用各种资料亦无法进行解释的情况下，如何确定其保护范围的问题。

在“防电磁污染服”案中，①涉案专利为一种防止人体周围高低频电磁波及其他射线和空中各种电磁辐射对人体伤害的保护服，其唯一的权利要求为“一种防电磁污染服，它包括上装和下装，其特征在于所述服装的面料里设有由磁导率高无剩磁的金属细丝或者金属粉末构成的起屏蔽作用的金属网或膜”。权利人认为，权利要求1中的“磁导率高”具有明确的含义，即首先确定出磁介质的磁导率数值的安全下限，然后高于这个下限数值的就是磁导率高，这个下限数值可以因使用环境不同而有所区别。

审理法院则认为，首先，磁导率有绝对磁导率与相对磁导率之分，根据具体条件的不同还涉及起始磁导率、最大磁导率等概念。不同概念的含义不同，计算方式也不尽相同。在涉案专利说明书中，既没有记载磁导率在涉案专利技术方案中是

---

① 最高人民法院民事裁定书，(2012)民申字第1544号。

指相对磁导率还是绝对磁导率或者其他概念，也没有记载磁导率高的具体范围，亦没有记载包括磁场强度等在内的计算磁导率的客观条件，难以确定涉案专利中所称的磁导率高的具体含义。其次，从权利人提交的相关证据来看，虽能证明有些现有技术中确实采用了高磁导率、高磁导率等表述，但根据技术领域以及磁场强度的不同，所谓高导磁率的含义十分宽泛，从 80Gs/Oe 至 83.5 × 104Gs/Oe 均被权利人称为高导磁率，并不能证明在涉案专利所属技术领域中，本领域技术人员对于高导磁率的含义或者范围有着相对统一的认识。最后，权利人主张根据具体使用环境的不同，本领域技术人员可以确定具体的安全下限，从而确定所需的磁导率。该主张实际上是将能够实现防辐射目的的所有情形均纳入涉案专利权的保护范围，保护范围过于宽泛，亦缺乏事实和法律依据。综上所述，"磁导率高"的具体范围或者具体含义难以确定，权利要求 1 的保护范围也不能准确确定。

在此基础上，审理法院进一步总结道，如果权利要求的撰写存在明显瑕疵，结合涉案专利说明书、本领域的公知常识以及相关现有技术等，仍然不能确定权利要求中技术术语的具体含义，无法准确确定专利权的保护范围的，则无法将被诉侵权技术方案与之进行有意义的侵权对比。因此，对于保护范围明显不清楚的专利权，不应认定被诉侵权技术方案构成侵权。

从更深层次的角度来看，本案所述情形引发的问题表面上是权利要求保护范围不清无法解释的问题，实质上是在民事侵权程序中司法是否可以对专利权有效性进行评价的问题，因为如果法院在侵权案件中认定专利权的保护范围明显不清，实质上也可以作为专利无效的理由申请宣告该专利无效。[①]

专利无效抗辩制度一直都是理论和实践中的热点难点问题，最高人民法院曾在《侵权司法解释（二）》（公开征求意见稿）中规定："权利要求含义不明，运用法定的解释方法仍无法确定其限定的专利权保护范围，且不属于该解释第 4 条规定的情形的，人民法院可以裁定驳回起诉。"[②]全国人大代表、最高人民法院原副院长罗东川曾建议，要在专利法修订过程中明确无效抗辩这一制度，在专利侵权案件中，

① 参见闫文军：《保护范围明显不清楚时的专利侵权判断——柏万清与成都难寻物品营销服务中心、上海添香实业有限公司侵害实用新型专利权纠纷案》，载《中国发明与专利》2018 年第 11 期。

② 该条款由于种种原因未出现在正式颁行的司法解释中。

允许被告对原告专利权的效力提出无效抗辩，赋予审理专利民事侵权案件的人民法院在个案中审查专利权效力的权限。这有利于缩短专利侵权案件审理周期、提高审理效率，有利于推动专利纠纷的实质性解决。[①] 实际上，无论是专利无效抗辩，还是专利侵权诉讼程序的改造，均涉及对我国专利制度二元架构体系的根本性改造，也会对现有的专利授权确权程序形成重大冲击，涉及行政与司法衔接、机构职能定位等根本性问题，一直是理论和实践中的热点难点问题，各类观点和思路纷繁复杂，鉴于其与本书的核心内容无直接关系，故在此不再展开讨论。

小结

所谓“解释”，顾名思义，就是分析阐明，或说明含义、原因、理由。[②] “工欲善其事，必先利其器。”做好解释工作的前提是掌握全面且充足的资料，权利要求的解释也不例外，其虽有着浓厚的法律色彩和思忖空间，但证据资料的收集、梳理、适用、分析等流程是极其重要的基础性的前置工作。相应地，为了更好地完成这一工作，解释者除了要熟稔掌握摆在眼前的与权利要求“一体化”的说明书，也要给予审查档案、鉴定意见、工具书、教科书等材料以足够的重视，从各类证据资料中抽取出与权利要求，尤其是争议技术特征密切相关的内容，为下一步权利要求的解释工作备下充足的信息。当然，不同种类证据资料在解释过程中也存在权重的差异，在发生冲突时需要坚持“内”优于“外”的原则。因此，就权利要求解释的证据资料而言，其本身就形成了以说明书、审查档案等内部证据为核心，工具书、教科书、鉴定意见、专家证言等外部证据为支架构建起的一套完整而独立的体系，只有对这一体系有了相当的理解和认识，才有可能作出最为贴近权利要求本意的解释。

SUMMARY

① 参见花蕾：《罗东川代表建议修改完善专利无效程序》，载《中国审判》2019年第5期。

② 载“百度汉语”2020年8月30日，https://dict.baidu.com/s?wd=%E8%A7%A3%E9%87%8A&device=pc&from=home。

第七章

特殊类型权利要求的解释

通常而言,根据专利权保护客体的不同,专利权利要求可分为两种基本类型:产品权利要求和方法权利要求,前者一般通过物质属性或结构特征来界定,后者一般通过行为来界定。① 但在个别情况下,为更好地概括专利保护的技术方案,权利要求并不是按照上述一般规则撰写的,这就出现了用特殊方式撰写的权利要求,其在解释过程中除需遵循前文所述基本原则外,还衍生出了一些特殊的规则。

第一节　功能性限定权利要求

功能性限定权利要求并无统一的定义,其完整的表述应为"包含功能性技术特征的权利要求"。而对于何为"功能性技术特征",司法解释将其归纳为"对于结构、组分、材料、步骤、条件或其之间的关系等,通过其在发明创造中所起的功能或者效果进行限定的技术特征"。② 功能性限定权利要求的解释一直是专利领域的热点和难点,需要我们结合其产生初衷和本质特征来讨论分析并提炼规则。

---

① 参见闫文军:《专利权的保护范围》(第2版),法律出版社2018年版,第25页。

② 《侵权司法解释(二)》第8条。

一、基本认识的协调统一

关于功能性技术特征的认识，历来存在所谓的解释规则之争的说法，其根源在于《侵权司法解释（一）》和《专利审查指南（2010）》规定的差异，前者将功能性限定特征的保护范围解释为仅涵盖"该功能或者效果的具体实施方式及其等同的实施方式"，[①]后者则将其扩展为"覆盖了所有能够实现所述功能的实施方式"。[②] 由此，在一段时期内，确实出现过一些各审级观点不一的判例，也有不少人从统一标准的角度对这一问题进行分析比较，认为应从立法层面上尽快统一和明确规则，使专利权人和社会公众有明确的、合理的预期，改变当前无所适从的不正常局面，以免给当事人造成困惑，甚至诉累。[③] 然而，在本书看来，行政机关和司法机关的观点是否存在本质上的不同，以及不同程序中标准统一性究竟如何把握，都不存在绝对的答案。

（一）一致的初衷

我国关于功能性特征的规定最早见于1993年版《审查指南》，其第二部分第二章第3.2.3节中关于"清楚要件"的规定为："通常，对产品权利要求来说，应当尽量避免使用功能或者效果特征来限定发明。只有某一技术特征无法用结构特征来限定，或者技术特征用结构特征限定不如用功能或效果特征来限定更为清楚，而且该功能或者效果能通过说明书中充分规定的实验或者操作直接和肯定地验证时，使用功能或者效果特征来限定发明才是允许的。但是，不得利用功能或者效果特征任意扩大权利要求的保护范围，以免造成权利要求的范围不清楚。"可见，1993年版《审查指南》虽然对于功能性特征采取既不鼓励也没有绝对禁止的态度，但至少明确了"不得利用功能或者效果特征任意扩大权利要求的保护范围，以免造成权利要求的范围不清楚"的立场。之后，2001年版《审查指南》将"以免造成权利要求的范围不清楚"改为"以免造成权利要求的范围不合理"，并增加了"对于权利要求中

---

① 《侵权司法解释（一）》第4条。

② 《专利审查指南（2010）》第二部分第二章第3.2.1节。

③ 参见张鹏：《论功能性限定权利要求保护范围的解释——以我国产业发展现状为视角》，载《中国发明与专利》2010年第7期；马晓亚：《功能性限定特征的解释之争》，载《中国发明与专利》2007年第10期；周云川：《功能性限定特征解释之规则探析》，载《中国发明与专利》2008年第1期。

的功能性特征,应当理解为覆盖了所有能够实现所述功能的实施方式”规定,从而明确规定了功能性特征的一般性解释规则。

2006 年版《审查指南》及 2010 年版《专利审查指南(2010)》基本延续了过往版本的表述,但将功能性限定特征的要求从“清楚”部分移至“以说明书为依据”部分,将审查重点由“保护范围是否清楚”转移至“是否能得到说明书的支持”,进一步突出了“说明书”在解释功能性权利要求中的作用。由此可见,其初衷是不鼓励功能性特征的写法,目的是促使申请人明确其技术含义,防止申请人“利用功能或者效果特征任意扩大权利要求的保护范围,以免造成权利要求的范围不清楚”的问题。也有学者总结认为,中国专利局对于功能性特征有明显的敌意,明确号召专利权人尽量避免使用功能性限定特征。①

功能性限定权利要求的存在,让社会公众时刻伴随着对专利权保护范围过大的担忧。专利法不会容忍专利权人采用功能性记载来无限扩大其保护范围,对功能性限定权利要求的限制成为一种必然选择。② 出于这一考虑,《侵权司法解释(一)》将对功能性限定权利要求的保护限定到了“实施例及其等同方式”的范围内,也体现了对于该类撰写方式不鼓励的态度。这样看来,两种标准的初衷是一致的。

(二)不同程序中的合理性

根据前述章节的分析,专利授权、确权、侵权程序中不同解释标准的存在有其合理性,不同程序的性质和目的也意味着各自解释尺度的不同,随着允许修改要求的逐渐严格,应从宽泛性的解释逐渐转变为限缩性的解释。同样道理,对功能性限定特征的解释而言,虽然现行法律规范存在截然不同的差异,但也并非存在无法相容的空间。

在授权和确权审查过程中,采取现行《专利审查指南(2010)》的规定,有利于在审查中扩大检索范围从而找到合适的对比文件,提高功能性限定特征获权的难度,引导申请人尽量多使用结构特征,少使用或避免使用功能性特征。具体来说,如果本领域技术人员不能明了此功能,还可以采用说明书中未提到的其他替代方

① 参见崔国斌:《专利法原理与案例》(第 2 版),知识产权出版社 2016 年版,第 635 页。

② 参见赵振民:《论功能性限定权利要求的解释》,载《北京政法职业学院学报》2010 年第 3 期。

式来完成，或者有理由怀疑该功能性限定所包含的一种或几种方式不能解决发明或者实用新型所要解决的技术问题，并达到相同的技术效果，均可以对其质疑，并要求申请人修改该功能性限定的内容。可见，只有满足前面所说的条件，具有功能性限定内容的权利要求才可能被授予专利权。① 通过这种方式，尽管申请人获得专利的难度增大，但是一旦获得了专利权，就能够享受很宽的保护范围。

在侵权判定的过程中，对功能性限定特征更加侧重于说明书和附图的解释作用，按照说明书的具体实施方式及其等同方式，即"具体加等同的解释方法"重新解释权利要求的保护范围，以限制专利权人的权利范围，使专利权的保护范围在后续程序中相对确定，既满足社会公众的合理预期，也能够鼓励公众基于确定的保护范围的边界进行改进，有利于激发公众发明创造的动力。② 最高人民法院曾在具体案件中表达了类似的观点，即如果在专利侵权诉讼中将"功能性特征"的保护范围解释为包含实现该功能、效果的全部实施方式，将导致专利权的保护范围与专利的创新程度和公开内容不相匹配，不可避免地会给后续的改进和创新带来不应有的限制，给科学技术发展和经济社会进步带来负面影响。③

总而言之，在功能性限定特征的解释过程中，不能简单地套用宽泛性解释或限缩性解释规则，应当坚持实事求是的原则，力求客观、公正，根据说明书及附图、现有技术、专利对现有技术所做的贡献等因素解释权利要求，合理确定专利权保护范围。④

二、"功能性"的识别与认定

既然功能性限定特征是一种不被提倡的撰写方式，且极有可能"招致"权利保护范围被限缩的后果，如何识别和认定一项技术特征是否为"功能性"，则成为实

① 参见王立石、王青伟：《如何确定功能性限定的权利要求的保护范围——基于专利行政审查和司法审理两个阶段的比较分析》，载《中国发明与专利》2014 年第 8 期。

② 参见胡艳君、何晓平：《论发明或实用新型专利权保护范围的确定》，载《政法学刊》2003 年第 5 期。

③ 参见最高人民法院民事裁定书，(2018) 最高法民申 1018 号。

④ 参见北京市高级人民法院知识产权审判庭编：《北京市高级人民法院〈专利侵权判定指南(2017)〉理解与适用》，知识产权出版社 2020 年版，第 85 页。

践中容易引发争议的焦点之一。通常来说,功能性特征不是采用产品部件或部件之间的配合关系或者方法步骤来进行限定,而是采用它们在发明创造中所起的作用、功能或者产生的效果来进行限定,是否属于功能性限定特征,关键看其是否仅采用了功能性的描述。

但是,仅仅因为使用的语句中出现了功能或效果性的描述就认定其为功能性限定特征,也可能导致这一概念的泛化,削弱合理的上位化概括的正当性,影响权利人本应享有的保护范围。为此,《侵权司法解释(二)》专门就功能性限定特征作出了例外性规定,以但书形式将"仅通过阅读权利要求即可直接、明确地确定实现上述功能或者效果的具体实施方式"的技术特征排除在功能性特征之外。[①] 制定者进一步解释道,对于但书所称技术特征的认定,应注意基于本领域普通技术人员的认识水平和能力,由当事人进行举证。[②] 从具体的表现形式来看,但书所述情形在实践中主要有两种:一种是以功能或效果性语言表述且已经成为本领域普通技术人员普遍知晓的技术术语,或以功能或效果性语言表述且仅通过阅读权利要求即可直接、明确地确定实现上述功能或者效果的具体实施方式的技术特征;另一种是使用功能性或效果性语言表述,但同时也用相应的结构、组分、材料、步骤、条件等特征进行描述的技术特征。[③]

(一)普遍知晓的惯常描述

对于本领域技术人员而言,其在撰写权利要求时往往会采取一些在本领域普遍知晓、约定俗成的概念,如导体、散热装置、黏结剂、放大器、变压器、发动机、放大镜、变速器、制动器、滤波器等,其虽然采用了功能或效果性的语言,但不应被归入功能性特征,否则会让申请人在撰写权利要求时无所适从,也会对授权后的专利权人明显不公平。CAFC 曾就此指出:"很多设备都是借助其执行的功能来命名的……'棘爪'就是这样一种词汇,尽管其定义采用了功能性的表达方式,但指的是在机械领域内具有普遍理解含义的一类设备……重要的不是简单认定'棘爪'是采用其干什么的功能性方式来描述的,而是这样的术语是否像结构特征的命名

① 参见《侵权司法解释(二)》第8条。

② 参见宋晓明、王闯、李剑:《〈关于审理侵犯专利权纠纷案件应用法律若干问题的解释(二)〉的理解与适用》,载《人民司法(应用)》2016年第10期。

③ 参见北京市高级人民法院《专利侵权判定指南(2017)》第18条。

方式一样具有本领域合理地、可普遍地理解的含义。”[①]

1.“电磁炉显示组件”案[②]

本案专利涉及一种用于电磁炉的显示组件(见图7－1－1),其权利要求1为:一种用于电磁炉的显示组件。其特征在于包括:面板;显示板,所述显示板设在所述面板的下方;感应电极薄膜,所述感应电极薄膜设在所述面板与所述显示板之间;以及用于将所述感应电极薄膜推抵在所述面板的下表面上的止抵件,所述止抵件为弹性件。

上述权利要求中的“止抵件”采取了功能性的描述,但是,根据说明书关于发明目的的记载,现有电磁炉的面板跟感应电极薄膜之间的接触面是凸凹不平的,很容易造成感应电极薄膜的脱落。为此,本发明采取了如图7－1－1所示的技术方案,在感应电极薄膜下方设置止抵件,挤压感应电极薄膜使其与面板时刻紧密贴合,止抵件将感应电极薄膜与面板接触面的周边包覆起来,可以组织油烟、水汽等进入感应电极薄膜和面板贴合处,延长感应电极薄膜的使用寿命,保证功能按键的灵敏度,实用性好。同时,弹性件可以更好地止抵感应电极薄膜,使其紧贴在面板的下表面上,而且可以根据情况弹性变形,适用范围大。

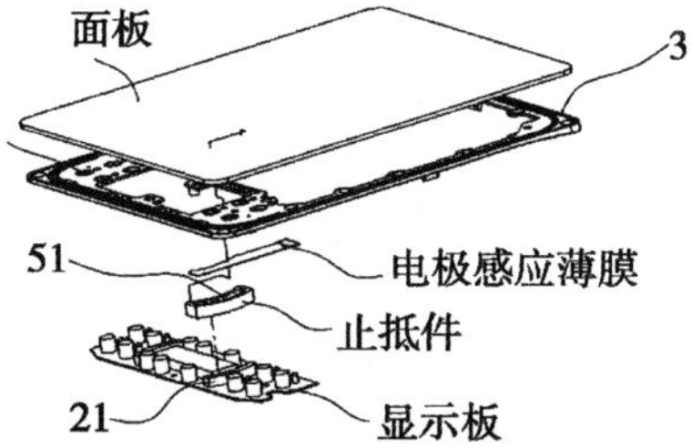

图7－1－1　电磁炉的显示组件

本案中,由于说明书中对“弹性件”并无特别定义,因此应当按照本领域的通常含义来理解。而在机械领域中,“弹性件”通常是指具有弹性的元件,如弹簧、橡胶等。本领域技术人员在阅读发明后应能够获知止抵件的位置、作用和材质,并且

---

① Greenberg v. Ethicon Endo-Surgery, Inc. ,91F. 3d 1580,1583(Fed. Cir. 1996).

② 参见冯涛、李越、邹凯、倪晓红:《理解发明与权利要求保护范围的认定》,载《电子知识产权》2019年第11期。

上述内容均已在权利要求中进行限定,即针对本发明要解决的技术问题,权利要求已经作出了清楚的限定,无须再按照功能性限定技术特征的方式进行理解。

2."弹簧压缩输送机构"案①

本发明名为"一种袋装弹簧生产压缩输送机构"(见图7-1-2),涉及袋装弹簧生产设备技术领域,特别涉及一种用于袋装弹簧生产机中的压缩输送机构。该专利权利要求1为:一种袋装弹簧生产压缩输送机构。其特征在于:包括机架、弹簧输送机构、弹簧压缩输送机构,所述弹簧压缩输送机构承接弹簧输送机构输送来的弹簧并进行压缩,所述弹簧压缩输送机构包括两对设于机架上的挡板和绕设于挡板外侧的输送带,两所述挡板之间的距离从一头到另一头逐渐减小,所述弹簧输送机构设置在两挡板之间的上方,弹簧输送机构输送弹簧至两挡板之间并带动弹簧移动使弹簧从两挡板间距离较大的一头移动至两挡板间距离较小的另一头,弹簧平移时随两所述挡板间距离的逐渐减小而逐渐受压缩,弹簧压缩到一定程度后脱离所述弹簧输送机构且继续由两挡板外的输送带夹持输送。

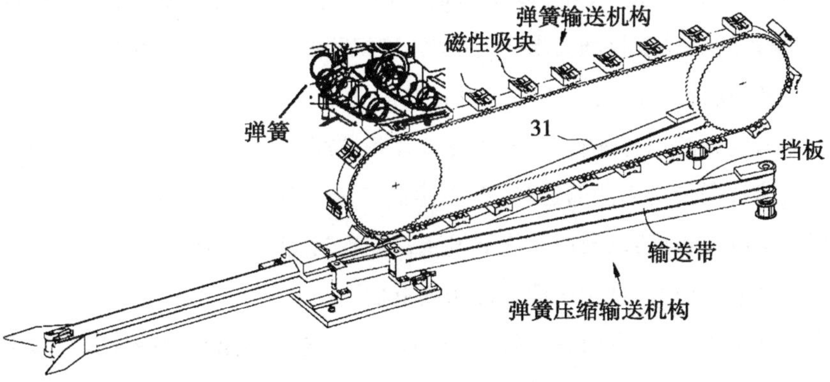

图7-1-2 袋装弹簧生产压缩输送机构

被控侵权人认为,权利要求1中"弹簧压缩到一定程度后脱离所述弹簧输送机构"技术特征是功能性技术特征,该技术特征的表述方式为弹簧"压缩一定程度"的状态以及"脱离"的动作,并无具体结构、方法和技术手段,被诉侵权产品中的弹簧虽然也进行了压缩,但并不具备权利要求1中的"一定程度"。

① 最高人民法院民事裁定书,(2018)最高法民申4398号。

审理法院认为，本案专利技术方案中，弹簧从两挡板间距离较大的一头向两挡板间距离较小的一头移动，在此过程中弹簧逐渐被压缩，因此弹簧与挡板之间的摩擦力越来越大，在此过程中存在某一“一定程度”，此时摩擦力增大到大于弹簧输送机构与弹簧之间的力，使弹簧能够脱离弹簧输送机构。因此，此处“一定程度”是清楚的，所涉“弹簧压缩到一定程度”只是对弹簧压缩状态的一种描述，并不属于上述规定中的功能性技术特征。

相应地，被诉侵权技术方案亦为弹簧压缩到一定程度后脱离所述弹簧输送机构且由两挡板外的输送带夹持输送，所以，被诉侵权技术特征与涉案专利相应技术特征构成相同。

3.“数据传送方法”案①

在部分技术领域，尤其涉及计算机、通信等类别技术方案时，也有一些措辞方式被视为功能性限定特征的惯用表述，如果无法证明其属于本领域技术人员普遍知晓的语言，则很有可能被认定为功能性限定特征。

在“数据传送方法”案中，涉及的是一种名为“选择数据传送方法”的发明专利，引起争议的是关于权利要求 7 的解释，该权利要求表述为：“如权利要求 6 所述的终端设备，其特征在于：所述终端设备被配置为：将所述数据传送方法选择应用于用于输入消息的消息编辑器；所述终端设备被配置为：基于在所述消息编辑器中执行的所述数据传送方法的选择，将所述消息传送到支持所选择的数据传送方法的数据传送应用程序；以及所述终端设备被配置为：根据所述数据传送应用程序所使用的数据传送协议，将所述消息传送到电信网络。”

审理法院认为，一方面，根据涉案专利权利要求书及说明书的记载，涉案专利权利要求 1 及权利要求 2 要求保护的是一种在电信系统中选择数据传送方法的方法，而权利要求 7 要求保护的是一种能够实现或执行上述方法的终端设备，其采取了在方法权利要求对应的每一个步骤特征前附加“被配置为”的撰写方式来表征其所限定的相关技术特征，而“被配置为”在文意上应当被理解为使该设备、部件能够实现或达到其所限定的执行某一步骤的功能或效果。

另一方面，权利人虽主张该权利要求文字描述并未超出本领域普通技术人员

① 上海市高级人民法院民事判决书，(2013)沪高民三(知)终字第 96 号。

的通常理解范围，本领域普通技术人员能够明了每一个“被配置为”的技术特征是如何实现的，其结构是如何改进的。但是，权利人同时主张技术特征“消息编辑器”是其与现有技术的主要区别所在，即至少对于“消息编辑器”的理解，其与本领域普通技术人员的通常理解并不一致，也不存在能够实现该技术特征所体现的功能或者效果的惯常技术手段。因此，权利要求7仅表述了该特征所要实现的功能，且本领域普通技术人员通过阅读权利要求书、说明书和附图亦不能直接、明确地确定相关技术特征，故其构成功能性限定技术特征。

对于本案权利要求的解释，有学者评述认为，法院的目的在于合理地界定专利权的保护范围：一方面，这可以使专利权人获得与其技术贡献相一致的保护；另一方面，可以保障竞争对手自由使用公有领域中的技术，甚至在他人专利权的范围之外从事发明创造。①

（二）非功能性语言的使用

何为“仅通过阅读权利要求即可直接、明确地确定实现上述功能或者效果的具体实施方式”的技术特征，除了本领域普通技术人员普遍知晓的技术术语外，如果一个技术特征在使用功能性或效果性语言表述的同时，还使用了相应的结构、材料、步骤等特征进行描述，一般不宜认定为功能性特征。

1.“分选装置”案②

涉案专利名为“一种蔬菜水果分选装置”（见图7－1－3），其提供了一种结构简单、操作方便、分选效率高，分选尺寸可任意调节，分选出的蔬菜或水果大小尺寸精确，又不损伤分选蔬菜水果的蔬菜水果分选装置。该专利权利要求1包含如下技术特征：机架和传动电机，在机架的一端装有传动轴，在传动轴上装有两个转动链轮和一个传动链轮；在机架的另一端装有另一传动轴，在传动轴上装有两个转动链轮；两条特制输送链条分别套在转动链轮上，特制输送链条由中心开槽的链板相邻排列组成，在两条输送链条上装有带长轴的圆管，圆管的长轴装在中心开槽链板的槽中，并伸出槽外，圆管可在槽的范围内上下移动，在机架的两长边的上方装有

---

① 参见李明德：《功能性权利要求及其保护范围的判断——诺基亚公司与上海华勤通讯技术有限公司侵害发明专利权纠纷案1》，载《中国发明与专利》2018年第9期。

② 最高人民法院民事裁定书，（2017）最高法民申1804号。

能上下调动的托轨，托轨托住圆管伸出链板槽的长轴，在圆管的下方设有选出物的送出槽或输送带。

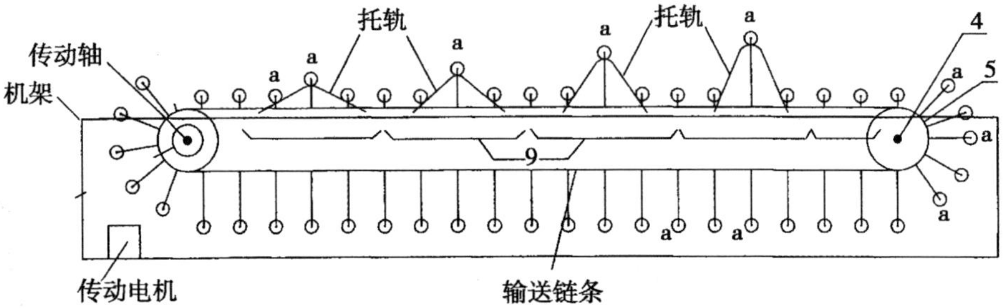

图7－1－3　蔬菜水果分选装置

对于权利要求中"托轨"这一技术特征的定性，审理法院认为，虽然并无证据证明"托轨"属于本领域常用的技术术语，但本领域技术人员仅通过阅读权利要求书，即可直接、明确地确定"托轨"中的"轨"是结构特征，而"托"进一步限定了"轨"的功能，通常情况下，结构特征"轨"本身就已经足以实现"托"的功能。因此，本领域技术人员能够根据"托轨"在权利要求1技术方案中的具体情况，直接、明确地确定以适当结构的"轨"来实现"托轨"的功能，该特征不属于功能性限定技术特征。

2."螺旋水管结构激光管"案①

本案专利"螺旋水管结构激光管"是一种应用于激光切割、雕刻设备上的中小功率输出的玻璃管结构的二氧化碳激光器(见图7－1－4)。权利要求1包括以下技术特征：A. 放电管；B. 水套管；C. 回气管；D. 储气管；E. 水嘴；F. 回水管；G. 连在水套管一头的回水管在所述水套管外绕上一圈或多圈，形成螺旋型回水管；H. 所述螺旋型回水管的另一头和所述水嘴烧接。上述结构产生的技术效果是当水套管和储气管处于不同温度下，而导致它们的轴向膨胀长度不一致，这种轴向膨胀长度不一致能被所述螺旋型回水管的弹性所吸收。

被诉侵权人主张，权利要求1中的"当水套管和储气管处于不同温度下，而导致它们的轴向膨胀不一致，这种轴向膨胀不一致能被所述螺旋型回水管的弹性所

① 最高人民法院民事判决书，(2019)最高法知民终26号。

吸收”属于功能性限定技术特征，其相应的保护范围应作限缩解释。

对此，审理法院认为，如果某个技术特征已经限定或者隐含了发明技术方案的特定结构、组分、步骤、条件或其之间的关系等，即使该技术特征还同时限定了其所实现的功能或者效果，原则上亦不属于上述司法解释所称的功能性特征，不应作为功能性特征进行侵权比对。

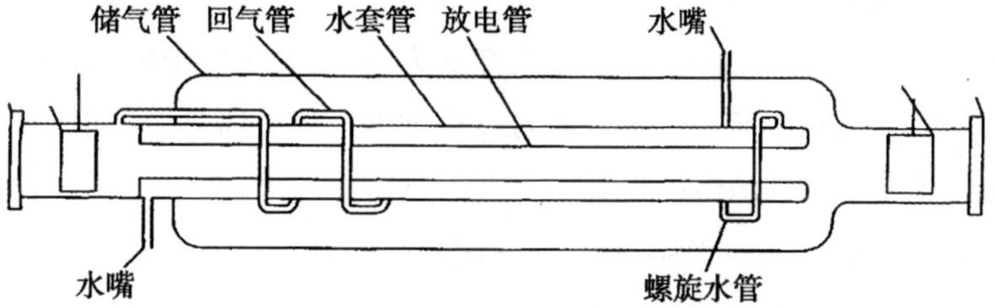

图 7－1－4　螺旋水管结构激光管

本案中，权利要求 1 明确限定了螺旋型回水管在水套管外环绕，不与储气管直接连接，另一头与水嘴烧接，即已限定了螺旋型回水管的结构和位置，争议技术特征系在上述结构限定的基础上对螺旋型回水管功能和效果的进一步描述，故不属于司法解释中规定的功能性特征，不应作为功能性特征进行侵权比对。

3.“太阳能灯”案①

在判断权利要求是否以非功能性语言同时描述了同一技术特征时，除了其所在权利要求，其他权利要求或专利文件整体技术方案中透露出的信息亦可用于相关分析，“太阳能灯”案即为此种情形。本案中，专利“一种太阳能灯及其包装盒”涉及照明领域，旨在提供一种太阳能灯，在通过内置的散热板进行散热的同时，还能实现灯体内部的防水效果（见图 7－1－5）。作为一项实用新型专利，其权利要求 1 的技术特征主要为组件及组件之间的连接关系，具体如下：

灯罩、灯体、后盖、光源、电路板、电池、散热板、防水圈、防水按钮；其中，所述灯罩包括：第一散热区和第一防水区；所述灯体包括：与所述第一散热区对应的第二散热区，以及与所述第一防水区对应的第二防水区；所述灯体底部与所述后盖连接；所述光源固定于所述散热板上，并与所述电路板连接；所述散热板位于所述灯

① 最高人民法院民事裁定书，（2018）最高法民申 1018 号。

罩与灯体之间，且在所述散热板的上表面和下表面的周缘上设置有防水圈，经所述防水圈将所述灯罩扣合于所述灯体上，使所述第一防水区与所述第二防水区相对密闭连接；防水按钮设置于所述灯体上；所述电池、散热板、光源、电路板封装于所述灯体内。

一审法院认为，“第一散热区”“第二散热区”均属于以散热功能表述的“功能性特征”，应当理解为通过设置散热孔或者与之等同的实施方式，被诉侵权产品未落入涉案专利权的保护范围。二审法院则认为，权利要求1中的“散热区”与“防水区”不属于“功能性特征”，而属于对灯体内部进行区域划分的文字表述，被诉侵权产品落入涉案专利权的保护范围。

再审法院支持了二审法院的观点，并明确表示，“功能性特征”在专利侵权诉讼中的解释是一种限缩性解释，故争议技术特征是否属于“功能性特征”的认定对于专利权的保护范围具有重要影响，不仅需要考虑技术特征文字本身的含义，还需要将该技术特征纳入权利要求限定的整体技术方案中进行理解。

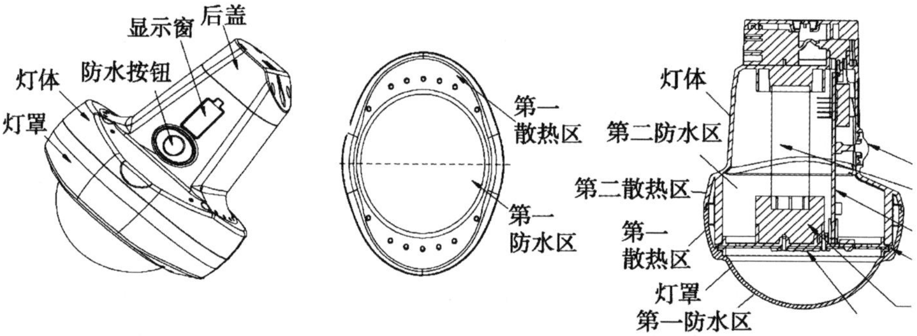

图7－1－5　太阳能灯及其包装盒

本案中，首先，第一散热区和第一防水区是对于灯罩空间的区域划分，第二散热区和第二防水区则是对于灯体空间的区域划分。在位置关系上，第一散热区和第二散热区对应设置，第一防水区和第二防水区对应设置。对于本领域技术人员而言，热辐射散热是最为常见的散热方式，灯体、灯罩中的特定区域可以通过热辐射等方式散热属于本领域的公知常识。因此，“第一散热区”“第二散热区”本质上是对涉案专利产品灯体、灯罩的特定部分的区域划分。其次，根据权利要求1限定的整体技术方案，太阳能灯包括散热板，该散热板位于灯罩和灯体之间，通过散热板上下表面上的防水圈，将灯罩和灯体扣合，使第一防水区和第二防水区相对密封连接。在灯罩空间内，被防水圈密封的区域为第一防水区，除去第一防水区的区域即为第一散热区。在灯体空间内，被防水圈密封的区域为第二防水区，除去第二防水区的区域即为第二散热区。

综上，再审法院认为，本领域普通技术人员结合第一散热区以及第二散热区本身的含义以及权利要求1的整体技术方案，即可直接、明确地确定所述特征的具体实施方式，所述特征不属于用功能或者效果来限定保护范围，导致保护范围过于宽泛，应当根据司法解释的规定进行限缩解释的情形。

4. "超声焊接装置"案①

与"太阳能灯"案类似，本案中争议技术特征的认定也利用了其他权利要求披露的信息。本案涉及一种名为"具有降低工具工作面偏移的加强部分的超声焊接装置的工具"的发明专利（见图7-1-6），其权利要求1的表述为："用于超声焊接装置的传递超声波振动的超声焊极形式的工具，其具有至少一个用于以沿超声焊极纵轴线方向传播的超声波振动焊接金属的工作面，其中该超声焊极具有端面，该端面垂直或者大致垂直于该至少一个工作面延伸，其特征在于：为了减少该至少一个工作面垂直于超声焊极纵轴线的偏移，超声焊极的端面或者超声焊极头部的背面具有至少一个加强部分。"

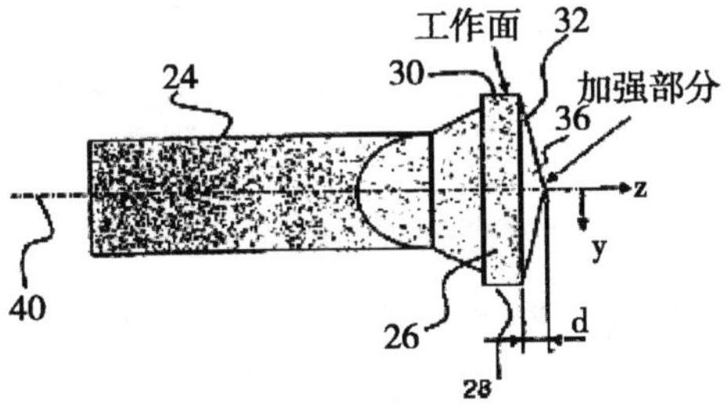

图7-1-6　超声焊接装置的工具

双方当事人的争议焦点之一在于，权利要求1中"为了减小该至少一个工作面垂直于超声焊极纵轴线的偏移，超声焊极的端面或者超声焊极头部的背面具有至少一个加强部分"是否属于功能性特征。

① 最高人民法院民事裁定书，(2018)最高法民申5829号。

审理法院认为,在判断某一技术特征是否属于功能性特征时,不能仅以其是否采用了功能或效果的表述方式,还需以本领域普通技术人员的认识水平和能力判断该技术特征是否属于其普遍知晓或前述但书的情形,否则会不当地缩小权利要求的保护范围,损害权利人的利益。本案中,一方面,虽然权利要求1“加强部分”采用了功能或效果的表述,但权利要求1同时限定了“加强部分”所处的位置,即位于“超声焊极的端面或者超声焊极头部的背面”,并披露了其目的是解决“减小该至少一个工作面垂直于超声焊极纵轴线的偏移”的技术问题。另一方面,在相关权利要求中,“加强部分”的样态、结构、尺寸等信息得到了进一步的公开,如“肋”“三角形几何形状”“关于延伸有超声焊极纵轴线的对称平面对称”“伸出端面的最大长度d为3mm≤d≤25mm”等。因此,上述信息已足以使本领域技术人员直接、明确地确定实现“加强部分”功能或者效果的具体实施方式,故该特征并非功能性特征。

5.“刮水器”案①

实际上,不仅采用了明确的结构类技术特征会否定功能性技术特征的认定,如果本领域技术人员根据专利文件披露的信息,能够推定其已“隐含”公开了该类技术特征,亦不能轻易将其认定为功能性技术特征。在“刮水器”案中,涉案专利名为“机动车辆的刮水器的连接器及相应的连接装置”(见图7－1－7),其目的在于提供把连接器固定在刮水器刷体的一个部件上的装置,所述装置可以把连接器锁定在安装位置,并且可以把任何类型的刮水器安装在一标准的臂和一标准的连接器上。

涉案专利权利要求1为:刮水器的连接器,其用于保证一刮水器臂和一刮水器刷体的一部件之间的连接与铰接,所述连接器从后向前纵向嵌在所述刮水器臂的向后纵向弯曲成U形的前端部内,并且包括至少一可弹性变形的元件——所述元件把所述连接器锁定在所述刮水器臂的前端部中的嵌入位置上,以及包括两个纵向垂直的侧边,所述侧边设置成容纳在所述刮水器刷体的部件的两个侧翼之间;所述连接器的特征在于,所述连接器通过一安全搭扣锁定在所述刮水器臂中的嵌入位置,所述安全搭扣活动安装在一关闭位置和一开放位置之间,在所述关闭位置,

① 最高人民法院民事判决书,(2019)最高法知民终2号。

所述安全搭扣面对所述锁定元件延伸,用于防止所述锁定元件的弹性变形,并锁定所述连接器,而所述开放位置可以使所述连接器从所述刮水器臂中解脱出来。

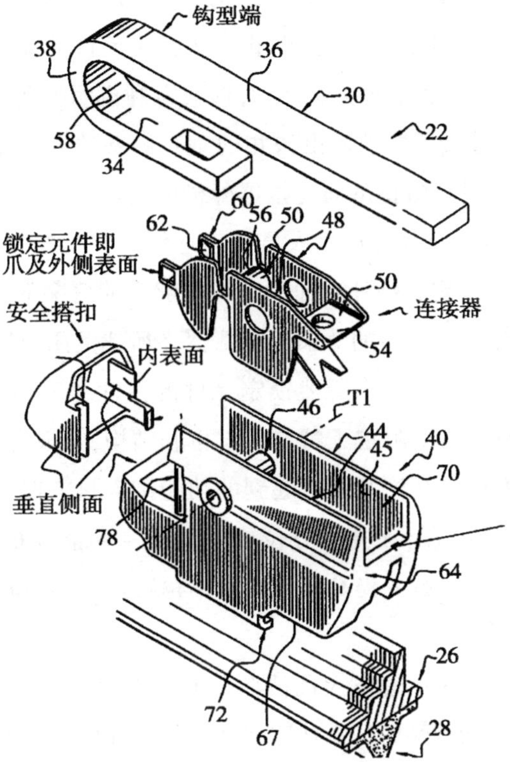

图 7－1－7　机动车辆的刮水器的连接器及相应的连接装置

一审法院认为,权利要求 1 中"在所述关闭位置,所述安全搭扣面对所述锁定元件延伸,用于防止所述锁定元件的弹性变形,并锁定所述连接器"仅仅披露了安全搭扣与锁定元件之间的方向及位置关系,该方位关系并不足以防止锁定元件的弹性变形,本领域普通技术人员仅通过阅读权利要求不能直接、明确地确定实现"防止锁定元件的弹性变形,并锁定连接器"这一功能的具体实施方式为由,认定该技术特征属于功能性特征。

二审法院否定了这一认定,并再次明确了功能性特征鉴别的除外情形,即如果某个技术特征已经限定或者隐含了发明技术方案的特定结构、组分、步骤、条件或其之间的关系等,即使该技术特征还同时限定了其所实现的功能或者效果,原则上亦不属于司法解释所称的功能性特征,不应作为功能性特征进行侵权比对。

在此基础上,二审法院认为,本案中的争议技术特征实际上限定了安全搭扣与锁定元件之间的方位关系并隐含了特定结构——“安全搭扣面对所述锁定元件延伸”,该方位和结构所起到的作用是“防止所述锁定元件的弹性变形,并锁定所述连接器”。根据这一方位和结构关系,结合涉案专利说明书及其附图,特别是说明书第[0056]段关于“连接器的锁定由搭扣的垂直侧壁的内表面保证,内表面沿爪外侧表面延伸,因此,搭扣阻止爪向连接器外横向变形,因此连接器不能从钩形端解脱出来”的记载,本领域普通技术人员可以理解,“安全搭扣面对所述锁定元件延伸”,在延伸部分与锁定元件外表面的距离足够小的情况下,就可以起到防止锁定元件弹性变形并锁定连接器的效果。可见,“在所述关闭位置,所述安全搭扣面对所述锁定元件延伸,用于防止所述锁定元件的弹性变形,并锁定所述连接器”这一技术特征的特点是,既限定了特定的方位和结构,又限定了该方位和结构的功能,且只有将该方位和结构及其所起到的功能结合起来理解,才能清晰地确定该方位和结构的具体内容。这种“方位或者结构 + 功能性描述”的技术特征虽有对功能的描述,但是本质上仍是方位或者结构特征,不是司法解释所称的功能性特征。

值得一提的是,本案系最高人民法院知识产权法庭成立之后敲响的“第一槌”,该案判决阐明了功能性特征的认定标准,纠正了司法实践中常见的错误认识,进一步拓展了对功能性特征的法律认识,意义重大。

三、功能性限定特征的解释

在确定了一项技术特征是功能性特征之后,如何对其进行准确解释,确定功能性特征的内容,从而合理、正确地界定专利权的保护范围,是行侵权比对的前提和关键。

(一)寻找对应的实施例

根据司法解释的规定,结合前文的分析,实施例是将以功能性语言描绘的技术特征具化,并进而作为划定保护范围的基点,因此,从说明书记载的冗长的信息中提取出与功能性技术特征相对应的实施例,是我们解释该类权利要求关键的第一步。

1.“复合纸板制造设备”案①

本案系早期涉及功能性限定特征解释的典型案例之一，审理法院在尚无侵权类司法解释的情况下，对功能性限定特征相关问题进行了具有前瞻性的论述。本案中，涉案实用新型专利“瓦楞蜂窝复合纸板的制造设备”涉及一种纸板制造设备，特别是涉及一种能将再生纸再复合纸板的制造设备（见图 7-1-8）。其权利要求 1 记载的技术特征可分解为：A. 瓦楞成形装置；B. 上胶分条装置；C. 牵引竖条装置；D. 烘干装置；E. 侧面上胶装置；F. 切割装置；G. 拼板装置；H. 复合装置；I. 定长切割装置；J. 瓦楞成形装置、上胶分条装置、牵引竖条装置、烘干装置、侧面上胶装置、切割装置排列在同一直线上；K. 拼板装置处转弯 90°后其复合装置及定长切割装置也排列在同一直线上；L. 上述各装置上的电气部件均与电控箱内电源接线端子电连接；M. 所述各装置上的气动控制均与各自的汽缸气源接口连接。

显然，上述技术特征均只是陈述了相应装置的功能而未描述相应装置的具体结构，故该些技术特征为功能性特征，权利要求 1 为含有功能性特征的权利要求。根据涉案专利说明书的记载，技术特征 A 应解释为：瓦楞成形装置，其上设有 3 个滚筒，并在所述滚筒内设有电热丝，并在所述滚筒上设有凸面；技术特征 B 应解释为：上胶分条装置，其上设有上胶滚筒、气动控制器和分条刀圈；技术特征 C 应解释为：牵引竖条装置，其上设有橡胶滚筒和栅栏；技术特征 D 应解释为：烘干装置，其内设有电热器、风扇及拉风箱；技术特征 E 应解释为：侧面上胶装置，其上设有传动轮、上胶轮和定长测速传感器；技术特征 F 应解释为：切割装置，其上设有气动离合器、锯条和汽缸，并在切割装置上设有移动轮；技术特征 G 应解释为：拼板装置，其上设有牵引滚筒和传动带，在传动带上每隔一段距离设有隔板；技术特征 H 应解释为：复合装置，其上设有上胶滚筒和复合滚筒，复合滚筒内设有电热丝，并在复合滚筒的上方设有汽缸；技术特征 I 应解释为：定长切割装置，其上设有切刀、汽缸、定长测速传感器和气动离合器，并在该装置上设有移动轮，定长切割装置可以通过移动轮在支架的轨道上左右移动。

① 上海市高级人民法院民事判决书，（2006）沪高民三（知）终字第 48 号。

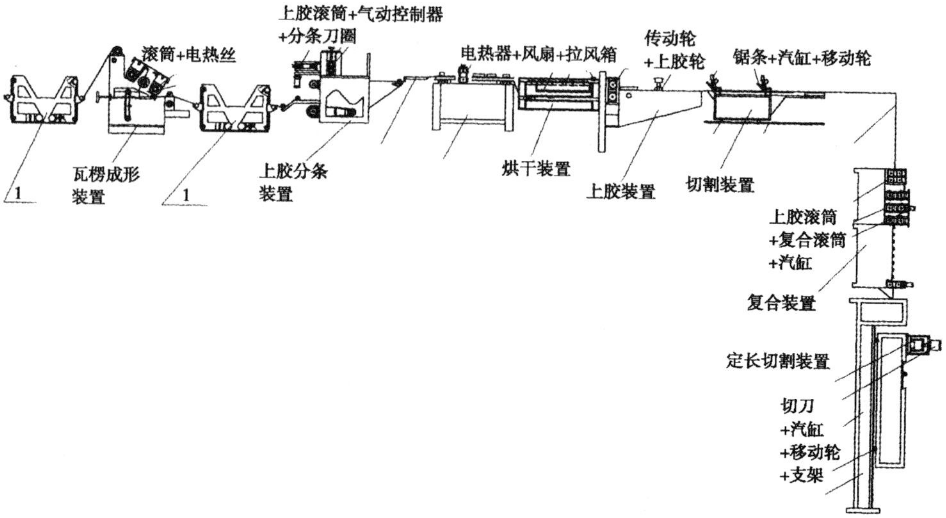

图7-1-8 瓦楞蜂窝复合纸板的制造设备

至此，权利要求1相应的技术特征被逐一转化为具体的构件或构件关系，该专利具体的技术方案也随之清晰起来。经比对，被控侵权产品中与涉案专利独立权利要求中A、C、E、G、K技术特征相对应的技术特征，既不相同也不等同，故专利侵权指控不能成立。

值得注意的是，本案判决作出时《侵权司法解释（一）》尚未颁行，实践中关于功能性限定特征解释的依据仅有《专利审查指南（2010）》中宽泛解释的规定，但审理法院依然选择了限缩式的解释方式，有学者曾对这一选择进行过详细的论述评价："就该案来说，是否会认为涉案专利授权审查时是按照《专利审查指南（2010）》规定的功能性特征被理解为覆盖了所有能够实现所述功能的实施方式的标准进行审查，而在专利侵权判断时，却将功能性特征解释为仅覆盖了说明书记载的具体实施方式及其等同方式，从而导致对专利权人不公平呢？涉案专利说明书中只记载了A、B、C、D、E、F、G、H、I相应功能性特征的一种具体实施方式，从鉴定意见认为相应功能性特征没有对相应结构进行限定而需要根据从属权利要求记载的相应具体结构进行限定的意见基本上可以推知，所属技术领域的技术人员在阅读了涉案专利说明书后，在不经过创造性劳动的情况下，很难还会想到除说明书记载以外的实现该些功能性特征的其他具体实施方式。故即使认为要与专利授权相一致，功能性特征应解释为覆盖了实现该功能的全部具体实施方式，所属技术领域的技术人员在无须创造性劳动的情况下，所能想到的所有能够实现该些功能性特征的全部具体实施方式也就只是说明书中记载的唯一的一种具体实施方式，故本案的判决结果对专利权人亦并非不公平。”[①]由此也不难看出，《专利审查指南（2010）》与《侵权司法解释（一）》中的相关规定看似矛盾，但在实践中并非绝对对立，在本质上很可能是一致的。

2.“压力容器缩紧装置”案[②]

本案专利名为“压力烧煮容器锁紧夹具的开启和关闭的控制装置”（见图7－1－9），主要涉及烧煮压力容器的盖的锁紧/解锁装置，也涉及确保锁紧的夹具的移动控制装置，权利人在本案中主张作为保护依据的权利要求为：

（1）开启和关闭夹具的控制装置，该夹具通过两个传动臂径向地活动安装在盖上，上述夹具用于保证锁紧容器上的盖，以构成烧煮容器，最好为压力容器，其特征在于，它包括控制件，该控制件沿盖上基本呈径向的方向并根据预先确定的行程活动地安装，当所述控制件移动时，上述控制件与传动臂相配合，以便控制传动臂的径向移动。

（2）根据权利要求1中所描述的装置，其特征在于，控制件以活动的方式确保传动臂沿径向向外方向移动，上述控制件与控制按钮动态配合，控制按钮沿基本呈轴向方向活动安装在盖上，适于控制传动臂沿径向向内方向移动。

审理法院认为，本案权利要求1以夹具在技术方案中的功能、效果即“用于保证锁紧容器上的盖，以构成烧煮容器”来对该技术特征进行表述；以控制件在技术方案中的功能、效果即“控制传动臂径向移动”来对该技术特征进行表述。二者作为功能性限定特征，其对应的说明书中的实施例分别为：前者为“两个夹具通过两个传动臂径向地活动安装在盖上。所述夹具为长度确定的圆弧状U形段件，每个夹具都包括下凸缘和上凸缘，分别与容器的外凸缘和凹槽的上界边夹紧”。后者为“所述控制件沿盖上基本呈径向的方向并根据预先确定的行程活动地安装，控制件具有操作人员能手控的一个加高控制区域，以及平面起动三角区域。传动臂一端

① 张晓都：《专利权利要求中功能性特征的解释——以一实用新型专利侵权纠纷案为例》，载《电子知识产权》2007年第9期。

② 广东省高级人民法院民事判决书，（2013）粤高法民三终字第279号。

与夹具连接,另一端轴向垂直设置凸销。凸销分别抵靠在平面起动三角区域的两条斜边上。三角区域沿两个径向方向的移动可以使两个凸销沿着与控制件的移动方向呈90度的方向径向移动"。

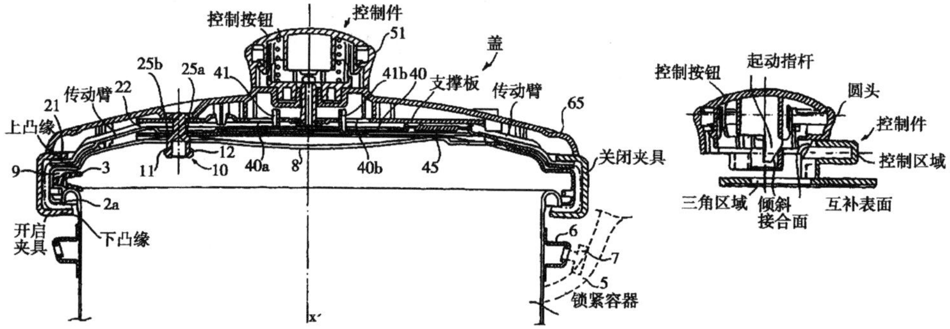

图7-1-9 压力烧煮容器锁紧夹具的开启和关闭的控制装置

本案专利权利要求3以"控制传动臂沿径向向内方向移动"这一功能和效果描述来对控制按钮及其与其他部件的空间位置和结构这一技术特征进行限定。与前同理,结合说明书及附图的具体实施方式,其对应的说明书中的实施例分别为:存在一个轴向安装在盖上的控制按钮,所述控制按钮下部设置有起动指杆,配有与控制件上设置的接合面互补的倾斜接合面。按压控制按钮,指杆配有的倾斜接合面与控制件的互补接合面相配合,使控制件松开,传动臂沿径向向内方向移动。

此外,对于前述权利要求中"传动臂"这一技术特征,专利权人在说明书中区分了最佳实施例和实施例:一种是两个传动臂相对设置,部分重叠;另一种是两个传动臂相对设置,不重叠。审理法院认为,这两种具体实施方式的全部技术特征,应分别、并列地作为该功能技术特征的内容,因而被控侵权人关于被控侵权产品的传动臂相对不重叠设置,从而与专利技术特征不相同的主张是错误的。这一认定也启示我们,对于专利权人针对某个功能性特征在说明书和附图中给出数个实施例的情形,应将这些实施例各自作为一个保护范围,与被诉侵权产品的技术方案进行比对,这不仅有利于鼓励专利申请人尽可能地创造、披露更多的具体实施方式,从而促进科学技术的发展和传播,同时也更能够体现"以公开换保护"的制度价值。①

① 参见陶凯元主编,最高人民法院知识产权审判庭编:《中国知识产权指导案例评注》(第7辑),中国法制出版社2016年版,第242页。

根据前述章节的介绍，即便是一项处于有效存续期间的专利，也有可能存在穷尽各类资料依然无法解释的情形，功能性限定权利要求也不例外，其解释有赖于说明书中实施例所提供的完整的技术方案，但如说明书披露信息不足，无法确定对应实施例的内容，该功能性限定权利要求也会面临解释不能而无法保护的后果，之前提到的"数据传送方法"案即为此例。① 本案中，权利要求7"……所述终端设备被配置为……"的撰写方式被认定为功能性技术特征，但说明书及附图中没有记载终端设备、消息编辑器"被配置为"实现相应功能的具体实施方式，不能确定涉案专利权利要求7中以"被配置为"所限定的技术特征的内容，进而也无法确定涉案专利权利要求7的保护范围。

（二）确定实施例涵盖的范围

既然功能性限定权利要求的解释对说明书尤其实施例存在较高的依赖程度，准确从说明书中提取出相关实施例确定的技术方案，成为确定功能性限定特征内容，合理界定专利权的保护范围的关键。但众所周知，说明书对实施例的描述可能非常详尽，甚至包括一些非必需的特征，如果将功能性特征解释为和说明书中的具体实施方式完全相同，被诉侵权人只需稍作改变，即可规避侵权责任，那样势必导致对功能性特征的保护形同虚设。因此，应当将功能性特征限定为说明书中所对应的为实现所述功能、效果所必需的结构、步骤特征，而不是全部的结构、步骤特征，这样才能对专利权人和社会公众保持合理的平衡。②

1."同轴插接器"案③

本案专利名为"同轴插接器"，其目的在于提供一种更加简便而快速的装配并且功能可靠的插接器（见图7-1-10）。权利人明确以涉案专利权利要求1确定涉案专利权保护范围，该权利要求为：同轴插接器，具有一插接壳体，该插接壳体在用于插接配对插头的端面敞开并且被一通道贯穿，在所述通道里面绝缘地设置一内导体触头；并具有用于将插接壳体与配对插头机械地连接的连接机构，其特征在于，所述配对插头在插接时与连接机构卡锁并且连接机构这样设置，使连接机构在

① 上海市高级人民法院民事判决书，(2013)沪高民三(知)终字第96号。

② 参见北京市高级人民法院知识产权审判庭编：《北京市高级人民法院〈专利侵权判定指南(2017)〉理解与适用》，知识产权出版社2020年版，第100页。

③ 江苏省高级人民法院民事判决书，(2011)苏知民终字第139号。

配对插头上施加一个轴向压力，该压力使配对插头的外导体接触面相对于插接壳体的外导体接触面压紧，其中所述连接机构具有一个可径向扩张的紧固套，在进行上述插接时该紧固套可以与配对插头上的一个压紧面卡锁并且将所述压紧而上的一个径向力转变为一个轴向分力，该分力将外导体接触面相互压紧。

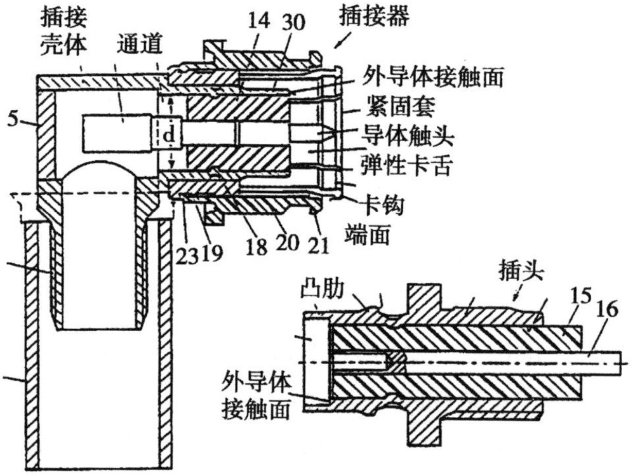

图 7-1-10　同轴插接器

审理法院认为，由于权利要求 1 中“紧固套”设置技术特征未具体描述紧固套的结构以及其与连接机构、配对插头的配合关系，而是用“紧固套”设置在涉案发明中所起的作用、功能或产生的效果来定义，故属于功能性技术特征。对于这一特征的具体内容，存在以下两种观点：一种观点认为，该特征应当包括“该紧固套设有轴向缝隙并构成多个弹性卡舌，在这些卡舌的前端形成径向向内的卡钩，紧固套的端面突出于外导体套的接触面”的全部内容；另一种观点则认为，“该紧固套设有轴向缝隙并构成多个弹性卡舌”“紧固套的端面突出于外导体套的接触面”并非紧固套设置的必要技术特征，不应作为紧固套设置技术特征的内容。

对此，审理法院首先指出，在确定功能性技术特征的内容时，应根据专利说明书和附图中记载的技术内容以及权利要求中关于该技术特征的功能或效果的描述，来确定说明书中每一个具体实施方式中记载的实现所述功能或效果的必需技术特征，亦即排除对于实现所述功能或效果无直接、必然联系的特征，并将之整体作为功能性技术特征的内容。

本案中,双方当事人均认可专利说明书中载明的“设有轴向缝隙并构成多个弹性卡舌。在这些卡舌的前端形成径向向内的卡钩。在外面分别通过轴肩构成止挡。紧固套的端面突出于外导体套的接触面”的内容,涉及紧固套设置技术特征,同时,双方认可“在外面分别通过轴肩构成止挡”不是实现卡锁—压紧功能所必需的特征。因此,法院认为,根据涉案专利说明书中具体实施方式、附图的记载及当事人的陈述,该说明书描述的具体实施方式中实现卡锁—压紧功能的必需技术特征为,“该紧固套设有轴向缝隙并构成多个弹性卡舌。在这些卡舌的前端形成径向向内的卡钩。紧固套的端面突出于外导体套的接触面”。

2.“空气导向件”案①

在找寻实施例的过程中,我们往往会发现,很多专利说明书中所提供的的技术方案与权利要求并未形成工整的对应,这也是为什么我们需要全面阅读专利文件,清晰、合理地确定实施例的内容,既要避免遗漏必要技术特征,也不能扩大至非必要技术特征。

本案涉及一种名为“制备食品的设备和用于该设备的空气导向件”的发明专利(见图7-1-11),其权利要求1为:一种用于制备食品的设备,包括食品制备室,该食品制备室具有外壁、带可透过空气的底部壁并带上方空气排出开口的内壁;风扇,该风扇用于使热空气顺次地移动穿过所述底部壁、所述食品制备室以及所述排出开口;空气导向装置,用于使空气从所述排出开口向与所述食品制备室分开的所述底部壁返回;热辐射装置,位于所述食品制备室的上部;位于食品制备室下方的空气导向构件,其特征在于:所述空气导向构件(在底部壁下方位于外壁上)用于将空气流基本向上导引,使其进入存放于食品制备室中的食品中。

本案中,双方当事人均认可“空气导向构件”属功能性特征,而说明书及附图记载了“空气导向构件”四种实施例。其中,实施例2、3、4均揭露了使用空气导向肋的3种方式,而实施例1并未显示“空气导向肋”,仅仅以实施例1显示了截头锥形向上收缩的空气导向部分,故“空气导向构件”是否包含“空气导向肋”成了双方当事人争议的焦点。对此,审理法院进行了深入的分析:

① 广东省高级人民法院民事判决书,(2017)粤民终1125号。

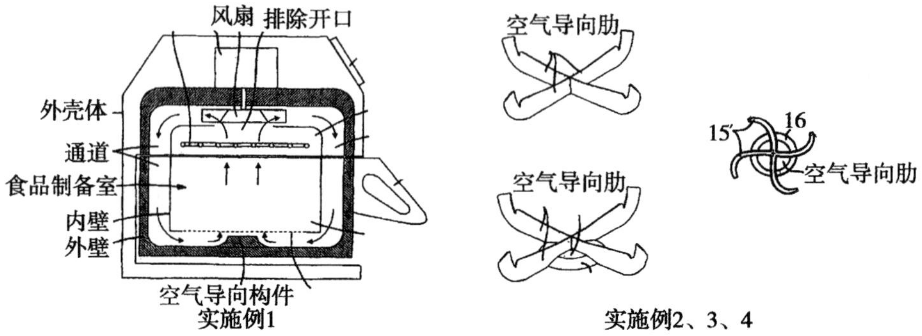

图7－1－11　用于制备食品的设备

首先，权利要求1对“空气导向构件”所实现的功能或者效果是“将空气流基本上向上导引”，而对何为“基本上向上”，说明书明确解释为“基本上试图表达气流的径向分量基本上垂直向上弯曲，以使气流基本上向上流过食品”。同时，针对背景技术“空气可以在该空间内回旋，并且不能向上导引”“空气带有显著径向流动分量地到达食品制备室的底部壁”的缺陷，说明书载明本专利的创新之处在于“空气的这种向上导向的空气流改善了常规空气流形态，因此，能均匀地制备制品”。可见，“空气导向构件”所起到的功能和效果是尽可能将空气流的径向分量基本上垂直向上引导，尽量避免空气回旋。

其次，从实施例1来看，相关文字记载并未揭示“空气导向构件”的具体形状和结构布置，附图中确实并未显示空气导向肋，而仅显示了在外壁底部中间呈向上收缩的截头锥形结构，仅凭该图例能否清楚确定此即“空气导向构件”的实施方式、起到“将空气流基本上向上导引”功能和效果，需要从该领域普通技术人员角度，通过阅读权利要求书、说明书及附图来理解，而不能以某一图例来简单确定。

最后，实施例1中所揭示的截头锥形向上收缩的空气导向部分，与涉案专利说明书中实施例3中的“空气导向部分11向上收缩的周边表面16”结构一致，图示标识名称也一致，作为同一文件中的同一术语，功能作用应当一致。实施例2、3在文字部分就明确记载是“空气导向构件11的两种实施方式”、实施例4是“替代实施方式”。而从这三个明确记载的“空气导向部件”实施例来看，实施例2、4均设置径向/弯曲延伸且在中央位置汇合的空气导向肋，实施例3是在设置空气导向肋的基础上，与空气导向肋同心地设置截头锥形向上收缩的空气导向部分。也即，涉案专利对“空气导向部件”的基本实施方式都是设置空气导向肋，且清晰记载了该空气导向肋的功能在于“有利于空气向上流动，防止出现环形（回旋）空气流并向着中央位置压力增大”。此正与涉案专利实现“将空气流基本上向上导引”、克服背景技术中的“空气回旋且不能实现向上导引”缺陷的目的相一致。

综上，根据涉案专利权利要求1、说明书及实施例2、3、4的记载，实现“将空气流基本上向上引导”功能的“空气导向构件”不可缺少的技术特征应当包括“空气导向肋”，即“在底部壁下方位于外壁上，设置径向延伸或者弯曲延伸且在中央位置汇合的空气导向肋”。

值得注意的是，审理法院在本案中还参考了审查档案的记载，有效利用了其作为内部证据的解释作用。具体而言，在针对涉案专利的无效宣告请求审查决定中，行政审查机关认为：“对比文件2的凸底壁向上凸起，从下方过来的空气流遇到阻力，客观上能够起到将空气向上引流的效果……但该对比文件2的文字部分并未记载其向上引导的气流能够实现基本上向上的功能，不能由此得出气流的径向分量基本上垂直向上弯曲的结论。”同理，实施例1公开的类似结构也无法确定其是否能够起到克服空气回旋、实现“将空气流基本上向上导引”的功能，故不能以其作为确定“空气导向构件”这一功能性限定特征具体范围的依据。显然，该种评析方式也说明了在权利要求解释过程中，不同解释资料之间往往是可以相互印证的。

3. “自行车变速操作装置”案①

上述两起案件中关于确定实施例的论述在最高人民法院的相关裁判中也得到了进一步的确认，在“自行车变速操作装置”案中，涉案发明专利提供了一种安装在自行车的车架上、用来进行变速操作的自行车用变速操作装置，权利人在本案中据以主张作为保护范围的权利要求1包括如下几项技术特征：可安装在自行车上的安装部；缆线卡止体，可向缆线牵引方向和缆线释放方向移动地安装在上述安装部上；位置保持/释放机构，选择性地将上述缆线卡止体保持在多个保持位置中的任一个上；第1操作部件，向第1方向及第2方向移动自如地安装在上述安装部上，对应于向上述第1方向及上述第2方向的移动而使上述位置保持/释放机构动作，使上述缆线卡止体分别向上述缆线释放方向移动。

① 最高人民法院民事裁定书，(2019)最高法民申5466号。

其中,“位置保持/释放机构,选择性地将上述缆线卡止体保持在多个保持位置中的任一个上”,仅仅描述了位置保持/释放机构将缆线卡止体选择性的保持在多个保持位置的任意一个的功能,而没有披露位置保持/释放机构的具体结构以及其实现该功能的方式,本领域技术人员根据涉案权利要求1的描述,无法得知位置保持/释放机构的具体结构以及实现该功能的方式,因此,该技术特征被认定为功能性技术特征。

进一步地,关于该技术特征,审理法院认为,由于涉案专利说明书中针对第2优选实施例的缆线释放方向的动作只有一种实施方式,且没有暗示其他替代方式也是可行的,在其权利要求以功能性语言进行描述的情况下,不能使该功能性描述能够涵盖实现该功能的其他方式,否则,将使保护范围与技术贡献不相匹配。由于涉案专利第2实施例中公开的实现缆线释放的部件及其关系是一个有机系统的配合,在没有证据证明哪些部件或者部件之间的关系不属于实现该功能必不可少的部件的情况下,应当认定前述有机系统配合的各个部件均为实现该技术特征的功能所必不可少的内容。

本案的价值在于对涉及功能性特征中不可缺少技术特征的认定给出了指导,对说明书实施例及附图记载的实现所称功能或者效果不可缺少的技术特征进行认定作出了有益的探索,对于进一步明确功能性特征的保护范围具有积极意义。

总体来说,在对权利要求中某个功能性特征进行判断时,既要排除与实现功能或效果无直接、必然联系的特征,也要注意将该功能性特征所对应的具体实施方式作为一个整体看待,不宜再对其内容进行分解。

(三)功能性限定特征的等同

作为一类特殊的权利要求,功能性限定权利要求也存在“等同”的空间,但其与传统意义上的等同侵权中的“等同”有着本质的区别,有学者在评述美国专利法中关于“手段+功能型权利要求”的特点时曾总结道:“等同原则是将一项专利权利要求与被控侵权产品或者方法进行比较,而第112条(f)款的规定是将(说明书中的)结构、材料、行为与另一(被指控为该专利权利要求所覆盖的产品或者方法中的)结构、材料或者行为进行比较。”①CAFC也曾就此指出:“专利法第112条(f)

① Donald S. Chisum, *Chisum on Patents*, Matthew Bender & Company, 2009. p. 409.

款下的非实质性差异只剩下'方式'和'效果'。也就是说,法律规定的等同的分析要求确定被控侵权物实现权利要求所述功能的'方式',所产生的'效果'与'说明书中记载的相应结构、材料或者动作'实现权利要求的功能的方式或者效果是否有实质性差异。只有差异是非实质性的,才能认定为专利法第112条(f)款下的等同。"①因此,"功能、方法以及结果"判断法中的"实质相同的功能"的部分不适用于手段加功能型权利要求侵权的判断。②

之所以对功能性特征等同的范围作出上述区分,是因为对于专利法原本就不鼓励、不倡导的功能性特征,需要作出小小的"惩罚",如果给予功能性限定特征以普通等同侵权一样的保护力度,则无形中会向专利申请人释放出一个信号,即用功能性限定特征与用结构特征撰写权利要求保护范围一样,这种允许让专利权人"咬第二口苹果"的做法显然会违背专利法的初衷。③

我国司法实践也采取了类似的态度,根据《侵权司法解释(二)》的规定,功能性特征的等同需符合"基本相同的手段,实现相同的功能,达到相同的效果"的条件,即在以具体实施例为基点的"一次等同"之后,功能性特征的保护范围即已划定,不存在对于功能性特征所述功能或效果的"二次等同"问题。之所以如此规定,主要是考虑功能性特征本身就是以功能或者效果表述的技术特征,其字面含义较为宽泛,加之大量的实用新型专利授权未经实质审查,如果对于功能、效果适用"基本相同",则会不适当地扩张了专利权的保护范围。因此,《侵权司法解释(二)》未采纳"二次等同"理论。④

1."裁剪机"案⑤

本发明专利涉及裁剪机械领域,具体涉及一种裁剪机(见图7-1-12),该专利权利要求1为:一种裁剪机,包括机架,固定设置在机架上的下切刀及设置在下切刀上方的上切刀,所述上切刀与下切刀上设有相互配合的上切削面与下切削面,

① Odetics, Inc. v. Storage Technology Corporation, 185 F. 3d 1259 (Fed. Cir. 1999).

② 参见[美]J. M. 穆勒:《专利法》(第3版),沈超等译,知识产权出版社2013年版,第84页。

③ Dawn Equip. Co. v. Kentucky Farms, Inc., 140 F. 3d 1009 (Fed. Cir. 1998).

④ 参见宋晓明、王闯、李剑:《〈关于审理侵犯专利权纠纷案件应用法律若干问题的解释(二)〉的理解与适用》,载《人民司法(应用)》2016年第10期。

⑤ 浙江省高级人民法院民事判决书,(2016)浙民终字506号。

其特征是，所述上切刀或下切刀上设有基准块，该基准块上设有与其所在切刀的切削面位于同一平面内的基准面；所述机架上设有可上下升降的上切刀安装板，所述上切刀可沿与上切削面相垂直方向移动的设置在上切刀安装板上，且上切刀位于上切刀安装板下方；所述上切刀与上切刀安装板之间设有使基准块上的基准面往下切削面上靠拢或使上切削面往基准块上的基准面靠拢的弹性预紧装置，所述上切刀上设有向上延伸的上支撑部；所述上切刀安装板设有与上支撑部相对应的第一通孔，上切刀安装板上位于第一通孔的两侧设有相互平行的第一支撑板及第二支撑板，第一支撑板与第二支撑板之间设有至少一根平置导杆，且该平置导杆与上切削面相垂直；所述上支撑部的上部穿过第一通孔位于第一支撑板与第二支撑板之间，且上支撑部的上部还设有与平置导杆相配合的平置导向套，使上支撑部可沿平置导杆移动；所述第一支撑板与上切削面位于上切刀的两侧，所述弹性预紧装置包括设置在第一支撑板与上支撑部之间的预紧弹簧。

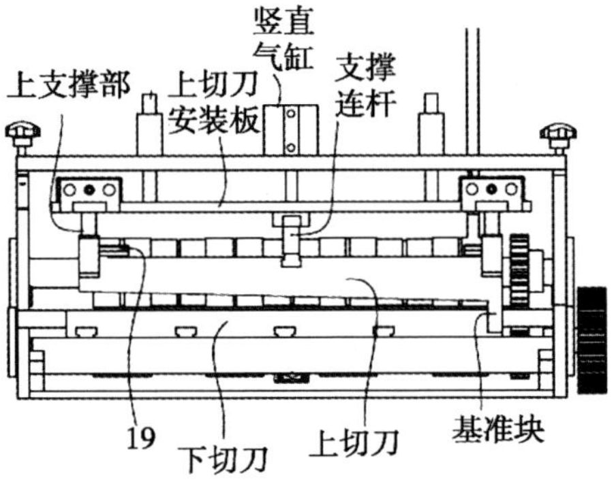

图7-1-12　裁剪机

专利权利要求1对上切刀安装板的结构以及其与上切刀、上支撑部、支撑板之间的关系进行了一定程度的描述，但是，对于其如何实现上下升降这一功能，并未给出具体的实现方式。并且，在实践中，实现上下升降功能的方式多种多样，所属技术领域普通技术人员在看到该功能性表述后，无法直接、明确地确定实现上下升降这一功能的具体实施方式。因此，“可上下升降的上切刀安装板”属于功能性技术特征。

进一步地，根据涉案专利说明书及附图的记载，上切刀安装板实现上下升降功能的不可缺少的技术特征是：竖直气缸的活塞杆穿过上切刀安装板并固定在支撑连杆上端,通过支撑连杆作用于上切刀。与上述技术特征相对应,被诉侵权技术方案中的相关技术特征为:伺服电机驱动偏心轮,偏心轮通过拉杆与上切刀安装板连接连动。

审理法院从功能性技术特征等同的角度对二者进行了比对分析:从技术特征来看,两者均能实现上切刀安装板的上下升降,就其功能和效果而言并无不同。就其手段而言,前者系以气缸的竖直往复直线运动带动上切刀及上切刀安装板上下升降;后者系由偏心轮在伺服电机的驱动下作圆周运动,再通过传动机构将圆周运动转化为上切刀安装板的上下运动。虽然两者在手段上存在一定差异,但无论是通过竖直气缸还是通过偏心轮的方式驱动某一部件作上下运动,都是所属技术领域惯常的技术手段,对该领域的普通技术人员而言,被诉侵权技术方案中以偏心轮带动拉杆的手段与权利要求对应技术特征相互替换是显而易见的。综上,二者是以基本相同的手段,实现相同的功能,达到相同的效果,且本领域普通技术人员在被诉侵权行为发生时无须经过创造性劳动就能够联想到,故两者构成等同。

有趣的是,在评估“可上下升降的上切刀安装板”这一技术特征等同范围的同时,审理法院还以“发明点”与“非发明点”为区分,提出了“知识产权保护范围和强度应与其创新和贡献程度相协调,故在界定技术特征的等同范围时,应当区分不同的专利类型,创新程度较高的发明专利与创新程度较低的实用新型专利相比,其等同范围应相对较大”的观点,并就此认为“可上下升降的上切刀安装板”不是涉案专利的发明点,等同范围应适当从宽把握。对于该观点,最高人民法院明确表示了反对:“……全面覆盖原则……没有区分发明点与非发明点……所谓发明点与非发明点,是相对于最接近的现有技术而言的,最接近的现有技术不同,可能导致发明点的不同……在专利侵权比对中不宜区分发明点与非发明点。”

2.“磁斥型悬浮装置”案①

本案专利涉及磁悬浮领域,具体名称为“磁斥型悬浮装置”(见图7－1－13),权利人在本案中主张作为保护依据的权利要求1为:一种磁斥型悬浮装置,包括磁性底座和悬浮体,其中所述悬浮体为单个永磁性悬浮体,在工作状态下,其重力能够被所述磁性底座和所述磁性悬浮体之间产生的磁斥力所平衡,从而悬浮于所述

① 广东省高级人民法院民事判决书,(2018)粤民终2421号。

底座上方的预定基准位置，所述磁性悬浮体在悬浮时的下磁性端具有单一磁性。其特征在于，所述底座包含：一个环形永磁铁和/或排列成环形的多个永磁铁，基本水平设置在所述底座内，其上环形表面的磁性与所述磁性悬浮体的所述下磁性端的磁性相反，由此所述磁性悬浮体能够悬浮于所述基准位置；悬浮体水平运动控制装置，设置在所述底座内，当所述底座上方悬浮的所述磁性悬浮体在水平方向上偏离所述基准位置时，控制所述磁性悬浮体返回所述基准位置。

在该权利要求中，“水平运动控制装置”对应的技术特征为“悬浮体水平运动控制装置，设置在所述底座内，当所述底座上方悬浮的所述磁性悬浮体在水平方向上偏离所述基准位置时，控制所述磁性悬浮体返回所述基准位置”。审理法院认为，该技术特征以其在发明创造中所起的功能或者效果来进行限定，属于功能性技术特征，应当结合说明书和附图的相关具体实施方式及其等同的实施方式确定该技术特征的内容。

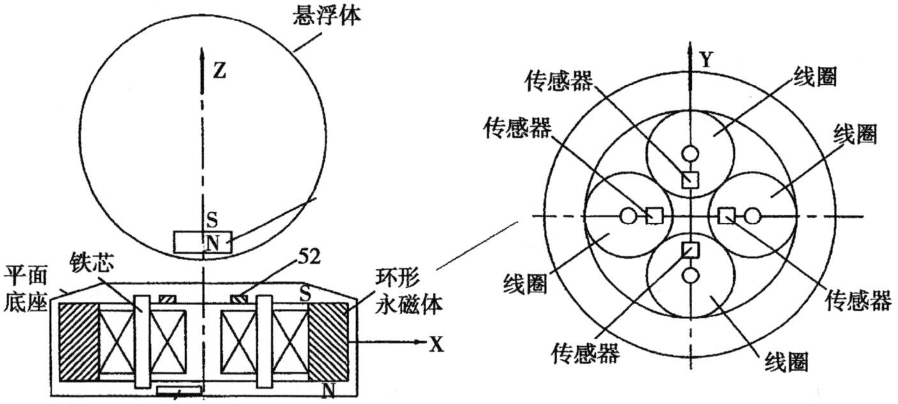

图 7-1-13　磁斥型悬浮装置

被诉侵权人以被诉侵权产品与涉案专利的技术方案在霍尔元件传感器数量、电路设置等方面存在不同为由，称被诉侵权产品不构成侵权。审理法院则认为，根据涉案专利说明书“具体实施方式”部分的记载，“为了控制悬浮体在水平方向上的运动，平面底座内还设有带铁芯的四个线圈所组成的电磁铁组”“在底座内靠近各线圈顶端的位置还分别安装有四个霍尔元件传感器(磁性传感器)”。

可见，该实施例描述的是以 4 个电磁铁和 4 个霍尔元件传感器的排布、连接实现水平运动控制功能的实施方式。相应地，被诉侵权产品平面底座内设有带铁芯的4个线圈,共同组成电磁铁组,4个线圈中将一个十字形支架包围,在横向支架和竖向支架上分别安装一个霍尔元件传感器,支架顶端也设有一霍尔元件传感器,其线圈、铁芯、霍尔元件传感器的设置、排列方式与上述具体实施方式基本相同,且均能够实现使磁性悬浮体在发生偏离时返回基准位置的功能,属于以基本相同的手段,实现相同的功能,达到相同的效果,且本领域普通技术人员在被诉侵权行为发生时无须经过创造性劳动就能够联想到的情形,因此,应当认定被诉侵权产品与涉案专利的功能性技术特征构成等同。

此外,涉案专利说明书披露的信息也对前述判断结论形成了进一步的印证,"电磁铁也不局限于4个,能够分成两组(每组至少包含一个电磁铁)以上以控制水平方向上的两个自由度都是可以的,例如6个等,与此相应,磁性传感器的数目也不局限于4个,能够控制悬浮体在水平方向上二维自由度运动的任何数目的传感器都是可以的"。显然,作为权利要求解释最基本的内部证据,这一信息对于我们把握"水平运动控制装置"具体实施方式"等同"的范围有着重要的作用。

3."电源插头"案①

本案实用新型专利提供了一种"可控制插脚的电源插头"(见图7-1-14),该种电源插头可以避免非使用插脚的伸出或完全伸出,使用方便。权利人在本案中主张的专利保护范围为权利要求1~2,内容为:"1.一种可控制插脚的电源插头,包括外壳,以及至少两个不同型号标准的插脚,各插脚具有至少两个导电触头,各插脚具有伸出部分,各插脚通过外力推动后伸出部分从壳内伸出外壳外到达一个有效位置,并受外力推动后伸出部分退回外壳内到达一个无效位置;其特征是:还包括一个开关结构,该开关结构在其中一个插脚的伸出部分伸出外壳外时,能限制其他插脚的伸出部分伸出或完全伸出外壳外。2.根据权利要求1所述的可控制插脚的电源插头,其特征是:所述开关结构包括可活动的推动板,以及使推动板在某位置定位的挡位结构,推动板上设有用于遮挡各插脚的伸出部分的遮挡件。"

结合双方当事人的主张,本案争议焦点之一在于被诉侵权产品是否具有涉案专利权利要求2中"挡位结构"这一技术特征。与"磁斥型悬浮装置"案的情形类似,权利要求并未记载"挡位结构"的具体技术手段,仅是对其实现"使推动板在某

① 广东省高级人民法院民事判决书,(2018)粤民终2135号。

位置定位”的功能予以限定。因此，“挡位结构”的相关技术特征属于功能性技术特征，应当结合说明书和附图描述的具体实施方式及其等同的实施方式，确定该技术特征的内容。

根据说明书相关部分的记载，“挡位结构包括设于推动板上一面的三个挡位槽，以及设于支柱顶部的可嵌入其中一个挡位槽的弹性嵌入件”“推动板在第一挡位时，弹性嵌入件嵌入其中一个挡位槽内……”“推动板在第二挡位时，弹性嵌入件嵌入下一个挡位槽内……”“推动板在第三挡位时，弹性嵌入件嵌入下一个挡位槽内……”由此可见，涉案专利的“挡位结构”是通过推动板的推动，使弹性嵌入件嵌入到不同的挡位槽内，以此实现挡位结构的限位作用。反观被诉侵权产品，其在推动板上设有弹性嵌入件，与推动板接触的面板内侧设有槽体，亦是通过推动板推动时弹性嵌入件嵌入到不同的槽体内的方式，使推动板在某位置定位，通过基本相同的手段，实现了与涉案专利中“挡位机构”同样的功能和效果，因此，被诉侵权产品具备涉案专利“挡位结构”的相关技术特征。

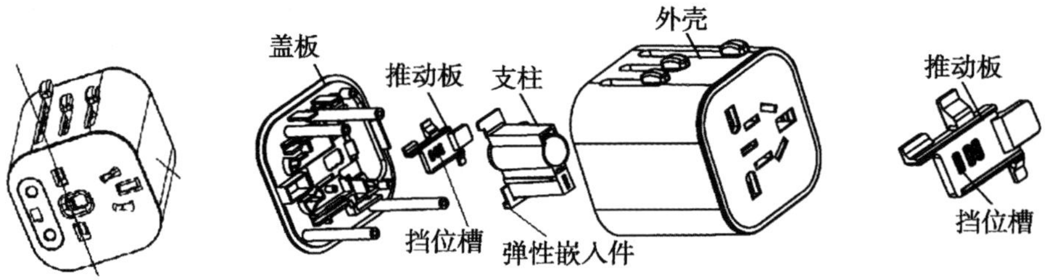

图 7－1－14　可控制插脚的电源插头

结合说明书附图，我们可以清晰地看出“挡位结构”所包含的构件，以及其工作的方式和实现的功能，这也成了判断被诉侵权技术方案相关技术特征是否构成等同的基本依据。

4.“充电装置”案①

当然，既然对功能性技术特征的等同设定了“基本相同的手段＋相同的功能＋相同的效果”的标准，在判断时也要对该三要件进行全面考量，严格限定功能性技术特征等同的范围。

① 最高人民法院民事判决书，(2019)最高法民再 348 号。

本案中的实用新型专利提供一种操作简易方便的“吸纳式充电装置”(见图7-1-15),其独立权利要求1为:一种吸纳式充电装置,其特征在于,其包括吸纳滚轮机构、充电机构、主控PCB,该吸纳滚轮机构包括第一电机、与第一电机动力连接的传动组件、与传动组件连接的一级滚轴组件,该一级滚轴组件包括两个对设的滚轴,该第一电机与主控PCB电连接,该充电机构包括与主控PCB连接的充电PCB。审理法院认为,权利要求中的“传动组件”并非本领域通用技术术语,应属功能性技术特征,应结合说明书和附图描述的该功能或者效果的具体实施方式及其等同的实施方式,确定该技术特征的内容。

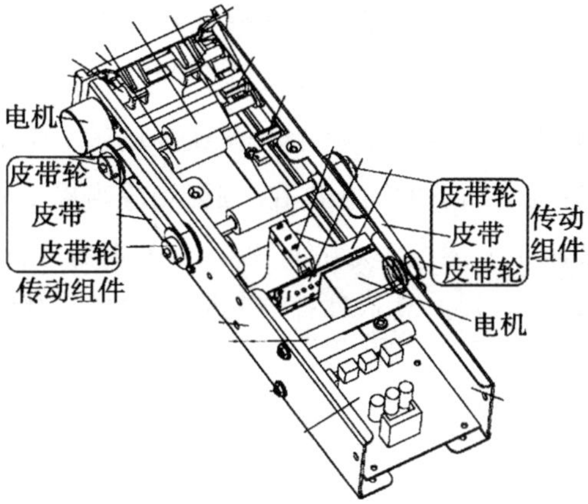

涉案专利

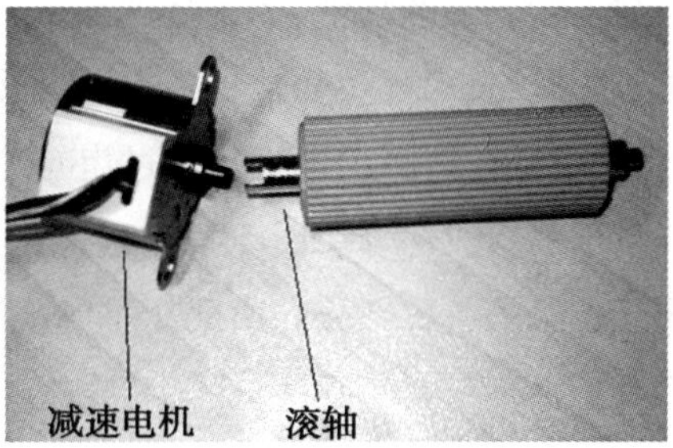

被诉侵权产品

图7-1-15　吸纳式充电装置

根据说明书的记载,“优选的,该传动组件包括第一皮带轮组,该第一皮带轮组包括连接第一电机驱动轴的皮带轮一、连接一级滚轴组件一侧的皮带轮二、连接皮带轮一与皮带轮二的齿形皮带一。该传动组件也可以采用其他实施方式,例如齿轮传动等”“该传动组件实施方式有多种,例如皮带轮组传动,或齿轮传动等”。

一审、二审法院认为,传动组件可以理解为将第一电机动力传递给一级滚轴组件的一个或多个零部件的组合,这种动力传递方式可以为齿轮传动或皮带轮组传动等多种方式,而被诉侵权产品系通过电机轴插入滚轴组件的凹槽中以实现动力传递。权利要求1所述传动组件与被诉侵权产品上述特征相比,其采用的技术手段基本相同,实现的功能与取得的效果相同,且均为本领域常用的技术手段,二者已构成等同替换手段。

再审法院则认为,权利要求1所述“传动组件”独立于电机之外,不属于电机的组成部分,其功能是将电机的力传导给滚轴,从而实现将电机一同封装在机械结构内还能实现驱动滚轴。而被诉侵权产品通过将减速电机轴插入滚轴组件的凹槽中以实现动力传递,其传动方式是通过直接连接实现的,减速机构作为减速电机的一部分,其主要功能为减速动力输出。可见,被诉侵权产品的减速机构和涉案专利的“传动组件”二者技术手段、功能和效果既不相同亦不等同。

除此之外,再审法院还从技术特征划分的角度对二者的不同之处进行了论证,即在划分权利要求的技术特征时,一般应把能够实现一种相对独立的技术功能的技术单元作为一个技术特征,不宜把实现不同技术功能的多个技术单元划定为一个技术特征。本案中,减速电机是一种将电机和减速机构集成在一起的一体化电机,本领域技术人员通常将减速电机看作电机与减速机构的组合,认为属于一个整体,被诉侵权产品的电机轴通过齿轮组件与有凸点的轴相连在一起,均应当属于减速电机的组成部分。而涉案专利权利要求1所述“传动组件”独立于电机之外,不属于电机的组成部分。由此亦可印证,被诉侵权产品不具有“传动组件”这一技术特征。

第二节 方法限定产品权利要求

2016年发布的《侵权司法解释(二)》第10条规定,对于权利要求中以制备方法界定产品的技术特征,被诉侵权产品的制备方法与其不相同也不等同,人民法院应当认定被诉侵权技术方案未落入专利权的保护范围。至此,对于以方法特征限定产品这类特殊权利要求的解释规则,司法机关在法律层面给出了明确的标准,从“方法限定说”和“物同一说”两大观点中选择了前者,一脉相承地贯彻了专利侵权判定中的全面覆盖原则,不同标准的争论亦随之告一段落。然而,通过挖掘方法限定产品权利要求的起源和内涵,考察域内外典型案例认定思路的变迁,有助于我们更好的理解和适用该类权利要求的解释规则。

一、不同标准的选择

按照权利要求所要求保护的技术方案性质划分,权利要求有两种基本类型,即物的权利要求和活动的权利要求，或者简单地称为产品权利要求和方法权利要求。[①] 一般来说，前者需要在权利要求中采用构造、组成特征来限定，后者则需在权利要求中采用方法特征对发明进行限定。但是，在两种类型的权利要求之间，实际上还存在一种介于二者之间的“杂交型”，即“方法限定”的产品专利权利要求，英文称为“product-by-process claim”，即至少部分特征是用产品的制造方法来限定的权利要求。[②]

（一）“杂交型”权利要求

作为一种以制备方法来限定产品发明的特殊类型的权利要求，方法限定产品权利要求多见于制药、生物、化学等领域，这主要是因为，限于专利申请时的分析技术水平，对于尚无法充分搞清楚其构造的产品发明，采用制备方法来限定产品的撰写方法，可以更好地让社会公众理解该产品的具体内容。[③] 例如，从植物青蒿中分离得到抗疟有效单体，但如果当时还无法确定该单体的分子结构式，便可以采用制备方法来限定产品的撰写方法来表征该单体（产品）。[④]

出于促进科学技术发展、保护创新等目的，方法限定产品权利要求在很多国家获得了认可。美国专利局早在 1891 年的 Ex Parte Painter 案中就承认了该种权利要求存在的必要性，“提出确立下面一项规则是不会引起争议的：产品权利要求不应当通过制造该产品的方法来界定。但是，作出发明的人有权利得到专利，他的权利不应受制于语言的局限性。如果一件产品是新产品、有用的产品并且体现了发明，但不通过引用制造方法就不能界定它或者将它与在先技术相区别时，就出现了上述规则的例外情况”。德国联邦最高法院认为：“对分子化学物质的保护，使用完全正确的结构式进行特定是不可能的，这是可以在权利要求中使用制造方法界定物质。”[⑤]日本则在《与物质发明有关的审查基准》中明确规定：“只通过化学物的名

---

① 参见孙平：《论方法特征限定的产品权利要求的解释》，载国家知识产权局条法司编：《专利法研究（2011）》，知识产权出版社 2013 年版，第 290 页。

② See Donald S. Chisum, *Chisum on Patents*, Matthew Bender & Company, 2000. p. 215.

③ 参见毛映红：《小议“方法限定产品”专利权利要求的解释方法——从美国 CAFC 大法庭最新判决谈起》，载《知识产权》2009 年第 6 期。

④ 参见北京市高级人民法院知识产权审判庭编：《北京市高级人民法院〈专利侵权判定指南（2017）〉理解与适用》，知识产权出版社 2020 年版，第 108 页。

⑤ GRUR 1972 541, 3 IIC 1972 226.

称或化学竞购表达式或其性质不能充分特定化时,如果加上制造方法能更好地特定化,可以将制造方法作为特定手段的一部分来表示。"我国也在专利审查指南中表达了类似的观点,即"允许用制备方法来表征化学产品权利要求的情况是:用制备方法之外的其他特征不能充分表征的化学产品"。[①]

由方法限定产品权利要求诞生的缘由来看,其与功能性限定权利要求存在诸多"神似"之处,即在本质上均非其所限定的技术方案最典型的表征方式,但又是出于保护需要不得不采用的撰写方式。因此,该类权利要求在实践中不应被轻易提倡,司法实践甚至对该种撰写方式提出过质疑的态度,"产品权利要求……一般应当用方法特征来描述,只有这样才能正确确定专利权的保护范围。除非有正当的根据和理由,一般不允许用方法特征定义产品权利要求,否则即为权利要求不清楚"。[②] 这也提示我们,在解释该类型权利要求时,要紧扣其本质特性,从利益平衡和政策需要的角度界定出其蕴含的具体的技术方案。

(二)标准的选择

既然是一种特殊的权利要求撰写方式,方法限定产品权利要求的解释规则自然也是理论和实践中颇具争议色彩的话题之一,并由此衍生出了截然不同的两种标准。具体来说,围绕方法特征是否具有限定作用这一核心,主要存在"方法限定说"和"物同一说"两种观点:前者将被诉侵权物的生产方法与专利权利要求中的方法进行对比,只有被诉侵权物使用了该方法时,才构成侵权;后者则认为不管生产方法有什么区别,只要被诉侵权物与权利要求界定的物相同,就落入专利保护范围。"方法限定说"和"物同一说"是两种确定方法界定产品权利要求的方法。[③] 直白地看,"方法限定说"实质上是将方法界定产品权利要求作为方法专利保护的,而"物同一说"是将方法界定产品权利要求作为产品专利保护的。以美国为例,其在漫长的司法实践中就曾采用过不同的解释标准。

在1991年的Scripps案中,CAFC采纳了"物同一说",认为制造方法对于以方法界定产品的权利要求没有限定作用,该类权利要求的新颖性和非显而易见性与

① 《专利审查指南(2010)》第二部分第十章第4.3节。

② 北京市高级人民法院民事判决书,(1994)高经知终字第24号。

③ 参见闫文军:《方法界定产品权利要求的保护范围——济南昌林气囊容器厂有限公司与乔昌林专利侵权纠纷案》,载《中国发明与专利》2018年第7期。

写入权利要求的方法特征无关。[①] 但仅过了一年,CAFC 在 Atlantic 案中的态度又发生了相反的变化,认为在侵权诉讼中必须要考虑以方法界定产品的权利要求中所包含的方法特征,这不仅是因为该观点和以往的判例相一致,而且还因为忽略方法特征就会背离专利法的一项基本原则,即只有被诉侵权行为再现了权利要求中的全部技术特征或者其等同物时,才能认为构成专利侵权。[②] 由于前述两案的判决都是 CAFC 以三人法官组成的小法庭作出的,Atlantic 案也没有否定 Scripps 案的意见,故二者都有并行的判例效力。为了消除这种分歧,CAFC 在 2009 年 5 月 18 日以满席审理的方式对 Abbott 案进行了审理,澄清了对方法界定产品权利要求的解释规则,肯定了“方法限定说”,即权利要求中的方法特征在侵权对比中具有限定作用。[③]

相形之下,日本法院也经历了类似 CAFC 观点的摇摆,但最终却作出了不同的选择,采纳了“物同一说”的解释方法。2015 年,日本最高法院在一起案件中明确,“对于物的发明来说,其专利权的效力应及于与该物构造、特性同一的物,而不考虑采用什么方法制造的。即使物的发明的权利要求中采用了制造方法限定的方式,该发明也应当解释为与采用该方法制造的物的构造、特性相同的物”。[④]

具体到我国,虽然专利法等相关法律中没有对方法界定产品权利要求的定义进行专门的规定,但《专利审查指南(2010)》和司法解释的态度也表现出了不同的意见。根据前者的要求,对于包括化学产品在内的制备方法特征的产品权利要求,在审查新颖性时只考虑物本身的特性,而不考虑制备方法本身。[⑤] 而到了侵权诉

---

① Scripps Clinic & Research Found. v. Genentech,927 F. 2d 1565,18 USPQ2d 1001(Fed. Cir. 1991).

② Atlantic Thermoplastics Co. v. Faytex Corp. ,970 F. 2d 834,23 USPQ 1481(Fed. Cir. 1992).

③ AbbottLaboratories v. Sandoz,Inc. ,556 F. 3d 1282(Fed. Cir. 2009).

④ 日本最高法院平 24(受)1204 号、2658 号。

⑤ 《专利审查指南(2010)》第二部分第三章第 3.2.5(3)节:对于这类权利要求,应当考虑该制备方法是否导致产品具有某种特定的结构和/或组成。如果所属技术领域的技术人员可以断定该方法必然使产品具有不同于对比文件产品的特定结构和/或组成,则该权利要求具备新颖性;相反,如果申请的权利要求所限定的产品与对比文件产品相比,尽管所述方法不同,但产品的结构和组成相同,则该权利要求不具备新颖性,除非申请人能够根据申请文件或现有技术证明该方法导致产品在结构和/或组成上与对比文件产品不同,或者该方法给产品带来了不同于对比文件产品的性能从而表明其结构和/或组成已发生改变。

讼中,我国法院一般认为产品专利中的方法特征对于专利保护范围具有限定作用,《侵权司法解释(二)》第10条也将此观点进行了成文化的规定,制定者进一步强调指出:"……产品权利要求中的制备方法……特征和用语对专利权保护范围具有限定作用,这充分体现了对权利要求公示性的尊重。"①该理由与Abbott案中的判理保持了一致。

尽管司法解释已对侵权判定中方法界定产品权利要求的解释规则进行了明确,但实际上,"方法限定说"和"物同一说"各有利弊所在,前者的最大缺点是有时对于专利权人的保护不力,特别是对于那些发明了新的产品但又只能通过方法界定的专利,专利权人实质上无法就产品得到保护;后者在实践中存在可操作性难的问题,难以确定被诉侵权物与专利保护的产品是否是"同一物"。② 基于此,有学者提出建议,在授权确权阶段,可采用"物同一说",因为从技术方案的角度来看,采用以方法特征限定产品的权利要求,对社会作出贡献的是权利要求最终所保护的产品这一技术方案,采用该标准可以保证申请人更多地使用产品特征来限定具体产品,保证社会公众通过专利申请文件的公开来获得足够多的信息;而到了侵权阶段,则应该采用"方法限定说",这主要是考虑到防止申请人通过解释权利要求的方式来扩大专利权的保护范围,违反专利侵权判定中"全面覆盖"的基本原则。③还有学者主张,在专利授权确权程序及侵权诉讼程序中应统一采取"方法限定说",这是因为,在授权确权程序中采用"方法限定说",将方法限定产品权利要求中的方法记载看作产品定义的一部分,有助于消除该类权利要求的先天性不足—缺乏明确性,便于专利性审查及确认;在侵权诉讼中确定权利范围时继续采用"方法限定说",则使专利权人在专利审查范围获得相应的独占权,避免专利权人利益的不合理扩张,维护了公众的利益。④

---

① 宋晓明、王闯、李剑:《〈关于审理侵犯专利权纠纷案件应用法律若干问题的解释(二)〉的理解与适用》,载《人民司法(应用)》2016年第10期。

② 参见闫文军:《方法界定产品权利要求的保护范围——济南昌林气囊容器厂有限公司与乔昌林专利侵权纠纷案》,载《中国发明与专利》2018年第7期。

③ 参见孙平:《论方法特征限定的产品权利要求的解释》,载国家知识产权局条法司编:《专利法研究(2011)》,知识产权出版社2012年版,第290页。

④ 参见毛映红:《小议"方法限定产品"专利权利要求的解释方法——从美国CAFC大法庭最新判决谈起》,载《知识产权》2009年第6期。

其实,从我国的情况来看,鉴于《专利审查指南(2010)》和《侵权司法解释(二)》已就两个阶段的方法限定产品权利要求解释规则进行了明确,故在实践中直接适用即可,但两种标准在理论上确实存在各自更匹配的"土壤"。因此,我们还是要在准确把握该类型权利要求特性的基础上,结合具体的案情,合理估量方法特征的有无限定作用以及限定的程度,作出适宜的解释。

二、解释规则的把握

基于现有法律及规范性文件的明确规定,加之不同程序设置初衷的差异,"物同一说"和"方法限定说"往往会在与其更兼容的语境中发挥应有的作用。

(一)产品自身的特性

根据《专利审查指南(2010)》的规定,方法限定产品权利要求通过新颖性审查的关键在于产品本身,而非方法。不仅如此,在与新颖性判定一脉相承的现有技术抗辩中,该标准也存在一定程度上的适用空间。

1."装饰玻璃"案①

本案系一起实用新型专利无效宣告请求案,涉案专利提供了一种安全性能高、装饰效果好、隔音效果好的"多层装饰玻璃"(见图 7－2－1),权利要求 1 为:一种多层装饰玻璃,它包括至少一层玻璃片。其特征在于:所述玻璃片一侧表面设有一材料层,所述材料层通过胶层与所述玻璃片热压成型或灌胶成型。显然,其中"热压成型""灌胶成型"均属于产品制备方法特征。

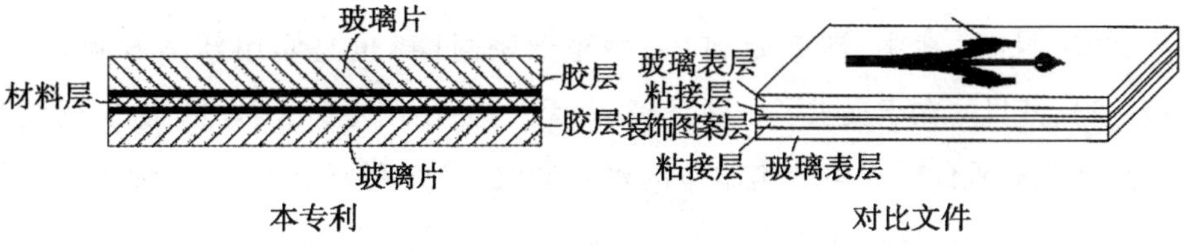

图 7－2－1　多层装饰玻璃

对比文件"装饰夹层玻璃"同为本领域的实用新型专利,该装饰夹层玻璃包括上下两层由玻璃制成的表层、两层由 PVB 胶片制的用于胶粘的粘接层和一层装饰

① 国家知识产权局第 24359 号无效审查决定。

层,装饰层设置于装饰夹层玻璃的中部,两边为粘接层,粘接层的两边为表层。

经对比,对比文件中的装饰夹层玻璃各层由上到下依次为上层玻璃表层、粘接层、装饰图案层、粘接层、下层玻璃表层,其为多层装饰玻璃;其中的上下两层由玻璃制成的表层,相当于本专利中的上下两层玻璃片;两层由 PVB 胶片制的用于胶粘的粘接层,相当于本专利中的胶层;设置于装饰夹层玻璃的中部的装饰层相当于本专利中的材料层,权利要求 1 与对比文件的区别均仅在于,后者未限定材料层通过胶层与玻璃片灌胶成型。

对此,审查部门认为:热压成型或灌胶成型均为玻璃成型中的常用技术手段,热压成型或灌胶成型的最终结果均是使材料层与玻璃片之间通过胶层粘接在一起,进而形成多层装饰玻璃;专利权人亦认可热压成型或灌胶成型是本领域中可以相互替代的常用方法,二者最终结果均是形成多层玻璃,上述字面上的区别并未为本专利的产品带来区别于附件 1 的产品的结构和/或组成,故该技术方案也不具备新颖性。

由本案例可知,在专利性审查中采用“物同一说”意味着对方法特征的忽略,因此检索覆盖的对比文件的范围扩大,新颖性和创造性被否定的可能性增大,获得专利授权的难度增大,这也体现了审查部门对于方法限定产品权利要求撰写方式不鼓励的态度。

2.“密封圈”案①

作为与授权确权阶段新颖性审查“镜像对应”的程序,在面对方法限定产品权利要求时,侵权判定中的现有技术抗辩也秉持了类似的态度,将方法特征排除在了被诉侵权技术方案与现有技术比对的范畴之外。

在“密封圈”案中,涉案专利“一种矩形密封圈”也是实用新型专利(见图 7-2-2),其目的在于提供了一种无接头、无飞边,使用寿命长,性价比高,耐温和防腐抗老化的适合罐式集装箱罐口的密封装置,其权利要求 1 为:一种矩形密封圈。其特征在于:包括矩形橡胶密封圈,矩形橡胶密封圈的外缘包裹有经热压制成的厚度为 0.20~0.50 毫米的聚四氟乙烯包裹层。其中,“热压制成”是将矩形橡胶密封圈与聚四氟乙烯包裹层结合在一起的方法特征。

---

① 最高人民法院民事裁定书,(2017)最高法民申 3712 号。

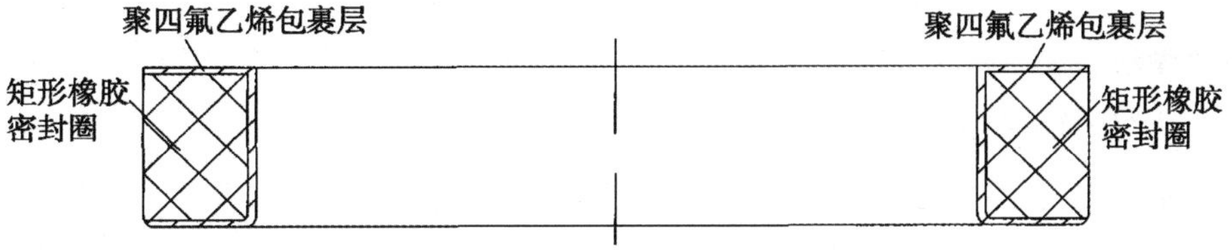

图 7-2-2　矩形密封圈

权利人主张称，现有技术"管法兰用非金属聚四氟乙烯包覆垫片 GB/T 13404—2008"（管法兰国家标准），是用冷加工方法将聚四氟乙烯嵌入橡胶圈，两种材质是分离的，不是热压结合在一起，而涉案专利是将聚四氟乙烯与橡胶通过热压的方法有机地结合在一起，故现有技术管法兰国家标准未公开涉案专利权利要求 1 的技术方案。审查法院则认为，尽管本实用新型专利在其权利要求 1 中用"热压"限制聚四氟乙烯包裹层，但"热压"既不属于形状范畴，也不属于构造范畴，故不属于本实用新型专利的保护范围，因而管法兰国家标准未公开"热压"这一非形状构造类技术特征，不影响被诉侵权人根据该标准主张现有技术抗辩。

在此基础上，审理法院还结合实用新型专利的特点，对在授权确权审查中忽略实用新型专利方法特征的理由进行了阐释：实用新型专利权利要求中非形状构造类技术特征对于该实用新型专利权利要求的新颖性和创造性不能产生贡献。因此，审查针对该具有非形状构造类技术特征的实用新型专利权利要求所提出的现有技术抗辩时，原则上不考虑该现有技术是否公开了该非形状构造类技术特征。相反，如果考虑该非形状构造类技术特征，则会将已经全部公开了有关形状构造类技术特征的现有技术囊括在该具有非形状构造类技术特征的实用新型专利权利要求的保护范围之内，导致该实用新型专利权利要求的保护范围与其技术贡献不相适应。

需要说明的是，《侵权司法解释（二）》第 10 条并未区分专利的类型，即无论发明专利或实用新型专利，在侵权比对过程中要坚持"全面覆盖"原则，不能忽略包括方法特征在内的任一必要技术特征的限定作用。本案虽系专利侵权案件，但前述观点是在论及与现有技术的比对时提出的，故未违反司法解释中"方法限定说"的规定。

（二）方法特征的限定

产品权利要求中的方法特征，尤其是制备方法特征，在侵权诉讼中确定权利要求保护范围的环节具有限定作用,这不仅是司法解释的明确规定,也是司法实践的一贯做法。

1.“接骨外固定架”案①

本案专利为实用新型专利,名为“药浸柳枝接骨外固定架”,属医疗器具领域,其权利要求1为:一种药浸柳枝接骨外固定架,其特征在于用药浸草柳枝条经纬方向编织成一个固定架,在固定架的两侧至少置有一对搭扣。

权利人认为,权利要求中的“药浸”处理实际上是一种工艺步骤,经过“药浸”处理的柳枝条仍然是柳枝条,而柳枝条是产品构成材料,“药浸”与否只会引起产品构成材料上的变化,不会引起产品形状、构造或者其结合的变化。无论系争产品是否经过“药浸”,只要其形状和/或构造与涉案实用新型专利相同,都会落入涉案专利的保护范围。审理法院则认为,“药浸”是涉案实用新型专利的一项必要技术特征,并与其他技术特征一起共同构成了涉案实用新型专利技术方案,共同限定了涉案实用新型专利权保护的范围。

此外,根据专利说明书的记载,“本实用新型的目的是设计一种重量轻、透气、不会产生皮肤过敏现象、本身具有活血化瘀功能、使用方便、不会污染环境的价格低、制造方便的药浸柳枝接骨外固定架……药浸柳枝接骨外固定架的重量是石膏的五分之一,很轻巧,使用时透气,病人使用该装置接骨养伤不觉劳累,也不会使患者出现皮肤过敏的现象……由于柳枝条本身结构疏松,中药易被吸收,药浸过的柳枝条接触人体后,中药渐渐浑(挥)发其药性,使人体活血化瘀起到一定的药疗作用”。审理法院据此认为:“涉案实用新型专利的目的并不只在于设计一种良好接骨固定效果的接骨外固定架,而且还要使该接骨外固定架具有活血化瘀的功能。涉案实用新型专利正是通过‘药浸’技术手段,让药浸过的柳枝条接触人体,中药渐渐挥发其药性,从而实现使人体活血化瘀的功能。因此,‘药浸’应当是涉案实用新型专利的一项必要技术特征,而并非一项非必要的技术特征。”反观被诉侵权产品,其未经过药浸处理,未全面覆盖系争专利的技术特征,没有落入其保护范围。

① 上海市高级人民法院民事判决书,(2004)沪高民三(知)终字第94号。

2.“气囊容器”案①

本案是最高人民法院在司法解释出台前明确肯定方法特征对于产品权利要求限定作用的案例之一，涉及一种名为“高强度橡胶尼龙气囊容器”的发明专利，其权利要求1为：一种高强度橡胶尼龙气囊容器，其特征是挂上生胶的各种帘线及其织物或帘线钢丝混合织物缠绕后硫化而成。

从撰写形式可知，该专利权利要求是产品——一种高强度橡胶尼龙气囊容器，但界定该产品时用的是生产方法——挂上生胶的各种帘线及其织物或帘线钢丝混合织物缠绕后硫化而成，因此，这一权利要求属于以方法界定产品的权利要求。

最高人民法院首先明确指出，该权利要求是以方法限定的产品权利要求，在进行侵权判定时，应当考虑被诉侵权技术方案是否使用该方法特征。在此基础上，法院认为，从目前的证据来看，被诉侵权产品照片仅能看出被诉侵权气囊产品的外观和形状，不能获知其具体的制造方法，即不能获知其是否为挂上生胶的各种帘线及其织物或帘线钢丝混合织物缠绕后硫化而成。而由于气囊容器并非新产品，主张侵权的专利权人应该提供证据证明被诉侵权气囊产品的制造方法与涉案专利技术所包括的方法特征相同或者等同，从现有证据来看，尚不能确定被诉侵权气囊产品的制造方法，因此无法确定其是否落入涉案专利的保护范围。

第三节　封闭式权利要求

“封闭式”和“开放式”是组合物类发明两种最常见的权利要求撰写方式，前者在审查过程中更容易得到授权，与此相应的代价是授权后的保护范围不得轻易扩张；后者保护范围较大，但在审查阶段中更容易受到有关新颖性、创造性或者权利要求得不到说明书的支持等方面的质疑。② 正因为该两种撰写方式会对授权后的权利要求保护范围有很大影响，故其认定方法和解释规则往往成为个案中产生争议的焦点之一。

---

① 最高人民法院民事裁定书，(2011)民申字第1047号。

② 参见尹昕：《药物组合物封闭式权利要求的解释与侵权判定——由(2012)民提字第10号判决谈起》，“中国药学会医药知识产权研究专业委员会学术年会暨知识产权与医药创新论坛”会议论文，2015年于北京。

一、“封闭式”的认定

区别“封闭式”和“开放式”权利要求，连接词是最重要的判断标准，根据《专利审查指南（2010）》的相关规定，封闭式权利要求通常采用“由……组成”“组成为”“余量为”的表述方式。① 与之类似，美国 USPTO 在其《专利审查程序手册》MPEP 中规定，连接词“comprising”“including”“containing”“characterized by ”同义，是开放性的，不排除额外、未界定的元件或方法步骤；“consisting of”则排除任何权利要求中所未界定的元件、步骤或要素，为封闭式的连接词。② 对于其中的“consisting of”，CAFC 在司法实践中将其含义进一步明确为“我要求保护下列内容而不涉及其他”。③ 欧洲专利局的要求则更为精准，还附加上了组分比例的限定，即“如果一项化合物权利要求以百分比界定其‘consisting of’（由……组成）组分 A、B 和 C，则其他额外的构成组分就会被排除，因此其百分比的限定应当达到 100%”。④

当然，连接词也并非区分两种权利要求的唯一标志，还需结合技术方案本身进行判断。具体而言，虽然现行审查指南未限定封闭式权利要求适用的领域范围，但一般认为，该种类型的权利要求多存在于化学医药领域中，原因就在于这些领域主题对于组分的构成具有天然封闭性，反观其他领域如机电技术领域，其技术方案基本上都是天然开放性的结构。例如，权利要求“一种自行车，其由车架、前后两个车轮和车把组成……”从文字上看，其的确使用了“由……组成”的撰写形式，但其本质上不具有天然封闭性，完全可以基于此权利要求，增加新的技术特征对其进行限定，如果从公平原则出发解释上述权利要求，就不宜将其视为封闭式权利要求。⑤

二、比对原则和例外情形

《侵权司法解释（二）》第 7 条对实践中争议已久的封闭式组合物权利要求的

---

① 参见《专利审查指南（2010）》第二部分第三章第 3.3 节。

② Manual of Patent Examining Procedure（MPEP），August 2012，§2111.

③ Vehicular Techs. Corp. v. Titan Wheel Int' l，Inc.，212 F.3d 1377，1382 –83（Fed. Cir. 2000）.

④ 《欧洲专利局审查基准》C 部分第三章第 4.2.1 节。

⑤ 参见北京市高级人民法院知识产权审判庭编：《北京市高级人民法院〈专利侵权判定指南（2017）〉理解与适用》，知识产权出版社 2020 年版，第 132 页。

解释规则进行了明确,对于该类权利要求,原则上应充分尊重权利要求的公示性,解释为不含有该权利要求所述以外的结构组成部分或方法步骤,“被诉侵权技术方案在包含封闭式组合物权利要求全部技术特征的基础上增加其他技术特征的,人民法院应当认定被诉侵权技术方案未落入专利权的保护范围”。但是,考虑到封闭式权利要求往往应用在化学、医药等特殊领域,该类物质不可能完全排除杂质,在被告举证证明被诉侵权技术方案中还存在其他成分,而原告可以证明该其他成分属于“不可避免的常规数量杂质”的情况下,应当认为该杂质不应予以考虑,被诉侵权技术方案仍然落入专利权的保护范围。由此可见,被诉侵权技术方案中除权利要求组分以外的其他成分是否属于“不可避免的常规数量杂质”,成了侵权比对的关键步骤,也是权利人在合理的空间内突破“封闭”的保护范围的重要依据。

1.“冻干粉”案Ⅰ①

涉案专利是一种名为“注射羟基喜树碱冻干粉针剂及制备方法”的发明专利,权利要求1为:注射羟基喜树碱冻干粉针剂,其药用原料为:活性物质羟基喜树碱;冻干粉针剂赋形剂甘露醇;助溶剂氨基乙酸;注射用水,其羟基喜树碱、甘露醇、氨基乙酸的重量比为:5:160~200:10.0~20.0。

审理法院认为,涉案专利权利要求1应当理解为封闭式的权利要求,其权利保护范围仅限于羟基喜树碱、甘露醇和氨基乙酸三种组分,而不应含有其他组分,组分和含量构成一个完整的技术方案,缺一不可。被诉侵权药品除了含有羟喜树碱、甘露醇、甘氨酸三种原料外,还包括了氢氧化钠成分,因此没有落入权利要求1的保护范围。概括而言,如果权利要求是A+B+C,被诉侵权产品的组分同样是A+B+C,就构成侵权;如果被诉侵权产品的组分还包括专利权利要求以外的组分D,即被诉侵权产品的组分是A+B+C+D,则不构成侵权。②

2.“冻干粉”案Ⅱ③

与“冻干粉”案Ⅰ涉案专利高度类似,在“冻干粉”案Ⅱ中,最高人民法院先于司法解释,以判例的形式对封闭式权利要求解释的原则和例外进行了更为详尽的

① 湖北省高级人民法院民事判决书,(2012)鄂民三终字第207号。

② 参见童海超:《专利权保护应遵循禁止反悔原则》,载《人民司法(案例)》2014年第16期。

③ 最高人民法院民事判决书,(2012)民提字第10号。

阐述。本案中,涉案专利名为“注射用三磷酸腺苷二钠氯化镁冻干粉针剂及其生产方法”,权利要求 2 为组合物专利,具体内容为:一种注射用三磷酸腺苷二钠氯化镁冻干粉针剂,其特征是:由三磷酸腺苷二钠与氯化镁组成,二者的重量比为 100 毫克比 32 毫克。

被诉侵权产品“注射用三磷酸腺苷二钠氯化镁”同样为注射用针剂,组分也是三磷酸腺苷二钠和氯化镁,规格为三磷酸腺苷二钠 100 毫克、氯化镁 32 毫克,与涉案专利权利要求 2 的组分构成和重量比相同。但是,根据被诉侵权产品的说明书记载,其在产品中还增加了辅料碳酸氢钠和精氨酸。一审、二审法院认为,加入辅料是药物制备过程中的必备环节,碳酸氢钠和精氨酸是药物制备工艺中的常用辅料,不是发挥药效的活性成分,前者为碱性化合物,是调节溶液 PH 的常用辅料,后者作为稳定剂也是制药行业一般技术人员可以联想到的,被诉侵权产品中发挥治疗作用的活性成分为三磷酸腺苷二钠和氯化镁。综上,尽管被诉侵权产品中增加两种辅料,但该辅料不是其组分,也并非增加的技术特征,加入两种辅料仍落入涉案专利保护范围。

最高人民法院对封闭式权利要求的解释原则进行了明确,即“对于封闭式权利要求,一般应当解释为不含有该权利要求所述以外的结构组成部分或者方法步骤”,并指出,“如果专利权人在专利授权程序中出于各种原因未能恰当地选择权利要求的撰写方式,选择了保护范围相对较小的封闭式权利要求,从而导致其获得授权的权利要求没有其预想的保护范围大,那么,专利权人只能接受这种后果”。同时,最高人民法院也认可了封闭式权利要求的例外情形及条件,即“……可以带有杂质,该杂质只允许以通常的含量存在”。

本案中,涉案专利权利要求 2 要求保护的注射用三磷酸腺苷二钠氯化镁冻干粉针剂中,仅由三磷酸腺苷二钠与氯化镁组成,除可能具有通常含量的杂质外,别无其他组分。相应地,被诉侵权产品中添加了辅料精氨酸,无论这种辅料是否是现有技术中已知的常规辅料,其并非与三磷酸腺苷二钠和氯化镁相伴随的常规杂质。因此,被诉侵权产品未落入涉案专利权利要求 2 的保护范围。

此外,一个值得注意的细节是,权利人在涉案专利的实质审查过程中为获得授权,曾放弃了将权利要求修改为“主要成分由三磷酸腺苷二钠与氯化镁组成”的开放式权利要求,即最终并没有采取活性成分封闭的限定方式。在授权后的专利侵权诉讼中，其应当将涉案专利权利要求2理解为活性成分封闭的主张与上述客观事实相悖，亦违反了禁止反悔原则。因此，有人在针对本案的评论中建议，应当充分理解专利审查指南有关权利要求撰写的规定，尽量避免将组合物权利要求撰写为完全封闭式权利要求。根据具体情况从开放式、只对活性成分封闭的半开放式（活性成分由……组成）、上位概念限定（由活性成分A和辅料组成）等多种方式中选择恰当的撰写方式，从而获得合理的保护范围。①

3.“焊丝”案②

如“冻干粉”案Ⅱ所述，只有在增加的组分是杂质的情况下，才有可能为“封闭”的保护范围涵盖，但对于杂质的定性，也要结合其在涉案专利组合物中的比例、作用等因素综合考虑。

在“焊丝”案中，涉案发明专利“高强度结构钢用气体保护焊丝”属于焊丝技术领域，公开了一种高强度结构钢用气体保护焊丝的技术方案。其权利要求书1为：高强度结构钢用气体保护焊丝，其特征在于：由下列重量百分比的元素：C：0.04～0.12、Mn：1.2～2.20、Si：0.40～0.90、Ti：0.03～0.20、V：0.03～0.06、B：0.002～0.006、S≤0.025、P≤0.025，余量为铁及其不可避免的杂质构成。根据本案查明的事实，被诉侵权产品中检测出0.049%的镍，而涉案专利说明中明确指出了镍是需要排除的组分，即“……高含量的贵重金属镍……使其成本大大提高……本发明的目的，就是提供生产成本低、适用于低合金高强度钢的焊接的高强度结构钢用气体保护焊丝……本发明……不含有贵重的金属镍……”

审理法院认为，专利权利要求1采用了“由……构成”“余量为铁及其不可避免的杂质构成”等措辞，表明权利人以明确的意思表示，对权利要求1请求保护的“高强度结构钢用气体保护焊丝”组分进行了穷尽式列举，权利要求1属于封闭式权利要求，而根据说明书的记载，镍也并非司法解释所规定的“常规数量杂质”。因此，被诉侵权产品未落入涉案专利权的保护范围。

---

① 参见尹昕：《药物组合物封闭式权利要求的解释与侵权判定——由（2012）民提字第10号判决谈起》，中国药学会医药知识产权研究专业委员会学术年会暨知识产权与医药创新论坛，2015年于北京。

② 湖北省高级人民法院民事判决书，（2012）鄂民三终字第116号。

第四节　使用环境特征

法律和司法解释并未对使用环境特征给出明确的定义，最高人民法院曾在“后换挡器支架”案中将其概括为“权利要求中用来描述发明所使用的背景或者条件的技术特征”，[①]地方法院的规范性文件延续了这一概念，并将其进一步表述为“权利要求中用来描述发明或实用新型所使用的背景或者条件且与该技术方案存在连接或配合关系的技术特征”。[②] 尽管有了可参考的概念，但如何甄别使用环境特征，以及如何确定其实际产生的限定作用，往往成为实践中的分歧所在。[③]

一、使用环境特征的界定

在讨论使用环境特征的解释规则之前，我们首先需要从一项权利要求中准确地识别出哪项技术特征为使用环境特征。不同于前文所述各类特殊的权利要求，其在表现形式上虽然也存在特定的撰写方式，但也可能是潜在的技术特征，暗含于权利要求所限定的整体技术方案中。

（一）“防雷支柱绝缘子”案[④]

本发明涉及电力系统架空配电线路，意在提供一种既在电力线路中起到绝缘和支持导线作用，又具有防弧作用且能重复使用的防雷支柱绝缘子（见图 7 – 4 – 1）。其权利要求 1 为：一种防雷支柱绝缘子，包括一绝缘护罩和一设置于该绝缘护罩内部的由上压块和下压块构成的夹线金具。其特征在于：还包括一与该夹线金具侧端连接的引弧棒；一两端分别与该夹线金具下端和一下钢脚连接的绝缘子，该绝缘子通过该下钢脚安装于横担上；该引弧棒呈弯折状，其另一端靠近该下钢脚。

经比对，被诉侵权产品使用的技术方案除缺少涉案专利权利要求 1 中“横担”

① 最高人民法院民事判决书，（2012）民提字第 1 号。

② 北京市高级人民法院《专利侵权判定指南（2017）》第 24 条。

③ 较之于前文所述的功能性、方法限定、封闭式所针对的为权利要求整体，此处的使用环境以及下文论及的步骤顺序，主要指的是权利要求中的个别技术特征，因均涉及有别于普通解释规则的特殊之处，故统称为特殊的权利要求。

④ 上海知识产权法院民事判决书，（2015）沪知民初字第 272 号。

这一构件外,其余特征与涉案专利权利要求 1 相应的技术特征相同,各方当事人亦对此进行了确认。与此同时,被诉侵权产品所附使用说明书在安装方法中载明:防雷柱式绝缘子的夹线槽应对准导线平行方向安装在横担上,拧紧钢脚螺母,等同传统的绝缘子安装方法,把引弧棒朝向横担的(距离横担最远处)远外侧。

审理法院注意到了"横担"这一技术特征的特殊之处,并先就其性质进行了分析:涉案专利的保护主题是"防雷支柱绝缘子",但是权利要求 1 在描述该防雷支柱绝缘子的结构特征的同时,其所含的"该绝缘子通过该下钢脚安装于横担上"这一技术特征还限定了该防雷支柱绝缘子用以连接支撑固定件的具体结构即使用条件,属于使用环境特征,其与权利要求 1 的其他特征一起,组成一个完整的技术方案,共同限定了权利要求 1 的保护范围。

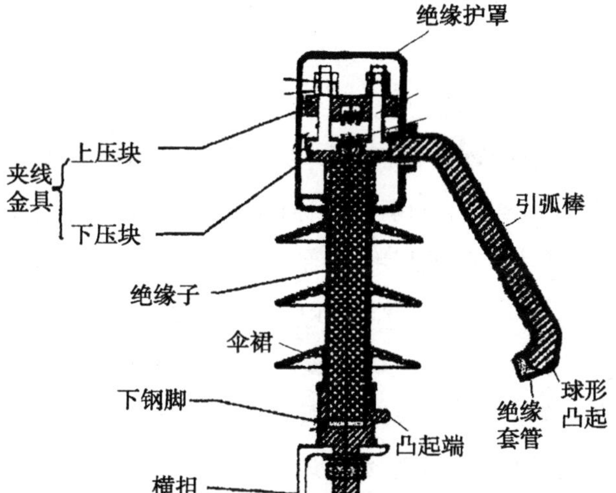

图 7-4-1　防雷支柱绝缘子

由此可见,权利要求中的"横担"既可以视为本专利提供的防雷支柱绝缘子技术方案中的构件之一,也可以视为与"绝缘子"存在"连接或配合关系"的技术特征,即后者的使用环境特征。

审理法院认为,虽然被诉侵权产品缺少横担这一构件,但由于被诉侵权产品须安装后才能使用,而其所附使用说明书在安装方法中已明确该绝缘子的夹线槽应对准导线平行方向安装在横担上,并把引弧棒朝向横担的远外侧,由此可见,在安装固定被控侵权产品时，仍然需要横担这一构件。也就是说，被诉侵权产品在实际安装、使用过程中，必然具有涉案专利的横担技术特征；且被诉侵权产品其余结构构成及位置关系与原告主张的涉案专利的权利要求相应的技术特征相同，因此可以认定被诉侵权产品使用的技术方案的技术特征与原告主张的涉案专利的权利要求相应的技术特征构成相同，落入了涉案专利权的保护范围。

从本案侵权判定的基本逻辑来看，使用环境特征之所以具有限定作用，根源在于其作为权利要求的组成部分，虽具有一定的形式特殊性，但仍然保留了技术特征的本质属性，即是确定保护范围不可或缺的一部分，尤其当其还兼具了产品构件特征或组件特征的色彩时。因此，本案承办人在之后的评析中也指出："凡是写入权利要求的技术特征，均应视为专利技术方案为解决所涉技术问题不可缺少的技术特征，对专利的权利要求保护范围具有限定作用，在确定专利的权利要求保护范围时必须加以考虑。"①

（二）"防止 IP 地址欺骗的方法"案②

相对于"防雷支柱绝缘子"案而言，本案专利的使用环境特征虽然存在，但表现得更为隐蔽，其权利要求 1 如下："一种动态地址分配中防止 IP 地址欺骗的方法。其特征在于包括：(1)在合法用户地址表中增加用户终端 MAC 地址、源 IP 地址信息。(2)用户终端向交换机发出 ARP 报文。(3)交换机对 ARP 报文中的源 MAC 地址和源 IP 地址进行检查，即在合法用户地址表中查找是否存在匹配项，如果存在，将用户终端发出的 ARP 报文的源 IP 地址和源 MAC 地址加入 ARP 表，从而使用户终端能够上网通信；否则，丢弃该报文。"

审理法院分析认为，涉案专利虽未将专利方法的具体网络应用环境作为技术特征写入权利要求 1，但专利方法的实施不能与之相分离。因为涉案专利方法正是为了防止在动态 IP 地址的申请和分配过程中所可能发生的 IP 地址欺骗行为，其间必然涉及 DHCP 服务器与用户终端之间的通信，具体运行时也就存在 DHCP 服务器与用户终端是否处于同一网段的两种情形。具体来说：首先，就权利要求作体系

① 凌崧：《涉及环境特征权利要求的解释及侵权判定——评兆邦公司诉中泰公司等侵犯发明专利权纠纷案》，载《中国知识产权报》2017 年 2 月 22 日，第 9 版。

② 最高人民法院民事裁定书，(2015) 民申字第 2720 号。

化解读,从属权利要求所涉的用户终端在动态 IP 地址的申请和分配过程中与 DHCP 服务器之间的通信均通过 DHCP 中继进行,并通过交换机的转发处理,将分配给用户的 IP 地址和 MAC 地址写入合法用户地址表,这也意味着权利要求书是在开启 DHCP 中继的情形下,给出了如何完成权利要求 1 所描述的防止 IP 地址欺骗的第一个步骤“在合法用户地址表中增加用户终端 MAC 地址、源 IP 地址信息”的相关启示。其次,根据涉案专利的说明书记载,“DHCP 动态分配是通过服务器和用户终端之间的 DHCP 报文交互完成的,而 DHCP 报文是广播报文,不能跨越网段,这样 DHCP 服务器只能为本网段的用户终端提供服务。但由于资源限制,不可能为每个网段都配置一台 DHCP 服务器,而且出于安全性考虑,DHCP 服务器通常都是处于一个单独的网段。这样就需要 DHCP 服务器可以为不在其网段的用户终端提供服务。而 DHCP 中继为 DHCP 广播报文提供网段间的转发功能,使 DHCP 服务器实现为不在其网段的用户终端提供服务”。从说明书记载的该段文字来看,涉案专利即为了解决在上述跨网段的实际网络应用环境下可能出现的 IP 地址欺骗问题而提出,具有较强的针对性,涉案专利亦主张基于网络安全考量,将 DHCP 服务器设置于单独网段,与用户终端作跨网段设置。再者,涉案专利的附图说明明确记载“图 1 为本发明的网络应用环境示意图”,亦即涉案专利方法的实际组网应用情况,而该图 1 正是将 DHCP 客户端与 DHCP 服务器分置于两个子网,通过“具备 DHCP 中继功能的三层交换机”相连接。故综合上述内容,依据本领域普通技术人员的通常理解,应确认开启 DHCP 中继使 DHCP 服务器实现为不在其网段的用户终端提供服务应是实施涉案专利方法最为合理、最为常见和普遍的运行环境和操作模式,也是专利权人所预设的涉案专利方法理想的网络应用环境。

通过本案中对权利要求 1 的解释,我们可以看出,涉案专利方法是在“交换机”“DHCP 中继”“DHCP 服务器”组成的网络系统下运行,即法院判决中所称的“在特定环境下实施涉案专利方法”。这种通过蕴含的使用环境因素来对权利要求 1 进行解释的方式,这并不意味着对权利要求 1 保护范围进行了限缩。解释权利要求的目的是明确其保护范围,在权利要求 1 中的步骤(1)没有指明执行主体的前提下,不搞清楚谁是“增加用户终端信息”的执行主体,权利要求 1 的保护范围就不能确定,因此,必须借助于说明书或者其他权利要求的内容来解读。这种解读的出发点是善意的,即必须在不质疑权利要求 1 的有效性的前提下进行解读,如果不允许借助说明书的内容解释权利要求，则只能得出权利要求1的保护范围不清楚以至于无法得到保护的初步结论，这样的结论一定不是权利人所愿意看到的。[①]

二、“使用环境”的必要性

关于使用环境特征的解释，存在不同观点：一种观点认为，应当将权利要求中记载的全部结构特征均认定为系对被保护主题的结构进行限定，没有必要将使用环境特征与权利要求中记载的其他结构特征予以区别对待。另一种观点认为，使用环境特征对于保护范围的限定作用体现为，原告在诉讼中必须证明被诉侵权产品在实际使用中必然会具有权利要求中限定的使用环境。还有一种观点认为，使用环境特征对保护范围的限定作用包括两种情形：该使用环境特征限定的被保护的主题对象必须用于该使用环境还是可以用于该使用环境即可。[②] 在笔者看来，上述分歧的根源实际上在于对使用环境特征的必要性认识不一，即该特征作为确定保护范围的一环，在侵权比对时到底能发挥多大的限定作用？换言之，其限定作用越强，被诉侵权技术方案必须适用该环境该项特质时才落入保护范围；限定作用越弱，被诉侵权技术方案在可以适用该环境时即可认定侵权。

对此争议，《侵权司法解释(二)》也并未正面回应，而是以“被诉侵权技术方案不能适用于权利要求中使用环境特征所限定的使用环境的，人民法院应当认定被诉侵权技术方案未落入专利权的保护范围”的表述形式，从反面规定了不包括使用环境特征的情形。因此，关于使用环境特征必要性的确定，还应结合实际案例具体分析。

（一）“后换挡器支架”案[③]

本案是一起有关使用环境特征的典型案例，最高人民法院在本案中首次明确了使用环境特征的定义及其解释标准。涉案专利名为“后换挡器支架”，涉及自行车后换挡器支架，该支架利用自行车车架后叉端的一个安装换挡器的延伸部上所

---

① 参见马云鹏：《方法专利权利要求的解释及使用环境因素的考量——以华为诉中兴侵害发明专利权纠纷案为例》，载《中国发明与专利》2016年第5期。

② 参见北京市高级人民法院知识产权审判庭编：《北京市高级人民法院〈专利侵权判定指南(2017)〉理解与适用》，知识产权出版社2020年版，第119页。

③ 最高人民法院民事判决书，(2012)民提字第1号。

形成的连接部，将后换挡器固定到自行车架上（见图7-4-2）。其权利要求1为：

一种用于将后换挡器连接到自行车车架上的后换挡器支架，所述自行车车架具有形成在自行车车架的后叉端的换挡器安装延伸部上的连接结构，所述后换挡器支架包括：一个支架体；设在所述支架体一端近旁，用于将所述后换挡器连接到所述支架体上的第一连接结构；设在所述支架体另一端近旁，用于将所述支架体连接到所述自行车车架的所述连接结构上的第二连接结构；用于与所述换挡器安装延伸部接触从而使所述后换挡器相对于所述后叉端以一种预定的姿势定位的定位结构；其特征在于：所述第一连接结构和所述第二连接结构的布置应使当所述支架体安装在所述后叉端上时，所述的第一连接结构提供的连接点从所述后叉端看是在第二连接结构提供的连接点的下方和后方。

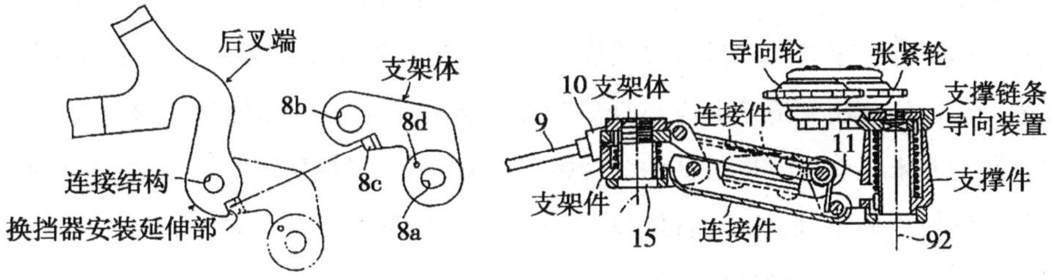

图7-4-2　后换挡器支架

对于该权利要求，最高人民法院指出，本案专利的保护主题是“自行车后换挡器支架”，但是权利要求1在描述该后换挡器支架的结构特征的同时，也限定了该后换挡器支架所用以连接的后换挡器以及自行车车架的具体结构。这些关于特征实际上限定了后换挡器支架所使用的背景和条件，属于使用环境特征，对于权利要求1所保护的后换挡器支架具有限定作用。权利要求1所保护的后换挡器支架所使用的自行车车架的特征是：“所述自行车车架具有形成在自行车车架的后叉端（51）的换挡器安装延伸部（14）上的连接结构（14a）”（以下简称使用环境特征1）。权利要求1所保护的后换挡器支架所使用的后换挡器的特征是：“所述后换挡器具有支架件（5）、用于支撑链条导向装置（3）的支撑件（4），以及一对用于连接所述支撑件（4）和所述支架件（5）的连接件（6、7）”（以下简称使用环境特征2）。它们与权利要求 1 的其他特征一起,组成一个完整的技术方案,共同限定了权利要求 1 的保护范围。

关于使用环境特征的性质,最高人民法院首先肯定了其作为一项技术特征的基本性质,即凡是写入权利要求的技术特征,均应理解为专利技术方案不可缺少的必要技术特征,对专利保护范围具有限定作用,在确定专利保护范围时必须加以考虑。已经写入权利要求的使用环境特征属于权利要求的必要技术特征,对于权利要求的保护范围具有限定作用。

如果说《侵权司法解释(二)》第 9 条从反面规定了使用环境特征的限定作用,本案则从正面对这一问题进行了更为明确的回应,就使用环境特征对于保护范围的限定程度给出了"两分法"的判断原则:一般情况下,使用环境特征应该理解为要求被保护的主题对象可以使用于该种使用环境即可,不要求被保护的主题对象必须用于该种使用环境。但是,如果本领域普通技术人员在阅读专利权利要求书、说明书以及专利审查档案后可以明确而合理地得知被保护对象必须用于该种使用环境,那么,该使用环境特征应被理解为要求被保护对象必须使用于该特定环境。这一原则并未将使用环境特征的解释标准绝对化,在侵权比对时,该特征一般不排斥其他的使用环境,但如能通过解释发现其具有明确的排他性时,则必须要求被诉侵权技术方案也使用同样的环境。

具体到涉案专利权利要求 1 中两项使用环境特征的限定作用,权利人认为,本案专利权利要求中出现的使用环境特征不构成本案专利的必要技术特征,不影响权利要求的保护范围,法院对此逐一进行了分析:

关于使用环境特征 1(自行车车架的结构特征)。本案专利申请在实质审查过程中经过了多次修改。针对国家知识产权局第一次审查意见通知书所提到的对比文件 1(US5082303 号美国专利),为了将本专利申请所要求保护的后换挡器支架与该对比文件公开的悬挂构件(18)相区别,权利人在意见陈述书中明确指出,对比文件 1 中所述的悬挂构件(18)是垂直下降组件一部分,由垂直下降构件(16)、悬挂构件(18)以及用于将悬挂构件(18)连接至下降构件上的装置(16)等组合起来才相当于本案专利申请中的带后拨链器安装延伸部(14)的后叉端(51)的结构。根据权利人所述,本案专利所保护的后换挡器支架只能与带后拨链器安装延伸部的后叉端相连接,而不能成为自行车车架后叉端垂直下降组件的构成部分。针对国家知识产权局第一次审查意见通知书所提到的对比文件2(EP0013136号欧洲专利),为了将本专利申请所要求保护的后换挡器支架与该对比文件公开的下降组件相区别,权利人在意见陈述书中明确指出,该对比文件所述的叉端是一个水平方向开槽的下降组件,该对比文件并没有公开或者提出本发明申请的特征,特别是支架体没有被连接至垂直下降组件或L形板上。这一意见表明,本专利所保护的后换挡器支架必须安装在具有换挡器安装延伸部的自行车车架后叉端上,而不能安装在具有水平方向开槽的下降组件的自行车车架后叉端上。因此,对于使用环境特征1,应该理解为本案专利所保护的自行车后换挡器支架必须使用在具有使用环境特征1的自行车车架后叉端上。

关于使用环境特征2(后换挡器的结构特征)。针对国家知识产权局第二次审查意见通知书所提到的对比文件3(US4690663号美国专利),为了将本专利申请所要求保护的后换挡器支架与该对比文件公开的基座件1相区别,权利人再次修改了权利要求1,增加了关于后换挡器的结构特征。权利人在意见陈述书中明确指出,该对比文件提到的基座件1实际上是换挡器四连杆机构之中的一个组成构件,其一端通过水平轴6和通孔11连接到自行车车架后叉端的换挡器安装延伸部上的螺纹孔101b,故该基座件1并不相当于本申请中的支架体8。权利人还进一步指出,该对比文件3公开的换挡器是直接安装在自行车车架后叉端的换挡器安装延伸部上,与此不同,本发明公开的是一种将后换挡器(100)连接到自行车车架(50)上的自行车后换挡器支架,后换挡器具有支架件(5)、用于支撑链条导向装置(3)的支撑件(4)以及一对用于连接所述支撑件(4)和所述支架件(5)的连接件(6、7),而本发明是将上述后换挡器的上述支架件(5)连接到上述支架的支架体(8)的一端,然后再将上述支架体(8)的另一端连接至自行车车架后叉端(51)的换挡器安装延伸部(14)上。根据权利人所述,本专利所保护的后换挡器支架必须与后换挡器的支架件(5)相连接,而不能成为后换挡器自身的组成部分。可见,本专利所保护的后换挡器支架必须用于权利要求1所述的具有支架件(5)、用于支撑链条导向装置(3)的支撑件(4)以及一对用于连接所述支撑件(4)和所述支架件(5)的连接件(6、7)的后换挡器上。因此,对于使用环境特征2,应该理解为本案专利所保护的自行车后换挡器支架必须用于具有使用环境特征2的后换挡器上。

虽然本案使用环境特征需适用“两分法”中较为严格的解释标准，但本案证据能够证明被诉侵权产品在商业上必然用于本案专利权利要求1限定的自行车车架，在安装后必然呈现权利要求1限定的安装位置特征，在其具备专利要求1限定的其他全部特征的基础上，仍应认定其落入权利要求1的保护范围。

（二）“固定夹链”案①

与“后换挡器支架”案相比，本案则属于对使用环境特征适用较为宽松的非排他性的解释的情形。涉案专利是一种名为“固定夹形成的链”的发明专利（见图7－4－3），其提供了一种由片状金属固定夹形成的长链，其权利要求1为：

一种固定夹链，用于带有一个入口端和一个出口端的夹子—紧固机，该夹子—紧固机具有一个细长的成行的带有所述出口端的储存架，适于放置在与家具横杆垂直的地方，该细长的由片状金属固定夹形成的链包括一系列首尾相连地排成一行的单独的、相同的固定夹，以便通过夹子—紧固机的储存架从垂直家具横杆的方向被送入，每个夹子会被固定在所述家具的横杆上，每个夹子包括一个平面基部、一个钩形端部、一个单独的位于每个钩形端部中的非金属垫片以及一根单独的柔性材料条带，该条带不形成垫片，而是固定在每个所述夹子上，以便使所述夹子链形成一个首尾相连的夹子链，从而多个夹子紧固机可与家具的横杆垂直地设置，用以将夹子垂直地输送给横杆，以便可以将多个夹子同时固定到横杆上，从而减少将夹子固定到横杆上实际所需的时间。

对于权利要求1中“从而多个夹子紧固机可与家具的横杆垂直地设置，用以将夹子垂直地输送给横杆，以便可以将多个夹子同时固定到横杆上，从而减少将夹子固定到横杆上实际所需的时间”这一技术特征，被控侵权人认为，只有在被诉侵权技术方案事实上（而非可以）采用了权利要求1中的使用环境和使用方式（将多个夹子紧固机与家具的横杆垂直地设置），并且确实达到了将多个夹子同时固定到横杆上、减少了将夹子固定到横杆上实际所需的时间，才能被认定为侵权。

① 宁波市中级人民法院行政判决书，(2018)浙02行初43号。

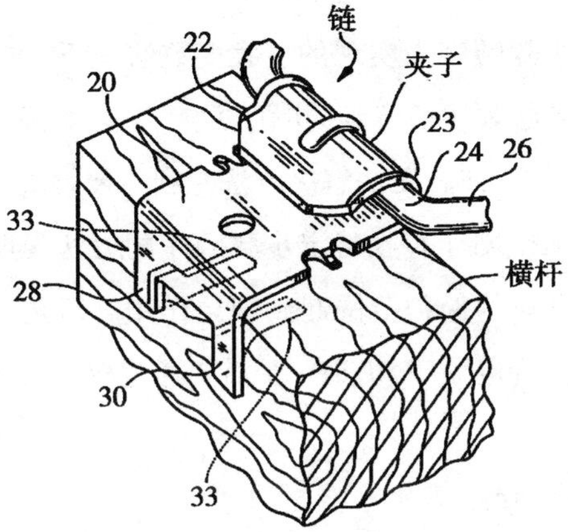

图 7-4-3 固定夹链

审理法院没有采纳这一观点，而是认为，在对使用环境特征进行侵权比对时，不宜以被诉侵权产品已经实际使用于该环境特征作为判断其是否具有该项使用环境特征的前提，在使用环境特征对保护范围的限定作用是被保护的主题对象可以用于该种使用环境的情况下，即只要被诉侵权产品也可以用于权利要求记载的使用环境，就应认定被诉侵权产品具备了该项使用环境特征。本案中，前述技术特征并未将保护的主题对象夹子产品限定为必须用于多个夹子紧固机，而是可以同时用于多个夹子紧固机。因此，权利要求 1 的使用环境特征对保护范围的限定作用是被保护主题夹子产品可以使用于该使用环境特征，而非必须用于该使用环境特征。相应地，被诉侵权产品可以同时用于多个夹子紧固机，也可以仅用于一个夹子紧固机，因此，被诉侵权产品具备涉案专利权利要求 1 的使用环境特征。

当然，对比“后换挡器支架”案，如果通过审查档案或其他资料能够认定该使用环境特征暗含了对于“夹子紧固机”数量的限制，要求夹子产品必须用于“多个夹子紧固机”，此时就要对该特征作出较窄范围的解释，在确定被诉侵权产品使用且仅使用了此环境时，才能得出侵权成立的结论。

第五节 步骤顺序特征

方法发明专利的权利要求是包括有时间过程的活动，如制造方法、使用方法、通信方法、处理方法等权利要求,涉及产品制造方法的发明专利通常是通过方法步骤的组合以及一定的步骤顺序来实现的。大多数情况下,方法专利权利要求中的各个步骤或者某些步骤必须按照特定的顺序方能实施,如果以其他的顺序实施,或者在技术上不具有可行性,或者无法解决方法专利所要解决的技术问题,实现所要达到的技术效果。[①] 因此,对于存在特定步骤顺序的方法发明,步骤本身以及步骤之间的顺序均应对专利权的保护范围起到限定作用。但是,如何确定权利要求所列出步骤之间是否存在特定顺序,仍是一个需要通过权利要求解释解决的问题。

一、"弹簧铰链"案[②]

如果权利要求中的各个步骤已被标明了步骤顺序,自然要考虑该特定顺序的限定作用,但根据《侵权司法解释(二)》第 11 条的要求,"方法权利要求未明确记载技术步骤的先后顺序,但本领域普通技术人员阅读权利要求书、说明书及附图后直接、明确地认为该技术步骤应当按照特定顺序实施的,人民法院应当认定该步骤顺序对于专利权的保护范围具有限定作用"。也就是说,不应以权利要求没有对步骤顺序进行限定为由,当然不考虑步骤顺序对权利要求的限定作用。在该条款出台之前,最高人民法院就已在"弹簧铰链"案中树立了这一原则(见图 7-5-1)。

本案专利涉及一种弹簧铰链的制作方法,其权利要求 1 为:一种制造弹簧铰链的方法。该铰链由至少一个外壳、一个铰接件和一个弹簧构成,其特征是该方法包括下述步骤:提供一用于形成铰接件的金属带;切割出大致与铰接件外形一致的区域;通过冲压形成一圆形部分以形成铰接件的凸肩;冲出铰接件的铰接孔。显然,单从权利要求书看不出四个步骤是否必须按撰写的先后顺序实施。

根据一审法院勘验查明的情况,被诉侵权产品加工铰接件的过程为:(1)人工将金属带材送入冲压机冲下铰接件;(2)人工用钳子夹住铰接件前部,用锻压机将铰接件后部砸圆;(3)人工用钳子夹住铰接件前部,将铰接件插入打孔机内打孔;(4)人工用铅丝从铰接件前部圆孔中穿过,将若干个铰接件穿在一起后用抛光轮

① 参见孔祥俊副主编:《中国知识产权指导案例评注》(上、下卷),中国法制出版社 2011 年版,第 704 页。

② 最高人民法院民事裁定书,(2008)民申字第 980 号。

抛光。

一审法院认为,被诉侵权产品将铰接件从金属带材上冲下后,模锻、打孔的顺序虽然可调,但顺序的调整并未产生新的效果,与权利要求1所保护的方法等同,落入了涉案专利权的保护范围。二审法院认为,根据涉案专利说明书的记载,涉案专利技术方案是在各步骤先后顺延的情况下实现的,步骤变化无法实现涉案专利方法的技术效果和技术目的,被诉侵权产品的制造方法与专利方法既不相同也不等同,没有落入涉案专利权的保护范围。

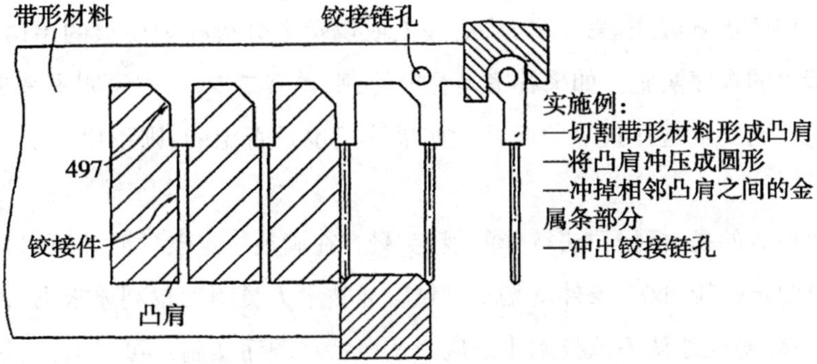

图7-5-1　制造弹簧铰链的方法

最高人民法院在再审阶段首先指出,在方法专利侵权诉讼中,不应以权利要求没有对步骤顺序明确进行限定为由,不考虑步骤顺序对权利要求的限定作用,而是应当结合说明书和附图、审查档案、权利要求记载的整体技术方案以及各个步骤之间的逻辑关系,从本领域普通技术人员的角度出发确定各步骤是否应当按照特定的顺序实施。

本案中,供料步骤的作用在于为其他的步骤提供加工材料,必须在其他步骤之前首先实施。切割步骤的作用是从金属带上切割出大致与铰接件外形一致的区域。冲压步骤是对由切割步骤制成的"用于形成凸肩9的基本形状"进行冲压,冲孔步骤是在由切割步骤制成的"范围497"内制作铰接孔,并且说明书中没有记载可以在切割步骤之前实施冲孔步骤或冲压步骤的技术内容,也没有给出相关的技术启示,本领域普通技术人员也难以预见到在切割步骤之前实施冲孔步骤或冲压步骤,能够实现涉案专利的发明目的,达到相同的技术效果。因此,权利要求1中的切割步骤应当在冲压步骤和冲孔步骤之前实施。

综上,权利要求1中的4个步骤应当按照供料步骤、切割步骤、冲压步骤或冲孔步骤的顺序依次实施,各个步骤之间具有特定的实施顺序。被诉侵权方法相对于涉案专利权利要求1,虽然使用的原料相同,但是被诉侵权方法不具有"切割出大致与铰接件外形一致的区域"相同或等同的技术特征,因此,被诉侵权方法不落入涉案专利权的保护范围。

较之于本案的审理结论,美国法院在相关案件中也确立了类似的原则,即如果权利要求的用语从逻辑上或语法上要求特定的顺序,或者说明书直接或间接在要求这样的顺序,则认为这些步骤应按特定的顺序实施。① 在审理案件的过程中,美国法院采用两步测试法:第一步,从语法上或逻辑上分析权利要求的用语,看是否必须按撰写的顺序实施。如果答案是否定的,则看第二步,通过说明书来决定是否直接或间接地要求这样狭窄的解释。如果答案也是否定的,则不要求按撰写的顺序实施。②

需要注意的是,根据司法解释的规定,只有在满足一定条件时才可以认定步骤顺序具有限定作用,这一条件就是本领域普通技术人员阅读权利要求书、说明书及附图后直接、明确地认为该技术步骤应当按照特定顺序实施。可以看出,司法解释使用了"直接、明确地"用语,是为了避免适用的泛化,故在适用司法解释的规定时,应避免僵化地适用"直接、明确地"这一条件,而是应按照参考说明书解释权利要求的方法,对权利要求中的步骤顺序作出解释。③

本案还带给我们另外两方面的启示:一是权利要求的解释存在于专利权保护的各个环节或问题中,步骤顺序是否特定也关乎保护范围的确定,亦需要通过权利要求解释来进行判断。二是说明书的内容尤其是关于发明目的的相关记载,是权利要求解释工作中"当仁不让"的最重要的依据。

---

① Function Media,LLC v. Google,Inc. ,708 F. 3d 1310,1320(Fed. Cir. 2013).

② Interactive Gift Express,Inc. v. CompuServe Inc. ,256 F. 3d 1323,59 USPQ2d 1401(Fed. Cir. 2000).

③ 参见闫文军:《方法专利中的步骤顺序对保护范围的限定作用——OBE-工厂·翁玛赫特与鲍姆盖特纳有限公司与浙江康华眼镜有限公司侵犯专利权纠纷案》,载《中国发明与专利》2019年第6期。

二、“热水袋”案①

与“弹簧铰链”案中的情形相比，如果权利要求中注明了各个步骤的顺序，是否意味着被诉侵权技术方案只有依照此顺序才能落入保护范围呢？本案对此给出了否定的答案。

涉案方法专利名为“布塑热水袋的加工方法”（见图7－5－2），其提供了一种保温性能好，时间长而温和，特别在袋口部与塞座连接可靠、耐用，耐压不漏水的布塑料热水袋的加工方法，具体内容为：

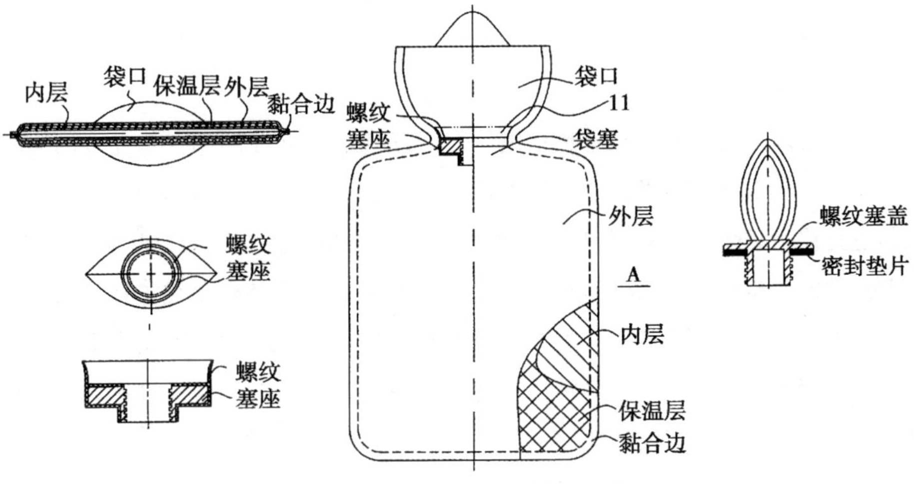

图7－5－2　布塑热水袋的加工方法

布塑热水袋的加工方法，布塑热水袋由袋体、袋口和袋塞所组成，所述的袋体有内层、外层和保温层，在袋体的边缘有黏合边，所述的袋塞是螺纹塞座和螺纹塞盖，螺纹塞座的外壁有复合层，螺纹塞盖有密封垫片，袋塞中的螺纹塞座是聚丙烯材料，复合层是聚氯乙烯材料，密封垫片是硅胶材料所制成，其特征在于：第一步：首先取内层、保温层以及外层材料；第二步：将内层、保温层、外层依次层叠，成为组合层；第三步：将两层组合层对应重叠，采用高频热合机按照热水袋的形状对两层组合层边缘进行高频热黏合；第四步：对高频热黏合的热水袋进行分只裁剪；第五

① 最高人民法院民事判决书，(2013)民提字第225号。

步：取聚丙烯材料注塑螺纹塞座，再把螺纹塞座作为嵌件放入模具，另外取聚氯乙烯材料在螺纹塞座外二次注塑复合层；第六步：将有复合层的螺纹塞座安入袋口内，与内层接触，采用高频热合机对热水袋口部与螺纹塞座复合层进行热黏合；第七步：对热水袋袋体进行修边；第八步：取塑料材料注制螺纹塞盖；第九步：取硅胶材料注制密封垫片；第十步：将密封垫片和螺纹塞盖互相装配后旋入螺纹塞座中；第十一步：充气试压检验，向热水袋充入压缩空气进行耐压试验；第十二步：包装。

一审、二审法院认为，被诉侵权方法与涉案专利权利要求 1 第 6 步、第 7 步和第 10 步、第 11 步的步骤顺序不同，未落入该权利要求的保护范围。

再审法院没有简单地以权利要求中存在"第一步……第十二步"的表述为由而草率的否定步骤调换即不构成侵权的可能性，而是结合说明书对相关步骤的功能及各步骤之间的配合关系进行了细致的分析：

权利要求 1 的第 6 步是对热水袋口部与螺纹塞座复合层进行热黏合的步骤；第 7 步是对热水袋袋体进行修边的步骤。被诉侵权方法采取的步骤是先对热水袋袋体进行修边，而后对热水袋口部与螺纹塞座复合层进行热黏合。从被诉侵权方法此前的加工步骤来看，其已在第 4 步中对高频热黏合后的热水袋进行了裁剪，此时修边的主要目的是使热水袋好看，接近成品，其减少空间的作用非常有限，而且多余边角料的存在不会干扰塞座的黏合，对塞座黏合不会产生实质性影响，因而这两个步骤的实施不具有先后顺序的唯一对应性，先修边还是先进行热黏合对于整个技术方案的实现没有实质性影响，且这两个步骤的互换在技术功能和技术效果上也没有产生实质性的差异，故被诉侵权方法调换后的步骤与涉案专利权利要求 1 的第 6 步、第 7 步属于相等同的技术特征。

权利要求 1 的第 10 步是将密封垫片和螺纹塞盖互相装配后旋入螺纹塞座中；第 11 步是充气试压检验。被诉侵权方法采用的是先充气试压检验，后将密封垫片和螺纹塞盖互相装配后旋入螺纹塞座的步骤。对热水袋进行充气试压检验，需要通过热水袋的口部进行。按照涉案专利权利要求 1 的第 10 步、第 11 步的步骤进行操作，在进行充气试压检验前，必须要从螺纹塞座中旋下螺纹塞盖后方能进行，与被诉侵权方法所采取的先试压检验后再装配螺纹塞盖的步骤相比，这种操作步骤实质上是增加了充气试压检验的操作环节，导致操作时间延长，效率降低。故将第 10 步、第 11 步的步骤调换后，产生了减少操作环节、节约时间、提高效率的技术效果,这种步骤互换所产生的技术效果上的差异是实质性的,调换后的步骤与涉案专利权利要求1的第10步、第11步不构成等同技术特征。

由此可见,权利要求中是否载明步骤顺序,与其承载的技术方案是否必然要求以特定的顺序完成,虽然有着通常的对应关系,但也存在个别例外,我们仍需充分运用说明书等资料,对权利要求作出符合发明目的的解释,再去判断被诉侵权方法是否实施了专利中的技术方案。

第六节　主题名称

作为权利要求中必备而又特殊的组成部分,《专利审查指南(2010)》在解析权利要求构造时指出主题名称应予以“考虑”,最高人民法院在“排水管道”案及《侵权司法解释(二)》中也认可了主题名称的限定作用,即“在确定权利要求的保护范围时,对权利要求中记载的主题名称应当予以考虑”,但同时也附加了条件,即“其实际的限定作用应当取决于该主题名称对权利要求所要保护的主题本身产生了何种影响”。[①] 因此,在不同的发明中主题名称是否均能够限定权利要求保护范围,以及如何理解其限定作用似乎仍然缺乏明确的规则,“排水管道”案中的结论能否推而广之?主题名称是否一定具有限定作用?其限定作用是否与技术特征相同?如何解释其限定作用?这些问题的回答均有赖于对主题名称所在权利要求的解释。

一、主题名称的定位

相对于技术特征解释已有较为成熟的规则,我们对前序部分中主题名称的研究还停留在较为浅显的阶段,但既然是权利要求必要组成部分,主题名称自然有其不可替代的作用。笔者认为,可以从两个层次来理解主题名称的作用:第一层次是应程序、形式、规范等要求体现出的常规作用;第二层次才是以界定权利要求保护范围为目的,区别于技术特征却又与之紧密相关的限定作用。

① 最高人民法院民事裁定书,(2013)民申字第790号。

（一）基本内涵

我国专利法将独立权利要求分为两部分，即前序部分和特征部分，前序部分中又包括主题名称和与最接近现有技术共有的必要技术特征，而特征部分则包含与最接近现有技术区别的特征，两部分一并对专利权保护范围构成了限定。[①] 美国专利法更进一步，将前序和特征之间的连接词独立出来作为一部分对待，权利要求（claim）即包括前序（preamble）、连接词（transitional phrase）和主体（body）三部分。其中，前序部分是对发明创造客体的简明描述，连接词是影响权利要求范围的关键词或专门术语，主体部分包括发明创造的全部特征，并且应该具体记载各个特征之间的关系或者彼此间的互动。[②]

有学者指出，权利要求的主题名称应当能够清楚地表明该权利要求保护的是产品还是方法，权利要求的类型是根据主题名称来确定，而不是根据权利要求中记载的技术特征的性质来确定。[③] 美国专利法亦认为主题名称具有如下基本的“行政功能”，即“前序……通常将（发明）归于技术的某个一般类别或领域，专利商标局会依据此分类，将此专利分派至适当的审查群组中”。[④] 例如，在“握力计”确权案中，技术领域的确定，应当以权利要求所限定的内容为准，一般根据专利的主题名称，结合技术方案所实现的技术功能、用途加以确定。本案中，涉案专利为“握力计”，对比文件为用于测重力的“手提式数字显示电子秤”。法院认为，虽然二者都是测力装置，但从主题名称来看分别具有不同的特定用途，不属于相同技术领域，不应用于评价涉案专利的创造性。

据此，即使主题名称中包含了描述用途、功能或效果的词汇，也可能仅具有所谓的“行政功能”而不会对权利范围产生影响。例如，“用于……的化合物 X”，如果其中“用于……”对化合物 X 本身没有带来任何影响，则在判断该化合物 X 是否具有新颖性、创造性时，其中的用途限定不起作用。[⑤]

---

① 参见《专利法实施细则》第 21 条。

② Donald S. Chisum, *Chisum on Patents*, Matthew Bender & Company, 2009. p. 305.

③ 参见尹新天：《中国专利法详解》，知识产权出版社 2011 年版，第 364 页。

④ Martin J. Adelman, Randall R. Rader, Gordon P. Klancnik：《美国专利法》，郑胜利、刘江彬主持翻译，知识产权出版社 2011 年版，第 121 页。

⑤ 参见《专利审查指南（2010）》第二部分第二章第 3.1.1 节。

美国更是将这种作用视为主题名称的“基本规则”(general rule),即“(权利要求)的主体部分往往包含发明所有的必备组分,前序部分中的语言往往是作为主体部分蕴意的提示和概括,对用途、目的或环境的描述本意上是不具有限定作用的”。[①] 例如,发明人发明了一种可以实现特定功能的传动机构,主题名称为“一种用于汽车的改进型变速箱”。其发明点在于特征部分限定传动机构的内部结构和操作方式,并且,尽管发明者的意图在于应用于汽车,但发明内容并没有明确其仅限于汽车。如此一来,因为传动机构在汽车以外的器械上也很常见,如果将其僵硬地理解为技术方案仅能应用于汽车,那就违反专利政策的初衷了。因此,这里的主题名称仅仅是为了更全面地阐述发明保护的主旨,是本发明的提示性的建议用途,不应被理解为对权利要求产生了限定。[②]

因此,美国法院在 Braren 案中总结认为:“一项权利要求是大量具体(结构、设备)的概括和结合,为了在没有特别说明的前提下更好地展示发明者的创新观点,前序中需要设计一些词汇来帮助他说明该发明当时意欲投入的合适的用途,(这样的做法)并不意味着本发明只能(用于这样的用途)。”[③]

（二）特殊属性

除了常规作用,当主题名称对权利要求所保护的客体产生实质性影响时,其对权利范围的限定作用就凸显了出来,但是,在甄别主题名称具体如何发挥限定作用之前,我们需要注意以下几方面的问题:

第一,是否具有限定作用不能一概而论。如前文所述,相当一部分主题名称仅具有专利审查分类上的意义,即便其包含描述用途、功能等的词汇,也不意味着一定具有限定保护范围的作用。对此,《专利审查指南(2010)》从授权确权的角度指出,“对于主题名称中含有用途限定的产品权利要求,其中的用途限定在确定产品权利要求的保护范围时应当予以考虑,但其实际的限定作用取决于对所要求保护的产品本身带来何种影响”。[④]《侵权司法解释(二)》第 5 条规定:“在人民法院确

---

① In re Rockwell, 150 F. 2d 560, 562 (C. C. P. A. 1945).

② See Li-Hua Weng, *Preamble Interpretation: Clarifying the "Giving Life, Meaning And Vitality" Language*, 11 B. U. J. Sci. & Tech. L. 77 (2005).

③ Braren v. Horner, 47 F. 2d 358, 363 (C. C. P. A. 1931).

④ 《专利审查指南(2010)》第二部分第二章第 3.1.1 节。

定专利权的保护范围时,独立权利要求的前序部分、特征部分以及从属权利要求的引用部分、限定部分记载的技术特征均有限定作用。”[①]司法解释制定者指出,这是为了“增强专利权保护范围的确定性,为社会公众提供明确的法律预期,促使专利文件撰写水平的提高……充分体现对权利要求公示性的尊重”。[②]

在笔者看来,主题名称确实要考虑,但在对其进行解释时,不能直接套用技术特征的解释规则,而是要先判断其对保护客体是否有限定,对保护范围是否有影响,明确这一点有助于厘清我们之前关于主题名称是否具有限定作用的争论,也可以更好地理解《侵权司法解释(二)》第5条通过强化权利要求撰写标准,倒逼发明人更慎重的选择主题名称表述方式,提升撰写质量的立法本意。

第二,需区别于技术特征。即便具有了第二层次的限定作用,我们也不能将主题名称“混同”于一般的技术特征,而应基于其独立的法律地位来考察其发挥的作用。

一方面,结合上文对权利要求构造的分析,无论是中国的“两分法”还是美国的“三分法”,立法者既然将主题名称和技术特征置于不同的部分,一定赋予了其不同的概念,前者提纲挈领、统揽全局,后者审势精微、描述细节。另一方面,从相互关系来看,主题名称是权利要求的外表,技术方案是权利要求的内核,技术特征则是内核的具体构造。反过来看,三者亦具有渐进的关系,技术特征的有机结合构成技术方案,技术方案的本质概括构成主题名称。例如,如果将权利要求视为发明人编纂的一本故事书,则主题名称就是故事的名称,技术方案是故事的脉络,而技术特征则是故事的具体情节。也就是说,主题名称处于权利要求这座“金字塔”的顶端,把其“降格”为技术特征,是对专利法原理的“庸俗化”。

对于和技术特征的关系,法院在诸多判例中也阐释了类似的观点。在“固定框架”案中,审理法院明确指出:“任何类型的权利要求都具有主题名称,通常情况下,主题名称的作用是对权利要求包含的全部技术特征所构成的技术方案的抽象概括,是对专利技术方案的简单命名,其代表的技术方案需要通过权利要求的全部技

① 《侵权司法解释(二)》第5条。

② 宋晓明、王闯、李剑:《〈关于审理侵犯专利权纠纷案件应用法律若干问题的解释(二)〉的理解与适用》,载《人民司法(应用)》2016年第10期。

术特征来体现,但主题名称本身并不属于解决技术问题的必要技术特征。在确定权利要求的保护范围时,权利要求中记载的主题名称应当予以考虑,但实际的限定作用应当取决于该主题名称对权利要求所要保护的技术方案本身产生了何种影响。"①在"电动车"案中,审理法院吸纳了前述观点,再次明确认为:"主题名称本身并不是具体的技术特征,而是对权利要求包含的全部技术特征所构成的技术方案的抽象概括,是对专利技术方案的命名,因此其实际的限定作用应当取决于该主题名称对权利要求所要保护的技术方案本身产生了何种影响。"②

第三,需结合专利文档中的其他部分。包含技术领域、背景技术、发明内容和实施例的说明书不仅使权利要求中的技术方案得以具化,也辅助本领域技术人员更好的理解权利要求的范围边界。每一项权利所要求保护的技术方案应当是所属技术领域的技术人员能够从说明书充分公开的内容中得到或概括得出的技术方案,并且不得超过说明书公开的范围。③ 因此,在面对高度"上位化"的主题名称时,可能需要阅读权利要求、说明书、审查档案等所有相关的专利文档,来辨别其是否具有以及如何发挥限定作用。

例如,在 Corning 案中,主题名称为"一种光纤材料制造的波导结构",判断该主题名称是否具有限定作用的关键点在于,之前是否公开过类似的可以充当制造波导的光纤材料,本专利说明书给出了信息,"(本专利)由特殊的光纤材料制成,它传到的光线限于预设的类型,其内核的直径、内核的折射度、覆盖层的折射度等均需经过精密的计算"。据此,法院认为:"如果将其理解为所有的光纤材料都可以适用,则会违背发明人的本意。本发明中的波导结构必须严格按照说明书中提到的那种材料来制造,因此,我们认为该主题名称不仅揭示了发明人意图,也对权利要求产生了实质性的限定。" ④

二、限定作用的形式

由于主题名称具有高度概括性和抽象性,其作用的解读一直都是理论界和实

---

① 北京市高级人民法院民事判决书,(2014)高民终字第 2044 号。

② 上海市高级人民法院民事判决书,(2017)沪民终 369 号。

③ 参见《专利审查指南(2010)》第二部分第二章第 3.2.1 节。

④ Corning Glass Works v. Sumitomo Elec. U. S. A, Inc. ,868 F. 2d 1251,1257(Fed. Cir. 1989).

务界的难题。美国法院早在1918年的Schram案中就确立了主题名称限定作用的判断原则，即如果主题名称赋予了该权利要求"生命、含义以及活力"(giving life, meaning and vitality)，则应视为其具有限定作用，[①]但在司法实践中，上述原则经常以"结论性"(conclusory)的语言出现，而缺少具体的分析过程，CAFC在后续判例中无奈地承认，"我们无法给出任何有关前序语言的判断方法，去鉴别其究竟仅仅是对发明功能用途的描述，还是具备了限定权利要求的作用，只能是通过从整体审查发明方案，在确定发明者真正意图的过程中来(进行判断)"。[②]

笔者认为，鉴于权利要求解释的核心在于对技术特征的解释，结合前文的分析，如果以技术特征的限定作用为参照，主题名称发挥限定作用的形式大概也可以分为两种：以技术特征的形式来确定保护范围，或以其对技术方案的影响来确定保护范围，无论何种形式，均有赖于对主题名称的解释。

（一）技术特征的限定

有学者从授权的角度分析认为，主题名称如能起到限定作用，必定可以作为一个技术特征进入创造性评价，进而对于专利授权结果产生影响。[③] 在"排水管"案中，二审法院亦明确表示"发明或者实用新型技术方案的主题名称属于解决技术问题的必要技术特征，在确定专利权的保护范围时应当予以考虑"。[④] 实际上，抛开主题名称与技术特征的关系不谈，该观点的核心在于，当主题名称通过将发明与现有技术的区别，凸显出其新颖性和创新性时，一定是具有限定作用的。

1."选矿机"案[⑤]

本案是一起发明专利申请驳回复审案，本申请"床式横流皮带选矿机"提出了一种受力均匀、处理量大、富集比高、台机占地面积小、结构简单、操作方便、推广容易的床式横流皮带选矿机(见图7-6-1)，其权利要求1为：一种床式横流皮带选矿机，它由机架以及安装在机架上的首轮、尾轮和输送皮带组成，首轮有皮带电机

---

① Schram Glass Mfg. Co. v. Homer Brooke Glass Co. 249 F. 228, 232-33 (7th Cir. 1918), cert. denied, 247 U. S. 520 (1918).

② Corning Glass Works v. Sumitomo Elec. U. S. A, Inc., 868 F. 2d 1251, 1257 (Fed. Cir. 1989).

③ 参见赵臻淞：《专利主题名称是否构成权利要求的保护范围》，载《专利代理》2017年第3期。

④ 江苏省高级人民法院民事判决书，(2012)苏知民终字第0021号。

⑤ 参见国家知识产权局第54563号复审决定。

驱动，尾端有精矿冲排水管和精矿接取槽，输送皮带低侧有尾矿槽，输送皮带高侧有给矿器和冲洗水管。其特征在于：机架支承在滑动机构上来回运动，机架的首轮端与床头的拉杆连接，在床头带动下作往复式摇动，床头通过减速机由变频调速的电机带动，所述输送皮带有横向坡度。

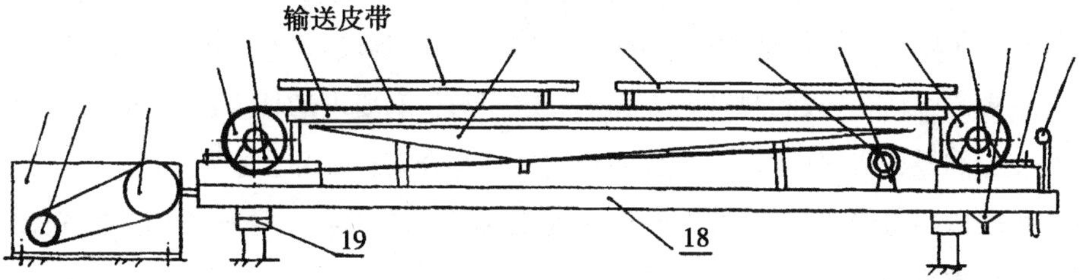

图 7-6-1　床式横流皮带选矿机

审查机关认为：对于权利要求书中出现的术语，一般应将其理解为在本技术领域中的普遍含义，除非在说明书中针对该术语的含义记载了与其普遍含义不同的解释或者根据说明书和附图所公开的技术内容所得出的含义与该术语的普遍含义不同。本申请请求保护一种床式横流皮带选矿机，而横流皮带选矿机在本领域是一种有特定选矿原理的选矿设备，其横流是指矿料会横向流动形成精矿带，不能仅仅因为对比文件 1 公开的皮带摇床在运动过程中的左右摇动会带动矿料有小范围的横向流动就认为选矿原理不同的对比文件 1 公开的皮带摇床相当于本申请的床式横流皮带选矿机；并且，为了实现矿料横向流动形成精矿带，横流皮带选矿机的皮带通常是具有横向坡度的，也即主题名称"床式横流皮带选矿机"已经包含"皮带横向有坡度"的特征。

显然，审查部门在本案中已经将本申请的主题名称"床式横流皮带选矿机"作为区别于现有技术的特征，在可专利性的评述中予以评价。

2."空调挡板"案①

在侵权案件中，如果能够确定主题名称具备了使本发明区别于现有技术的性质时，其自然也具有限定作用。本案实用新型专利"可拆装式空调室内机管路安装挡板"涉及空调器领域（见图 7-6-2），其权利要求 1 为：一种可拆装式空调室内

① 广东省高级人民法院民事判决书，（2013）粤高法民三终字第 615 号。

机管路安装挡板。其特征在于:其包括固定板和滑动板,该固定板为一中空的薄板,在固定板一面有两个滑轨,两滑轨间距大于或等于滑动板宽度,滑动板卡在两滑轨之间。

在针对本专利作出的无效宣告决定中,审查机关认为涉案专利符合新颖性和创造性,其理由在于,该专利实际所要解决的技术问题是实现挡板的可拆装,便于挡板独立于空调机本体单独加工、简化制作工艺、节约成本。①

审理法院认为,权利要求的主题名称应当与权利要求的技术内容相适应,主题名称在专利授权程序中可以修改,使权利要求符合新颖性和创造性,但在专利无效宣告程序中不得修改。因此,专利的主题名称所限定的技术特征应纳入专利权利要求的保护范围。

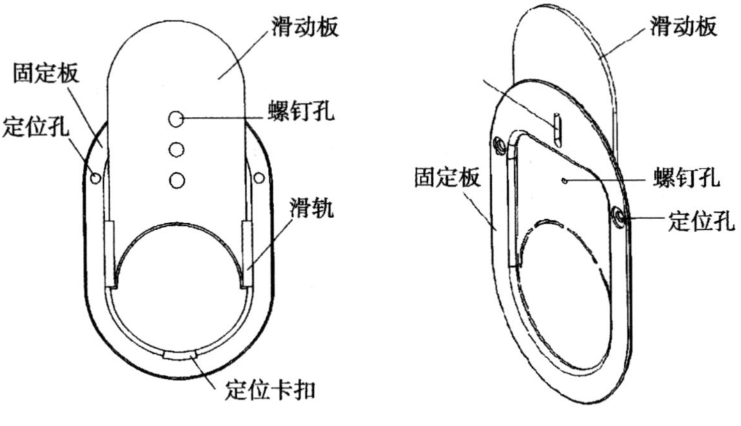

图 7－6－2　可拆装式空调室内机管路安装挡板

本案中,涉案专利主题名称中的"可拆装"在进行侵权判断时不能忽略,其包含可拆卸和可安装两个功能,按照本领域普通技术人员的理解,这种拆卸和安装应在不破坏产品基本结构和使用功能的情况下进行。由于被诉侵权的安装挡板安装到空调主机之后,在拆卸过程中卡爪被破坏,无法正常使用,因此不具有涉案专利"可拆装"的技术特征。

由此可见,"可拆装"虽然身处主题名称之内,但在承担着区别于现有技术,维

① 国家知识产权局第 20624 号无效宣告请求审查决定。

系专利创造性职能的过程中，也展现出了与技术特征类似的限定作用。从本案的审理思路来看，也再一次印证了审查档案作为内部证据，在解释权利要求中的重要性。

3."绿化砖"案①

对于主题名称，尤其是包含效果或功能的主题名称，最高人民法院在"绿化砖"中对其发挥限定作用时与技术特征的关系进行了区分：对于以效果、功能方式描述的限定内容，如果上述内容是对特征部分记载的产品结构、组分等能够达到的效果、功能的描述，则其实际限定作用通过特征部分的记载得以实现；如果上述内容不是对特征部分记载的结构、组分等能够实现的效果、功能的描述，尤其当限定内容描述的效果、功能被用以区别于现有技术的，该内容实际已构成具体的技术特征。简言之，前者是借助技术特征的形式进行限定，后者则已成为实质意义上的技术特征。涉案专利名为"有水位高度调节功能的插槽连接式绿化砖"，其包含两项独立权利要求1和要求10，二者即分别属于前述两种情形（见图7－6－3）。

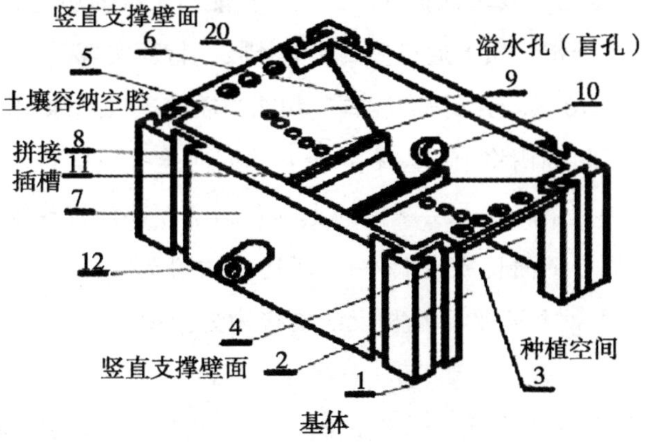

图7－6－3　有水位高度调节功能的插槽连接式绿化砖

独立权利要求1为：有水位高度调节功能的插槽连接式绿化砖，包括基体种植展示面，其特征在于：所述的基体是由塑料或玻璃钢通过模具一次性形成，所述的基体的外形轮廓为前后对称或左右对称或前后左右对称，所述的基体至少有一个侧面是种植展示面，种植展示面为平面或弧形面，所述的种植展示面至少有一个向

---

① 最高人民法院民事判决书，(2019)最高法知民终657号。

内凹的种植空间，种植空间至少由倾斜顶面和两个竖直支撑壁面构成，所述的基体至少有一个由顶面向下凹的土壤容纳空腔，土壤容纳空腔至少由一个斜面和两个竖直支撑壁面构成，竖直支撑壁面的高度在 5～30 厘米，所述的基体左右有竖直支撑拼接外壁面，左右竖直支撑拼接外壁面结构相同或结构相互匹配，所述的竖直支撑拼接外壁面上分别有 1～30 条长度在 5～30 厘米且相互平行成水平或竖直设置的拼接插槽，所述的拼接插槽为 T 形槽或燕尾槽，所述的 T 形槽或燕尾槽为凹槽或者凸槽或者凹槽和凸槽，所述的土壤容纳空腔的斜面上至少有一个或一组水位高度调节溢水孔，所述的水位高度调节溢水孔是底部即将贯通的盲孔。

经分析可知，权利要求 1 中的“水位高度调节功能”记载在前序部分的主题名称中，采用了功能表述的方式，权利要求 1 的特征部分通过两个技术特征记载了实现水位高度调节功能的具体方式：土壤容纳空腔的斜面上至少有一个或一组水位高度调节溢水孔；水位高度调节溢水孔是底部即将贯通的盲孔，“水位高度调节功能”实际是对特征部分所记载的结构能够实现的功能的描述。因此，“水位高度调节功能”是对权利要求 1 要求保护的产品的结构能够实现的功能的概括，其对权利要求 1 保护范围的限定实质上通过后两个具体技术特征实现。

独立权利要求 10 为：有水位高度调节功能的插槽连接式绿化砖，其特征在于：插销插入或导入拼接插槽将上下左右 4 个基体同时连接成绿化体，所述的绿化体有由上层基体的种植空间和下层基体的土壤容纳空腔共同构成绿化体的种植孔，所述的种植孔四周有壁面且成内低外高，所述的插销至少有一对相互平行且相反的拼接槽，所述的一对相互平行且相反的拼接槽为凹槽与凹槽或凸槽与凸槽或凹槽与凸槽。

显然，权利要求 10 特征部分没有记载实现水位高度调节功能的方式，“水位高度调节功能”因此不是对特征部分记载的技术特征构成的技术方案的抽象和概括。此外，从说明书的内容看，实现水位高度调节功能的方式是涉案专利对现有技术的实质贡献，被用于区别于现有技术。因此，虽然“水位高度调节功能”形式上记载在权利要求 10 前序部分的主题名称中，其仍属于具体技术特征。

（二）非技术特征的限定

根据前文的论述，无论如何定位主题名称，其与技术特征之间的关系总归存在模糊地带，之所以会出现前述案例中诸多关于二者形式与实质关系界定的讨论，其前提其实也是默认为二者并非等同的概念。当然,在这种前提下,主题名称应当予以考虑,但实际的限定作用应当取决于其对权利要求所要保护的技术方案本身产生了何种影响。

1.“电动车控制系统”案①

涉案专利名为“一种电动车控制系统及其操作方法”,目的是提供一种电动车控制系统及其操作方法,使用者可将存储在手机中的二维码图像对准摄像头,便可实现电动车的完全解锁,提升了防盗的性能,免去了使用者需携带钥匙启动的麻烦(见图7-6-4)。该专利权利要求1为:一种电动车控制系统。其特征在于:由微型摄像头、图形解码器、存储器及二维码比对器构成二维码识别器,微型摄像头与图形解码器电连接,图形解码器和存储器同时与二维码比对器电连接,二维码比对器对存储器储存的二维码数据与图形解码器解码的微型摄像头拍摄的图像数据比对并发给控制器,比对信号一致时控制器控制电动车的启动或/和多媒体播放,比对信号不一致时控制器控制防盗报警器报警。

根据涉案专利说明书的记载,“涉案专利的发明目的是提供一种电动车控制系统及其操作方法,使用者可将存储在手机中的二维码图像对准摄像头,便可实现电动车的完全解锁,提升了防盗的性能,免去了使用者需携带钥匙启动的麻烦”。

对于权利要求1的主题名称“一种电动车控制系统”,审理法院认为:一方面,通过专利权利要求1记载的技术方案,尤其是特征部分“比对信号一致时控制器控制电动车的启动或/和多媒体播放”的记载,结合说明书中“本发明的目的是提供一种电动车控制系统及其操作方法,使用者可将存储在手机中的二维码图像对准摄像头,便可实现电动车的完全解锁,提升了防盗的性能,免去了使用者需携带钥匙启动的麻烦”“比对信号一致:控制器控制电动车启动或/和多媒体播放信号,电动车启闭控制器对电动车解锁”的内容,本领域普通技术人员能够清楚明确地得知主题名称是对发明涉及的电动车启动和解锁的技术方案的抽象和概括,而不仅仅是说明发明可能的用途。另一方面,由于主题名称与技术方案之间这种抽象和概括的关系,反过来又构成了对发明技术方案的限定,即“一种电动车控制系统”就是电力驱动的车辆的启动和解锁系统。

① 上海市高级人民法院民事判决书,(2017)沪民终369号。

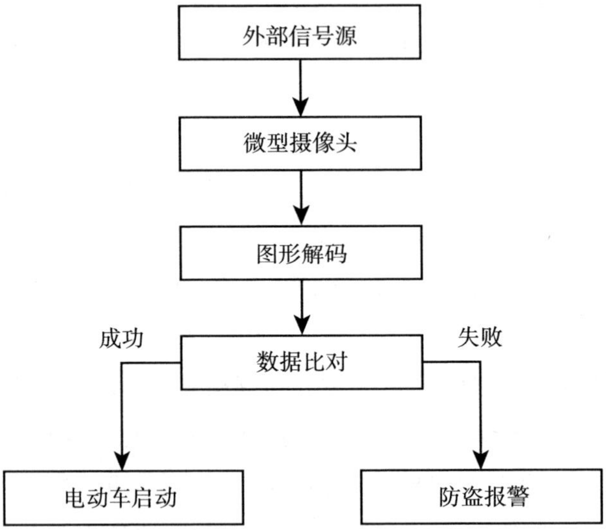

图 7－6－4　电动车控制系统

因此,本案中权利要求 1 中所记载的主题名称"一种电动车控制系统"对于确定专利权保护范围具有限定作用,在侵权比对时应当予以考虑,如被诉侵权技术方案不属于专利主题名称所指定的应用领域和技术主题,自然也不会落入专利权利要求特征部分所记载的具体技术方案的保护范围。

2."固定框架"案①

本案专利涉及一种用来固定接插连接模块和装入接插连接壳体或者用来拧在壁板上的"固定框架"(见图 7－6－5),其权利要求 1 为:用来固定接插连接模块和装入接插连接壳体或拧紧在壁板上的固定框架,其中接插连接模块装入固定框架,接插连接模块上的固定装置和设在固定框架相互面对面的壁板即侧壁上的凹槽共同作用,凹槽做成固定框架侧壁上的各个方向都封闭的孔。其特征在于:固定框架由两个相互铰接的半框组成,其中固定框架垂直于框架侧壁分开,铰链这样地设置在固定框架的紧固端上,使得在固定框架拧紧在固定面上时框架体的方向调整成这样,使固定框架的侧壁垂直于固定面,并且接插连接模块具有一个通过固定装置的与固定框架的形状贴合的连接。

① 北京市高级人民法院民事判决书,(2014)高民终字第 2044 号。

权利要求2为:按权利要求1的固定框架,其特征在于,接插连接模块备有卡紧钩,它在嵌入固定框架时起预先固定接插连接模块的作用。

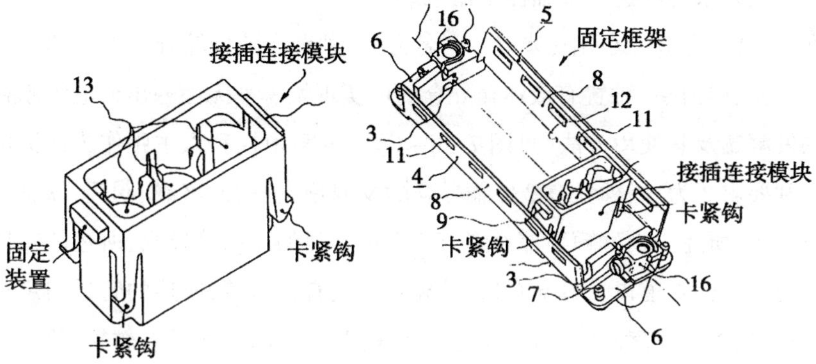

图7-6-5　固定框架

根据涉案专利说明书的记载,本专利的发明目的在于制造一种固定框架,确保接插连接模块可以方便地装拆等,主题名称为"用来固定接插连接模块和装入接插连接壳体或拧紧在壁板上的固定框架"其在确定专利保护范围时应予考虑,但实际限定作用在于对于技术方案产生了何种影响。

审理法院认为,对于"接插连接模块"而言,由于插接连接模块与固定框架相互配合,对于固定框架发挥其作用、实现发明效果具有密切作用,况且涉案专利从属权利要求2对接插连接模块进一步限定其备有卡紧钩,在嵌入固定框架时起预先固定接插连接模块的作用,因此,插接连接模块对涉案专利的保护范围具有限定作用。

对于"接插连接壳体"而言,其仅在主题名称中出现,未在前序部分及特征部分出现,而且也未对专利技术方案产生任何影响,由"装入接插连接壳体或拧紧在壁板上"这一修饰语可知,其仅仅是对涉案专利的固定框架的装入或紧固位置进行说明,而插接连接壳体或壁板既不是涉案专利的固定框架的组成部分,也没有对涉案专利的固定框架的结构产生影响,因此,接插连接壳体对专利权利要求1的保护范围没有限定作用。

(三)自身的限定

通过上述案例的分析可知,无论是否借助技术特征,在确定主题名称所发挥的限定作用时,均有赖于结合说明书、审查档案等资料进行“解释”。或者说,技术特征只是其起限定作用的“外衣”或“参照”,在考虑其对权利保护范围的影响时,仍需回归权利要求解释这一基础性工作中。

在“液体输导仓”案①中,涉案专利名为“一种置有液体输导仓的发酵罐及其使用方法”,意在提供一种置有液体输导仓的可实现发酵液无菌输出或液体原料无菌导入的发酵罐及其使用方法(见图7-6-6)。本案中权利人主张作为保护依据的独立权利要求2为:一种置有液体输导仓的发酵罐,包括发酵罐、阀门、软管、管道。其特征在于:所述的发酵罐顶部设置有一个可密封的顶部输导仓,所述的输导仓内置有阀门、软管、管道以及输导仓口,输导仓口上有密封盖,所述的管道固定在仓壁上,管道一端置入发酵罐内,另一端连接在阀门上,阀门上连通着软管,软管管口可以置于无菌区内。

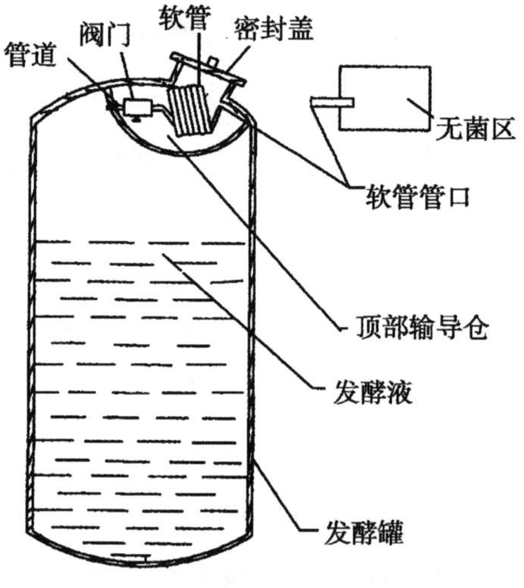

图7-6-6 置有液体输导仓的发酵罐

经一审法院现场勘验查明,被诉侵权产品中的输导仓接有供气管道的空气滤菌器,输导仓软管最外端连接的是侧面为滤孔的滤芯,滤芯尾端没有接口,用于过滤空气,不存在液体输导的路径,且滤筒是横向放置,也不利于液体输导。权利人认为,空气和液体都属于流体,在本专利输导仓技术特点的基础上,根据需要接上

① 最高人民法院民事裁定书,(2019)最高法民申6265号。

气泵就可以输导气体，接上水泵就可以输导液体，被诉侵权技术方案落入涉案专利权利要求2保护范围。

最高人民法院在本案中回避了主题名称与技术特征关系这一有争议的问题，而将关注点放在了其本身的限定作用上，即“作为独立权利要求的组成部分，无论主题名称是否被视为技术特征，其在确定保护范围的过程中均不应被当然的忽略，而其实际的限定作用应当取决于该主题名称对权利要求所要保护的技术方案产生了何种影响”。

本案中，权利要求2权利要求所记载的技术方案包含在“发酵罐顶部设置”的一个“顶部输导仓”。结合相关权利要求和说明书对技术方案的解释，设置“输导仓”的基本功能在于通过内置其中的管道、阀门、软管等组件，组成向发酵罐内输出或导入液体的通路，还具有将前述组件收纳折叠于仓内，实现与发酵罐同时接受加热灭菌的效果。以“软管”的工作方式为例，说明书所列举的“输导仓”中的软管既可收缩折叠于仓内，亦可伸出至无菌区并作为输送液体的通路的具体实施方式，正是前述功能和效果的印证。因此，前述“一种置有液体输导仓的发酵罐”实际上起到了该权利要求特征部分未记载的限定作用，即本专利发酵罐中的“输导仓”必须可用于输送液体。

反观被诉侵权技术方案，其虽在发酵罐侧壁上方开有仓体并从中接出软管，但该软管的最外端连接的是侧面为滤孔的滤芯，滤芯尾端没有接口，只能用于过滤空气，不能用于输导液体，故无论该仓体的位置是罐体的顶部还是侧部，其不具备专利技术方案中“输导仓”应有的功能，二者不构成相同或等同，被诉侵权技术方案未落入权利要求2的保护范围。

由本案分析可知，主题名称的限定作用与技术特征并无绝对关联，其之所以会具有限定作用，本质上是发明人在构思整体技术方案或撰写权利要求的过程中，将对本发明具有实质影响作用的内容或明或暗的“植入”主题名称之中，使其成为确定保护范围时不可或缺的一部分。

小结

为了对意欲保护的技术方案作出最为贴切的描述，针对一些特定类型的发明成果，往往需要以特定形式撰写的权利要求来进行“匹配”，这也衍生了如本章所提及的诸多特殊类型的权利要求。既然披上了有别于一般权利要求的“外衣”，在解读该类权利要求时自然也需要在基本的原则之外,树立一些“专供”甚至“变异”的特殊规则,来帮助我们准确的还原其所涵盖的内容。当然,无论是权利要求类型的识别,还是限定作用的分析,都离不开对权利要求及其组成部分的解释。反而言之,权利要求的解释关乎对权利要求的定性,以及进一步的后续保护范围确定规则的筛选利用。因此,尽管本章在论述中引述了大量不同类型专利的保护实例和司法经验,貌似众说纷纭、分歧突出,但“万变不离其宗”,权利要求形式上虽然在“变”,但永远都要遵循于权利要求解释这一“宗”,才能实现其存在的价值和意义。

SUMMARY

后　记

学术研究从不是一件轻松的事，优秀的学术成果更是凝结了创作者无比的艰辛和耐心，折射出构思者智慧的火花和光芒。作为一本在理论学习和实务工作交融中有感而发、随性而起的作品，本书的写作虽谈不上纵横捭阖、波澜壮阔，但也着实经历了由模糊到清晰、从混沌到明朗的过程。笔者才疏学浅，不揣浅陋，不敢轻言著书立说传经授道，但也真切体验了文献梳理的枯燥、谋篇布局的乏力和遣词造句的困惑，感受了饱览典籍的充实、触类旁通的自得和落笔成章的顺畅。回想过往无数个烛灯影身、咖啡为伴的深夜，既不乏在灵感枯竭、煎熬痛苦之际面临“山穷水尽疑无路”的窘境，也总会在醍醐灌顶、文思泉涌的酣畅淋漓之后，迎来“柳暗花明又一村”的曙光。

两年前，笔者曾以“专利侵权案件的审理思路”为题，在庭内培训上和大家分享关于权利要求解释的典型情形和相关案例，反响良好。自此，系统性阐释权利要求的属性和解释的必要性，总结权利要求解释的原则、主体、参考资料，梳理各类情形下权利要求解释的规则，成为摆在眼前，既具有吸引力，又富有挑战力的任务和目标，驱使笔者进行全面思考和深入研究，本书就是在这样的背景下应运而生。在写作的过程中，笔者有以下几方面的感悟：

一是处理法律和技术定位。因为带有浓厚的技术色彩，加之诸多有别于传统法律学科的规则，专利法往往被认为是知识产权法领域，乃至整个法学领域最具特色和最难以理解的学科之一,许多人因此对其"敬而远之",即便在从事专利研究或审判时,也会不自觉地首先寻求技术层面的意见,在高度依赖技术专家观点的前提下得出结论。对此,笔者认为,既然保护的客体是技术方案,查明技术事实、理解专利文献自然是一项基础工作,但无论是可专利性审查、侵权判定、还是本书所讨论的权利要求解释,归根结底都是法律问题。我们所提倡的完善技术查明机制,其目的在于辅助裁判者弄清搞懂技术方案,但最终结论仍需以法律的眼光和思维分析判断后得出,尤其要防止法官对技术审查意见的过度依赖,进而实质让渡裁判权。

二是平衡理论和实务的关系。法学领域似乎历来都存在"理论派"和"实务派"之分,前者以专家学者为代表,后者以实务工作者如法官、律师、代理人为代表,尽管近年来二者的互动交流更加频繁,但囿于工作内容的局限性,相互影响和彼此促进的效果仍不明显,有时还会出现一些不同的理念和声音。实际上,在笔者看来,二者在本质上应该是契合一致乃至相互依存的:合理适宜的理论观点应具有高度的实用性和可操作性,引导从业者正确处理实务问题;大量同类型的案例在被梳理、归纳和总结后,也理应提炼出通行的规律,上升为可行的规则。例如,本书讨论的权利要求解释的性质、解释的时机、授权确权和侵权程序中的解释规则等问题,都存在不同的学说或争议,但通过对其实践来源进行考证,结合所适用案例具体情形的分析,一般都能找到内在的契合点和关联处,这一过程也有助于我们增强统揽全局的意识,加深对疑难问题的理解。

三是兼顾学术和实用价值。专利法领域不乏优秀的作品,不少耳熟能详的专家前辈为我们提供了丰富的"精神食粮",这些作品的共同特点在于有着相当的学术水准和实用价值。因此,本书写作过程中尽量按照严谨的学术规范来搭建篇章框架、以符合学术要求和标准的语言来行文论述,在体现理论内涵、满足分析研究需求的同时,力求将拗口难懂的技术术语和晦涩深奥的专利问题以更简洁灵动的方式呈现给读者,如概述技术方案、精简裁判论理、转换表述方式、配以文字标注插图,以保证书籍的可读性,充分发挥其内容尤其是案例部分的实务参考价值。

收获的时刻总是美好的,落笔定稿时那种由衷的轻松和愉悦依然历历在目,对笔者而言,不仅完成了职业发展的一个目标,也了却了司法生涯的一个心愿。这一过程离不开工作和学习中对笔者关爱有加、多有指点的领导、同事和师长,他们严谨的态度、务实的风格鞭策笔者奋力前行而不敢懈怠,他们广博的经验、深厚的学识则为笔者的研究论述提供了大量宝贵的资源,使本书的撰写有了丰富的理论和实践依托。此外,本书有幸作为北京知识产权司法保护研究会与法律出版社合作的知识产权青年法官文库首部作品予以出版,并得到法律出版社邢艳萍编辑认真负责的校稿。在本书即将付梓出版之际,对上述各位一并表示衷心的感谢。

人生如棋,学海无涯,免不了经历变幻莫测的生活和跌宕起伏的命运,但亲情的持久和温润又总会为其注入温暖而强大的力量,成为我们倦懒时的归处和困顿时的港湾。父母亲人,谆谆教诲和养育之恩让我有了今天的积累和沉淀,得以幸福健康地生活至今;吾妻熠炜,通情明理的性格帮我缓释了种种工作的迷茫和疑虑,贤淑善良的品行帮我分担了诸多生活的琐碎和烦扰,相识十年,栉风沐雨,一路同行,未来可期;吾儿轩轩,阳光可爱的你总能让人燃起炽盛的信心和乐观的情绪,愿意去放下所有的不美好,与生活化干戈为玉帛。感谢你们!

图书在版编目(CIP)数据

专利权利要求解释规则 / 马云鹏著. -- 北京 : 法律出版社, 2021(2022.2 重印)
ISBN 978-7-5197-5488-4

Ⅰ. ①专… Ⅱ. ①马… Ⅲ. ①专利权-研究-中国 Ⅳ. ①D923.424

中国版本图书馆 CIP 数据核字(2021)第 054366 号

专利权利要求解释规则
ZHUANLI QUANLI YAOQIU JIESHI GUIZE

马云鹏 著

策划编辑 邢艳萍
责任编辑 邢艳萍
装帧设计 汪奇峰

出版发行 法律出版社
编辑统筹 法律应用出版分社
责任校对 朱海波
责任印制 刘晓伟
经　　销 新华书店

开本 710 毫米×1000 毫米 1/16
印张 22.75 **字数** 430 千
版本 2021 年 4 月第 1 版
印次 2022 年 2 月第 2 次印刷
印刷 北京金康利印刷有限公司

地址:北京市丰台区莲花池西里 7 号(100073)
网址:www.lawpress.com.cn
投稿邮箱:info@lawpress.com.cn
举报盗版邮箱:jbwq@lawpress.com.cn
销售电话:010-83938349
客服电话:010-83938350
咨询电话:010-63939796

书号:ISBN 978-7-5197-5488-4
定价:86.00 元

凡购买本社图书,如有印装错误,我社负责退换。电话:010-83938349